东北亚研究院学者论丛

RESEARCH ON
THE DRIVING EFFECT
OF FINANCIAL
DEVELOPMENT
ON ECONOMIC
GREEN TRANSFORMATION

金融发展对经济绿色转型的驱动效应研究

张伟伟　著

社会科学文献出版社
SOCIAL SCIENCES ACADEMIC PRESS (CHINA)

目　录

图目录

表 目 录

第一章 研究问题的引入

第一节 选题背景

一 经济发展目标由追求快速增长转变为绿色高质量发展

为了解决人民日益增长的物质文化需要同落后的社会生产之间的矛盾，保证经济快速增长成为改革开放后我国经济发展的首要任务和主要目标。1982 年党的十二大报告首次制定了 GDP 翻番目标，随后，党的十三大至十八大的历次报告都会重点关注和强化 GDP 翻番目标。经过近 40 年的努力，通过吸引外资、扩大开放、推进市场化建设、与国际社会接轨等方式，我国社会生产力空前提高，GDP 大幅增长，已经由 1978 年的 3678.7 亿元增长到 2017 年的 827121.7 亿元，增长了近 224 倍。然而，随着经济的迅猛发展，特别是工业化和城镇化进程的不断加速，以"高能耗、高污染"为特点的粗放型经济发展模式带来了能源枯竭、生态环境污染等突出问题，且这一趋势越发显著。正如联合国环境规划署所强调的，数十载以来，"褐色经济"模式所带来的财富创造并未显著缓解社会边缘化和资源枯竭等问题。中国的能源消耗与环境污染问题尤为严重。早在 2003 年，尽管中国 GDP 仅占世界的 4%，但其重要资源的消耗却占据了相当大的比例，其中，石油占 7.4%，原煤占 31%，钢铁占 27%，氧化铝占 25%，水泥占 40%。[①] 大量的能源消耗带

[①] 十届全国人大二次会议中外记者招待会上国家发展改革委主任马凯发布的数据。

来了严重的生态环境污染问题，《2017 年国民经济和社会发展统计公报》显示，在 2017 年所监测到的 338 座地级及以上城市中，有 29.3% 的城市空气质量达标，70.7% 的城市空气质量未达标。显然，减少中国的能源消耗与治理环境污染已经刻不容缓，因此，能够显著降低环境风险与减少生态稀缺的"绿色经济"成为中国经济发展的必然方向。

在 2015 年 10 月党的第十八届五中全会上，绿色发展理念被视为中国经济发展的主导思想。绿色发展所强调的是必须遵循人类与自然之间客观的发展规律，以整体生态环境质量提升为目标，致力于改善和保障人民的环境权益，这是全面建成小康社会的重要目标和价值追求。党的十八届五中全会提出创新、协调、绿色、开放、共享的发展理念，"生态文明建设"是五大建设之一。2017 年党的十九大报告对我国社会的主要矛盾进行了深刻的调整，指出了我国当前的主要矛盾。党的十九大报告并未制定 GDP 翻番目标，而将经济目标设定为在 2035 年基本实现社会主义现代化，将"生态文明建设"纳入中华民族永续发展的千年大计之列，以实现生态文明建设水平的全面提升。与之对应，"十四五"规划对经济目标的表述是"国内生产总值年均增长保持在合理区间、各年度视情提出"，这种表述方式首次出现在中国的五年规划中，也透露出中央层面弱化增速目标的信号，在一定程度上提升了中国经济发展的灵活性、留出了实际完成经济增速的弹性空间。我国经济发展目标开始由追求快速增长向绿色高质量发展转变。随着我国生态文明建设的不断推进，习近平总书记在 2021 年做出了具有历史性、转折性和全局性变化的判断，指出在"十四五"时期，我国的生态文明建设正处于一个至关重要的时期，需要以降低碳排放为主要战略方向，促进减污降碳的协同增效，推动经济社会全面绿色转型，从而实现从量变到质变的生态环境质量提升。当前，我国提出"碳达峰"和"碳中和"目标，这标志着我国的生态文明建设和经济绿色转型进入了一个全新的阶段，即以降低碳排放为主要战略方向。这不仅是对过去几十年来我国能源消费总量快速增长所造成的环境问题进行深刻剖析后做出的正确抉择，更是顺应国际社会应对气候变化挑战、引领世界各国共同参与气候治理的重要举措。随着全球经济向绿色、低碳转型，国家所提出的"碳中和"目标在战略层面上具有极其重要的意义。碳减排是指减少二氧化碳等温室气体排放的行为，这一目标实质上代表了经济发展朝去碳化方向转型，同时也指明了我国经济绿色转型的主导方向。

二 经济绿色转型需要金融体系改变资本配置方向

金融业作为现代经济发展的核心，对实体经济的生产经营、资源分配、产业结构调整和宏观经济调控具有重要作用。金融体系的资金导向及资本配置不当导致了"褐色经济"的盛行。在追求经济快速增长的过程中，高污染、高耗能的"褐色经济"凭借投资周期短、风险低、见效快等特点得到了资本的青睐。在过去二十年中，大量的资金被注入结构性金融资产中，包括房地产、化石燃料和内嵌衍生品等领域。这些资产通常被认为是高回报且有吸引力的。相对而言，在可再生能源、能源效率等绿色经济领域，资本的投资规模相对较小。经济绿色转型需要大量的资金投入，这种资本的总体配置不当阻碍了经济绿色转型。联合国环境规划署在2011年发布的《迈向绿色经济：实现可持续发展和消除贫困的各种途径》（以下简称《迈向绿色经济》）中估计，为了推动经济绿色转型，每年为实现全球绿色经济筹集的资金介于1.05万亿美元和2.59万亿美元之间，相当于全球资本形成总额的1/10。如果将"褐色"投资转化为"绿色"投资的目标水平定为每年1.3万亿美元，相当于全球生产总值的2%，那么2011~2050年所带来的长期经济增长将至少与常规发展模式相当，同时还能避免显著的经济下行风险，例如气候变化、缺水问题加剧以及生态服务功能丧失的影响。显然，必须通过政策手段改变金融体系的资本配置方向。

当前，中国的经济发展方向和目标已经转向了绿色经济，因此，引导金融体系支持经济绿色转型已经成为国家战略的重要组成部分。2016

年，中国人民银行等七部门共同推出《关于构建绿色金融体系的指导意见》。此后，各部门和地方政府出台相关文件推动绿色金融发展。2019年七部门共同编制《绿色产业指导目录（2019年版）》，为绿色金融发展打下基础。在此背景下，各级地方政府与金融机构积极推动金融发展，支持绿色经济。在金融产品方面，重点开发绿色信贷、绿色债券、绿色股票等金融产品，为绿色企业和项目提供更加灵活和优惠的融资渠道，使更多资金流向环保、清洁能源等领域，有效推动我国经济绿色转型；在金融市场方面，金融市场创新进一步推动资本市场的完善与发展，为企业融资提供更大的空间，从而提高融资的灵活性和效率；在金融监管方面，金融监管创新能够提高金融风险控制效率，阻碍金融风险的发生和传导，为绿色经济的稳健发展提供制度保障。可见，在我国推进绿色经济发展的过程中，金融业扮演了至关重要的角色，无论是在制度还是在市场方面都已取得显著成效。我国经济绿色转型进入了"30·60"双碳目标的新阶段，这对未来我国金融发展提出了新的要求。为此，我们有必要对金融发展对经济绿色转型的影响机制进行全面深入的研究。一方面，可以厘清金融发展作用于绿色经济的效果与机制，明确金融体系在褐色经济与绿色经济之间的资本配置关系以及调整方向；另一方面，有利于区别产业及企业类型，制定适宜的金融发展政策，为金融发展进一步助力以"碳达峰与碳中和"为目标的经济绿色转型奠定理论基础，并提出其发展方向。显然，探究金融发展对经济绿色转型的影响机制，对理论研究和实践应用都具有重要的价值和意义。

第二节　选题意义

一　学术价值

本书的学术价值体现在以下三个方面。第一，丰富现有金融发展理论的研究内容。结合新发展阶段金融发展的趋势，本书从规模、结构及效率角度识别了我国金融发展水平与经济绿色转型水平，并在此基础上系统考察了金融发展对经济绿色转型的作用机制与影响效果。第二，弥补现有文献对金融发展影响经济绿色转型理论研究的不足。尽管已有研究考察了金融发展对经济绿色转型的影响，但现有文献多为实证研究，理论研究匮乏。本书通过构建包含金融机构、家庭、企业在内的 DSGE 模型，以产品污染程度界定生产、消费及金融类型，从理论层面考察金融发展对经济绿色转型的作用机理。第三，深化金融发展影响经济绿色转型的相关理论内容。本书在细化金融发展指标的同时，将企业划分为绿色企业、普通企业及污染企业，进一步将产业划分为绿色产业与污染产业，分别从微观、中观、宏观三个层面系统地考察金融发展对经济绿色转型的影响，并在此过程中融入行为经济学、产业经济学、金融地理学以及系统科学的研究方法，为相关研究提供新的视角和思路。

二　应用价值

当前，我国正处于向高质量经济转型的新发展阶段。习近平总书记所倡导的新发展理念之一，即绿色发展理念，是实现中国经济高质量发展和美丽中国建设目标的现实途径。金融体系具有资本支持、资源配置、企业监督等重要功能。在新发展阶段，随着绿色金融、科技金融的兴起，金融体系将对经济绿色转型起到更加重要的支持作用。本书通过理论与实证分析考察金融发展对经济绿色转型的影响机理，探索金融发展驱动企业、产业和区域经济绿色转型的机制与路径，从完善金融体系和优化金融功能角度，强化金融发展在经济绿色转型中的引导作用，激励经济主体参与绿色生产与消费。该结论的科学性将为相关政策制定和制度设计提供深刻的理论指导，为推进我国经济绿色转型进程提供有力的支持。

第三节　文献回顾与述评

金融发展是经济学中备受关注的问题，学者们对这一问题的关注持续了一个多世纪，相关研究成果丰硕。早期的研究致力于考察金融发展的内涵、功能、影响因素及其对经济增长的影响等相关内容。进入 21 世纪后，随着资源减少和环境污染等问题日趋严重，社会各界对经济绿色转型问题的关注逐渐升温，学者们也开始考察金融发展在经济绿色转型中的作用，随即开展了金融发展如何影响环境质量、碳排放、污染产业、清洁产业、绿色经济效率、企业生产效率等相关问题的研究。根据本书的研究主题，笔者首先对有关金融结构的文献进行可视化分析，而后分别对金融发展影响经济增长、产业发展、企业技术创新、碳排放、环境污染和绿色经济效率的相关文献进行回顾，以便为后文的理论与实证研究奠定文献基础。

一　金融结构文献的可视化分析

早期的研究者将金融结构等同于金融发展，因此，本书先以国内外金融结构相关文献研究为基础，运用信息可视化工具 CiteSpace 软件绘制了近十年国内外金融结构研究的知识图谱。

（一）数据来源与研究方法

1. 研究方法与工具

科学知识图谱是当前动态学术分析中的重要方法，该方法通过可视化图像显示知识发展进程并对知识进行分类汇总，从而显示出现有知识结构的内在联系与知识体系的演化过程。基于文献计量法与科学知识图谱的理论，笔者在进行研究时运用美国德雷塞尔大学陈超美教授开发的可视化软件 CiteSpace（5.8.R2 版本），绘制国内外金融结构相关研究的关键词共现图谱、关键词聚类知识图谱、突现词图谱等，以直观地展示金融结构的研究重点、研究前沿以及未来的研究方向。

2. 数据来源与格式转换

本书所采用的英文文献全部来源于 WOS 核心数据库，中文文献全部来源于 CNKI 中的 CSSCI 数据库，这些文献能较为全面地反映国内外金融结构领域的相关研究，并较好地反映该领域最为前沿的、核心的问题。本书将文献检索时间设定为 2010～2020 年，通过 CNKI 检索 CSSCI 文献，共检索到金融结构相关的中文文献 1466 篇；通过 WOS 核心数据库检索文献，共检索到金融结构相关的英文文献 3786 篇。基于上述可用数据，本书对国内外金融结构研究的相关问题进行比较分析。

（二）金融结构研究机构及关键词聚类比较

1. 研究机构分布

本书通过 CiteSpace 软件对国内外发表金融结构相关文献的研究机构进行社会网络分析，找出在该领域研究成果突出的研究机构，直观反映这些研究机构的研究能力和合作情况。同时，社会网络的研究结果也为科学评价这些研究机构的影响力提供了参考。在得到的研究机构社会网络中，字体越大代表机构出现的频次越高，反之则代表出现的频次较低；连线越密集表示该机构的中介中心性越强，反之则代表中介中心性越弱。

本书通过对 CSSCI 文献的研究机构合作网络图谱进行分析，发现网络中共有节点 333 个，但连接线却为 0，网络密度为 0。通过对国外研究机构合作网络图谱进行分析，发现网络中共有节点 406 个，连接线为 547 条，网络密度为 0.0067。由此可以看出，虽然我国研究金融结构的机构众多，但是近年来各个研究机构彼此间的合作几乎没有，它们都独自进行金融结构的相关研究，各个机构之间处于游离状态。相较于国内研究机构，国外研究机构的数量与国内相差不大，但彼此之间联系较为紧密，表明它们对于金融结构研究领域的合作意愿较强。国内外金融结构研究发文量前十机构见表 1.1。

表 1.1　国内外金融结构研究发文量前十机构

WOS 数据库		CNKI 数据库	
发文量（篇）	发文机构	发文量（篇）	发文机构
39	Chinese Academy of Science	17	西安交通大学
27	University of Sao Paulo	15	西北大学
27	UCL	14	武汉大学
26	Boston University	14	中国人民大学
26	Harvard University	10	对外经济贸易大学
21	University of Oxford	9	四川大学
21	Tongji University	7	西南大学
21	University of Wisconsin	7	浙江工商大学
21	University of Florida	7	复旦大学
20	Columbia University	6	中南大学

2. 重点关键词的提取

通过对所选取的文献的共被引轨迹进行深入分析，我们不难发现相关研究主题的核心文献和核心理论的演进脉络，这一演进过程必然存在重要的新理论或重大创新的文献节点。通过 CiteSpace 软件对关键词进行提取，将时间范围控制在 2010~2020 年，对时间范围进行切片处理，我们把切片方式设置为一年一切。在进行阈值项的选择时，我们选择"g-index：k = 25"；而在进行算法和裁剪方式的选取时，我们则选用"关键路径计算法"和"整体网络剪枝"的裁剪方式，绘制了国内外金融结构关键词共现图谱。

在中文关键词共现图谱中共有节点 465 个、连线 1094 条，网络密度为 0.0101，这说明关于国内"金融结构"的研究内容共现较多，彼此之间的关系较为复杂，但是关键词之间的共现密度较小。在英文关键词共现图谱中共有节点 438 个、连线 3607 条，网络密度为0.037，这说明关于国外"金融结构"的研究内容相对集中，而且彼此之间的关系复杂程度较高，同时，关键词之间的共现密度较大。通过对两种数据库文献的重点关键词对比（见表 1.2），发现国内与国外学者侧重不同方面的金融结构研究。其中，国内学者主要对金融结构与产业结构、金融结构与经济增长之间的关系较为关注；国外学者则较为关注金融结构在发展过程中面临的风险以及不同金融结构下金融市场的作用。

表 1.2　国内外金融结构研究高频关键词

WOS 数据库			CNKI 数据库		
节点频次	中介中心性	关键词	节点频次	中介中心性	关键词
398	0.07	model	255	0.48	金融结构
210	0.07	impact	239	0.38	金融发展
178	0.06	performance	111	0.21	产业结构
178	0.06	management	99	0.14	经济增长
163	0.04	system	43	0.04	技术创新
145	0.08	risk	39	0.03	金融支持
129	0.11	market	35	0.07	信贷结构
110	0.05	dynamics	32	0.07	货币政策
103	0.03	term structure	32	0.09	农村金融
100	0.02	volatility	31	0.04	金融危机

3. 国内外关键词聚类对比分析

本书进一步运用重点关键词进行聚类分析，可发现聚类主题下所发生的研究变化历程，并在某种程度上揭示学科领域知识之间的内在关联，理解金融结构知识的基础并对金融结构知识的演进脉络进行概括总结，以期对后续研究有所裨益。通过关键词聚类图谱对国内外金融结构研究进行进一步分析，在得到关键词聚类图谱后，其中的模块度（Modularity，也称 Q 值）与平均轮廓（Mean Silhouette，也称 S 值）可以反映出聚类效果。通过对 CSSCI 文献关键词进行聚类得到图谱，其中聚类的模块度＝0.5041>0.3，表明聚类显著，平均轮廓＝0.8246>0.7，表明聚类高效；通过对英文文献关键词进行聚类得到图谱，其中聚类的模块度＝0.3958＞0.3，表明聚类显著，平均轮廓＝0.7500＞0.7，表明聚类高效。

表1.3给出了关于国内外关键词的主要聚类簇的对比分析结果。由表1.3可知，在研究金融结构时，无论是国内还是国外，都普遍关注是银行主导型还是市场主导型，因为前者更有利于金融功能的实现，同时也能促进经济的发展。但是在金融结构的具体研究内容上存在许多差异。在金融结构对经济增长的影响方面，国外研究者认为混合金融结构和以市场为基础的金融结构会促进经济增长。Deltuvaitė（2010）研究指出金融体系结构与经济增长之间存在关系，即市场化金融体系下国家经济发展水平较高。也可以说，那些拥有混合金融结构和以市场为基础的金融结构的国家，经济更加发达。然而国内研究学者却有不同观点，杨万平和李冬（2020）指出随着金融结构的调整，全要素生产率与经济增长呈现一种"U"形的关系，这表明金融市场对经济发展的影响最终呈现利好状态，但在此之前，可能会对经济发展造成一定程度的冲击，中国金融在短期内未能有效促进经济增长，存在长期效应。

表1.3　国内外关键词聚类簇信息

WOS 数据库			CNKI 数据库		
聚类编号	聚类轮廓值	聚类名称	聚类编号	聚类轮廓值	聚类名称
#0	0.785	stock market	#0	0.778	金融发展
			#1	0.76	金融结构
#2	0.735	capital structure	#2	0.73	经济增长
			#4	0.897	产业结构
			#7	0.85	金融危机

经济发展的不同阶段存在不同的产业结构，国内学者对金融结构的优化与产业结构之间的关系高度关注。邓创和曹子雯（2020）在研究中国金融结构和产业结构之间的关系时，发现两者之间存在明显的区域非均衡性，且这种区域非均衡性存在惰性，但这种惰性可以通过

区域间的相互作用缓解；金融结构在变迁过程中会导致产业结构发生相似变化，然而当二者同时处于低区制时，金融结构市场化变迁对产业结构升级的促进作用难以通过区制关联效应来实现；与此同时，各地区金融结构和产业结构的变动均存在显著的正外部性，金融结构或产业结构较完善的地区可以通过其正外部性推动周边区域的产业结构升级。

在经济增长过程中，不同企业会选择不同的资本结构，但是在企业进行资本结构选择的过程中，中小企业面临融资约束是各界共识，而金融结构的优化对于缓解中小企业的融资约束有着重要作用。Di Pietro 等（2018）指出金融部门发展程度、银行集中度和当地经济状况的区域差异对中小企业的杠杆水平有显著影响，而获得资金的成本仅在经济稳定时期才与国家的金融结构相关。融资约束问题得到缓解后，不同金融结构的金融风险也是国内外研究者重点关注的方面。国内外研究者普遍认为市场主导型的金融结构在面临金融风险时有更大的抵抗力。Ji 等（2019）的研究认为，金融结构向基于市场的结构转变可以降低银行业的系统性风险。这种情况发生的一个渠道是提高单个公司的偿债能力，这受到股票市场发展的积极影响。同时，向市场化金融结构转变可以使金融市场发展以及经济稳定性增强。Bats 和 Houben（2020）通过建立一个简单模型研究了以银行为基础的金融结构对我国经济系统稳定性和金融体系效率的影响，认为相较于以市场为基础的金融结构，以银行为基础的金融结构所面临的系统性风险更为显著。在以银行为基础的金融结构中，银行融资所带来的系统性风险是不可忽视的，而市场融资则能够有效地降低这种风险。相比之下，在相对市场化的金融结构中，银行和市场融资不会影响系统性风险。因此，基于市场的金融结构对系统性风险的抵御能力更强。

当金融风险进一步扩大为金融危机时，王永立（2013）实证得出，在金融结构变迁过程中，美国金融部门利润率的上升限制了实体经济部门的发展，从而使得实体经济部门的利润率下降，这一现象的不断恶化

使得金融部门服务实体经济的职能不断减弱，同时削弱了美国金融部门
的资源配置功能，在优质资源不断流入金融部门后，实体经济发展出现
了巨大的问题，面临着空心化的后果。武力超（2013）进一步指出，
金融结构在金融危机爆发前后存在不同，金融结构会在金融危机爆发后
出现一个短暂的逆转时期，由于许多新兴经济体的股票市场发展相对落
后，这些经济体的金融结构变化广度会小于那些金融结构均衡发展的经
济体，从而使得新兴经济体在金融危机爆发后会有更严重的经济衰退和
更深层的金融体系损伤，这会导致它们支付更高的成本，同时花费更多
的时间来使其经济恢复到金融危机爆发前的水平。

（三）国内外研究前沿对比分析

1. 突现词提取

陈超美（2009）将前沿研究定义为一系列具有突现动态概念和潜
在研究问题的领域，这些领域能够精准地反映相关学科的前沿研究方
向。应用"突现词检测"（Burst Detection）技术，对关键词的突现进行
量化统计，探索金融发展研究的前沿态势，检测出近三年的突现词。通
过对 2010~2020 年国内外文献关键词突现进行检验，截取国内外突现
词排名前 15 的关键词，如图 1.1 所示。其中 Strength（突现强度）表示
词的研究热度，Begin 和 End 则分别表示突现开始和结束年份，而黑色
加粗则代表突现的年份区间。

2. 突现强度分析

通过对国内外研究重点的对比可以发现，国内外学者对于金融结构
的研究存在许多不同，但在前沿热点研究方向上，国内外学者都比较关
注金融结构的普惠性以及不同的金融结构对绿色发展的作用。从关键词
突现强度来看，国内突现强度最大的是金融危机（8.66），金融危机突
现时间为 2010~2013 年。从金融危机的研究来看，范小云等（2011）
在研究如何降低金融危机爆发后的损失时，得出结论：处于不同金融发
展水平的经济体需要选择不同的金融结构才可以最大限度地降低损失，
市场主导型的金融结构适合金融发展水平较高的国家，这可以尽可能降

关键词	Strength	Begin	End	2010~2020年
金融危机	8.66	2010	2013	
区域金融	4.45	2010	2013	
结构调整	3.33	2010	2011	
信贷结构	3.28	2010	2012	
金融	2.92	2010	2012	
协整检验	3.57	2011	2013	
金融市场	3.22	2011	2016	
科技金融	2.89	2014	2017	
金融风险	4.82	2016	2020	
技术创新	8.34	2017	2020	
绿色金融	4.11	2017	2020	
杠杆率	3.71	2017	2020	
中介效应	5.79	2018	2020	
门槛效应	4.78	2018	2020	
普惠金融	3.58	2018	2020	

关键词	Strength	Begin	End	2010~2020年
fluctuation	6.59	2010	2015	
financial market	5.54	2010	2014	
cost	4.86	2010	2011	
test	4.31	2010	2012	
interest rate	4.06	2010	2013	
organization	5.08	2011	2015	
cross correlation	4.75	2011	2015	
depression	4.12	2011	2014	
pattern	4.51	2012	2016	
children	4.57	2013	2015	
incentive	4.23	2013	2015	
hierarchical structure	4.21	2013	2016	
topology	4.13	2014	2016	
csr	5.02	2018	2020	
CO_2 emission	4.77	2018	2020	

图1.1　国内外突现词图谱

低金融危机爆发后的损失，加快金融危机后经济恢复的速度；反之，银行主导型的金融结构适合金融发展水平较低的国家。而从国外关键词突现强度来看，突现强度最大的是波动（6.59），波动的突现时间是 2010~2015 年。Gambacorta 和 Marques-Ibanez（2011）从减缓商业周期波动的角度分析了银行主导型与市场主导型金融结构的不同效果，并得出结论：在"正常"经济衰退期间，银行更有可能提供贷款，从而减小经济衰退的影响。但是，当经济衰退与金融危机有关时，银行的减震能力就会受损。在这种情况下，拥有以银行为导向的金融结构的国家的衰退程度是拥有以市场为导向的金融结构的国家的 3 倍。

3. 研究前沿分析

从关键词突现时间来看，国内 2020 年的突现词有 7 个，去除无效关键词之后共有 4 个，分别是金融风险、技术创新、绿色金融、普惠金融。而国外 2020 年的突现词只有 2 个，分别是企业社会责任与碳排放。而从金融风险的研究来看，周新辉和李富有（2016）从影子银行的发展角度研究金融结构与金融风险的关系，认为金融市场的不断演进和融资多元化进程，催生了金融创新和影子银行。影子银行作为一种新型金融工具和服务方式，对金融体系具有重要影响。现代金融结构的演进趋势是从以银行为主导向以市场为主导转变，而随着资本市场的发展和混业竞争的加剧，影子银行活动将呈现多元化和持续壮大的态势。中国影子银行活动在优化金融结构方面存在一定的正向效应，但影子银行活动的无序膨胀，在一定程度上增加了金融系统风险。

金融结构的作用角度研究，主要有绿色金融与普惠金融两个方面。从绿色金融的角度来看，国内外研究学者对绿色金融的研究都以碳排放衡量为主，都认为银行主导型的金融结构会显著增加碳排放，而市场主导型的金融结构会降低碳排放。但亦有学者提出了不同看法，Ahmad 等（2020）通过实证研究指出金融发展对能源消耗和碳排放具有双重影响。以银行为基础的金融结构增加了能源消耗和碳排放；而基于股票市场的金融结构减少了能源消耗和碳排放，提高了环境质量。从普惠金融的角度来看，华桂宏等（2016）在分析金融结构演化时展现的阶段性、区域性和金融结构优化后的扶贫效应基础上，建立了金融结构与普惠金融发展的联系，找到了它们的契合点。

有学者从不同的技术创新角度探讨了与之相应的金融结构，并得出结论：不同的金融结构内生于不同的风险—收益技术创新模式；银行体系偏好的技术创新模式具有低风险、可预测、收益稳定的特征；而市场导向较强的金融结构则更倾向于以高风险、收益不确定、不可预测为特征的技术创新模式。然而国外学者在金融结构与技术创新之间的关系上也提出了自己的观点。Muhammad等（2022）的研究表明，市场主导型的金融结构在推动技术创新方面扮演着比银行主导型金融结构更为重要的角色。中国高科技行业企业正从中国快速的金融发展中获得特权，且技术创新能力较强。民营企业充分利用中国快速发展的资本市场，不断地进行技术创新以增强企业的竞争力；国有企业在推进技术创新方面也不甘落后，它们借助国有信贷市场的持续金融支持快速发展。

（四）可视化分析结论

基于 CiteSpace 软件，本书系统梳理了 2010～2020 年国内外金融结构的相关研究，得到以下结论。

从金融结构的相关研究重点来看，国内外金融结构在研究领域涉及的内容众多，但整体来看主要分为两个方面：一方面是不同的金融结构如何更好地促进经济发展，另一方面是不同的金融结构如何更好地防范和化解金融风险与金融危机。

从金融结构的相关研究前沿来看，虽然早期存在许多不同，但在最新的研究方向上学者们逐渐趋于一致，即金融结构在变迁的过程中如何使更多的人获益，更多地惠及弱势群体，包括解决中小企业融资困难的问题，以及何种类型的金融结构对促进绿色发展有更大的作用。

二　有关金融发展对经济增长的影响研究

学者们对金融发展对经济增长的影响问题展开了广泛而深入的研

究，目前已有的研究主要聚焦金融发展与经济增长之间的相互作用、金融发展对经济增长的多种影响渠道以及金融发展对经济增长影响的异质性等方面。

（一）金融发展与经济增长的关系研究

最早对金融发展与经济增长之间的关系进行研究的理论，是Schumpeter（1912）提出的金融促进理论，该理论为我们提供了深刻的认识。接着，学者们对金融发展与经济增长之间的相互作用展开了广泛而深入的探究，现有研究主要得出以下结论。①金融发展推动了经济增长。大多数学者认为，之所以金融领域的发展对经济增长具有正向促进作用，是因为金融行业的发展可以降低信息获取成本和交易成本，改善公司的信息获取和治理情况，同时可以充分发挥金融市场的融资和资源配置功能，增强金融市场活力，提高资金利用效率，使资本由储蓄变为投资，进而促进经济增长。金融促进理论认为金融机构所具备的信用创造能力，以及由此带来的企业家创新能力，是经济发展的主要动力之一。②经济增长带动了金融发展。如冉茂盛等（2002）指出，中国的经济增长带动了金融发展。③金融发展与经济增长呈相互促进关系（Al-Yousif，2002；Christopoulas and Tsionas，2004；陶士贵、刘杨，2012）。如Goldsmith（1969）以金融相关比率作为一国金融发展指标，并通过对35国1860~1963年面板数据的实证研究，指出金融发展和经济增长具有相互促进作用。④金融发展与经济增长之间存在非线性关系。如De Gregorio和Guidotti（1995）发现，高收入国家的金融发展对经济增长产生的影响随着时间推移呈现多样化趋势。

（二）金融发展对经济增长的作用渠道

目前，对于金融发展对经济增长的确切影响途径，现有研究尚存较大分歧，主要分为以下几种观点。①资本效率渠道。一个运行良好的金融体系能够实现有效的资本积累（McKinnon，1973；King and Levine，1993a）与效率提升（Shaw，1973；谈儒勇，1999；Thiel，2001），并通过促进投资与技术进步从而推动经济蓬勃发展，并实现持续增长。

② 技术进步和创新渠道。Greenwood 等（2012）指出，美国经济增长主要归因于金融部门的技术进步和创新。Chowdhury 和 Maung（2012）的研究发现，金融市场的蓬勃发展为研发投资注入了强劲的动力，从而有效地推动了经济的蓬勃发展。③ 人力资本以及制度因素渠道。如熊鹏和王飞（2007）指出，中国金融发展与经济增长之间存在资本存量、人力资本和制度因素三种显著的传递途径。④ 储蓄投资渠道。如 Ang（2008）指出私人部门的储蓄和投资以及投资效率的提升，被视为金融发展对经济增长的推动力量。⑤ 外资及资源配置渠道。黄素心（2013）认为，吸引外商直接投资、促进对外贸易以及引导资源配置是金融支持中国经济发展的三条主要渠道。

（三）有关金融发展影响经济增长的异质性研究

金融发展对经济增长的影响呈现出异质性的特征，因为不同地区的经济和金融发展水平存在差异，所以金融发展对经济增长的影响也因地区而异。现有研究主要从金融市场类型和经济发展水平等方面进行考察。① 基于金融市场类型的异质性研究。Cetorelli 和 Gambera（2001）的研究表明，银行业的市场结构对经济增长产生了显著的正向影响，特别是在依赖外部融资产业的增长方面，银行业的集中度发挥了重要的作用。Levine 和 Zervos（1998）通过资本化率、交易比率和换手率指标来度量资本市场的发展程度，发现资本市场发展促进了经济增长。Liu 和 Hsu（2006）发现台湾的经济增长水平在股票市场的推动下得到了显著提升。赵振全和薛丰慧（2004）的研究发现，中国信贷市场对经济增长具有显著的促进作用，与之形成鲜明对比的是，股票市场未表现出明显的影响。王勋等（2011）的观点与其相近，优化金融结构、降低银行集中度、提升中小金融机构在银行业中的占比，将激发银行业内部的竞争，从而推动经济增长，然而直接融资对经济增长的影响并不显著。② 基于经济发展水平的异质性研究。Fink 等（2005）将国家样本按不同的收入水平或者经济发展水平进行划分，通过增长核算框架估算了 1990~2001 年 22 个市场经济体与 11 个转型国家的静态和动态面板数据，结果显示：市场经济体的金融发展水平在经济增长中处于弱势地位，转型国家的金融发展呈现出短期的积极影响（Khadraoui and Gharbi, 2012；彭俞超等，2017）。Masten 等（2008）、Bangaké 和 Eggoh（2010）的研究显示，将国家样本按照收入水平、经济发展水平划分，金融发展对发展中国家的经济增长作用明显大于发达国家。林春艳和司冠华（2012）也认为，经济增长催生了金融发展的区域性差异，在中国的大部分省份中，金融发展是经济增长的格兰杰原因。

三 有关金融发展对产业发展的影响研究

产业发展在经济绿色转型中占据着重要地位，审视金融发展对产业发展的影响具有重要价值。已有研究主要围绕金融发展对产业结构优化、环保产业、污染产业技术创新的影响等问题进行了考察。

（一）金融发展对产业结构优化的影响研究

学术界对金融发展和产业结构优化之间关系的研究存在三种意见。① 金融发展能够促进产业结构优化。金融发展一方面可以降低筹资成本，为产业结构优化提供融资支持（Sasidharan et al., 2015）；另一方面可以通过融资促进技术进步，进而促进产业结构优化升级（Pietrovito, 2014；周国富等，2020）。顾海峰（2009）进一步指出，金融支持产业选择的机制主要包括政策性选择机制和市场性选择机制。② 金融发展对产业结构优化起到抑制作用。尹林辉等（2015）、董嘉昌和冯涛（2020）指出，金融发展自由化程度不高、政府过度干预和金融资源内部空转造成金融扭曲发展等问题，弱化了金融发展对资源配置的效果，进而会抑制产业结构的优化。③ 金融发展对产业结构优化的影响呈现出一种非线性的趋势，即在促进发展的同时，会对其产生一定的抑制作用。Wurgler（2000）指出，对于处于发达状态的国家或地区，金融市场的资源配置效率会更高，金融发展能够促进产业结构升级。陶爱萍和徐君超（2016）、张卫东和石大千（2015）认为，金融发展对产业结构优化的影响受金融发展水平和经济发展水平的影响。侯丁和郭彬（2017）进一步指出，当金融领域的发展水平未达到最优特定值（或区间）时，提升其水平将有助于推动产业结构的优化升级；反之，提高其水平则会导致边际效应的递减。

（二）金融发展对环保产业的影响研究

相对于研究金融发展对经济增长和产业结构优化的影响，我们需要更深入地探讨和分析金融发展对环保产业的影响。当前关于金融发展对环保产业影响的研究相对较少，研究侧重于金融支持节能环保产业的效率测度及其影响因素分析。学者们大多选择 DEA-Tobit、DEA-Logit、协整检验等方法测算节能环保产业的金融支持效率及其影响因素等相关内容。具体有以下几个方面。① 在影响效果方面，董冰洁等（2015）研究发现，节能环保产业的发展受到金融规模、金融结构和金融效率的正向影响，尽管金融规模对产业发展的正向影响相对较小，但金融结构和金融效率对产业发展的正向影响却具有较强的显著性。此外，以银行为主导的金融结构对节能环保产业的资源配置效率具有更优的效果。刘常月（2020）同样认为，我国金融体系在支持节能环保产业发展过程中的资源配置效率有所增长。焦娇（2018）以产业的中间消耗系数作为依据，识别低能耗产业，采用增长态归因矩阵方法实证研究发现，金融业对低能耗产业的影响存在区域异质性。凌玲等（2020）通过直接分配系数和完全分配系数测度发现，环保产业与金融业的产业关联度呈现出明显的提升态势。② 在影响因素方面，资产负债率、企业成立年限、资产周转率、股权集中度和公司所在地等是影响节能环保产业金融支持效率的主要因素。其中，资产负债率与金融支持效率呈现负相关关系，而资产周转率和股权集中度则与金融支持效率呈现正相关关系。关于企业成立年限对节能环保产业金融支持效率的影响，学者们持有两种观点。马军伟（2013）认为，金融体系在节能环保产业领域为新兴公司提供了更高效的资源配置方案，尤其是对于那些成立时间较短的企业而言，其效益更为显著。而黄小英和温丽荣（2017）则认为，那些具有悠久历史的企业在行业内积累了丰富的经验，其技术研发和管理也更加成熟，因此其金融资源配置效率和金融支持效率也将得到进一步提升。相较于其他地区，金融体系对位于北京、上海和广东的节能环保产业公司的资源配置效率具有更为显著的影响，这一点从公司所在地来看尤为明显。

（三）绿色金融对污染产业技术创新的影响研究

绿色金融已成为金融业发展的主导方向，深入探究其对污染产业的影响，对于解决绿色经济问题具有至关重要的意义。现有研究主要侧重于绿色金融影响污染产业的效果、路径及异质性等方面。① 绿色金融对污染产业绿色技术创新有促进和抑制两种作用。"促进论"认为，绿色金融促进了污染企业的技术创新（Hu et al.，2021；Zhang et al.，2022）。重塑市场机制已成为清洁技术"逆市场逻辑"的必然趋势，而引入绿色金融则有助于消弭清洁技术所带来的不良影响（Wang and Shen，2016）。Liu 和 Zeng（2017）指出，通过实施利率上调和监管强化等措施，绿色金融对高污染、高能耗企业的资金供应进行了限制，从而导致它们的生产成本增加，不可避免地迫使清洁技术创新成为一种必然趋势。Wang 等（2017）也认为，绿色金融为污染企业绿色转型提供支持，降低了技术创新门槛和风险。而"抑制论"认为，绿色信贷抑制了污染企业的技术创新，在申请绿色发明专利的企业、非国有企业、小规模企业以及所处地区金融发展程度较低的企业中，这种负面影响更显著（曹廷求等，2021；杨柳勇、张泽野，2022）。陆菁等（2021）进一步指出，污染产业的技术创新受到了绿色信贷政策所带来的成本效应和信贷限制效应的双重压制。② 影响路径主要包括资金形成、资金传导、缓解信息约束等。Liu 等（2017）指出，绿色金融致力于为污染企业提供资金支持，以促进其工艺和设备的改造，同时推动清洁技术研发投入的增加，阻碍传统产业的融资渠道。胡梅梅等（2014）认为，从资金传递的角度来看，绿色金融的服务为那些渴望进行绿色化改造的企业提供了资金支持，这种金融驱动的资金从"两高"企业向这些企业转移，以满足其需求，从而促进了其可持续发展。周方召等（2020）进一步指出，绿色金融的推广不仅可以提升企业在社会中的形象，同时也为其拓展了与外部世界交流信息的渠道，从而增强了企业在全球市场中的竞争力，同时降低了技术创新所带来的不确定性。③影响的异质性。从企业视角来看，Lei 等（2017）认为，轻工业企业由于规模小、研发能力有限，往往会引进环保技术来避免潜在研发风险。在此过程中，企业面临着来自外部和内部的压力。当面对规模效应和技术壁垒的挑战时，企业必须通过自主创新来实现环保合规，这与重工业的蓬勃发展形成了鲜明的反差。从区域视角来看，绿色金融发展拓宽受到区域金融行业基础和政策支持力度的显著影响（方建国、林凡力，2019），并对其技术效应产生了深远的影响。何舜辉等（2017）进一步指出，我国东部地区创新能力强于中西部地区，在发达地区，产业的快速升级和雄厚的创新基础，为环境政策的技术效应实现提供了有力的支持。从产业类型来看，朱向东等（2021）指出，环境政策和研发投入的双重影响，对绿色金融的技术效应产生了显著的塑造作用，这种影响在不同行业和地区表现出多样性。本书运用面板数据模型，对我国各地区在绿色金融领域的技术效应进行了实证研究。绿色金融所带来的技术效应表现为，轻工业相较于重工业具有更强的竞争力，而西部地区则在这方面有更为优异的表现，超越了中部和东部地区。

四　有关金融发展对企业技术创新的影响研究

企业技术创新水平的高低直接决定企业生产效率的高低，进而影响经济绿色转型水平和效率。Schumpeter（1934）探索了金融发展对技术创新的促进作用，为推动经济增长奠定了基础，同时也为金融发展对技术创新的影响研究奠定了基础。随后，学者们分别围绕金融发展对企业技术创新的作用机制、不同金融市场对企业技术创新的影响效果等内容进行了深入研究。

（一）金融发展对企业技术创新的作用机制

金融发展对企业技术创新的作用机制，主要包括缓解金融约束和风险分散等方面。①金融发展能够缓解融资约束，促进企业技术创新。

Blackburn 和 Hung（1998）指出，由于金融体系的不完善，创新难以获得足够的外部资金支持，而金融自由化的实施则缓解了融资方面的限制。Aghion（2005）指出，企业创新活动需要长期稳定的大额资金，保证足够资金投入是企业创新活动能够顺利进行的基础。解维敏和方红星（2011）认为，企业可以通过金融发展为创新活动筹集资金，金融发展是企业创新活动重要的资金来源。金融发展拓宽了企业的融资渠道，提高了企业的融资效率，缓解了企业的融资压力（黄婷婷、高波，2020），促进了企业的创新投入（戴小勇、成力为，2015）。②风险管理与风险分散功能。金融机构可以凭借其在信息收集处理方面的优势，降低信息交易成本，促进市场挖掘有价值的新兴产业和创新项目，引导资金流向高效率的企业，提高资金配置效率（Greenwood and Jovanovic，1990；Allen and Gale，1999）。

金融发展通过金融体系帮助企业的创新项目筹集资金，从而达到风险管理与风险分散的目的。在分散风险的过程中，技术创新企业通过在金融市场发行有价证券实现横向风险分担，而金融中介机构通过风险内部化进行跨期风险分担（King and Levine，1993b；Allen and Gale，2000），使得外部投资者的资金流向高端创新项目，促进了企业创新活动的开展（杨志群，2013），进而推动了经济增长（江春、滕芸，2010）。风险管理与风险分散离不开企业创新项目信息的透明化与传递（World Bank，2011），从而保证投资者资金的安全。金融机构在汇集资金的同时也提高了信息收集能力，优化了技术创新项目融资的信息传递渠道，以实现信息的高效处理和传递（黄国平、孔欣欣，2009；周志刚、刘惠好，2014）。

（二）信贷市场与股票市场对企业技术创新的影响效果

①关于商业银行发展是否能够促进企业技术创新存在截然不同的两种观点。"促进论"认为，商业银行的发展会随着规模的扩张带来信贷资源的增加，规模效应降低了资金的边际成本，并提高了商业银行的资源配置效率，从而更好地为企业技术创新活动聚集资金（殷剑峰，

2006；马微、惠宁，2019）。彭俞超（2015）研究指出，商业银行经营的专业化与规模化可以促使其更好地利用信息资源优势，运用其独有的信息资源帮助进行企业创新项目的甄别与筛选，有效配置资产和进行风险管理，降低投后监督管理的成本，从而可以更好地促进企业技术创新。Herrera 和 Minetti（2007）指出银行与企业之间的联系可以促使银行获取更多的企业信息，从而缓解信息不对称的问题，企业与主要贷款银行信贷关系存续时间的增加促进了企业开展创新活动。相反，一些学者认为商业银行发展不能促进企业技术创新。Freel（1999）、Rajan 和 Zingales（2003）指出，商业银行与形成规模的大企业有稳定的借贷关系，可以帮助商业银行完成任务并赚取稳定的利润，因而商业银行倾向于保护已形成借贷关系的大规模企业，这会降低资源配置效率，限制新兴企业的发展，抑制企业的创新活动。Hellwig（1991）、Weinstein 和 Yafeh（1998）指出，商业银行作为风险规避者，在经营过程中获取固定信贷收益，从而倾向于支持稳定经营的企业。与此同时，商业银行投资风格趋于保守，更关心企业能否按时还本付息，而由于企业创新活动的高风险和不确定的特点与银行的信贷偏好错配，企业技术创新难以得到银行的资金支持。朱欢（2012）进一步指出，银行分支机构繁多，委托代理链条过长，更容易处理公开的财务报表与资信记录这类"硬信息"，而难以评估财务制度不健全的企业和创新项目。② 股票市场对支持企业技术创新具有促进作用。Stulz（2000）、Levine（2005）认为，股票市场具有分散风险的功能，可以运用多样化的金融工具，使企业以未来现金流为保证来筹集资金，将风险分散给多个投资者，这有利于资金流入高风险、高收益的创新型项目，使资源配置更有效率。Ilyina 和 Samaniego（2011）、钟腾和汪昌云（2017）、贾俊生（2017）认为，股票市场具有价格发现功能，是稀缺性资源的指示器，通过建立完善的股票市场机制，可以实现信息的透明化和资源的高效配置，从而推动企业技术创新项目的孵化。孙静（2019）指出股票市场的股东可通过选举董事会成员、增持或抛售股票以及建立薪酬激励机制等方式强化公司治理，缓解委托代理问题，有利于监督和促进企业创新项目的运行，提升创新成功率。相比于商业银行，资本市场对企业创新的促进作用得到了较多学者的肯定，但是也有学者持不同观点。Stein（1989）认为股票市场是短视的，倾向于锁定短期利益，股东可能会给企业管理层施加短期盈利压力，从而导致创新项目被放弃。Asker 等（2011）指出在企业管理层短视的情况下，上市公司的管理者可能会为了满足资本市场短期的业绩要求，倾向于减少长期的企业创新活动投资。

（三）金融规模、金融效率及金融结构对企业技术创新的影响

随着金融领域的不断拓展和深入研究，相关研究领域也在不断扩大，金融发展对企业技术创新的作用研究不断从新的角度展开。曹霞和张路蓬（2017）从金融规模、金融效率及金融结构三个维度来对金融发展和技术创新之间的关系进行梳理，并运用空间面板杜宾模型的实证方法进行计量回归，研究结果表明金融规模和金融效率对技术创新具有促进作用，然而，金融结构的优化并不能显著地推动技术创新。张杰等（2017）将金融发展对金融规模与金融效率的不同影响与信贷市场化给企业技术创新带来的负面效应区分开来，发现对于高度依赖外部融资的企业，扩大金融规模有助于企业研发投入增加，提高金融效率有助于其专利成果转化。对于金融领域的发展，我们需要从多个角度进行深入分析，包括但不限于金融结构、金融效率以及金融规模等方面，然而，我们得出的结论却存在差异。金融规模与金融结构之间并不存在明显正相关关系，而金融效率则与之有显著正相关关系。金融规模的推动效应已被研究证实（刘凤朝、沈能，2007），这一结论得到了广泛的认可。金融结构与经济增长之间具有正相关关系。然而，人们对于金融效率所带来的影响作用有一定的疑虑，王昱等（2017）认为提升金融效率有利于企业创新投资的增长，也是破解企业在创新投资中遇到的规模难题的重要手段；而姚雪松和凌江怀（2017）通过实证分析则发现，虽然目前金融规模的扩大对技术进步有明显的正向影响，但是金融效率的提高对技术进步有明显的负向影响，并且他们认为金融效率的提高常常导致整个金融市场风险的增加，使银行及其他金融机构害怕对不确定性大的技术创新项目进行投资。

五 有关金融发展对碳排放的影响研究

碳排放总量与碳强度的降低均意味着经济绿色转型水平的提高。因此，可以通过金融发展对碳排放的影响去分析其对绿色经济的影响，相关文献主要包括金融发展对碳排放的影响效果及作用机制等内容。

（一）有关金融发展对碳排放的影响效果

有关金融发展对碳排放的影响研究主要包括以下四种观点。① 金融发展能够抑制碳排放。顾洪梅和何彬（2012）、陈碧琼和张梁梁（2014）利用中国数据证明了金融发展对碳排放的抑制作用。周莹莹（2018）进一步指出，相较于发达国家，发展中国家金融发展水平的提升对碳排放的抑制效果更为显著，然而发达国家的碳排放强度却对金融发展产生了更为强烈的反作用。② 金融发展致使碳排放增加。Dasgupta 等（2001）指出，股市的发展对于上市公司而言是降低融资成本、拓宽融资渠道、引进新设备、投资新项目、增加能源消耗和碳排放的重要助力。Sador-sky（2010）持有相同的观点，认为随着金融行业的蓬勃发展，消费者获得贷款变得更加便捷，这也使得他们更容易购买大型家电，如冰箱、洗衣机等，而这些家电的使用也进一步刺激了二氧化碳的排放。同样，Zhang（2011）、熊灵和齐绍洲（2016）、张丽华等（2017）、陈向阳（2020）的实证研究均得出中国的碳排放增长离不开金融领域的积极发展。③ 金融发展对碳排放的异质性影响。朱东波等（2018）从中国金融包容性发展的区域性差异视角进行分析，发现中西部地区金融发展对于减少碳排放具有积极作用，而东部地区的金融发展则会导致碳排放的增加。当以金融发展为门槛变量时，其对碳排放的影响逐渐减小，而以经济增长为门槛变量时，其对碳排放的影响逐渐增大。张丽华等（2017）通过增加相关指标对地区金融发展对碳排放的影响进行了深入研究，揭示了金融发展对碳排放的整体推动作用，而保险业的积极参与则显著降低了碳排放水平。任力和朱东波（2017）提出金融发展对环境质量产生的影响主要体现在规模效应、技术效应和结构转型效应等方面。金融发展影响环境质量的规模效应为负、技术效应不确定、结构转型效应为正。④金融发展与碳排放存在非线性关系。胡金焱和王梦晴（2018）通过对我国30个省份1998~2015年的面板数据进行深入研究，探究了金融发展与二氧化碳排放强度、技术创新之间的相互作用，在此基础上深入探究了不同区域金融发展对碳排放强度的影响程度和作用机理，并将其分为经济发达、中等收入和低收入三类区域进行实证检验。研究表明，在环境库兹涅茨曲线的理论框架下，金融发展水平与二氧化碳排放强度之间呈现出一种倒U形的关系。彭智敏等（2018）从金融规模和金融效率两个角度发现，长江经济带的金融规模与城市碳排放之间呈现出一种倒U形的关系，即金融规模的扩大对碳排放的影响呈现出先促进后抑制的趋势，但这种影响在不同地区之间存在一定的差异；而金融效率的提升则有助于碳减排。何运信等（2020）研究发现，直接融资与间接融资之比、中小银行在行业中所占比例与二氧化碳排放强度呈现出明显的负相关关系，而新兴金融与传统金融之比与二氧化碳排放强度则呈倒U形的关系。

（二）有关金融发展对碳排放的作用机制

在考察金融发展与碳排放的关系时，学者们通过引入不同的变量进一步检验了二者之间的协同效应、交叉效应和门槛效应，从而得出了金融发展影响碳排放的具体机制，主要内容包括以下几个方面。①技术进步渠道。Shahbaz（2013）系统研究了金融发展对碳排放的影响渠道，揭示了金融发展在推动绿色技术进步、降低绿色融资成本以及减少碳排放方面的作用，同时金融的示范效应和杠杆效应也有助于降低碳排放行业的投融资风险。叶初升和叶琴（2019）的研究也发现金融结构在促进创新和减少碳排放方面发挥着重要作用，偏向市场的金融结构有助于强化创新和减排机制，从而显著降低碳排放的强度。赵军等（2020）

以异质性技术进步为切入点，建立中介效应模型，通过实证分析金融发展对碳排放的影响，揭示了环境技术进步和技术选择进步对碳排放的稀释效应，从而削弱了金融发展对碳排放的促进作用。而陈亮和胡文涛（2020）持相反意见，他们认为金融发展并不能有效地减少碳排放，单纯的技术进步对碳排放减少的影响也并不显著。② 经济增长与技术进步双重作用。严成樑等（2016）指出金融发展在推动创新的同时，通过促进经济增长和扩大能源消费的方式，有效地减少了碳排放，但最终的效果取决于两种因素的平衡。吴姗姗（2018）通过将银行信贷变量引入索洛增长模型和内生增长模型，提出银行信贷对碳排放的影响可以通过两种途径实现：一是对经济增长施加影响以影响碳排放规模，二是对技术进步产生影响以影响碳排放强度。梁琳和林善浪（2018）通过对中国 30 个省份 2000~2015 年的省级面板数据进行综合分析，从碳排放量和碳排放强度两个角度出发，探讨了中国金融体制对碳排放的影响及其潜在的传导机制，重点关注了银行业和证券市场的结构特征。实证检验结果表明，在控制其他因素后，金融规模、金融效率以及金融市场对外开放程度均与碳排放量存在显著正相关关系，其中金融市场对外开放程度是主要解释变量。研究表明，通过技术创新渠道推动股票市场的发展，有助于实现经济增长方式的转型升级，提高经济效益，并有效减少碳排放；债券市场则通过增加企业融资成本、降低经济活动能源利用效率来促进经济结构调整，从而间接抑制碳排放。随着城镇化进程的不断推进，银行部门的发展对碳排放产生了显著的影响。进一步地，股票市场和银行部门都在降低碳排放强度方面发挥着重要作用。股票市场在推动中国经济向绿色低碳发展方向迈进方面扮演着比银行部门更为重要的角色，因为其主导的金融结构能够更有效地促进经济增长。③ 产业结构升级与对外贸易等渠道。也有学者从产业结构升级和对外贸易等渠道考察了金融发展对碳排放的影响。何运信等（2020）指出，通过促进技术进步和产业结构升级，金融总量的增长和结构的优化都能够有效地降低二氧化碳排放强度。李影等（2020）研究表明，共建"一带一路"国家的对外贸易和金融发展之间存在相互作用，当金融发展水平较低时，对外贸易会对环境造成负面影响；而当金融发展水平较高时，对外贸易则发挥着抑制碳排放的作用。

六　有关金融发展对环境污染和绿色经济效率的影响研究

经济绿色转型以降低环境污染排放、提高经济绿色转型效率为目标。考察金融发展对环境污染和绿色经济效率的影响能够清晰直观地判断出金融发展对绿色经济的影响效果与作用机制。

（一）有关金融发展对环境污染的影响研究

随着科技水平的提升以及赤道原则的推行，金融发展呈现出数字化、高效化的趋势，金融与科技不断融合，绿色金融逐渐兴起。当前，科技金融与绿色金融逐渐成为金融发展的主导方向。学者们对金融科技和绿色经济影响环境污染问题进行了广泛的研究。① 金融发展与金融科技对环境污染的影响。任力和朱东波（2017）认为金融的演进对环境品质产生了深远的影响，其中规模效应、技术效应和结构转型效应是三个不可或缺的方面，它们共同塑造了金融体系的面貌。研究表明，金融发展对环境质量的规模效应影响为负，对环境质量的技术效应影响不确定，对环境质量的结构转型效应影响为正。房宏琳和杨思莹（2021）根据对中国 285 个城市面板数据的实证研究，得出金融科技创新在遏制城市环境污染方面展现出了显著的成效；在控制了其他影响因素之后，金融科技创新对城市环境污染的抑制作用仍然存在。在城市污染程度较高的情况下，金融科技创新所带来的减排效应显著优于那些污染程度较低的城市；而在中西部城市，其减排效应也明显优于东部城市；此外，在城市科教资源质量较低的情况下，其减排效应显著优于那些科教资源质量较高的城市；在外围城市，金融科技创新所带来的减排效应显著超越了中心城市，这一点毋庸置疑。②绿色金融对环境污染的影响。绿色金融对经济的影响渠道是通过解决融资问题和支持绿色技术创新来促进经济结构转型升级（周倪波，2010；彭岚等，2019），通过提升技术水平推动经济高质量发展（田惠敏，2018；周琛影等，2022）。绿色金融对低碳经济的影响体现在绿色信贷水平上，在绿色信贷水平较低的情况下，绿色低碳技术的进步会受到抑制，但随着绿色信贷的不断发展，在达到一定水平后，绿色低碳技术将会得到改进，这种促进关系呈现出明显的"U"形特征（刘海英等，2020）。绿色金融的资金和技术支持促进了循环经济的发展；绿色金融通过投融资行为为应用新技术的环保产业提供支持，引导资金流向，推动经济结构的优化（王佳佳、赵慧娥，2015）。绿色金融在推动生态治理和保护方面扮演着至关重要的角色，同时也是应对群体性公共卫生事件的重要力量（邱兆祥、刘永元，2020）。绿色金融对生态的另一影响就是对我国水资源的节约起到积极作用（高晓燕等，2019）。通过深入推进绿色金融，企业和个人已经树立了绿色生产和消费的理念，并将其融入生产和消费的全过程中，最终实现了水资源的有效节约。

（二）金融集聚对绿色经济效率的影响

金融集聚是金融发展的具体体现，金融集聚对绿色经济效率的影响问题也是学者们的研究热点。相关研究主要围绕金融集聚对绿色经济效率的作用机制与空间溢出效应等内容展开。① 金融集聚与绿色经济效率的关系，魏茹（2018）提出产业结构高级化视角下，金融集聚会显著提升城市绿色经济效率。游士兵和杨芳（2019）从"金融—实体经济"结构匹配视角分析得出，高比重的资本密集型产业可以促进市场型融资结构的形成，从而提高金融服务实体经济的绿色发展效率。而葛鹏飞等（2018）持有相反的观点，他们利用"一带一路"跨国面板数据研究发现，金融发展与绿色全要素生产率呈负相关关系。此外，张帆（2017）、陈彤等（2020）、张钟元等（2020）都认为金融发展与绿色经济效率呈现 U 形非线性关系。陈爱珍（2021）提出在我国的东部、中部、西部三大区域之间，由于金融集聚程度的差异，东部和中部地区的金融集聚对绿色发展产生了积极的影响，但西部地区的影响并不显著。② 在金融集聚影响绿色经济效率的作用机制方面，一是规模经济效应，金融集聚加快金融资源整合和信息交流，进一步促进区域投资和储蓄结构的优化，降低金融服务部门的运营成本，优化资源配置；二是外溢效应，金融集聚加速了金融资源在不同区域之间"极化效应"和"涓流效应"的传递，从而推动了技术、信息和知识等生产要素的合作共享，逐步形成了对相邻区域的外溢效应；三是溢出效应，金融集聚通过促进当地产业结构优化调整以及产业集群化程度提高来带动周边地区产业结构调整。在某一区域内，金融集聚所吸纳的人力、技术和知识等生产要素的集聚，为当地经济转型升级和企业创新发展注入了动力。③关于金融集聚的空间溢出效应，王锋等（2017）、张浩然（2014）、曹鸿英和余敬德（2018）却认为金融集聚不仅提高了本地经济绩效，还对相邻地区存在明显的空间溢出效应。在综合考虑经济和地理因素后，陈林心和何宜庆（2016）、刘继和马琳琳（2019）发现，金融集聚呈现出空间同质性的特征，并且能够促进本地生态效率提升。郑耀群和葛星（2020）的研究表明，区域间生态效率的空间溢出效应受到金融集聚的影响，从东部到中部和西部，金融集聚和生态效率呈现出逐渐减弱的趋势，这种趋势在时间和空间上表现出明显的差异。局部的集聚和集聚所带来的阴影效应，是区域差异的根源。袁华锡等（2019）进一步指出，金融集聚对绿色发展效率的空间溢出效应呈现出明显的空间衰减特征，在方圆300公里以内形成了一个向外扩散的负向区域，而在400~600公里的范围内则形成了一个向外扩散的正向区域。朱广印和王思敏（2021）也提出金融集聚对绿色经济效率的非线性影响呈 U 形特征，且以本土效应为主，同时受"涓流效应"和"虹吸效应"的影响，空间溢出效应则未表现出明显的影响。

七　文献述评

综合而言，已有文献对金融发展如何影响经济增长、产业发展、企业技术创新、环境污染及绿色经济效率等问题进行了广泛而深入的研究，这为我们考察金融发展对经济绿色转型的影响奠定了前期基础，具有良好的参考价值，但相关研究在以下几个方面仍显薄弱。一是现有文献多为实证研究，理论分析匮乏。绿色经济总量涉及经济总量、环境污染及碳排放总量，虽然多数文献肯定了金融发展对经济总量的正向作用，同时也指出了金融发展能够减少碳排放总量和环境污染总量，但从这些结论中无法推断出金融发展对经济绿色转型的影响，尤其是对绿色经济结构及其效率的影响。企业技术创新是降低碳排放和减少环境污染的有效途径，学者们认同金融发展对企业技术创新的推动作用，这为考察金融发展驱动企业创新进而促进经济绿色转型提供了佐证。但是金融发展对经济绿色转型的作用机制是一个复杂的系统，其影响及作用路径仍有待进一步考察。多数研究并未从理论层面探究金融发展对经济绿色转型的作用机理，也未有文献按照服务对象区分金融发展类型，而绿色金融、褐色金融影响企业、产业及区域经济绿色转型的机制与效果并不相同。二是现有实证研究大多集中于测度与分析国家整体或某个区域的经济绿色转型水平，而金融发展对不同企业、产业及区域的作用机制与效果并不相同。其中，在金融发展对企业影响的研究中，多数研究并未区分企业类型。在实践中，金融机构通常会根据项目污染程度制定相应的信贷政策，同样，政府也会根据产品清洁程度给予相应的奖励，而企业生产决策在一定程度上会受到企业规模、产权性质等因素的影响。在金融发展对产业影响的研究中，现有研究多从三次产业划分的角度去考察产业结构，而绿色产业与污染产业的结构变化更能反映经济绿色转型的结构特征。在金融发展对区域影响的研究中，多数研究并未考虑区域异质性问题。现实中，各地区的金融发展水平、产业结构及技术吸收能力并不相同，因而对各地区的影响将存在显著的异质性特征。鉴于此，本书将构建 DSGE 模型，从理论与实证两方面系统研究绿色金融、褐色金融影响不同企业、产业及区域经济绿色转型的机制与效果。在实证研究中，将企业样本根据污染程度、企业规模、产权性质等进行细分；将产业按照绿色产业、褐色产业进行区分；结合区域产业结构、技术吸收能力、金融发展水平等因素来考察区域异质性问题。

第四节　研究思路、内容及方法

一　研究思路

本书结合新发展阶段金融发展的趋势，从金融发展的规模、结构、效率层面构建金融发展指标，同时分别从企业层面和产业层面按照污染程度进行划分，从理论和实证两方面系统探究金融发展对各类企业、产业及区域经济绿色转型的作用机制与影响效果，以期为健全金融体系、增强金融功能、促进经济绿色转型奠定理论基础和提供决策参考。

本书遵循问题提出→理论建模→现状分析→实证检验→对策研究的思路。具体而言：首先，在总结前人关于金融发展理论和模型研究的基础上，界定金融发展、经济绿色转型等相关概念，构建金融发展影响绿色经济增长的一般均衡模型，从理论层面解析金融发展对经济绿色转型的作用机理；其次，总结归纳前人经验，选取指标综合测度我国金融发展水平与经济绿色转型水平；再次，使用投入产出数据，建立固定效应、中介效应、调节效应、门槛效应等模型实证检验金融发展对产业、企业、区域绿色发展的影响，验证理论分析结果，并为对策建议的提出提供依据；最后，结合金融发展的国际经验，遵循中国新发展阶段经济绿色转型的总体目标，探讨通过深化金融发展推动我国经济绿色转型的具体对策。具体技术路线如图 1.2 所示。

二　研究内容

本书的主要研究内容分为五部分（共计 9 章），具体内容安排如下。

第一部分为研究问题的引入（第一章）。该部分是本书的提纲挈领，主要阐述了四个方面的内容：一是介绍了选题的背景与意义；二是分别从金融结构文献的可视化分析、金融发展对经济增长的影响、金融

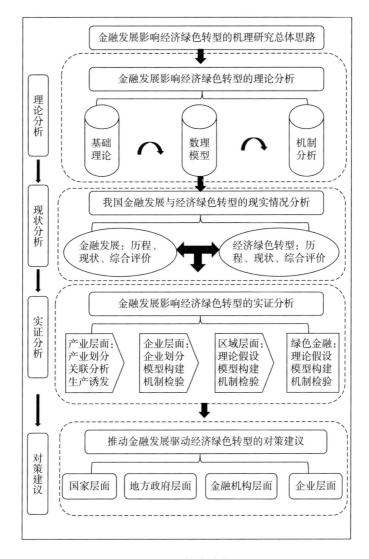

图 1.2　技术路线

发展对产业发展的影响、金融发展对企业技术创新的影响、金融发展对碳排放的影响、金融发展对环境污染和绿色经济效率的影响等方面对相关文献进行梳理与评述；三是详细介绍了本书的研究方法和主要内容；四是对本书的创新和不足之处进行说明。

　　第二部分为理论分析部分（第二章），本部分主要对金融发展影响经济绿色转型的途径与原理进行系统分析，为后文的实证研究与对策建议提出奠定理论基础。具体内容包括：首先，对金融发展、金融抑制、金融自由化、金融集聚、金融包容、绿色金融、金融创新、互联网金融与科技金融等概念进行界定，系统梳理金融深化论、金融约束论、金融内生增长理论、新制度金融发展理论、金融可持续发展理论等金融发展相关理论；其次，对低碳经济、绿色产业等经济绿色转型的相关概念进行界定，系统梳理外部性理论、科斯定理、环境库兹涅茨曲线假说、可持续发展理论、循环经济理论、生态资本理论等经济绿色转型的相关理论；最后，系统考察金融发展对经济绿色转型的影响，通过数理模型识别经济绿色转型的作用机制与主要影响因素，并从政府行为视角分析政府预期目标下金融发展对经济绿色转型的作用效果。

　　第三部分是现状分析部分（第三章和第四章）。此部分主要介绍了我国金融发展与经济绿色转型的历程、评价指标及综合评价，为后文的实证分析奠定现实基础。在金融发展方面，主要包括三方面内容。一是回顾我国金融发展的历程。新中国成立以来，我国的金融发展先经历了为计划经济服务的"大一统"金融体制，包括建立统一的货币制度、建立高度集中的金融体系、以银行信用取代商业信用；随后开始构建社会主义现代化建设时期的多元化金融体系，具体是构建多层次银行体系，推动非银行金融市场快速发展、外汇管理体制创新性发展；自1998年亚洲金融危机以来，我国金融体系进行了市场化改革，具体包括金融体制的市场化改革、绿色金融萌芽发展、建立分业监管的金融监管体制；自2012年以来，我国开始构建新时代中国特色社会主义金融体系，推动金融与科技融合、绿色金融差异化发展、全面深化金融改革。二是构建我国金融发展水平的综合指标体系，本部分首先归纳和总结金融发展的综合指标，选取金融规模、金融结构、金融效率作为金融发展的二级指标；其次，系统回顾和总结已有文献对金融规模、金融结构、金融效率的测度指标，为强化层次性，结合各类二级指标的主要特征，将其细化为以宏观金融、金融业、金融市场为主体的三级指标；最后，在此基础上进一步构建金融发展的综合指标体系。三是结合前文选取的指标，从金融规模、金融结构、金融效率的指标体系中选取可得性指标对我国区域金融发展的时空演化情况和综合发展水平进行测度分析。具体是从金融业增加值、金融机构人民币各项存贷款余额、股票市价总值、股票筹资额、保费收入与保费支出等角度考察金融业总规模、银行业规模、证券业规模以及保险业规模现状；从证券业与银行业的比例结构、保险业与银行业的比例结构等角度考察金融结构；从银行业的资金转化效率、股票市场的筹资效率、保险业的赔付率等角度考察我国银行业金融效率、证券业金融效率以及保险业金融效率。最后构建综合指标体系，评价我国金融发展的综合水平。研究发现，我国金融规模不断扩大、金融结构得以优化、金融效率得到提高。从区域视角看，东部地区的金融资源总量远高于中西部地区。

在经济绿色转型方面，为全面系统地刻画中国经济绿色转型水平的时空演化特征，本书设置了三部分内容。一是考察我国绿色经济的发展历程。本书根据国家颁布并实施的各项方针政策，将我国的经济绿色转型历程分为萌芽阶段、初步发展阶段和快速发展阶段。在萌芽阶段，中国的环保意识开始觉醒，人们开始呼吁政府采取措施来保护环境；在初步发展阶段，我国提出生态文明理念，加强环境法律法规的颁布与实施，为未来绿色经济的进一步发展奠定了坚实基础；在快速发展阶段，我国提出"生态文明建设""碳达峰、碳中和"等战略目标，并实现了生态环境质量的不断优化以及社会民生保障水平的稳步提升。二是考察我国经济绿色转型现状，本书分别从绿色经济规模、绿色经济结构及绿色经济效率的视角进行系统分析。在规模层面，选取绿色 GDP 测度绿色经济规模。数据分析发现，我国绿色经济规模逐步扩大，各地区经济绿色转型规模差距显著。在结构层面，选取环保产业与污染产业之比来测度绿色经济结构。研究发现，绿色经济结构不平衡主要表现在地区分布上。在效率层面，选取 GDP 与污染物排放总量的比值衡量绿色经济效率，并通过非径向 SBM-DDF 模型、Super-SBM 模型和 GML 指数、SBM 方向距离函数和 GML 指数测算绿色全要素生产率。研究发现，绿色经济效率也呈现显著差异。我国东中西部地区在经济绿色转型方面呈现差异化的特点，东部地区以较大的绿色经济规模、较强的创新能力和金融支持为特点，中部地区在适应性调整和均衡发展方面取得积极进展，西部地区则在资源优势和环境挑战中寻求发展平衡。三是识别我国经济绿色转型综合水平，使用熵权法分别对绿色经济规模、绿色经济结构和绿色经济效率数据进行加权，对绿色生产、生态环境、绿色生活、社会发展 4 个维度下的 16 个三级指标进行加权，计算得到 30 个省份的经济绿色转型综合指数。两类数据的测算结果均显示，东部地区是综合指数最高的区域，中西部地区的综合指数近年来也保持上升的态势。

第四部分是实证分析部分（第五至八章）。第五至七章分别考察了金融发展对产业绿色发展、企业绿色发展及区域经济绿色转型的影响机制，第八章考察了绿色金融对经济绿色转型的影响机制。

有关金融发展对产业绿色发展的影响机制分析。主要包括以下四方面内容。一是对国内外划分污染产业和环保产业的方法及其优缺点进行梳理，依据产业的综合污染密集指数将国民经济产业部门划分为 8 个重度污染产业、6 个中度污染产业、12 个轻度污染产业和 15 个非污染产业，并将重度污染产业和中度污染产业整体划分为污染产业，将轻度污染产业和非污染产业整体划分为环保产业。根据产业要素的密集度，可将其划分为劳动密集型、资本密集型和技术密集型三个不同的产业类型。二是依据污染产业和环保产业的划分结果，选取 2005 年、2010 年、2015 年和 2020 年的投入产出表对环保产业和污染产业的增加值结构、使用结构和产出结构进行分析。结果发现，污染产业属于中间需求率和中间投入率都高的中间产品型产业，环保产业属于中间投入率大、中间需求率低的最终需求型产业。从静态看，污染产业和环保产业的产出主要由乘数效应和溢出效应带动，其中溢出效应更强。从动态看，污染产业产出的增加主要由溢出效应驱动，而环保产业产出的增加更多依靠乘数效应驱动。三是根据 2005 年、2007 年、2010 年、2012 年、2015 年、2017 年和 2020 年投入产出表计算金融业对环保产业和污染产业的分配系数、消耗系数、影响力系数和感应度系数，分析金融业与环保产业和污染产业的产业关联效应，即金融业对环保产业和污染产业的供给推动作用和需求推动作用。结果发现，从供给推动作用看，金融业对环保产业和污染产业的间接供给推动作用均大于直接供给推动作用，金融业对环保产业的直接货币供给推动作用强于污染产业。金融业对环保产业的货币供给推动作用平稳发展，对污染产业的货币供给推动作用自 2012 年起呈明显的下降趋势。从需求拉动作用看，金融业对环保产业的需求拉动作用强于污染产业，且整体呈上升趋势；金融业对污染产业的需求拉动作用则呈下降趋势。金融业对污染产业的间接需求拉动作用远大于直接需求拉动作用。四是计算环保产业和污染产业的最终依赖度系数，以及金融业最终需求项目（消费和出口）对环保产业和污染产业的生产诱发额和生产诱发系数，分析金融业对产业绿色发展的影响渠道和效果。结果发现，出口对产业增长的拉动作用逐渐减弱，产业增长主要依靠消费需求和投资需求驱动，投资需求的拉动作用逐渐增强。金融业最终需求的变动对环保产业和污染产业的生产诱发额均呈逐年上升的趋势，且最终消费的生产诱发额占主体地位。但金融业出口的生产诱发作用要强于消费。从生产诱发系数看，金融业对污染产业的生产诱发系数要高于环保产业，且对污染产业的生产诱发系数呈明显的阶段特征。这也说明我国实施的绿色金融政策有效抑制了污染产业的发展，但对环保产业的支持侧重于数量的增加，促进环保产业发展的效果并不明显。

有关金融发展对企业绿色发展的影响机制分析，主要内容如下。一是从国家近年来对污染企业与绿色企业所采取的政策层面、金融体系引导经济绿色转型实践层面，以及污染企业与环保企业的绿色创新发展、地区金融发展水平及创新投入的数据关系层面系统分析了地区金融发展水平影响企业绿色发展的客观现实。在此基础上，对金融发展水平影响企业绿色发展的问题提出理论假设。二是建立基准回归模型检验理论假设，具体是以 2009~2021 年的中国沪深 A 股上市公司为研究样本，检验了区域金融发展对上市公司绿色创新发展的影响。研究结果表明，区域金融发展对上市公司绿色创新发展具有显著的促进作用。在控制变量中，净资产收益率、资产负债率、独立董事比例、机构投资者持股比例、账面市值比、区域对外开放程度对企业绿色创新发展具有显著的正向影响，而股权集中度、两职合一显著抑制了企业绿色创新发展。三是细化样本展开进一步分析。将企业样本划分为污染企业样本与非污染企业样本，将解释变量细分为金融规模、金融结构和金融效率。研究发现，区域金融发展对污染企业绿色创新发展的促进作用更大。细分解释变量中，区域金融规模、金融结构对企业绿色创新发展具有显著的促进作用，而金融效率对企业绿色创新发展的影响不显著。在污染企业样本下，金融规模、金融效率与金融结构均对企业绿色创新发展具有显著的正向影响；在非污染企业样本下，仅金融结构对企业绿色创新发展具有显著的正向作用，金融规模与金融效率对企业绿色创新发展的影响均不显著。四是进行影响机制分析，以企业的融资约束、创新投入与债务结构作为中介变量，以产权性质和媒体关注作为调节变量，分别构建了中介效应模型和调节效应模型，以便更好地理解金融发展对企业绿色创新发展的作用机制。中介效应回归结果显示：融资约束、创新投入与债务结构不存在完全中介效应，它们均起到部分中介作用，证明金融发展水平不仅能够直接促进企业绿色发展，还能通过影响企业融资约束、创新投入与债务结构间接促进企业绿色发展。调节效应回归结果显示：产权性质和媒体关注可以显著调节金融发展与企业绿色创新发展的关系，国有企业以及媒体关注度越高的企业，其所在区域的金融发展越能促进自身的绿色创新发展。

有关金融发展对区域经济绿色转型的影响机制分析，主要内容如下。第一，回顾了金融发展推动经济绿色转型的典型事实，研究发现，在可持续发展战略、生态文明建设以及"碳达峰、碳中和"目标下的经济绿色转型的不同阶段，我国在金融市场、金融产品、金融监管等领域进行了金融创新实践，为经济绿色转型奠定了基础。第二，在提出理论假设的基础上，构建了以金融发展水平、金融规模、金融结构和金融效率作为被解释变量的基准回归模型。回归结果显示，金融发展水平对我国经济绿色转型有正向促进作用，金融规模对经济绿色转型有正向促进作用，金融效率对经济绿色转型有负向作用，金融结构对经济绿色转型的影响并未通过显著性检验。在控制变量中，城镇化水平、政府干预程度、能源消耗结构对经济绿色转型有负向作用。科技扶持度、环保重视度、对外开放程度的提高会显著提升人们的环保意识，促进经济绿色转型。上述模型通过了稳健性检验和内生性检验。第三，将30个省份分为东部、中部、西部地区进行分组回归来考察区域异质性，研究发现，东中西部地区的金融发展水平提高均对本地区经济绿色转型有正向的促进作用。从金融发展的分项指标看，西部地区金融规模对经济绿色转型有显著促进作用，东中部地区不显著；中部地区金融结构优化显著促进了经济绿色转型，东西部地区不显著；东西部地区的金融效率提高显著抑制了经济绿色转型，而中部地区不显著。第四，分别以技术创新水平、人力资本水平、产业结构绿色化水平作为中介变量，以财政压力水平和环境规制水平作为调节变量，以金融发展水平、金融规模、金融结构、金融效率作为门槛变量，分别建立了中介效应模型、调节效应模型、门槛效应模型。其中，中介效应的结果显示：技术创新水平、人力资本水平、产业结构绿色化水平均起到部分中介作用。调节效应结果显示：环境规制自身能够促进经济绿色转型，而且环境规制会强化金融发展对经济绿色转型的促进效果。政府财政压力的加大不仅会抑制经济绿色转型，而且会扭转金融发展对经济绿色转型的作用效果。门槛效应结果显示：金融发展水平、金融结构、金融效率不存在门槛效应，金融规模存在单门槛效应，当金融规模小于等于门槛值0.3321时，金融规模与金融结构对经济绿色转型的影响为正但不显著；金融效率对经济绿色转型的影响为负但不显著。当金融规模大于门槛值0.3321时，金融规模对经济绿色转型的影响为正但不显著；金融结构对经济绿色转型的影响为负但不显著；金融效率对经济绿色转型的影响为正且显著。

有关绿色金融对经济绿色转型的影响机制分析，主要内容如下。一是进行研究假设，从理论层面揭示绿色金融影响经济绿色转型的作用机制：绿色金融的基本功能是通过引导金融资源合理配置来实现对生态环境的治理。在这一进程中，绿色金融将推动绿色经济蓬勃发展，进而促进绿色技术的不断创新。绿色金融与经济绿色转型之间存在非线性关系，随着地区经济发展水平的不断提升，绿色金融对经济绿色转型的推动作用越来越明显。二是建立绿色金融影响经济绿色转型的基准回归模型、中介效应模型、门槛效应模型，随后采用合成控制法，将绿色金融改革创新试验区看作一项政策冲击，在准自然实验的框架下评估绿色金融改革创新试验区建设的绿色技术进步效应。三是对变量和数据来源进行说明，随后进行回归分析和稳健性检验。本部分得到以下研究结论。①基准模型回归显示，绿色金融显著促进了地区的经济绿色转型。科技扶持度提升对经济绿色转型有推动作用，而财政压力水平、能源结构碳排放强度的提升都不利于经济绿色转型水平的提升。此结果经过更换被解释变量和增加控制变量检验后依然稳健。②以绿色技术创新水平作为中介变量的中介效应模型回归结果显示，绿色金融发展水平对经济绿色转型水平影响的总效应为 0.3780，直接促进效应为 0.2996，绿色金融通过绿色技术创新影响经济绿色转型的间接效应为 0.0783，绿色技术创新不存在完全中介作用，起到部分中介作用。③以地区经济发展水平作为门槛变量的门槛效应模型回归结果显示，模型存在单一和双重门槛效应，当地区经济发展水平小于等于第一门槛值 1.0300 时，绿色金融发展对经济绿色转型的推动作用并不显著。当地区经济发展水平大于 1.0300 而小于 1.7448 时，绿色金融的发展能够显著促进经济绿色转型。当地区经济发展水平大于 1.7448 时，绿色金融发展对经济绿色转型的促进作用进一步增强。④以绿色专利申请量作为被解释变量，选择长沙市、北京市等城市作为配对城市，对广州和合成广州、南昌和合成南昌的绿色技术创新水平演变趋势进行合成控制分析。研究发现，2017 年之前，合成广州和合成南昌均能够较好地拟合绿色金融改革创新试验区设立前真实广州和真实南昌的绿色技术创新水平发展趋势，在 2017 年后，两个城市与其合成城市的路径分异呈现不断扩大的趋势，说明绿色金融改革创新试验区的设立对广州和南昌的绿色技术进步具有正向的促进效应。在经过安慰剂检验和双重差分检验后，该结果依旧稳健，表明绿色金融改革创新试验区的设立能够促进绿色技术水平的提升。

第五部分是对策建议部分（第九章）。此部分从国家、地方政府、金融机构、企业四个层面分别设计了相应对策。

具体内容包括以下四部分。首先，应发挥国家在经济绿色转型中的主导功能。通过构建统一的绿色经济标准体系、设定规范的绿色信息披露标准、推进绿色经济标准的国际化进程，完善绿色经济标准体系；通过健全绿色经济法律法规、完善绿色经济激励政策、建立与完善绿色金融风险监管体系，完善绿色经济政策体系；通过完善绿色技术创新的激励和保障系统、强化绿色专利的审批与成果转化，建立绿色技术创新的保障体系。其次，应强化地方政府在经济绿色转型中的协同作用。具体通过结合地区实际制定经济绿色转型目标、结合地区优势制定经济绿色转型方案，因地制宜地制定经济绿色转型规划；通过制定绿色经济的地方财政支持政策、绿色经济配套支持政策，建立与完善绿色经济地方支持政策；通过设立地方绿色经济资金平台、打造地方绿色经济协同创新平台、建立绿色经济服务平台，加强绿色经济基础设施建设。再次，应强化金融机构在经济绿色转型中的引导作用。具体通过协助宣传和解读绿色经济政策、强化金融支持的产业导向和地区导向、完善绿色金融运营管理制度、建立全流程风险管理体系、强化绿色金融市场创新机制、拓展绿色金融产品创新领域等方式驱动经济绿色转型。最后，发挥企业在经济绿色转型中的主体作用。具体通过引入生态设计理念、创新清洁生产过程、提高企业环境信息披露的主动性、提高企业环境信息披露质量、调整融资规模结构、改善融资期限结构以吸引绿色投资，使其支持企业绿色技术创新与绿色发展。

三 研究方法

本书旨在综合运用归纳总结和逻辑演绎相结合的方法论体系，以研究对象的理论性和研究成果的现实指向性为基础，以期得到更高层次的研究成果。通过对国内外有关文献和理论成果的梳理分析，从不同视角来探讨，并在此基础上提出相应的对策建议。具体的研究方法包括但不限于以下几种。

（一） CiteSpace 图谱法

本书运用信息可视化工具 CiteSpace 软件绘制了 2010～2020 年国内外金融结构研究的 CiteSpace 知识图谱。基于文献计量学的知识图谱分析，借助计算机科学和信息可视化技术，以直观的方式呈现海量文献的图谱，通过对图谱的观察和分析，可以揭示某个研究领域中历史研究结构、当前的研究热点以及未来的研究趋势。本书利用 CiteSpace 图谱法分别对 WOS 数据库和 CNKI 中的 CSSCI 数据库 2010～2020 年金融结构领域的相关文献进行可视化分析，通过对比上述文献的关键词、共现图谱以及突现词图谱等，判断出国内外金融结构领域相关文献的研究重点与研究前沿，指出未来国内研究的发展方向。

（二） DEA 模型

本书通过三种 DEA 模型测算绿色全要素生产率。①非径向 SBM-DDF 模型。该模型的优点是考虑了非期望产出、冗余变量，引入了方向因素，在非前沿面上考虑了松弛变量的影响。其测算结果包含无效率值以及各个变量的冗余值，可进一步分析无效率来源于哪些投入或非期望产出。该模型的不足之处是测算的是静态指标，同时不能对效率值达到 1 的变量进行比较。②Super-SBM 模型和 GML 指数。运用 GML 指数，我们可以利用整个调查时段内所有决策单元的投入和产出数据来构造最佳生产前沿，并把不同时段内的决策单元都置于全局最佳生产前沿下进行测度，从而有效地解决了测度中不可行解和跨期不可比等问题，同时可以对效率值达到 1 的变量进行比较。不足之处是未考虑到方向向量的影响，在非前沿面上未考虑松弛变量的影响，约束条件一旦存在松弛效应，此时测得的效率会比实际值高。③SBM 方向距离函数和 GML 指数。SBM-DDF 是一种基于松弛变量测度的方向距离函数，它将 SBM 模型与方向距离函数相结合，从而实现了对投入要素和产出要素效率的非比例变动测量。利用 SBM 方向距离函数构建的 GML 指数，不仅能够高效处理径向和角度问题，同时还能够得到具有全局可比性的测度结果。

（三）投入产出模型

本书采用投入产出法，将一系列内部部门在一定时间内的投入（购买）来源和产出（销售）去向相互交织，形成一张纵横交叉的投入产出表，并根据该表建立数学模型，计算相关系数，以此为基础进行经济分析和预测。本书根据 2005 年、2007 年、2010 年、2012 年、2015 年、2017 年和 2020 年投入产出表计算金融业对环保产业和污染产业的分配系数、消耗系数、影响力系数、感应度系数。实证研究发现，从供给推动作用看，金融业对环保产业和污染产业的间接供给推动作用均大于直接供给推动作用，金融业对环保产业的直接货币供给推动作用强于污染产业。从需求拉动作用看，金融业对环保产业的需求拉动作用强于污染产业，且整体呈上升趋势；金融业对污染产业的需求拉动作用则呈下降趋势。金融业最终需求的变动对环保产业和污染产业的生产诱发额均呈逐年上升的趋势，且最终消费的生产诱发额占主体地位。但金融业出口的生产诱发作用要强于消费。从生产诱发系数看，金融业对污染产业的生产诱发系数要高于环保产业，且对污染产业的生产诱发系数呈明显的阶段特征。

（四）面板回归模型

为了考察金融发展、绿色金融对经济绿色转型的影响机制，本书分别构建了面板模型、中介效应模型、调节效应模型及门槛效应模型等。在金融发展影响企业绿色发展的实证研究中，本书以企业的融资约束、创新投入与债务结构作为中介变量,以产权性质和媒体关注作为调节变量,分别建立了中介效应模型和调节效应模型。在金融发展对区域经济绿色转型的实证分析中,本书以技术创新水平、人力资本水平、产业结构绿色化作为中介变量检验中介效应,以环境规制和政府财政压力作为调节变量检验调节效应,以金融发展综合水平、金融结构、金融效率、金融规模作为门槛变量检验门槛效应。在绿色金融影响地区经济绿色转型的实证研究中,以绿色技术创新作为中介变量检验中介效应,以地区经济发展水平作为门槛变量检验门槛效应。

(五)合成控制法

由 Abadie 和 Gardeazabal(2003)提出的合成控制法拓展了传统的双重差分法。该方法依据样本数据特征来确定对照组的最优权重,并对对照组进行加权平均,构造政策干预体的"反事实"状态。此时,作为合成控制对象的对照组能够有效地避免传统的双重差分法非随机分组的缺陷。本书将研究视角聚焦区域经济发展层面,采用了更为科学合理的合成控制法,将建设绿色金融改革创新试验区看作一项政策冲击,在准自然实验的框架下评估广州市的绿色技术进步效应。

第五节　主要创新与不足

一　主要创新

1. 问题选择方面

本书以现实问题为导向,将研究重点直接指向影响新发展阶段中国经济高质量发展的重大核心问题。在新发展阶段,为实现碳达峰、碳中和及美丽中国建设目标,为了促进中国经济的高质量发展,必须积极推进中国经济向绿色可持续发展转型。当前,我国已经初步形成了以政府主导、市场引导为主,以社会参与为辅的多元主体协同推进绿色发展格局。金融体系在推进企业、产业和区域的可持续发展中扮演着不可或缺的角色，为绿色经济的蓬勃发展提供了重要支撑。因此，本书从理论和实证两方面考察金融发展对经济绿色转型的影响机理，并基于新发展阶段的经济绿色转型目标提出具有可操作性的对策建议。

2. 学术观点和研究视角方面

本书认为，在新发展阶段，随着科技金融、绿色金融的发展，金融体系的企业监督与环境风险管理等金融功能被凸显出来，其通过激励企业绿色技术创新来推动产业绿色化与经济绿色转型，而在此过程中，政府经济增长目标、环境保护目标和金融发展对经济绿色转型的作用机理并不相同。从该视角讨论政府预期目标下金融发展对经济绿色转型的作用机理、空间溢出效应及区域异质性，有助于强化政府政策安排，进一步发挥政府职能驱动金融发展对经济绿色转型的促进作用，进一步提高企业、产业及区域的绿色发展效率。

3. 研究方法和工具方面

在理论分析中，本书系统考察了金融发展对经济绿色转型的驱动效应，通过数理分析识别经济绿色转型的主要影响因素；在实证研究中，根据金融发展对各类企业、产业及地区经济绿色转型的作用机理，合理采用中介效应、门槛效应、空间杜宾等模型。在考虑绿色金融改革创新试验区的绿色技术创新绩效时，将研究视角聚焦区域经济发展层面，采用了更为科学合理的合成控制法，将建设绿色金融改革创新试验区看作一项政策冲击，在准自然实验框架下评估广州市的绿色技术进步效应。

二　不足之处

本书也存在一些不足之处，主要体现在两个方面。①在实证模型设计中，笔者根据被解释变量选取了核心解释变量和主要控制变量。在现实中，影响企业经营决策与区域经济发展的因素是多种多样的，需要考虑的方面也很广泛。如在金融发展对企业绿色发展的作用过程中，企业是否开展绿色技术创新，不仅受到企业产权性质、企业规模等因素的影响，同时也会受到高管团队结构、政企关系等因素的影响。同样，不同金融工具对经济绿色转型也具有异质性影响，由于工作量和时间原因，本书并未进一步细化各类金融发展指标，这虽然与本书想要表述的重点相关性不强，但也降低了本书的解释力。②金融发展对经济绿色转型的影响机制是一个复杂系统，其影响机制不是简单的线性关系。在金融发展影响绿色发展的过程中，金融发展不仅通过资金导向机制影响经济绿色转型，还将通过影响国民收入水平，进而催生一些新兴绿色产业，从而带动绿色消费的增加，因此，金融发展也可能通过投资—消费机制推动绿色经济增长。本书并未对这一问题进行深入探讨。因为本书认为金融发展所引导的投资—消费机制仍然可以划入产业结构绿色化发展的范畴。

第二章 金融发展驱动经济绿色转型的理论分析

　　资金是驱动经济增长最重要的生产要素，是经济发展的血脉。金融是一个融通资金的过程，金融体系是由资金融通工具、机构、市场、制度等要素组成的有机整体，在整个经济体系中占有非常重要的地位。通过提高储蓄向投资转化的比例，增强资金的边际社会生产力，对私人储蓄率产生影响，从而促进经济增长，是金融体系的重要职能。金融发展描述了金融体系的动态演变过程，被誉为促进经济发展的重要力量，对现代经济和社会发展具有核心作用。金融发展理论是解释金融发展与经济发展之间关系的学说，在金融学中处于中心地位。近年来，自绿色发展理念提出以来，经济绿色转型逐渐成为中国经济发展的主要目标与方向。结合绿色发展实践，绿色经济、绿色产业等相关概念相继提出，外部性理论、科斯定理、环境库兹涅茨曲线假说等被视为指导经济绿色转型的理论基础。在绿色经济的发展过程中，金融体系的作用不言而喻。金融体系如何调整资金配置方向，引导资源流向绿色产业是研究经济绿色转型的关键。

　　本章将着重对金融发展影响经济绿色转型的理论进行分析，具体的内容安排如下：首先，对金融发展、金融抑制、金融自由化、金融集聚、金融包容、绿色金融、金融创新、互联网金融与科技金融等概念进行界定，系统梳理金融深化论、金融约束论、金融内生增长理论、新制度金融发展理论、金融可持续发展理论等金融发展相关理论；其次，对低碳经济、绿色产业等经济绿色转型的相关概念进行界定，系统梳理外

部性理论、科斯定理、环境库兹涅茨曲线假说、可持续发展理论、循环
经济理论、生态资本理论等经济绿色转型的相关理论；最后，在上述理
论的基础上，通过建立 DSGE 模型系统考察金融发展对经济绿色转型的
影响，通过数理模型识别经济绿色转型的主要影响因素，以及其影响的
直接与间接作用机制，并从政府行为视角分析政府预期目标下金融发展
对经济绿色转型的作用效果。

第一节　金融发展的相关概念与基础理论

一　金融发展及相关概念

（一）金融发展

金融发展这一概念是 Goldsmith 于 1969 年在出版的《金融结构与金
融发展》一书中首次提出的，该书将金融发展定义为金融结构变化，具
体来说，一是金融工具总量的膨胀，二是金融结构的优化。Goldsmith
提出的金融结构论能最为直观地展现金融发展的变迁过程，此理论在当
时得到了广泛的运用，此后对金融发展问题的研究大都建立在该理论框
架上。20 世纪 70 年代初，McKinnon 和 Shaw 教授分别在《经济发展中
的货币与资本》中从"金融抑制"角度和在《经济发展中的金融深化》
中从"金融深化"角度，以内部融资和外部融资为分析对象，提出政
府对金融领域的干预使得金融发展滞后或促进了实体经济发展。他们认
为，金融发展就是金融市场不断形成与完善的过程。在 90 年代，对于
金融抑制或金融深化问题，学术界尚未形成明确定论。随着金融自由化
实践的推进，学者们发现实行金融自由化政策的国家均未取得成功，他
们开始站在新的角度审视金融发展理论，内生金融发展理论便应运而
生。该理论认为经济增长不能完全依靠外力推动，内生的技术进步才是
经济增长的决定性因素，学者们认为金融发展就是金融总量增加、金融
结构优化和金融相关制度不断革新完善的过程。以上金融发展的相关观

点多是在 Goldsmith 的框架下进行的。但是，随着理论研究和金融实践的不断发展，Goldsmith 金融结构论的局限性和片面性日益突出，主要表现在以下两个方面。第一，他忽略了金融结构的复杂性和差异性，将金融结构这一复杂结构视为特定结构，例如将金融机构、金融工具或金融资产的相对规模这一特定结构视为金融结构，存在以偏概全的问题；第二，他认为金融结构（即金融机构和金融工具）的变化就是金融发展，这是一种量性且片面的金融发展观，无视了金融发展的质性。在20 世纪末 21 世纪初，Goldsmith 理论的局限性、片面性以及实践上的负面性逐渐被学者们发现，于是大家对金融发展有了全新的思考，开始把注意力集中在金融功能和效率上，而不只是从结构上加强对金融发展的界定。他们将其定义为"与金融有关的要素构成，要素之间的相互关系以及它们在数量上所占比重"，同时把金融发展过程视为量变和质变的统一体，即注重金融功能的拓展和完善（白钦先、丁志杰，1998）、金融资源配置效率和使用效率的提高（张杰，1994）。

综合而言，金融发展的内涵较为宽泛，目前尚未形成统一的定义，尽管如此，考察金融发展问题既要考虑金融机构数量与市场结构的变化，还要兼顾金融机构与金融市场的发展、金融效率的提高。基于此，本章综合以上研究成果，将金融发展定义为一个国家或地区的金融机构或金融市场的规模、深度、效率以及稳定性得以改善的过程，即金融规模扩大、金融结构优化、金融效率提高以及金融稳定性增强的过程。

（二）金融发展的相关概念

金融发展一词提出之后，金融抑制、金融自由化和金融深化等概念也随之被提出。在金融理论和金融实践活动日益深入发展的背景下，学者们从区域、行业、覆盖面和技术层面分别审视了金融发展中的金融集聚现象，绿色金融、普惠金融、金融创新、互联网金融、数字金融、科技金融等概念由此产生。

1. 金融抑制与金融自由化

二战后，大多数发展中国家利用低利率、政策性贷款等手段为产业部门提供资金融通服务，这使发展中国家陷入储蓄不足、资本不足和资本分配效率不高的贫困陷阱。McKinnon（1973）把这种人为地降低利率，导致金融系统和经济效率低下的情况称为"金融抑制"。Hellmann等（1997）还进一步补充表示，"金融抑制"可看作在宏观经济稳定、通货膨胀率低且可预测的情况下，政府对存款和贷款情况实行监督管理、限制市场准入和将实际利率限制在平衡利率以下的同时，保持正利率的一系列金融制约政策。随着政府采取债务融资等政策工具对金融市场进行干预以确保资金流向，一些学者对"金融抑制"的概念进行了拓展，认为其最显著的表现是实际利率水平超低甚至为负，这是由非市场力量的影响所致。

金融自由化，是一个对应金融抑制而提出的概念。在发展经济学和转换经济学文献中，目前学者对金融自由化的定义为：一国的金融部门经营主力从政府控制转向市场力量主导，主要体现在利率自由化和政府干预的减少（McKinnon，1973）。Williamson 和 Mahar（1998）将金融自由化的概念扩展到六个领域，即利率管制放宽、贷款控制取消、金融服务业自由准入、尊重金融机构自主权、银行私有化、国际资本流动自由化。在"金融自由化"的概念之下进一步引出"金融深化"概念，其目的是通过金融自由化，确定资金和外汇市场的需求供给关系，以适当的利率和汇率水平，刺激储蓄和投资，以金融增长促进经济的全面发展。而且当一个金融系统整体或者某一个金融结构发展到最优水平以上时就会出现金融过度化，此时不仅金融发展超过了经济承受能力，而且会出现信贷猛增、创新过度、流动性泛滥使金融服务实体经济效率降低的情况，导致发生金融危机的可能性增加。

2. 金融集聚、金融包容与绿色金融

金融集聚指金融发展过程中存在地区集聚现象。Kindleberger（1973）首先提出了"金融集聚"这一概念，认为金融集聚是金融资源自由性、趋利性和高速流动性推动下金融资源高度集中于发达地区的产物。黄解宇和杨再斌（2006）提出，金融集聚不仅是金融资源在区域地理因素下不断整合、配置的过程，同时也是一定地域内形成的一定规模的金融产品、手段、机制、体制、文化以及其他区位地理因素的有机组合状态或产物。

金融包容又称普惠金融，是从群体覆盖层面对金融发展的考察。狭义的金融包容专指保证社会弱势群体和低收入者能及时充分接触并得到金融服务，同时又能负担得起。广义地说，金融包容是指在合理成本范围内金融服务的可接触性问题，它已不再专指社会弱势群体的问题，而是成为经济体中每个个体有权获得金融服务的问题（Chakravarty and Pal，2010）。

绿色金融是从项目和产业层面考察金融发展问题。狭义的绿色金融是指银行等金融机构所实施的绿色金融创新和环境风险管理活动，是在基于自身可持续发展的同时兼顾环境风险。而广义的绿色金融涵盖了环境金融、低碳金融以及可持续金融活动，包括所有有助于实现环境改善、提高生态效益、促进可持续发展的金融创新和管理活动。它不仅涵盖了狭义的绿色金融，同时也包括政府、企业等经济主体所采取的有利于促进绿色投融资的金融政策、金融服务、风险管理等相关金融资源配置活动。

3. 金融创新、互联网金融与科技金融

金融创新是指金融业内各要素重新整合，金融机构和金融管理当局从微观利益和宏观效果出发，在机构设置、业务种类等方面开展的金融工具和制度安排的创造性变革和发展活动（生柳荣，1998）。陈文夏（2009）把金融创新进一步定义为新型金融产品、服务、技术、制度的创造与传播过程，金融创新的内容主要有制度创新、机构创新、技术创新、产品创新与市场创新。

互联网金融是将互联网技术与现有金融业务有机结合的一种新型金融模式（Allen et al.，2006；Berger and Gleisner，2009）。科技金融是推动科技开发、成果转化、高新技术产业发展的一系列金融工具，是有关金融制度、金融政策及金融服务等创新的一系列安排（赵昌文等，

2009）。房汉廷（2010）进一步将科技金融界定为，在培育高附加值产业的同时，创造高薪就业岗位和增强经济体整体竞争力的技术资本、创新资本和企业家资本以及其他创新要素深度融合、聚合的新经济范式。

二 金融发展的基础理论

金融发展理论是近代金融学理论研究的热点，该理论以金融发展模式为研究对象，重点探讨了金融发展与经济增长之间的相互关系，是一种经济学理论。它不仅仅是金融自身如何演进的理论，更是金融发展对经济增长如何产生影响的理论。随着经济环境的不断变化，金融发展的研究范式也在不断扩展和深化。

（一）第一代金融发展理论

金融发展理论是 20 世纪 60 年代伴随 Goldsmith 所著的《金融结构与金融发展》一书发展起来的。该书指出，金融结构可理解为各类别的金融工具与金融机构之间的相对大小关系，而金融发展则意味着一国金融结构发生了改变，尤其表现为各国金融体系中存在不同的金融关系。这种金融结构理论是传统金融发展理论的奠基之作，也是未来对金融发展理论深入阐述的开阔视野之作。

1. 金融深化论

二战结束后，许多发展中国家实现了政治和经济上的独立，促进国内经济快速增长成为这一时期众多发展中国家的主要任务。由于凯恩斯主义的盛行，发展中国家一般实行以抑制为主的金融政策，由政府分阶段地强制干预金融活动，人为地实行低利率和低汇率，希望可以通过刺激投资来拉动经济的恢复发展，但此过程通常会由于储蓄量不足和资金量短缺而受到限制。罗纳德·麦金农、爱德华·肖将这种"金融抑制"归咎于金融发展效率低下与金融系统欠发达，于是他们以金融发展与经济发展为研究对象，对其相互关系进行了研究。麦金农、肖等人在 20 世纪 70 年代初期提出的金融抑制论和金融深化论，掀起了一股金融发展论的研究热潮。

麦金农和肖于 20 世纪 70 年代初较为系统地发展了金融自由化理论，他们认为，金融体系既能促进也能阻碍经济增长。虽然金融抑制政策促进了一些发展中国家的经济增长，但这一结果也同时隐含着牺牲该经济体金融发展的严重代价，金融抑制政策的施行制约了投资、储蓄，反而不利于经济增长。为此，发展中国家应摒弃"金融抑制"，减少金融领域内的国家干预，放松利率、汇率管制以及放松金融市场准入限制，使金融市场不断发展，形成经济发展的良性循环。这一理论得到了众多发展中国家的关注，为发展中国家的经济发展开辟出一条新的道路，在一定程度上引发了发展中国家金融自由化的改革浪潮。

金融自由化理论也为其他学者的研究提供了新的思路，这些"麦金农-肖学派"的学者对于金融深化的有关理论与实证进行了拓展。卡普尔（Kapur，1976）认为，存款利率的上升将会带来银行存款规模和银行信贷规模的扩大，进而增加全社会投资总量。加尔比斯（Galbis，1977）采用两部门经济模型，研究发现金融抑制会给投资效率带来负面影响。弗莱（Fry，1978）在金融发展模型中引入了动态调整参数，建立了一个动态金融发展模型，并对通货膨胀与经济增长之间的相互作用进行了深入研究。他还认为，适当提高实际利率会刺激投资行为，而这又会进一步刺激经济增长。马西森（Mathieson，1980）认为商业银行对实体经济的影响，主要是通过提供流动资本产生的。这些实证研究虽然实现了相当程度上的创新，但并未产生实质性的突破，只是在原有的理论框架上进行细化和补充，金融深化理论的发展一时间处于停滞状态。有鉴于此，西方金融发展理论历经近半个世纪的发展，已经取得诸多重要进展。

20 世纪 70 年代初期，以金融深化理论为支撑，拉丁美洲、亚洲、非洲等的许多发展中国家纷纷走上金融自由化之路，并不断深化改革，部分发达国家纷纷放松金融管制。

改革初期，拉丁美洲、非洲的部分国家金融自由化进程不尽如人意，没有达到预期的效果，反而导致了严重的债务或金融危机。基于深

化金融改革的失败教训，麦金农进行了深入分析，并在其 90 年代出版
的《经济市场化的次序——向市场经济过渡时期的金融控制》一书中
提出了"金融次序理论"。他认为，存在一个最佳改革顺序以促进经济
商业化发展，他为发展中国家提供了在全面实施金融深化政策时应该遵
循的初步路径。

2. 金融约束论

在 20 世纪 90 年代末期，赫尔曼、穆尔多克和斯蒂格利茨三位经济
学家提出了一项名为"金融约束"的理论，即政府通过实施一系列金
融政策，给予私营部门租赁机会。与麦金农和肖关于市场是完全竞争的
这一假设不同，"金融约束"理论基于不完全竞争的金融市场，重新思
考了金融抑制在发展中国家的作用。他们认为，并非只有走"政府管
制"或"完全自由化"这两条道路才能有效促进金融发展，实施温和
的金融抑制政策更贴近于发展中国家的现实状况，这也是发展中国家由
金融抑制向金融自由转变的过渡性政策。具体来说，其基本思想是，在
宏观经济稳定和通胀率较低的情况下，通过存款监管、市场准入限制等
措施可以有效地推动经济增长，这些措施包括以下几个方面。①控制存
贷款利率，为银行业创造租赁机会，避免银行经营出现道德风险，从而
稳健经营；②限制银行业竞争，保证银行业租赁机会的长期性，限制市
场准入，避免无效竞争；③限制资产替代性，发展中国家非银行业金融
结构尚不完善，应首先发展银行部门，限制证券市场的作用。

金融自由化和金融约束之间的相互关系表明，金融深化是我们追求
的终极目标。金融约束可以分为市场约束与政府约束两大类。实现金融
深化的途径有两种：一种是通过金融约束，另一种是通过金融自由化。
处于不同的金融深化阶段，相应的政府干预强度也不同。

（二）第二代金融发展理论

20 世纪七八十年代，金融自由化改革实践的接连失败催生了学者
们对金融发展理论的进一步思考。经济学家发现，目前人们对金融发展
和经济增长之间关系的理解仍然太过表面，对更深一步的理论内核，如

金融发展内生性等问题难以解释清楚，"麦金农-肖学派"的政策施行也过于主观、粗暴，因此，金融理论的发展开始逐渐突破麦金农和肖的思路桎梏，向更深层次进发。

在20世纪80年代中后期内生经济增长理论发展的基础上，学者们主要研究金融中介和金融市场如何在经济发展过程中内生形成，并如何反作用于经济增长，如King和Levine（1993b）基于80个国家的数据进行实证研究后发现，金融中介与经济增长存在正向关系，且金融中介越发达，越能扩大未来的资本积累和投资规模，提高未来经济的运行效率。之后，大量的实证研究也证明金融中介和金融市场可以通过资本积累、技术进步、风险转化以及生产率的提升等间接影响经济增长（Levine，1997），且经济增长对金融指标的变动更为敏感。

第二代金融发展理论建立在传统的金融发展理论与内生增长理论之上，并在此基础上发展创新，也被称为金融内生增长理论。与传统金融发展理论不同的是，金融内生增长理论不再追求完全竞争假设，而是将更加贴近现实的信息不确定性以及交易成本等因素引入研究框架内，从而对金融中介和金融市场的形成发展做出更规范的解释。该理论认为，融资过程的不确定性以及信息不对称所导致的金融交易成本在某种程度上阻碍了经济的发展，从而减少了交易成本需求，这将内生推动金融体系建立健全。可见，通过更深层次的理论挖掘和实证检验，金融发展理论的框架体系更加丰富具体、理论内核更加明晰，各国经济发展政策拥有可靠的理论来源，有利于金融与经济的协调发展。

随着内生增长理论的逐渐成熟，经济学家在此基础上对金融发展、经济增长及二者关系进行了深入研究。金融危机的发生也引发了经济学家对金融中介与金融市场对经济增长作用的认真思考，并在这一过程中对金融系统功能有了更加深入的理解。金融功能理论就是在这样的背景下逐步形成的。金融功能理论主要集中在默顿金融功能观和莱文金融服务观两个方面。根据金融功能观，金融系统在资源配置中所发挥的作用主要是资源分配、结算清算、信息传递、资源转移、风险管理以及激励问题解决（Merton and Bodie, 1995）。而莱文的金融服务观将金融系统的功能划分为金融服务的数量和质量两个方面，具体包括便利交易、信息管理、资源配置、风险管理、动员储蓄等功能（Levine, 1997）。金融功能理论是从功能的角度来分析金融系统的，金融功能理论在金融理论的发展进程中已成为不可或缺的一个重要组成部分。

（三）第三代金融发展理论

自 20 世纪 90 年代以来，国内外对金融发展理论的研究不曾停止，各国学者基于现实经济发展状况，对金融发展理论进行大量的探讨和延伸，以期找到新的突破口，更好地与当前经济环境相适应。与之前以发展中国家为研究对象的金融发展研究相比，21 世纪以来，金融发展理论得到了拓展，变得更加多元化，学者们在研究金融发展与经济增长的关系时，不断加入逆向选择、道德风险、人力资本积累、信贷约束、委托人与代理人、企业规模等方面的指标，金融的社会特征也随之增强。第三代金融发展理论无论是在发展中国家还是在发达国家都很好地指导着经济的发展，对人类的进步发展以及人类与自然的和谐共生都有着十分重要的意义。

1. 新制度金融发展理论

1998 年，拉波塔等四位学者（简称 LLSV 组合）在《政治经济学杂志》上首次将法律这一因素纳入金融发展理论的研究框架，开辟了法律金融研究的新领域。他们基于金融服务的观点，将金融比作可以通过法律及其运作机制来界定的一组合约，法律体系越完善，越有利于提高金融服务水平，提升金融中介和金融市场运行效率，这一理论也被称为法律金融理论。但也有一些学者对此理论提出疑问。这些学者中有些人否定了 LLSV 范式，认为 LLSV 倒置了法律与金融之间的联系；也有学者提出，LLSV 范式不恰当地忽视了法律之外的制度因素，如历史、社会风俗、文化宗教和社会规范，这些非正式制度对金融发展也有影响。上述基于法律金融理论拓展而取得的各类研究成果，都可以统称为新制度下的金融发展理论研究成果。

2. 金融可持续发展理论

在国内，许多学者也从更加开放的视角看待现代金融问题，白钦先先生在 1998 年提出的"金融资源学说"，翻开了国内第三代金融发展理论新的一页。他对金融进行资源化处理，并认为金融还具有二重性特征，它不仅可以进行资源配置，而且是稀缺的社会资源之一，随着金融行业的不断发展，其具备的功能也在不断拓展和延伸。这一学说被称为金融可持续发展理论，它为金融理论的拓展和进步提供了一个新的突破口。自此之后，白钦先（2001）又提出了金融可持续论，将生态环境引入金融发展的研究中，首次提出"金融生态环境"这一新概念。他认为金融生态环境可以影响金融业的发展，这一观点也得到了一些学者的认同，如周小川（2009）也强调可以用生态学的方法对金融发展相关问题进行研究和考察。由此，关于金融与生态环境关系的研究理论被称为金融生态理论，该理论自 21 世纪以来受到广泛关注，掀起了一波研究热潮。关于"金融生态环境"的内涵界定，当前主要存在两种主流观点。"金融生态环境观"强调金融生态对金融、经济和社会和谐发展的重要性，支持基于金融意识形态外部性研究金融发展运行机制。"金融生态系统观"强调，金融生态是一个开放而错综复杂的庞大体系，它包含三个方面：金融生态主体、生态环境和生态调控（周炯、韩占兵，2010）。建设健康良好的金融生态，不仅要改善生态环境，还要改造生态主体并完善相关生态调控机制。

第二节 经济绿色转型的相关概念与基础理论

一 经济绿色转型及相关概念

（一）经济绿色转型的内涵

经济绿色转型是指经济发展模式由褐色经济向绿色经济转变。褐色经济是通过堆积生产要素驱动经济发展，忽视能源利用效率和生态环境问题的一种传统经济发展模式。绿色经济是为了应对全球环境问题发展起来的一种新的经济模式，是与传统经济发展模式相对应的一种经济发展模式。这一概念最早是由 Pierce 于 1989 年在《绿色经济的蓝图》一书中提出的，他倡导以社会及其生态条件为起点，以绿色经济增长方式来实现人的可持续发展。他认为绿色经济是与褐色经济相对照的一种推进城镇和发达工业有机结合的经济发展方式，国家要考虑经济发展带来的环境破坏和资源浪费等行为。随后，Jacobs（1991）从环境经济学的视角展示了对环境污染治理和保护战略的看法，阐述了环境经济政策、经济发展和环境保护之间的制约和促进作用。显然，早期绿色经济研究集中于经济效率和生态发展。在经济发展水平不断提升的背景下，环境、经济和社会问题逐渐突出并且日趋严重，人们对发展绿色经济的重视程度逐步提高，研究范畴也不断扩大。这些研究从生态经济、环境经济、可持续发展和知识经济的角度出发，解析了绿色经济内涵。一些学者认为，绿色经济是把生态目标和经济目标结合起来的一种发展模式。如 UNEP（2009）表示绿色经济是在注重人们和环境联系的基础上，给人们提供丰厚收益和得体的工作。而后全世界提出绿色经济号召，旨在促进绿色经济带动全球产业新格局的形成，消除贫困。现阶段有关绿色经济的研究往往把绿色经济理解为经济绿色化进程，将经济增长和生态危机的解决相结合。有研究者侧重于将生态—经济—社会作为复合系统，对绿色经济内涵的阐释也更加系统和全面。如 OECD（2011）指出绿色经济是更高效、更公平的经济模式。World Bank（2012）将绿色经济界定为有效、清洁利用自然资源的经济增长模式。2012 年"里约+20"峰会赋予绿色经济以全新的含义，强调生态治理与经济社会问题相结合，这也使得关于绿色经济的研究逐渐增多。此外，也有一些学者从知识经济视角解读绿色经济，认为绿色经济不仅是建立在知识基础上的知识经济，更是生态经济、道德经济，是以高技术产业作为支柱产业的经济，以使人们平等地竞争，实现人与自然和谐共生（张鸿铭，1999；赵斌，2006；陈健、龚晓莺，2017）。

综上所述，尽管当前学术界对绿色经济尚无统一定义，但是对绿色经济的构成要素与发展方向已经基本达成共识。值得强调的是，"十二五"规划纲要首次明确了政府层面的绿色发展是指发展经济时将资源和环境约束作为条件，将科技创新作为途径，通过改进技术等措施提高生产效率、减少能源消耗、缓解环境污染，实现经济持续增长。在上述基础上，笔者认为绿色经济是一种以人为本、以发展为动力，关注未来发展的包容经济。绿色经济同时考虑到代际的公平正义和外部性问题，以生态环境容量和资源承载能力为约束，通过提高自然资源利用效率、改善生态环境、发展绿色产业等途径实现经济、社会、生态三方效益之和最大化，从而实现可持续发展的平衡式经济形态。

（二）经济绿色转型的相关概念

1. 低碳经济

联合国政府间气候变化专门委员会（Intergovernmental Panel on Climate Change，IPCC）把低碳经济与低化石燃料经济等同起来，认为低碳经济可看作让环境生物圈温室气体的排放量减少到最低限度的一种经济模式。很显然，低碳经济是一个广义的概念，为了减少温室气体排放所开展的一系列有关活动均属低碳经济范畴。本章认为：作为一种旨在保护环境、有效利用能源、减少温室气体排放的经济，低碳经济可以通过政府政策扶持和市场机制双重作用来实现，通过提供相关低碳资金、低碳政策、低碳技术的支持，利用低碳技术的创新，采用新能源、增加碳汇等手段使高能耗、高污染和高排放的传统经济发展模式向可持续的经济发展模式转变。

2. 绿色产业

按照国际绿色产业联合会的观点：假如某个产业在进行生产活动时，从环保角度来考量，运用创新技术，以绿色生产为理念减少耗能和污染排放，就可称其为绿色产业。国内学者多将绿色产业划分为狭义和广义两种。从狭义角度看，绿色产业实际上就是环保产业。环保产业是与实践紧密相关的产业，政府机构与民间组织也对绿色产业的概念进行

了解释。例如，美国环保协会的观点表明，环保产业是致力于提供环保
服务和产品，以满足人们对可持续消费和生产的需求的行业。2012 年，
国务院颁布的《"十二五"节能环保产业发展规划》对环保产业的定义
是，为保护生态环境、发展循环经济、节约能源资源等提供技术保障与
物质基础的行业。从广义角度看，绿色产业指的是在产品的全生命周期
过程中贯穿绿色发展理念，注重采用绿色技术进行环境问题的"末端治
理"，提供与新能源开发、污染物控制和治理、能源资源节约及生产效
率提高有关的生产和服务，实现低能耗、低污染、低排放的产业。

二　经济绿色转型的基础理论

经济绿色转型是一种兼顾经济效益和环境效益的经济发展模式
（UNEP，2012；任阳军等，2019；张治栋、陈竞，2020）。外部性理论、
庇古税、科斯定理、环境库兹涅茨曲线假说、可持续发展理论、循环经
济理论和生态资本理论都为解释经济绿色转型问题提供了基础的理论
支持。

（一）外部性理论

经济外部性指的是在整个经济社会发展中，某个以国家、公司或个
人为单位的个体行为能够影响另一主体，但是对于所产生的好处或损失
没有得到收益或进行赔偿。外部性分为两部分：正外部性和负外部性。
正外部性指的是某个个体的行为给其他经济单位或社会带来了收益，获
益方不用支付费用；负外部性指的是某个个体的行为对其他经济单位或
社会造成了损失，却不用支付受损费用。

在解决环境治理问题的过程中，非常重要的一个基础理论就是外部
性理论。外部性是指不同的经济主体之间存在经济行为和收益的不平
等。例如，经济主体 A 的经济行为会对经济主体 B 的经济收益产生积
极或消极的影响，但通过市场交易无法实现平衡，所以两者的收益都会
受到影响。外部性问题的存在，是造成市场失灵和效率低下的主要因素
之一。外部性可以直接导致边际私人成本和边际私人收益、边际社会成

本与边际社会收益之间的差异，使私人供给总量和社会需求总量处于不对称状态，导致市场配置功能减弱。边际私人成本与边际私人收益是指个别经济主体增加一单位生产要素所需要增加的成本与可获取的收益。就社会总体而言，边际社会成本与边际社会收益是指，平均提高一个单位生产要素的费用和可以得到的回报。通常情况下，如果不存在外部性问题带来的影响，边际私人成本与收益及其对应的边际社会成本与收益完全一致。在存在正外部性的情况下，外部性主体所创造的边际私人成本将大于边际社会成本，而边际私人收益则低于边际社会收益，同时，私人供给量将降低到无法有效满足社会总需求量的程度。相反，在存在负外部性的情况下，外部性主体的边际私人成本低于边际社会成本，而边际私人收益会大于边际社会收益，私人供给量增加并大于社会总需求量。很明显，外部性问题的存在会使市场不能正常地发挥资源配置的作用，使社会总供给量和总需求量之间出现严重的不平衡。

（二）庇古税

由庇古（Arthur Cecil Pigou）教授提出的庇古税是解决外部性问题的重要方案之一。庇古教授认为，当私人活动对他人产生了负的外部性时，将会造成边际私人成本过低，在整个社会上，总供给量相对更多，这时就有必要针对私人进行征税，这样，边际社会成本与边际私人成本之差就可以减少，私人供给成本上升，供给量下降，直至社会总供给量等于社会总需求量。反之，如果产生的外部性属于正向的，那么，边际私人成本就会比较高，私人产品供给意愿下降，使得社会总供给无法满足总需求。在这种情况下，政府有必要及时进行补贴和帮助，使边际社会收益高出边际私人收益的部分得以弥补，从而提高私人产品供给意愿，社会总供给上升，社会总需求得以满足。按照庇古税的解决方案，绿色生产企业应该得到政府补贴，以弥补其边际私人收益低于边际社会收益的部分；而工业排放企业应该缴纳碳排放税，以提高其边际私人成本并使之等于边际社会成本。

（三）科斯定理

针对庇古理论，科斯（Coase，1960）提出了以下疑问：首先，外部效应的影响往往不是单向的，很多是双向的，即使是单向影响，也涉及影响的时效性问题；其次，在交易费用为零、产权清晰的前提下，市场交易和自由协商能够使资源合理配置，此时就无须政府实施庇古税方案；最后，当交易费用不为零时，如果政府干预的程度过高，庇古税方案便不是解决外部性问题的最佳方案。科斯教授认为，产权不明晰是产生外部性的根源，由此科斯教授提出了在明确产权的前提下，引入交易费用来解决外部性问题的一整套思路。Stigler（1966）对科斯的理论进行了总结，并将该理论命名为科斯定理（Coase Theorem）。①科斯第一定理，如果交易成本非常低甚至为零，而且产权一开始就明确界定，不限制自由贸易，那么资源配置的效率就与产权的初始分配无关，而产权的初始分配在市场机制的作用下可以达到帕累托最优。②科斯第二定理，在交易成本不可忽视的条件下，产权的定义方式决定了资源的流动并产生不同的效率。③科斯第三定理，其基于第二定理提出，认为制度制定本身会产生成本，每笔交易的资源消耗是由此产生的，而关于产权的最佳制度安排即为最大限度地减少交易成本的安排。

作为自由市场经济的支持者，科斯教授明确了产权与交易费用对国家经济运行的影响和作用，深度剖析了市场失灵与政府干预之间的关系：市场失灵并不是政府干预的前提，而政府干预也不是解决市场失灵的唯一方案。科斯定理也存在一些局限，如在市场化发展程度不高的发展中国家，存在难以自由协商交易费用的问题，因此科斯定理并不能够完全适用于此类国家。而且在法治不健全、信用不完善的国家进行自由协商的交易费用将远超边际社会成本。自由协商的前提是产权可以界定，但包括环境污染在内的很多外部性情况都存在难以界定产权或界定成本过高的问题。

（四）环境库兹涅茨曲线假说

在 20 世纪 50 年代中期，美国经济学家西蒙·史密斯·库兹涅茨提出了库兹涅茨曲线（Kuznets Curve）。之所以提出该曲线，主要目的是分析收入分配状况和经济发展两者之间的联系（金寄石，1979）。随后经过格罗斯曼等学者的深入研究，逐渐形成了关于环境库兹涅茨曲线（Environmental Kuznets Curve，EKC）的假说。到目前为止，在研究经济发展和环境质量的过程中，该假说发挥着十分重要的作用。通常情况下，EKC假说是以人均收入、人均污染物排放、环境破坏程度与资源消耗为研究对象，随着经济的增长，污染物排放、环境破坏程度与资源消耗都呈现出先增加、后稳定、最后下降的阶段性特征。在人均收入不断攀升的过程中，出现了一个峰值，此时环境污染指数达到了顶峰。在这个峰值的左侧，人均收入与环境污染指数呈现正相关关系，人均收入不断攀升，环境污染指数也随之不断攀升，直至到达拐点。在这个峰值的右侧，环境污染指数开始呈现下降趋势，此时人均收入与环境污染指数呈现负相关关系，也就是说，随着人均收入的不断增加，环境污染指数开始逐渐降低。很多学者也进行了研究和探索，证明了该假说的存在。也就是说，以下两个因素之间具有"倒U形"关系，其中之一是环境污染水平，另外一个是人均收入水平。比如，Anadon 和 Holdren（2009）、Ang（2006）、Garcia-Cerrutti（2000）都对这方面进行了论证，并且证明了经济增长和能源强度之间确实存在倒 U 形关系；厉以宁等（2017）将环境库兹涅茨曲线假说与中国实际相结合，研究得出中国经济增长与环境、能源、污染物、二氧化碳排放等多种因素都呈现倒 U 形关系。

（五）可持续发展理论

1978 年可持续发展这一概念第一次进入国际愿景并被世界环境与发展委员会（WCED）定义为，在经济活动中注重环境保护，以实现经济的可持续增长。然而，在可持续发展的早期阶段，人们并未意识到其重要性，直到 1987 年 WCED 发表了《我们共同的未来》报告，才引起了学术界的广泛关注，这标志着可持续发展理论的诞生。此后，许多学者从不同角度对可持续发展进行了研究和探讨。1992 年，联合国环境与发展大会在巴西里约热内卢成功召开，为全球环境保护和可持续发展做出了重要贡献，标志着对可持续发展从理论到实践层面的探讨逐渐深入，然后进入了可持续发展研究的新阶段。

在可持续发展的理念中，我们强调人与自然的关系是不可分割的，因为人与自然之间存在一种不可分割的整体性。在追求经济与环境同步发展的原则下，我们必须认识到环境和经济发展之间并不存在冲突，它们之间的关系是相互依存、相互促进的。随着经济的蓬勃发展，环境的改善也将成为推动经济增长的重要因素；经济增长是社会进步的动力源泉，反过来又推动了社会的不断进步。科技创新是推动经济发展和环境保护的重要手段，科学技术在这两个领域具有不可或缺的地位。经济和生态环境协调统一是社会发展的目标之一。在经济活动中，要借助技术创新实现生产效率的提升、环境污染的减少、资源利用效率的提高，以及可循环、可再生能源的开发，同时对一次性能源进行替代，以减小能源使用对生态环境所造成的负面影响。在社会发展过程中，要通过技术创新来推动产业结构优化升级和科技进步。通过提升技术水平，在环境保护活动中实现环境污染治理效率的提升，进而协助生态系统加速自我修复。同时要加强对社会环保意识的培养和宣传，使人们认识到保护环境的重要性，从而达成经济与环境同步发展的终极目标，实现双赢。

在工业发展的进程中，可持续发展理论被广泛地运用，以确保未来发展的可持续性。以可持续发展理论为基石，工业的绿色发展需要全面考虑生态环境和经济增长两个方面，以确保其为人类社会带来可观的经济增长，同时也为人类社会提供一个优美的生存空间。在此背景下，我国工业企业必须树立"绿色"观念，通过技术进步来提升工业技术水平，同时还需要不断调整产业结构和优化生产要素配置，最终实现经济与环境的共同发展，促进人与自然的和谐共生。我国正处于工业化中期阶段，随着经济社会的不断发展，资源约束越来越强，环境污染严重、生态破坏加剧、能源短缺等问题日益凸显。为了满足工业发展的高要求，我们需要转变传统工业的发展模式，以科学合理的规划为指导，以科技创新为路径，致力于降低能源消耗、改善生态环境和促进经济增长，最终实现工业的绿色发展。

在工业发展的进程中，可持续发展理论被广泛应用于推动工业向绿色制造方向转型。我国学者唐德才（2009）认为"每个过程，产品、设备和技术系统应尽量按预见性强、对环境有利的模式规划设计"。工业绿色制造就是通过一系列手段实现资源消耗、能源消耗和污染物排放量的最小化，从而提高企业的经济效益、社会效益与环境效益。工业绿色制造的实现需要考虑到生态、经济和社会三个方面的可持续性，这三个方面共同构成了其核心要素。工业绿色制造强调资源、能源等有限要素与环境容量之间的最佳配置，以达到工业发展的可持续性要求。工业的可持续发展离不开对生态环境的保护，同时经济的可持续发展也是推动工业发展的动力，而社会的可持续发展则是工业发展的目标所在。生态可持续是工业化的前提和保证，经济可持续则为工业化提供了物质基础和支撑条件。在工业发展的进程中，必须高度重视自然资源的保护问题，因为良好的生态环境是支撑工业增长的重要基石，也是实现生态可持续的必要条件。工业绿色制造则是从工业发展角度出发，将环境保护作为工业发展的核心战略和手段，强调企业对资源环境的合理利用。在工业发展的进程中，需要从时间的角度去审视工业发展模式，以确保经济增长的可持续性，并强调人类长远发展的需求。社会可持续则是从"空间维度"去认识人与自然之间的关系，并把环境作为一种资源加以利用和管理，以实现人与自然的和谐共生。在工业发展的进程中，必须全面考虑代际关系，现代社会的发展不应牺牲下一代的生存环境，以确保社会的可持续性。

（六）循环经济理论

在 20 世纪 70 年代，人们开始关注经济生产活动对生态环境的影响，却忽视了经济发展方式对环境的潜在影响，同时也忽视了循环经济模式在经济发展中的重要性。目前国内外学术界关于工业绿色制造的研究还比较薄弱。在 90 年代，人们开始认识到仅仅关注经济生产对环境造成的污染并对其进行治理是远远不够的，因此，人们开始探索新的经济发展模式，旨在通过改变经济发展方式来缓解环境污染问题。随着社会生产力和科学技术水平的不断提高，人们逐渐认识到经济发展必须建立在资源节约、环境友好的基础之上。因此，人们将目光聚焦于循环经济理论，以期深入探究其内在机理和应用前景。随着科学技术水平的提高，特别是在信息技术革命的推动下，发展循环经济逐渐成为各国政府制定政策时的一个主要方向。在1992年的联合国环境与发展大会上，以德国为代表的欧洲国家首次提出了循环经济发展战略，这一战略标志着循环经济从理论研究进入了实际应用的新阶段。此后，各国都积极推出基于循环经济理论的实践活动，取得了一定成效，也积累了丰富经验。目前，德国、日本、美国和丹麦等国家在循环经济理论的实际应用方面取得了显著成效。循环经济理论的核心是"物质"，即资源、能源等有形的东西，而无形的价值则体现为生态伦理价值。鲍尔丁的宇宙飞船经济理论被西方经济学界视为循环经济理论的代表，他提出了一种全新的宇宙观。鲍尔丁形象地将地球比作一艘宇宙飞船，在浩瀚宇宙中漫游；而将人类比喻为驾驶飞船的宇航员，是一位勇敢的探险家。他从一个全新角度论述了人类社会与自然环境之间的相互关系及其规律，提出"可持续发展观"这一概念。在他的观点中，地球所拥有的资源和宇宙飞船所使用的燃料一样，都受到了限制。如果人类过度地消耗自然资源，一旦这些资源耗尽，地球将无法维持运转，最终走向毁灭。因此，为了解决人类所面临的环境问题，实现可持续发展，必须走可持续发展道路，即通过提高全社会各方面的素质来促进经济社会与生态环境的协调发展。循环经济理论以生态学中的基本规律为指导，运用系统工程的方法，在生态经济理论的基础之上，为人类经济的发展提供了有效的指引。循环经济的本质就是可持续发展，它强调通过减少资源浪费来实现社会的可持续发展，其目的在于最大限度地节约资源，保护生态环境。循环经济理论是人类在面对生态和生存危机时，对自身经济生产活动方式进行深刻反思的产物。

在工业领域，循环经济理论得到广泛运用，以实现资源的最大化利用和经济效益的最大化。改革开放以后，随着我国工业化进程的加快，社会经济得到快速发展，同时也产生了严重的环境污染问题，这不仅阻碍了社会经济的进一步发展，而且会危害人民群众的身体健康。循环经济在推动工业可持续发展方面发挥了重要作用，特别是在促进工业绿色制造方面的应用很广泛。循环经济的基本理念是"以最少的资源耗费取得最大的经济效益"。循环经济理论注重提升资源利用效率，以协助经济实现可持续增长的目标，其核心是减少能源消耗、废物排放和污染物产生。学者们将循环经济的运作模式归纳为"3R 原则"（减量化 Reduce、再利用 Reuse、资源化 Recycle），这一总结涵盖了国内外的研究成果；同时还强调要保证产品能够满足消费者需求并使其具有较高的质量、良好的使用性能以及环保性能等。在工业生产活动中，为了减少废弃物的产生，我们可以采用减量化技术手段，从生产源头降低能源和物质的消耗，提高能源和物质的使用效率，同时减少能源和物质的投入。此外还要降低资源消耗，如将废物回收后再次应用于新的产品或提供给其他用户使用，以实现经济效益最大化。为了实现产品的可重复利用，我们需要在产品设计时充分考虑其组装和拆卸的可行性，同时也要考虑其服务寿命和更换零件的需求；同时，我们需要确保产品所使用的材料不会对环境造成任何污染，特别是在产品未被充分利用的情况下，我们应该尽可能减少对环境的污染。绿色制造，就是以最少的资源消耗来获取最大经济效益或环境效益。生产过程中产生的废弃原材料和淘汰的生产设备将被重新利用，用于制造本产品或其他产品。循环生产的核心在于运用先进的废物处理技术来实现资源的高效利用。"3R 原则"聚焦于工业生产的不同发展阶段。在工业生产的前期准备阶段，减量化原则得到了特别的关注；资源化原则在资源回收和再生阶段被关注。在产品的生产过程中，我们应当遵循再利用的原则；在考虑可循环的过程中，需要特别关注产品的生产阶段。在工业制造的全过程中贯穿"3R 原则"，这是循环经济在工业生产中的具体实践。

（七）生态资本理论

生态资本是指能够满足人类需求，促进经济社会与自然生态和谐共生，实现可持续发展的自然资源，是经济资源和社会资源的总称。随着可持续发展理念的兴起，人们对环境系统的关注已经超越了环境资源本身，而且更加注重整个生态系统为经济发展提供的服务，这也催生了生态资本的概念。从广义角度来说，生态资本是指人类为了满足自己的需求而在生产活动中所形成的能带来一定收益的各种资产总和，包括物质资本、人力资本和金融资本。从狭义角度来说，生态资本可视为自然资本或环境资本，但其概念更强调将生态资源和环境资本化。生态资本在一定程度上能反映出一个地区经济社会系统与自然环境之间的协调性以及区域内不同群体之间的相互影响作用。在生态资本存量较低的情况下，通过增加生态资本，可以提升人类的生存水平，从而实现经济系统和环境系统的协调发展。如果生态资本存量超过某一临界值，生态资本将无法对经济增长做出贡献。一旦达到生存水平的临界点，生态资本和生存水平之间可能会呈现出一种非线性的变化关系，这种关系被称为"经济腾飞"。在这个阶段，即使保持生态资本存量不变，生存条件也会得到改善。此时，人类社会进入了一个以生态资本为主导的新时代。在此阶段，人们已充分领悟到生态系统的价值，注重积累生态资本存量，不仅可为后代保留珍贵的生态财富，同时也可推动当代人生活水平提高。如果人类对生态环境进行了有效保护，那么生态资本就能够不断积累，从而保证生态资本存量的增长。然而，一旦生态资本存量达到临界点，生存水平将不再随着其增加而上升，必须在牺牲一定生态资本的前提下才能实现生存水平的提升。此时，人们开始意识到经济发展所带来的负面影响，追求可持续的生存水平是人类面临的共同课题。这一状态通常与社会生产的结构和模式息息相关，具有高度的刚性，因此随着生存水平的提高，生态资本可能会被消耗至仅能维持生存的程度。

在工业发展的进程中，生态资本理论被广泛地运用。随着经济的不断发展，人类的生存水平也在不断提升，然而，在这个过程中，我们面临着两条截然不同的发展道路，其中一条是一种"可持续范式"，即实现经济与生态的良性互动，而另一条则是"交换范式"，即以牺牲生态资本为代价来获取更多的发展机会。生态资本通过改变物质生产系统内部各要素之间的关系来影响经济增长。如果我们将生态系统所提供的服务和资源视为一种资本，并在选择"可持续范式"或"交换范式"的十字路口做出明智的决策，那么工业绿色发展就能够实现。因此，在制定工业绿色发展的生态环境标准时，必须关注和控制工业生产中对生态资本的消耗方式和水平，以保证生态系统的自组织能力，并引导工业实现"可持续范式"的发展。

第三节　金融发展影响经济绿色转型的机理分析

本部分对金融发展对经济绿色转型的影响机理进行了重点考察。主要内容安排如下：首先，考察和识别经济绿色转型的主要影响因素；其次，系统分析金融发展影响经济绿色转型的作用机制；最后，从政府行为视角分析金融发展对经济绿色转型的作用效果。

一　经济绿色转型影响因素的识别

传统国民经济的核算只测度经济发展的总量，却忽视了经济发展对资源的消耗和给环境带来的破坏。绿色 GDP（$GGDP$）是一个国家或地区在考虑自然资源和环境因素后进行一系列经济活动的最终测度结果。本章采用绿色 GDP 指标考察经济绿色转型问题，$GGDP$ 的计算公式如下：

$$GGDP_t = GDP_t - NE_t \qquad (2.1)$$

在式（2.1）中，GDP_t 为国民收入，$GGDP_t$ 为绿色 GDP，NE_t 为自然资源的消耗与环境品质的降级之和。其中，自然资源消耗主要考虑的是目前自然资源存量及其变动对国民收入的影响。自然资源既包括不可再生能源，也包括可再生能源。不可再生能源消耗成本大于可再生能源。

环境品质的降级，指人的社会经济活动对环境品质产生的不利影响。从公式（2.1）可以看出，绿色经济规模的扩大取决于国民收入与自然资源消耗和环境治理成本（即环境品质降级的衡量指标）的差额。

$$GDP_t = Y_t - x_t \qquad (2.2)$$

GDP_t 等于生产总值（Y_t）减去中间产品（x_t）。根据褐色经济与绿色经济的定义，我们进一步将生产函数分为褐色生产函数和绿色生产函数，并将中间产品、能源消耗与环境污染也按照褐色经济和绿色经济进行分类，具体公式如下：

$$Y_t = BY_t + GY_t = BA_t BK_t^{\delta_1} BL_t^{\delta_2} BE^{1-\delta_1-\delta_2} + GA_t GK_t^{\delta_3} GL_t^{\delta_4} GE^{1-\delta_3-\delta_4} \qquad (2.3)$$

$$x_t = Gx_t + Bx_t \qquad (2.4)$$

$$NE_t = BE_t + GE_t \qquad (2.5)$$

其中，A_t、K_t、L_t 分别表示技术、资本存量和劳动力，δ_1 和 δ_3 分别代表褐色金融和绿色金融的产出弹性，δ_2 和 δ_4 分别代表褐色劳动和绿色劳动的产出弹性，BY_t 和 GY_t 分别为褐色生产和绿色生产的产出，BK_t 和 GK_t 分别为褐色金融和绿色金融，BL_t 和 GL_t 分别为褐色生产和绿色生产的劳动需求。BA_t 和 GA_t 分别为褐色生产和绿色生产的全要素生产率，BE 和 GE 分别为褐色生产和绿色生产的能源需求，Bx_t 和 Gx_t 分别为褐色生产和绿色生产的中间产品。BE_t 和 GE_t 分别代表由褐色生产和绿色生产导致的资源消耗与环境污染，并令二者分别与对应产出正相关，得到：

$$BE_t = \alpha_t BY_t \qquad (2.6)$$

$$GE_t = \beta_t GY_t \qquad (2.7)$$

其中，α_t、β_t 分别代表褐色生产、绿色生产带来的污染系数。在此基础上，我们计算绿色经济增长率。

$$\frac{GGDP_{t+1} - GGDP_t}{GGDP_t} = \frac{(GY_{t+1} + BY_{t+1}) - (Gx_{t+1} + Bx_{t+1}) - (GE_{t+1} + BE_{t+1})}{(GY_t + BY_t) - (Gx_t + Bx_t) - (GE_t + BE_t)} - 1$$

$$= \frac{(GY_{t+1} - Gx_{t+1} - GE_{t+1}) + (BY_{t+1} - Bx_{t+1} - BE_{t+1})}{(GY_t - Gx_t - GE_t) + (BY_t - Bx_t - BE_t)} - 1$$

$$= \frac{(GY_{t+1} - \nu_{G,t+1}GY_{t+1} - \tau_{G,t+1}GY_{t+1}) + (BY_{t+1} - \nu_{B,t+1}BY_{t+1} - \tau_{B,t+1}BY_{t+1})}{(GY_t - \nu_{G,t}GY_t - \tau_{G,t}GY_t) + (BY_t - \nu_{B,t}BY_t - \tau_{B,t}BY_t)} - 1$$

$$= \frac{(1 - \nu_{G,t+1} - \tau_{G,t+1})GY_{t+1} + (1 - \nu_{B,t+1} - \tau_{B,t+1})BY_{t+1}}{(1 - \nu_{G,t} - \tau_{G,t})GY_t + (1 - \nu_{B,t} - \tau_{B,t})BY_t} - 1 \quad (2.8)$$

设 $\psi_{G,t} = 1 - \nu_{G,t} - \tau_{G,t}$，$\psi_{B,t} = 1 - \nu_{B,t} - \tau_{B,t}$，分别表示绿色生产与褐色生产的净产出比率。此时有：

$$\frac{GGDP_{t+1} - GGDP_t}{GGDP_t} = \frac{\psi_{G,t+1}GY_{t+1} + \psi_{B,t+1}BY_{t+1}}{\psi_{G,t}GY_t + \psi_{B,t}BY_t} - 1$$

$$= \frac{(\psi_{G,t+1}GY_{t+1} - \psi_{G,t}GY_t) + (\psi_{B,t+1}BY_{t+1} - \psi_{B,t}BY_t)}{\psi_{G,t}GY_t + \psi_{B,t}BY_t}$$

$$= \frac{\psi_{G,t+1}GY_{t+1} - \psi_{G,t}GY_t}{\psi_{G,t}GY_t} \times \frac{\psi_{G,t}GY_t}{\psi_{G,t}GY_t + \psi_{B,t}BY_t} +$$

$$\frac{\psi_{B,t+1}BY_{t+1} - \psi_{B,t}BY_t}{\psi_{B,t}BY_t} \times \frac{\psi_{B,t}BY_t}{\psi_{G,t}GY_t + \psi_{B,t}BY_t} \quad (2.9)$$

设 $r_{NGY_{t+1}} = \dfrac{\psi_{G,t+1}GY_{t+1} - \psi_{G,t}GY_t}{\psi_{G,t}GY_t}$，$r_{NBY_{t+1}} = \dfrac{\psi_{B,t+1}BY_{t+1} - \psi_{B,t}BY_t}{\psi_{B,t}BY_t}$，

$\omega_{G,t} = \dfrac{\psi_{G,t}GY_t}{\psi_{G,t}GY_t + \psi_{B,t}BY_t}$，$\omega_{B,t} = \dfrac{\psi_{B,t}BY_t}{\psi_{G,t}GY_t + \psi_{B,t}BY_t}$，其中，$\omega_{G,t} + \omega_{B,t} = 1$，由此得到：

$$\frac{GGDP_{t+1} - GGDP_t}{GGDP_t} = r_{NGY_{t+1}} \times \omega_{G,t} + r_{NBY_{t+1}} \times \omega_{B,t} \quad (2.10)$$

式（2.10）的含义是，绿色经济增长率等于绿色生产的环境净产出增长率与褐色生产的环境净产出增长率的加权之和，权重分别为绿色生产的环境净产出与褐色生产的环境净产出分别占二者之和的比重。

从短期看，在不考虑技术进步的前提下，$\psi_{G,t+1} = \psi_{G,t}$，$\psi_{B,t+1} = \psi_{B,t}$，此时有 $r_{NGY_{t+1}} = \dfrac{GY_{t+1} - GY_t}{GY_t} = r_{GY_{t+1}}$，$r_{NBY_{t+1}} = \dfrac{BY_{t+1} - BY_t}{BY_t} = r_{BY_{t+1}}$。

$$\frac{GGDP_{t+1} - GGDP_t}{GGDP_t} = r_{NGY_{t+1}} \times \omega_{G,t} + r_{NBY_{t+1}} \times \omega_{B,t} = r_{GY_{t+1}} \times \omega_{G,t} + r_{BY_{t+1}} \times \omega_{B,t}$$

$$(2.11)$$

式（2.11）的含义是，绿色经济增长率等于褐色生产与绿色生产增长率的加权之和。显然，从短期看，推动绿色经济增长的关键在于限制褐色产业规模，扩大绿色产业规模，提升绿色产业在整个国民经济中的份额。

从长期看，高耗能、高污染行业将受到国家宏观调控的限制，褐色生产将受到抑制，在国家大力提倡经济绿色转型的背景下，企业将采取更加环保的绿色技术，企业绿色生产率将不断提升，同时污染产业的转型升级也将推动绿色产业的占比不断提升，而褐色产业占比将不断降低。由此可知，$\psi_{G,t} > \psi_{B,t}$，$\psi_{G,t+1} \geqslant \psi_{G,t}$，$\psi_{B,t+1} \leqslant \psi_{B,t}$，将公式（2.10）进一步推算可以得到：

$$\begin{aligned}\frac{GGDP_{t+1} - GGDP_t}{GGDP_t} &= r_{NGY_{t+1}} \times \omega_{G,t} + r_{NBY_{t+1}} \times \omega_{B,t} \\ &= r_{NGY_{t+1}} \times \omega_{G,t} + r_{NBY_{t+1}} \times (1 - \omega_{G,t}) \\ &= (r_{NGY_{t+1}} - r_{NBY_{t+1}}) \omega_{G,t} + r_{NBY_{t+1}}\end{aligned}$$

$$(2.12)$$

式（2.12）的经济含义是，绿色经济增长率等于绿色生产与褐色生产的环境净产出增长率之差乘以绿色生产环境净产出的权重再加上褐色生产的环境净产出增长率。可见，从长期看，绿色经济增长率不仅取决于绿色经济净产出的权重，也取决于绿色产业的科技发展水平。因此，为了实现经济绿色转型，需要大力提升企业绿色技术水平，尤其是提升褐色企业绿色技术水平，降低褐色企业生产污染程度，扩大经济绿色转型规模。

二 金融发展对经济绿色转型的作用机制

由前文公式推导得出，绿色经济增长率等于绿色生产与褐色生产的环境净产出增长率的加权。产业结构与技术进步为绿色经济增长的核心变量。在经济绿色转型过程中，金融发展对经济绿色转型起着核心作用。为了进一步考察金融发展与经济绿色转型的关系，我们根据链式法则，可以将 $GGDP$ 进行如下变化：

$$GGDP_t = GDP_t \frac{K_t}{GDP_t} \frac{GGDP_t}{K_t} \tag{2.13}$$

其中，K_t 为金融资产总量，将 $F_t = \dfrac{K_t}{GDP_t}$ 界定为金融发展水平，将 F_t 代入式（2.13）得到：

$$GGDP_t = GDP_t \times F_t \times \frac{GGDP_t}{K_t} \tag{2.14}$$

将式（2.8）、式（2.3）代入 $\dfrac{GGDP_t}{K_t}$ 得到：

$$
\begin{aligned}
&\frac{GGDP_t}{K_t} \\[2mm]
&= \frac{(1-\nu_{B,t}-\tau_{B,t})BA_t BK_t^{\delta_1} BL_t^{\delta_2} BE_t^{1-\delta_1-\delta_2} + (1-\nu_{G,t}-\tau_{G,t})GA_t GK_t^{\delta_3} GL_t^{\delta_4} GE_t^{1-\delta_3-\delta_4}}{K_t} \\[2mm]
&= \frac{(1-\nu_{B,t}-\tau_{B,t})BA_t BK_t^{\delta_1} BL_t^{\delta_2} BE_t^{1-\delta_1-\delta_2}}{K_t} + \frac{(1-\nu_{G,t}-\tau_{G,t})GA_t GK_t^{\delta_3} GL_t^{\delta_4} GE_t^{1-\delta_3-\delta_4}}{K_t} \\[2mm]
&= \frac{(1-\nu_{B,t}-\tau_{B,t})BA_t BK_t^{\delta_1} BL_t^{\delta_2} BE_t^{1-\delta_1-\delta_2}}{BK_t}\omega_B + \frac{(1-\nu_{G,t}-\tau_{G,t})GA_t GK_t^{\delta_3} GL_t^{\delta_4} GE_t^{1-\delta_3-\delta_4}}{GK_t}\omega_G
\end{aligned}
\tag{2.15}
$$

其中，$\omega_B = \dfrac{BK_t}{K_t}$，$\omega_G = \dfrac{GK_t}{K_t}$，根据 $K_t = BK_t + GK_t$，因此 $\omega_B + \omega_G = 1$，将式（2.15）代入式（2.14），得到：

$$
\begin{aligned}
GGDP_t = GDP_t \times F_t \times \Bigg[&\frac{(1-\nu_{B,t}-\tau_{B,t})BA_t BK_t^{\delta_1} BL_t^{\delta_2} BE_t^{1-\delta_1-\delta_2}}{BK_t}\omega_B + \\[2mm]
&\frac{(1-\nu_{G,t}-\tau_{G,t})GA_t GK_t^{\delta_3} GL_t^{\delta_4} GE_t^{1-\delta_3-\delta_4}}{GK_t}\omega_G \Bigg]
\end{aligned}
\tag{2.16}
$$

在式（2.16）中，$\dfrac{(1 - \nu_{B,t} - \tau_{B,t}) BA_t BK_t^{\delta_1} BL_t^{\delta_2} BE_t^{1-\delta_1-\delta_2}}{BK_t}$ 和

$\dfrac{(1 - \nu_{G,t} - \tau_{G,t}) GA_t GK_t^{\delta_3} GL_t^{\delta_4} GE_t^{1-\delta_3-\delta_4}}{GK_t}$ 分别代表污染产品和绿色产品的单

位资本净产出，ω_B 和 ω_G 分别代表褐色金融与绿色金融的权重，因此，可以

将 $\dfrac{(1 - \nu_{B,t} - \tau_{B,t}) BA_t BK_t^{\delta_1} BL_t^{\delta_2} BE_t^{1-\delta_1-\delta_2}}{BK_t}\omega_B + \dfrac{(1 - \nu_{G,t} - \tau_{G,t}) GA_t GK_t^{\delta_3} GL_t^{\delta_4} GE_t^{1-\delta_3-\delta_4}}{GK_t}\omega_G$

定义为单位资本净产出的加权值。为简化分析，我们将劳动标准化为 1，
得到：

$$GGDP_t = GDP_t \times F_t \times \Big[\frac{(1 - \nu_{B,t} - \tau_{B,t}) BA_t BK_t^{\delta_1} BE_t^{1-\delta_1}}{BK_t}\omega_B +$$

$$\frac{(1 - \nu_{G,t} - \tau_{G,t}) GA_t GK_t^{\delta_2} GE_t^{1-\delta_2}}{GK_t}\omega_G \Big] \tag{2.17}$$

经济绿色转型依赖金融发展。从式（2.17）可以看出，绿色 GDP
等于国内生产总值、金融发展水平以及单位资本净产出加权值的乘积。
结合文献回顾与模型推导可以得出，金融发展对经济绿色转型的影响，
不仅包括直接的资金支持、要素配置和产业关联等方面，还涉及金融发
展对经济绿色转型的间接影响（参见图 2.1）。

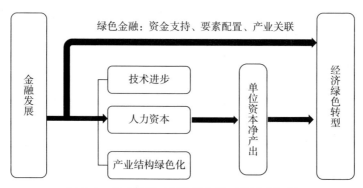

图 2.1　金融发展对经济绿色转型的影响机制

（一）直接影响机制

通过式（2.17）可以看出，金融发展能够直接促进绿色经济总量的增长，在绿色金融的助推下，一方面，金融体系作为现代经济的核心，不断发展与完善，尤其是绿色金融的发展，能够从降低企业融资成本、缓解企业融资约束等方面对企业绿色生产经营活动进行必要资助。另一方面，在绿色经济理念的推动下，金融机构通过市场手段发挥作用，促使资金在各产业部门之间实现流动与配置，有效的资金配置可以通过提升资金使用效率，促进经济绿色转型。因此，提供资金支持与优化要素配置是金融发展影响经济绿色转型的直接渠道。

1. 金融发展为经济绿色转型提供资金支持

金融发展水平提高主要表现为资金数量的增加、结构的优化、流通速度的加快、使用效率的提高。金融市场体系的不断完善是金融发展的最直接表现。在完善的金融市场体系中，银行、保险公司、证券公司等金融机构之间分工更加明确，信贷、保险、证券等金融规章制度更加健全，期货、期权等金融工具的种类逐渐多样化，金融机构与金融市场间的资金流动性不断增强。金融机构的主要工作是收集社会闲散资金用于自身经营与投资，金融机构对收集到的社会资本进行集中管理，这些资本的收益率与使用风险决定了资金的流动性。一方面，金融发展拓宽了金融交易平台，扩大了市场交易主体的范围，降低了金融市场的准入门槛，使得更多社会闲散资金涌入市场，促进了流通中资金总量的增长，降低了资金使用成本，提高了资本收益率，进一步激励金融机构加速资本循环。另一方面，金融科技手段不断更迭，金融产品不断创新并更加多元化，为银行、基金、证券市场等提供多种金融工具，分散风险，在同等条件下降低了投资风险，提升了金融机构分散和抵御金融风险的能力，增大了高预期回报项目的证券组合比重，优化了资源配置，同时有效增强了资本再生能力，进一步提高了资金的流动性。

因此，金融发展水平的提高，直接扩大了各领域可用资金的使用规模，提升了资金流通速度。显然，这将直接导致企业融资约束的降低，从事绿色项目的可用资金随之增加。与此同时，政府可以加大环保投入，并调动民间资本以合作模式流入环保产业。而金融技术水平和效率的提高，进一步增强了金融机构收集、处理和提供信息的能力，从而降低了双方企业的信息不对称程度和融资成本，缓解了企业在贷款方面的融资约束。通过间接和直接的融资渠道，一方面，金融发展为企业提供了更多的资金支持，从而对企业的经营决策产生了深远的影响，同时也为部分企业引进生产设备提供了充足的资金，优化了生产方式，加大了创新投入，进而提高了企业在生产环节对资源的利用效率，进一步减少了污染物的排放；另一方面，一些小企业在获得资金支持后会扩大生产规模，通过规模经济效应来提高自己的生产效率，降低单位能耗，从而有助于改善生态环境。同时，金融发展也能有效地缓解污染行业中存在的资金短缺问题。此外，金融领域的发展为企业提供了实施环境污染治理措施所需的资金，从而增强了企业治理环境污染的可能性和有效性，通过资金支持来抵消企业的治理成本。同时，随着绿色发展理念的深入，绿色金融的发展逐渐加快，有效解决了绿色项目融资难、期限错配等问题，绿色信贷规模的扩大、绿色金融产品的丰富，为绿色技术研发和绿色产业发展提供了多样融资渠道和服务。因此，金融发展水平的提高能够直接推动绿色经济领域资金流通速度的提高与规模的扩大，通过降低绿色经济领域资金的使用成本，丰富绿色项目的类型，从而推动绿色经济规模的扩大，进而促进绿色经济总量的提升。

2. 金融发展通过优化要素配置驱动经济绿色转型

金融发展对经济绿色转型的影响还表现在对资源的合理配置上。金融发展水平较高的地区意味着其拥有完善的金融系统，金融机构的管理和运营能力更强。这加快了对资金储蓄、审批、贷款等环节的执行速度，使资金快速地从资金盈余单位转到资金短缺单位，加快了资金的流通速度。从金融活动的逐利性来讲，资源是有限的，金融机构为了获得更高的收益，根据投资的收益性、流动性和安全性原则，让资金在各行业之间高速地流动，以调整资源的配置情况。在这个过程中，金融机构的成长能力受到金融发展水平的巨大影响。随着信息网络和数据库的完善，金融机构能够有效地预测企业的发展趋势，从而引导资金流向。此外，金融机构还可根据企业发展状况，为其提供各种信贷支持和担保服务等，以促进企业持续健康发展。为了维护自身权益，金融机构在参与企业投融资过程中，可以运用高效便捷的金融信息网络，对企业发展潜力进行预测，并对项目进行风险评估。通过减少对生产效率低、资金利用率低、经营理念落后的污染企业的资金支持，加大对高效率、成长快的新兴企业的资金支持。随着时间的推移，资金源源不断地从污染型企业退出，逐渐转向那些注重环保的企业，从而实现了绿色增长的目标。

从理论的角度来看，金融机构通过市场手段发挥作用，促使资金在各产业部门之间实现流动与配置，有效的资金配置可以通过提升资金使用效率，促进经济绿色转型。然而，现实中的情况较为复杂，各个企业自身发展阶段、核心产业部门、要素禀赋及生态承载能力方面的不同，使金融机构在资金配置方面有所偏向。比如，同群效应使得金融机构在提供资本支持方面相互模仿与追随，可能导致部分行业获得的资本过多，致使产能过剩，也可能使部分行业无法获得足够资金，发展陷入困境，甚至在某些区域形成重复投资，造成产业结构趋同等问题。这种资源分配不当会导致社会生产效率低下。当金融体系允许无利可图的企业吸收过多的资本和劳动力时，会对生产力产生负面影响，比如张季风和田正（2017）的研究表明，日本由于资源配置不当，信贷资金投入长期不盈利的"僵尸"企业，抑制了生产率的增长。

3. 金融发展驱动地区经济增长并带动经济绿色转型

金融发展能够拉动地区经济的发展，当金融发展促进了其他行业的发展时，产业间的直接和间接联系将带动绿色产业发展。研究金融发展与经济增长之间的相互作用，在学术界一直是一个备受关注的话题，尽管目前对于这一关系的研究尚未得出一致的结论，但是大多数学者仍然支持金融发展和经济增长之间具有很强的关联（Cameron，1999；Patrick，1967；Beck et al.，2000b）。金融发展被认为是经济增长的一个必要条件，对经济增长有着积极影响（Patrick，1972b）。金融体系能够通过项目甄别、资金配置、风险管理等功能为企业进行创新提供必要的条件，从而促进经济发展（Patrick，1972a）。投资、消费、出口是助力经济增长的"三驾马车"。从投资视角看，金融发展扩大了金融体系中资金的使用规模，加快了资金流通速度，特别是增加了金融机构储蓄率、储蓄转化为投资的比率、资本边际生产率等，金融发展会通过上述渠道对资本质量产生影响，从而促进经济增长（李伟民，2002）。从消费和出口视角看，经济"金融化"有助于重塑经济格局，金融业则通过金融资源的有效配置作用于实体经济，并且银行效率提升可以推动消费信贷与出口信贷的增加，继而拉动地区经济增长（Theurillat et al.，2010）。由此可见，金融发展能够推动整体经济增长。

在金融发展驱动经济增长过程中，一些产业生产规模的扩大、产值的增加、技术水平的提高会通过前向关联和后向关联直接和间接地作用于其他产业部门，继而间接地推动绿色产业的发展。近年来，我国金融业同其他行业关联度越来越高，关联行业从资本密集型制造业如化学工业、机械及金属制品业向建筑业转移，批发零售业、交通运输与仓储业等物质资本型产业以及流通服务产业最终逐步向租赁与商务服务业、金融业、房地产业、制造业以及住宿与餐饮业等服务业转移（姚战琪，2005；耿献辉，2010）。同样也有研究显示，金融业和环保产业之间的产业关联性呈现显著增强态势（凌玲等，2020）。可见，很多产业与绿色产业有着紧密联系，或是以绿色产品作为原材料和中间产品，或是作为绿色产业的中间产品。在金融业带动其他产业发展过程中，其他产业的发展将通过前向关联和后向关联驱动经济绿色转型。

综上所述，金融发展可以通过资金的注入和资源的合理配置来促进经济产出的增长，同时改善生态环境，从而推动绿色经济的发展。但由于不同地区间金融和经济发展水平、支柱产业和要素禀赋等的差异，金融发展对经济绿色转型的影响也可能存在差异。

（二）间接影响机制

通过式（2.17）可以看出，金融发展可以通过单位资本净产出的

加权值来影响绿色经济增长。单位资本净产出的加权值等于

$$\frac{(1 - \nu_{B,t} - \tau_{B,t}) BA_t BK_t^{\delta_1} BE_t^{1-\delta_1}}{BK_t} \omega_B + \frac{(1 - \nu_{G,t} - \tau_{G,t}) GA_t GK_t^{\delta_2} GE_t^{1-\delta_2}}{GK_t} \omega_G,$$

这一加权值依赖于褐色经济与绿色经济的单位资本净产出效率

$$\left[\frac{(1 - \nu_{B,t} - \tau_{B,t}) BA_t BK_t^{\delta_1} BE_t^{1-\delta_1}}{BK_t} \, \backslash \, \frac{(1 - \nu_{G,t} - \tau_{G,t}) GA_t GK_t^{\delta_2} GE_t^{1-\delta_2}}{GK_t} \right]$$ 以及

褐色金融与绿色金融之间的资金分配比例（ω_B、ω_G）。其中，一个国家或地区的单位资本净产出效率依赖于该地区由褐色经济与绿色经济所形成的产业结构（$BA_t BK_t^{\delta_1}$，$GA_t GK_t^{\delta_2}$），以及褐色生产与绿色生产的全要素生产率变化（BA_t、GA_t），而生产效率变化取决于技术创新水平及能力，技术创新能力由人力资本水平决定。

1. 金融发展、技术创新和经济绿色转型

生产效率变化（BA_t、GA_t）取决于技术创新，技术创新对经济绿色转型的促进作用体现在全行业生产各个环节，特别是绿色技术的应用，可以有效地提升生产绿色化水平。首先，在生产前端，一方面，通过开采技术和加工技术的进步，合理开发资源并促进资源的多级重复使用；另一方面，应用绿色技术，推进生产过程中能源消费结构的绿色转型。其次，在设计和生产阶段，遵循生产过程的集成和标准化设计思想，通过运用绿色技术等生产技术，提升资源利用效率、减少废物排放，并加大监管力度，使绿色化成效更加显著。最后，在生产末端即产品回收和废物处理阶段，一方面运用废物再利用技术对废弃产品和生产污染物进行回收再利用，另一方面对不可再利用的废弃物进行绿色处理。如绿色技术能够对能源燃烧产生的温室气体和有害残渣进行处理，通过技术手段切断生产过程污染与空气污染的链条，比如碳捕获和碳封存技术。可见技术创新对于提高生产绿色化水平至关重要。《中国绿色专利统计报告（2014—2017 年）》指出，目前绿色专利主要针对污染控制和管理、环境材料、替代能源、节能减排和绿色农业等方面，绿色技术创新活跃度不断提升，有效促进了经济绿色转型。除了在生产技术

方面进行创新，还可以通过产品的创新来推动绿色经济的发展，而新技术的应用则能够提升产品的品质，延长产品或服务的使用期限，达到节约资源的目的，特别是绿色产品与其他产品的相对价格会因技术差异而变动，进而从供给端推动生产的绿色转型。技术的创新同样会丰富产品的种类，使企业获得超额的收益，有助于提升其规模和竞争力，带动同行业内其他企业的技术创新，使同行业技术创新能力提升，促进该行业生产绿色化水平的提高。

技术创新对经济绿色转型的作用毋庸置疑，而创新的关键要素就是资本投入，技术创新活动需要设备、人才、场地、试验经费等大额的资金开销，因此离不开金融发展的资金支持。随着金融系统和金融市场的不断成熟，一方面，金融中介成本的降低使得提供资金的成本更低，企业可以因此获得更加优惠的贷款和更好的金融服务，企业融资的动力增强；另一方面，由于金融服务的优化和资金成本的降低，有创新需求的企业可以获得更多资金，更进一步促进技术创新。除了资金支持，从技术创新的风险角度来讲，技术创新活动特别是绿色技术的开发有着显著的高成本、高风险、长周期的特征。金融机构可以通过风险投资的方式，提供不同期限、流动性和收益性的组合产品，合理地配置收益与风险，也可以通过保险业的发展对技术创新活动进行风险管理和评估，鼓励技术创新行为。除此之外，要使技术创新实现商业化，不仅要重视开发，生产投入也同样重要，市场化水平与商业利润获取程度是判断技术创新是否成功的重要尺度。金融机构可借助金融市场进行宣传与推广，提升科技企业知名度与影响力，由此吸引更多投资者与顾客，促进技术成果落地并推动科技企业发展。同时，技术创新也是金融机构提高自身经营效率、监督水平的关键。金融领域的进步不仅体现在规模的扩大，更体现在金融体系内部效率的提高、监督能力的增强、结构的优化以及信息网络的完善等多个方面，这些都需要通过金融部门内部的技术创新来实现。

2. 金融发展、人力资本和经济绿色转型

和技术创新一样，内生经济增长理论也强调人力资本在经济增长中的地位。目前我国经济以高质量发展为目标，我国的人才资源优势应充分利用起来，以促进新旧动能转化，加快经济绿色转型。

人力资本通过多种途径影响经济绿色转型。首先，人力资本的提升意味着劳动生产效率的提高，通过转变要素投入组合模式，既可以达到能源替代的目的，又可以强化资本的能源替代效应。因此，人力资本的积累可以通过提高劳动生产率以及其他生产要素的生产率来对绿色经济产生积极影响。其次，人力资本的提升加快了各种创新活动的进程。一方面，人才作为创新主体，为技术、管理等创新行为提供智力支持；另一方面，人力资本的提升加快了知识和技术溢出，加强了企业间的知识交流和合作，降低了技术开发成本，加快了技术追赶速度和溢出速度，促进了经济绿色转型。最后，人力资本既可以作为生产要素参与生产过程，也可以作为消费者参与消费过程。人力资本水平的提升也会促使消费者消费更多产品，通过影响劳动者收入水平、消费偏好、投资观念、生活方式、环保理念等来引导消费者进行高消费，社会的绿色发展受到了人力资本流向具有低碳前景的产业和对高质量生活方式的关注等因素的影响，这些因素有助于推动消费侧的绿色选择和绿色经济发展。

高等教育的发展需要充足的资金支持，而良好的金融发展则是实现这一目标的关键，因为它可以推动人才培养质量的提高。金融发展通过对民办教育、职业技能培训、高等教育和学前教育等办学有关的教育投资的直接影响，加快人力资本积累。近年来我国民办教育呈现迅猛发展之势，对培养人才起到了显著的促进作用，但是相对于公办教育而言，由于财政资金扶持力度不够，健全的融资机制已成为民办教育学校顺利办学的重要保障。在金融发展过程中，金融机构从提供针对性服务和开发多样化金融产品等方面协助民办教育学校和职业技能培训机构拓宽融资渠道以改善办学条件。从个人角度来讲，金融业的发展有助于降低资金不足造成学业提前结束的概率。金融发展还通过增加政府财政教育支出间接影响地区人力资本水平，较高的金融发展水平意味着较好的经济发展状况，地方政府有更多的资源投向教育领域，提升人力资本水平。

此外，金融发展水平的提高能创造大量高薪岗位，提高地区收入水平，吸引人才，从而提升地区人力资本水平。

3. 金融发展、产业结构绿色化和经济绿色转型

本章将依据褐色经济与绿色经济所形成的产业结构（$BA_tBK_t^{\delta_1}$，$GA_tGK_t^{\delta_2}$）的绿色化来分析。金融发展将通过产业结构绿色化来促进经济绿色转型。产业结构绿色化旨在建设资源消耗和环境污染较小的产业结构，最大限度地减小污染生产对环境产生的影响，同时让资源高效循环利用。

产业结构绿色化一方面表现为污染产业逐渐被绿色产业取代，另一方面表现为产业绿色化升级改造。通过限制污染型产业发展，减少单位经济产出的能源生产要素投入和废水、废烟、废渣和其他污染物的排放，有效改善生态环境。绿色产业是具有高科技特征和巨大创新空间的战略性产业，如节能装备和产品制造、资源循环利用装备制造、环保产品生产等绿色行业，其为环境污染的预防、生态保护和再生、满足人们的环境需求、有效合理配置资源以及长期的社会和经济效益持续性地创造商品和服务。随着绿色产业的发展，从生产供给端壮大绿色消费市场，提倡绿色生活理念，增强居民绿色消费意识，同时绿色产业发展空间十分广阔，将会提供更多优质就业岗位，提高居民生活水平和经济发展质量。产业结构绿色化还表现在对原有产业的绿色化改造上。联合国环境规划署在《迈向绿色经济》的报告中指出，通过绿色投资对部分传统产业进行改造，将在2030年后创造更多就业岗位，并获利更多，而在常规投资情况下经济发展将会受到能源和资源稀缺的进一步遏制。比如，林业绿色化的经济机制和市场，包括木材计划、生态系统服务收费等方式创造的价值会超过常规模式的20%；绿色农业的发展会提高土地质量，增加作物产量，提高经济产出。

尽管产业结构绿色化能够直接推动绿色经济的发展，但是其发展过程中面临诸多限制与困境，而金融发展为产业结构绿色化提供了必要支撑。首先，不管是绿色产业发展还是产业绿色化改造，都面临巨大的资

金缺口。《迈向绿色经济》指出，从全球范围来看，需要将 2% 的 GDP 转化为绿色投资来推动绿色产业发展，可见资金需求量巨大。金融中介规模扩张能够降低绿色产业融资成本，对绿色产业持续发展与规模扩大起到支撑作用。其次，绿色金融作为金融发展和绿色产业间的桥梁，面对绿色产业高投入、回报周期长和风险高等特点，其绿色金融产品创新提供了多样化的融资方式。例如绿色资产证券化融资方式，可以缓解可再生能源等绿色新兴领域中小企业融资困难问题，通过结构化安排和其他不同增信途径，降低投资者风险，有利于绿色产业项目吸引更多低成本、长期性和风险厌恶型的社会资本，解决可再生能源等绿色项目的高额资金成本和期限错配难题。最后，随着金融系统的完善，绿色投资需要更严谨的信息披露机制来帮助社会监督资金的使用，所以该融资方式有利于资金使用精准度的提升，同时也有利于绿色产业投资效果的提升和投资风险的减小。除此之外，由于绿色产业发展尚在起步阶段，产业获利能力较弱，这制约了绿色产业规模的扩大。而金融机构可通过绿色房屋贷款、绿色汽车消费贷款、绿色信用卡等方式引导绿色消费，扩大绿色市场，提高绿色产业收益。

（三）政府干预视角下金融发展对经济绿色转型的影响

金融发展在为经济绿色转型提供资金支持和资源分配时，也可能给经济绿色转型带来不利影响。首先，金融发展水平提高后，因资本增加而导致生产规模扩大，进而刺激能源消费，特别是当前我国以煤炭为主的能源结构下，污染物排放量较高。其次，金融发展拓宽了融资渠道，部分企业在获得资金支持后追求短期利益而忽视长期收益，没有加大创新投入或引进机器设备，继续沿用落后或非绿色的生产方式，对生态环境造成破坏，不利于经济绿色转型。最后，在金融发展和经济发展前期，出于对投资风险的考虑，金融机构更偏向于成熟行业，可能会对经济绿色转型造成负面影响；企业也更偏向于规模扩张而非技术创新，其对经济绿色转型所产生的作用相对有限。而且目前我国大力倡导绿色经济，政府的干预行为将在很大程度上影响各经济主体的决策，进而影响金融发展对经济绿色转型的支持力度。地方政府依据自身发展水平制定的未来发展规划存在一定差异，对中央的经济绿色转型理念响应和执行情况也存在差异，因而引导金融系统对经济绿色转型的支持力度也不相同。因此，本节将两种政府干预行为即经济目标压力、环境规制纳入理论分析中。

1. 金融发展、经济目标压力和经济绿色转型

吕炜和王伟同（2021）指出中国经济增长奇迹在于中央政府通过相关制度设计使地方政府推动经济增长的积极性被充分激发，内生激励在于财政分权和政治晋升，进而形成了地方政府实现经济增长的竞争性，经济增长目标被设定为推动这一竞争性形成的政策工具。而绿色经济的内涵表现为双重特征——经济增长和环境保护。大量研究表明，经济增长和环境保护在某一阶段存在一定冲突，环境曲线也表明经济发展和环境污染之间可能存在非线性关系。政府在经济目标制定后，通过引导金融机构的资源配置方向，为不同行业提供差异化资金支持和金融服务，影响经济绿色转型，因此经济目标制定对于实现经济增长和环境保护的双赢至关重要。与此同时，财政分权中自主收支能力使地方政府产生以经济增长目标来促进经济增长的浓厚偏好，因而导致地区过大的经济目标压力。而由于环境外部性的特征，企业在履行社会责任进行生产绿色化改进时，短期内由于环境成本上升，不利于经济产出。此外，鉴于绿色技术和绿色产业的发展周期较长、短期收益较少的特征，政府在高经济目标压力下，可能会选择牺牲环境利益来换取经济产出，通过金融机构引导资金流向技术水平较低、回报迅速且期限短的部门；同时，依据当地资源禀赋，政府可能会将资金分配至高投入且污染严重的行业，此类行业因为回报率较高，容易成为优先发展的行业。此外，对于金融系统提供的服务，如风险对冲、证券发行等金融服务，污染产业的优先级也在绿色产业和普通产业之前，这不利于企业的生产绿色化。进一步分析发现，在过大的经济目标压力下，产业结构以工业为主的地区绿色化转型难度较大，对短期经济产出会造成较大波动，因此地方政府

会更倾向于以环境换经济的目标策略，会放宽对污染企业的融资约束。而一般来说，工业被认为是污染排放的主要来源，因此会加剧该地区的生态环境问题。

2. 金融发展、环境规制和经济绿色转型

没有环境规制压力，企业可能不会主动承担环境责任。企业环境责任作为企业社会责任中的一个重要维度，表示企业在进行战略管理过程中将环境问题纳入生产、经营过程中，保证产品的绿色无污染，并尽量减少对自然生态环境的损害。相比于企业社会责任的其他维度，企业环境责任履行具有明显的"利他非利己"特征，原因在于环境产品的负外部性导致了环境责任履行在投资与收益上的不对称性。一方面，企业生产经营需要占用土地、资源等生产要素，同时也要向自然界排放各类废物，严重危害了生态环境，但这种资源占用和污染外部性并未形成有效的价格机制，使得企业污染成本较低；另一方面，履行环境责任需要企业在整个生产链即从产品设计到市场销售全过程均要进行精心设计，包括购买控污设备、绿色化办公、绿色包装、绿色渠道管理和绿色营销等，这就意味着大量的资金投入和管理成本。而金融机构通过多种渠道为企业提供资金和服务，企业对资金的使用情况会直接影响其经济产出的绿色化，所以，需要政府通过环境规制手段推动企业履行环境责任，改善生态环境。政府的环境规制行为主要分为命令控制型和市场激励型两种，其中市场激励型对于环境的规制通常采用征收排污费、交易排污许可证和减免税收的方式；命令控制型对于环境的规制通常是国家以强制性的政策、法规等限制企业，以行政处罚等执法行动实现环境管制。

关于环境规制在区域经济绿色转型中的作用，学者们也是众说纷纭。已有文献大多研究环境规制对经济绿色转型的直接作用，例如新古典经济理论中的"遵从成本效应"、波特假说中的"创新的补偿效应"等。第一种观点认为，环境规制的实施将导致企业成本增加，从而挤占其研发投入，最终抑制地区绿色经济的增长。第二种观点认为，企业在面对环境规制带来的环保成本压力时，将会被激发出绿色环保类生产技术的创新和研发活动，从而推动地区绿色经济的增长。而政府的两种规制手段也可能对企业履行社会责任产生不同的影响，市场激励型环境规制手段能够弥补技术创新成本和企业污染控制成本，也能激发企业生产绿色化理念；而命令控制型环境规制手段可能进一步加剧挤出效应，增加企业治理成本，挤出企业从金融机构获得的生产资金。因此，环境规制对金融发展影响经济绿色转型的调控方向因规制手段不同而产生不同的影响效果。

第三章　我国金融发展的历程回顾、
现状分析及综合评价

金融发展水平是一国或地区金融系统发展程度的综合体现。新中国成立以来，我国金融发展经历了为计划经济服务的"大一统"金融体制、社会主义现代化建设时期的多元化金融体系、金融体系的市场化改革，以及新时代中国特色社会主义金融体系建设等阶段。经过70多年的发展，目前我国新时代中国特色社会主义金融体系已经初步形成，金融规模逐步扩大，金融结构不断优化，金融产品逐渐丰富，金融体系不断完善，科技与金融不断融合，绿色金融不断兴起。

本章将对我国金融发展进行历程回顾、现状分析及综合评价，具体研究内容包括如下几个方面。一是从金融改革的取向、金融结构的变迁与金融监管模式的转变等角度综合考察我国金融发展历程。二是归纳和总结金融发展的综合指标，系统回顾和总结已有文献对金融规模、金融结构、金融效率的测度指标，为强化层次性，结合各类二级指标的主要特征，将其细化为以宏观金融、金融业、金融市场为主体的三级指标，在此基础上进一步构建金融发展的综合指标体系。三是结合前文选取的指标，从金融规模、金融结构、金融效率的指标体系中选取可得性指标考察我国及区域金融发展的时空演化情况，按照构建的综合指标体系测算我国金融发展的综合水平，对全国及东中西部地区金融发展综合水平进行横向和纵向比较。

第一节　我国金融发展的历程回顾

新中国成立以来，我国金融体系为适应政治经济体制改革进行了多次调整。在过去 70 多年的金融改革历程中，总体进程相对曲折，从金融改革的取向、金融结构的变迁与金融监管模式的转变等角度综合来看，金融发展的重心发生了转变并取得了显著成效。本章将我国金融发展历程分为过渡性改革、多元化改革、市场化改革、开放式改革四个阶段。

一　过渡性改革阶段（1949~1978 年）

新中国成立初期，经济系统面临崩溃，中国的金融业发展缓慢。为重建金融体系，中央政府采取了一系列金融改革举措，以此来恢复金融业，稳定国内经济。这一时期，我国建立了为计划经济服务的"大一统"金融体制。

（一）建立高度集中的管理机制

中国人民银行自成立之初就集中央银行与商业银行的功能于一身。新中国成立之后，中国人民银行依法接管国民党政府遗留下来的中央银行与各级银行资产，并对私营金融业进行公私合营的改造，建立起由中国人民银行统一领导的银行管理体制；新设人民保险公司，独家经营国内保险；在农村成立农村信用合作社，但仍以官方为主导。进入"一五"计划时期，中央人民政府决定裁撤区级行政机构，形成总行、省（市）分行及支行三级垂直管理体系，由中国人民银行总行统一领导。中国人民银行通过《综合信贷计划编制办法（草案）》，对全国信贷资金实行"统存统贷"管理，形成了系统的信贷资金管理模式。中国人民银行通过制定各类存贷款利率管理机制，将所有的存款利率与贷款利率收归中国人民银行统一管理。虽然在之后的"大跃进"时期、"文化大革命"时期中国人民银行的运作模式有所改变，但根本上还是以中国人民银行统一管理为主。

（二）建立统一的货币制度

新中国成立后，中国人民银行发行了第一套人民币，并进行了明确规定：人民币为新中国的唯一法定货币，以基本的生活资料为供应保障，并且不与金银等贵金属进行兑换。在人民币发行使用过程中，主要通过以下措施来进行推广。首先，人民币通过收兑旧币进入流通领域，保障新老解放区货币统一，稳定经济生活秩序；其次，我国政府用人民币对社会上的各种商品与劳务进行标价与交易，银行发放的贷款也变为人民币贷款；再次，推动金银以及旧币退出流通领域，促使人民币进入人民生活的方方面面；最后，加强人民币管理，颁布相应法律法规，维护人民币作为唯一法定货币的地位。通过上述措施，稳定国内商品物价，使国民经济快速恢复、国家财政状况根本好转，中国的货币管理开始步入正轨。

（三）以银行信用取代商业信用

为了对信用进行管控，国家将信用权集中于中国人民银行，在公营经济体之间做出"各单位彼此间不得发生赊欠、借贷款及其他商业信用关系"的规定，并将此规定推广到全国范围。随着公私合营模式的推出，商业信用逐渐被银行信用取代，实体企业之间的商业信用逐渐消失，社会上不再存在横向金融机制，中国人民银行对资金的集中管理权达到顶峰，计划经济的"大一统"金融体制确立。

新中国的金融体系建设虽然几经起伏，但依然取得了重大的建设进展，取得了骄人的成绩。根据历年《中国统计年鉴》，1950 年，我国金融机构各项存款余额为 26.45 亿元，各项贷款余额为 18.64 亿元。到1978 年改革开放时，金融机构各项存款余额达到了 1155.01 亿元，各项贷款余额增长到了 1890.42 亿元，存款余额增幅达到 42.67 倍，贷款余额增幅达到 100.42 倍。金融体系改革为新中国经济从战后的残破中快速恢复提供了资金支持，有效地推动了中国经济的快速发展。

二　多元化改革阶段（1979~1997 年）

1978 年 12 月，党的十一届三中全会做出重要决定，把经济建设作为党和国家的工作中心。改革开放作为推进我国经济建设的历史性决策，金融体制改革也随之正式拉开序幕。

（一）构建多层次银行体系

1978 年，中国人民银行从财政部中分离出来。1979 年之后，中国农业银行与中国银行从中国人民银行中分离出来，中国建设银行也从财政部中独立出来。1983 年 9 月，国务院发布《关于中国人民银行专门行使中央银行职能的决定》，对中国人民银行的职能进行了明确规定，中国人民银行作为其他银行的领导者、货币发行的掌管者而存在，行使中央银行职能，商业银行的职能不再划归中国人民银行行使。1984 年，中国工商银行正式成立，将原本划归中国人民银行的工商信贷等金融业务下放给中国工商银行。这标志着我国"大一统"的金融体制开始解体，中央银行—专业银行二级银行体制逐步建立。随着金融体制改革的继续推进，交通银行、中信银行、招商银行等第一批股份制商业银行陆续成立，多层次的银行体系框架开始成形。

（二）建立多元化金融市场体系

（1）债券市场的形成。1978 年以后，经济体制改革使得国家经济运行重新回到正轨上来。为了推动国民经济的快速发展，1981 年，国家恢复了国债发行，但这一阶段的国债发行数量相对较少，主要以行政任务的方式进行销售，并没有形成真正意义上的债券市场。尽管如此，这也为债券市场的形成打下了良好的基础。直至 1991 年，财政部与国内金融机构主动承购包销了当年发行的国债，这标志着我国债券市场开始形成，债券市场发展进入了一个新的阶段。

（2）证券市场的产生。改革开放后，伴随企业股份制试点的推行，证券市场应运而生。1984 年，北京天桥百货股份有限公司在国内首次发行股票，成为我国股票发行的先行者。随着股份制试点的扩容与深化，股票发行后的流通问题成为亟待解决的首要问题。1986 年，上海试点开办了股票柜台买卖业务，这是我国证券交易市场的雏形。但是柜台交易面临诸多问题，如网点少、手续费高、交易标的稀少等。因此，我国对股票流通市场的建设要求也越发迫切。1990 年 11 月 26 日，我国第一家证券交易所——上海证券交易所正式成立。随后，为了逐步完善我国证券交易市场，1990 年 12 月 1 日，深圳证券交易所正式成立。伴随两大证券交易所的成立，大量的证券经营机构与证券投资基金相继成立，为证券市场的发展注入活水。显然，中国证券市场的开启标志着我国金融市场进入了一个新的发展阶段。

（3）保险市场的发展。1980 年，中国人民保险公司恢复建制，开始经营国内保险市场，停滞了 20 年的中国保险市场再次向前发展，但此时的保险市场由中国人民保险公司垄断经营。随着平安保险公司与太平洋保险公司的成立，中国人民保险公司垄断经营的局面被打破。进入20 世纪 90 年代，随着改革开放力度的加大，外资保险公司也来国内设立代表处，使得国内保险市场竞争加剧，保险市场进入快速发展阶段。

（4）期货市场的创立。为了优化国内资源配置，1988 年的《政府工作报告》明确指出，要求国内积极发展各类批发贸易市场，研究国外期货市场的交易运行机制，并结合中国的实际情况探索建立我国的期货市场。1990 年 10 月，我国组建成立了中国郑州粮食批发市场，这是我国第一个采用期货机制的批发市场，标志着我国期货市场发展进入试点阶段。在这一阶段，由于期货市场刚刚创立，相关的监管措施不足，人们的投机情绪泛滥，严重限制了期货市场的发展。但不可否认的是，期货市场的创立促进了金融资源的有效配置。

（三）创新外汇管理体制

在实行改革开放以前，我国实行集中统一管控的外汇管理体制，将外汇集中起来用于重点项目建设。1979 年以后，我国外汇管理体制开始由计划管理改革为计划管理与市场调节相结合。

1979 年，国务院批准设立国家外汇管理局，将国家计委、财政部、经贸部与中国人民银行管理的外汇权力统一归属于中国银行，外汇管理体制改革拉开序幕。随后，国家批准中国国际信托投资公司经营外汇业务，改变了中国银行独家经营外汇业务的局面。随着我国外汇经营主体限制的放开，不断有银行、财务公司、信托投资公司以及融资租赁公司等金融主体开展外汇经营业务，进而逐步形成了以外汇专业银行为经营主体、多种金融机构并存的外汇经营体制。

为了适应外汇管理体制改革的需要，我国开始进行外汇调剂试点，通过增加外汇调剂参与主体、丰富外汇交易品种，进而使得对外汇调剂价格的限制不断放松，外汇调剂市场逐渐形成。随着外汇调剂市场的不断发展，我国的汇率制度也随之发生重大转变，由单一的官方牌价逐步转向官方牌价与外汇调剂价格并存的双重汇率制度，由单一的计划管理方式转变为计划管理与市场调剂并行的管理方式，外汇管理体制实现了创新性发展。

从改革开放到亚洲金融危机期间，经过一系列金融改革，具有中国特色的社会主义金融体系取得了长足发展，实现了国民经济的极大繁荣。根据历年《中国统计年鉴》，1978 年，金融机构各项存款余额为1155.01 亿元，各项贷款余额为 1890.42 亿元；而 1997 年，金融机构各项存款余额达到了 82392.79 亿元，各项贷款余额增长到了 74914.07 亿元，分别增长了 70.34 倍与 38.63 倍。金融市场的多元化发展有效地激发了金融市场的活力，推动了中国经济的快速发展。

三　市场化改革阶段（1998~2011 年）

随着经济改革的不断深入，建设社会主义市场经济体制的目标逐渐明确，我国金融体制改革也向着市场化方向迈进，金融体系改革逐渐步入深水区。

（一）金融调控的市场化改革

（1）货币市场快速发展。在经济体制改革之后，中国货币市场开始建立。经过近 20 年的规范化发展，全国统一的同业拆借市场于 1996

年开始启动。亚洲金融危机之后，同业拆借市场进入了稳步发展阶段，市场交易量不断上升，增长速度逐步加快，银行、证券公司、财务公司等各种各样的金融投资者不断增多。随着同业拆借市场的快速发展，中国商业票据市场呈现繁荣发展趋势。这一时期，中国人民银行不断调整利率，再贴现利率开始低于短期贷款利率，这使汇票融资的吸引力极大增强。2003 年，全国银行间同业拆借中心开通了"中国票据网"，在一定程度上整合了票据市场，增强了票据的流动性，进一步便利了中小企业融资。

（2）利率市场化进程加快。1995 年，基于对当时利率基本情形的判断，我国确立了利率市场化改革的基本思路。从 1998 年起，我国逐步放宽了贷款利率的浮动程度。1999 年，国债在银行间债券市场成功招标发行，这成为我国利率市场化改革的标志性事件。2004 年，金融机构贷款利率浮动区间进一步扩大。随着利率市场化改革的推进，货币市场的基准利率逐渐变为公开市场利率，中国人民银行可以通过公开市场操作与相应的利率工具来对基础货币的发行做出相应调控。为了更好地推进利率市场化改革，在公开市场操作（国债）的基础上，中国人民银行通过发行央行票据（2002 年）进一步为利率市场化改革提供便利。2004 年 10 月，我国改变了曾经的存贷款利率制度，以"基准"取代"法定"，放开了金融机构人民币贷款利率的上限，进而实现了"存款管上限，贷款管下限"的阶段性目标。汇率制度改革也于 2005 年开始实行，中国人民银行参考"一篮子货币"，以市场供求为基础对汇率进行相应的调节，实现了有管理的浮动汇率制度。通过一系列的金融调控改革，我国金融调控的市场化程度不断提高。

（二）绿色金融萌芽

1995 年，国家环境保护总局发布了《关于运用信贷政策促进环境保护工作的通知》，这是我国第一份与环境保护相关的正式文件。该文件将环境保护工作与金融机构信贷资金联系在一起，是我国绿色金融实践探索的开端。伴随经济的快速发展，环境污染问题日渐严重，国家对环境保护工作愈加重视。2007年，中国银监会印发了《节能减排授信工作指导意见》，要求金融机构对高污染、高耗能的企业项目收紧信贷，严格落实国家的节能减排战略。同年底，国家环境保护总局联合中国保监会共同发布了《关于环境污染责任保险工作的指导意见》，确立了我国环境污染责任保险制度，极大地提升了我国环境风险管理水平。在绿色金融政策引导下，国内金融机构积极进行绿色金融业务实践。2008年，兴业银行成为我国第一家采用"赤道原则"的银行。2010年，环境保护部环境与经济政策研究中心发布了《中国绿色信贷发展报告（2010）》等一系列绿色信贷发展的相关报告，为我国绿色信贷的发展打下了坚实的基础。政府通过不断完善与绿色金融相关的政策体系，协同多部门共同建立起绿色债券、绿色信贷、绿色保险等一系列绿色金融政策体系框架，指引我国绿色金融体系快速建立，为行业发展明确方向。

（三）建立分业监管的金融监管体制

1992年，中国证监会正式成立，并于1995年从中国人民银行手中接管了对证券公司的管理权力，现代金融监管体制改革拉开序幕。1998年，中国保监会依法成立，负责推动保险业进行市场化改革，完善保险资金管理运用体制，合理运用保险资金。2003年，中国银监会正式成立，它结合中国实际国情，通过确立全新的银行业监管理念，逐步构建了适合中国特色社会主义的银行业监管框架。至此，我国金融体制由中国人民银行的独自监管转变为"一行三会"的分业监管体制。2010年，第三方支付也被纳入金融监管。通过一系列现代金融监管体制的运行，我国金融市场和金融机构运行的稳健程度得到了巨大的提升。

1998~2011年，通过金融体制市场化改革，我国金融体制建设过程中存在的问题逐步得到解决，金融市场得以蓬勃发展。根据历年《中国统计年鉴》，1998年，金融机构各项存款余额为95697.94亿元，各项贷款余额为86524.13亿元；而到2011年，金融机构各项存款余额达到了809368.33亿元，各项贷款余额增长到了547946.69亿元，分别增长了 7.46 倍与 5.33 倍。我国金融体系的市场化发展，进一步推动了我国市场经济的发展。

四　开放式改革阶段（2012 年至今）

2012 年，党的十八大召开，中国特色社会主义进入了新时代，对金融体系提出了新的要求。为构建新时代中国特色社会主义金融体系，我国开始全面深化金融改革，重点关注金融对实体经济的推动作用，加强金融监管以防范化解新型金融风险，推动金融与科技的融合，同时全面发展绿色金融。

1. 推动金融与科技融合

随着互联网的普及以及科技的快速发展，2010 年，多部门联合颁布了《关于印发促进科技和金融结合试点实施方案的通知》，开展促进科技与金融结合的试点工作，将互联网、大数据、新型科技与金融相结合，推动互联网金融、科技金融等新型金融产品和金融市场的发展，这些举措极大地丰富了我国金融市场体系。为应对随之而来的新型金融风险，监管部门不断完善金融监管体系。2015 年，中国银监会成立普惠金融部，着手将互联网金融纳入监管范围。2015 年也被称为我国"互联网金融监管元年"。

2. 绿色金融差异化发展

党的十八大以来，党中央把"绿色发展"纳入国家发展战略，从而助推了绿色金融快速发展。2015 年，中共中央、国务院发布了《生态文明体制改革总体方案》，通过构建绿色金融产品与服务框架，推动绿色金融体系总体框架的建立。2016 年，中国人民银行、财政部等七部门联合制定了《关于构建绿色金融体系的指导意见》，明确了绿色金融的发展内涵，为绿色金融体系建设奠定了理论基础。2017 年，我国将绿色金融的发展落到实处，结合中国现实，设立了三类绿色金融改革创新试验区。结合不同试验区的特性，探索绿色金融发展的可行模式，进一步推进绿色金融体制机制建设。2020 年，习近平总书记提出了

"碳达峰、碳中和"目标，为促进"双碳"目标实现，我国绿色金融体系呈现出多元化、差异化的发展特征，这为推动经济绿色转型打下了坚实基础。

3. 全面深化金融改革

2013 年以后，在国家全面深化改革的战略背景下，金融改革也进入全新阶段。从货币政策调控机制来看，为了强化中国人民银行对货币政策的市场化调节能力，中国人民银行创设了常备借贷便利（SLF）、抵押补充贷款（PSL）、中期借贷便利（MLF）等一系列金融工具，并建立了宏观审慎评估体系（MPA），"货币政策+宏观审慎政策"双支柱金融调控政策框架正式形成；从利率市场化进程来看，存贷款利率上下浮动区间与票据贴现利率的放开，加快了利率市场化的进程；从金融监管角度来看，国务院设立了金融稳定发展委员会，并将银监会与保监会合并成立银保监会，形成了"一委一行两会"的监管模式，为防范金融风险、加强金融监管打下了良好的基础。深化金融改革渗透到金融领域的各个方面，为新时代中国特色社会主义经济建设做出了巨大的贡献。

2012 年至今，我国金融体制改革已经进入深水区，在金融发展的过程中不断解决所面临的各种问题，有效地防范了系统性金融风险。根据历年《中国统计年鉴》，2012 年，金融机构各项存款余额为917554.77 亿元，各项贷款余额为 629909.64 亿元；而到 2021 年，金融机构各项存款余额达到了 2322500.40 亿元，各项贷款余额增长到了1926902.81 亿元，分别增长了 1.53 倍与 2.06 倍。这一时期，我国金融发展质量得到了显著提升，金融发展水平迈上了一个新的台阶。

第二节　金融发展综合指标体系构建

有关金融发展水平的测度一直是学术界考察的热点问题。随着分析方法与计量工具的不断演化，学者们对金融发展水平的测度也从最初的单项指标演变为多项指标，并进一步发展为综合指标体系。单项指标和多项指标能够较为直接地反映金融发展水平的特征，在变量选取上具有简洁的优势，但也丧失了对金融发展水平衡量的全面性与系统性。上述缺陷能够被综合指标体系弥补，而各级指标之间的层次关系以及实际数据的可得性构成了指标体系构建的难点。

为全面系统地刻画中国金融发展水平的时空演化特征，本节将综合已有分类方法，在对现有金融发展类型、指标合理性进行综合比较的基础上，依据全面性、层次性、功能性的逻辑标准构建我国金融发展的综合指标体系。首先，选取金融规模、金融结构、金融效率作为金融发展的二级指标；其次，系统回顾和总结已有文献对金融规模、金融结构、金融效率的测度指标，为强化层次性，结合各类二级指标的主要特征，将其细化为以宏观金融、金融业、金融市场为主体的三级指标；最后，在此基础上进一步构建金融发展的综合指标体系。

一　二级指标设定

单一指标仅仅反映了金融发展的一个侧面，并不是衡量金融发展水平的可靠指示器，它无法系统刻画金融发展的全貌，并容易导致理论与实证研究的偏误。为了综合反映一个国家或者地区的金融发展程度，Thorsten 和 Sugita（1999）最早构建了包含反映银行金融机构、非银行金融机构、股票市场和债券市场等的规模、活动和效率的综合评价体系。随后，学者们从金融功能、类型、影响因素等视角构建了衡量金融发展水平的综合评价体系。①基于金融功能视角：有学者按照金融深度和金融广度进行分类（Beck et al.，2007），也有学者从金融规模、金融结构、金融效率等层面进行分析（Beck et al.，2013；李健、卫平，2015）；或是从金融深度、可获得性、效率和稳定性等维度展开分析（Čihák and Hesse，2010；Martin，2012）；或是从金融市场的风险管理、信息生产、公司控制和动员储蓄等功能方面构建评价指标体系（曹栋、唐鑫，2016）。②基于金融类型视角：有学者从金融市场、金融业、金融环境等层面展开分析（樊纲等，2010；仲深、王春宇，2011）；或是从金融要素、政策和制度、中介机构、服务可得性等维度构建金融发展指数（陈雄兵、吕勇斌，2012）。③基于金融生态环境和金融基础等金融影响因素视角：有学者从金融产业规模、金融市场规模与金融生态环境等维度构建评价指标体系（World Bank，2010；王春宇、仲深，2009）；也有学者将经济基础、文化信仰、法律制度、贸易等金融影响因素纳入指标体系（World Bank，2008；殷克东、孙文娟，2010）。表3.1展示了国内外部分学者对金融发展的综合测度指标。

表 3.1　国内外部分学者对金融发展的综合测度指标

研究视角	二级指标分类	文献来源
金融功能	金融规模、金融活动、金融效率	Thorsten 和 Sugita（1999）
	金融深度、金融广度	Beck 等（2007）
	金融规模、金融行为和金融效率	Beck 等（2000a，2000b）
	金融深度、可获得性、效率和稳定性	Čihák 和 Hesse（2010）、Martin（2012）
	金融规模、金融结构、金融效率	Beck 等（2013）、李健和卫平（2015）
	风险管理、信息生产、公司控制和动员储蓄等功能	曹栋和唐鑫（2016）
金融类型	金融市场、金融业、金融环境	樊纲等（2010）、仲深和王春宇（2011）
	银行规模总量、组织结构、中介效率和服务覆盖率	褚保金和莫媛（2011）
	金融要素、政策和制度、中介机构、服务可得性	陈雄兵和吕勇斌（2012）
	金融政策与机构环境、商业环境、金融服务和金融市场	张成思和李雪君（2012）
金融影响因素	金融产业规模、金融市场规模与金融生态环境	王春宇和仲深（2009）、World Bank（2010）
	金融发展基础、规模、广度和深度、效率	殷克东和孙文娟（2010）
	文化信仰、法律制度、贸易	World Bank（2008）
	金融制度、规模、行为和效率	Levine（2002）

　　以上分类方法各有侧重，优缺点也显而易见。金融深度和金融广度等金融功能分类方法并不能直接反映金融结构，金融深度主要关注金融机构对国民经济的投入和资源配置；而金融广度则侧重于评价金融渠道能否满足国民经济对金融支持的需求。与此类似，一些外文文献所采用的深度、准入、效率、稳定等分类方法，也是间接通过金融机构和金融市场的相对规模来测算金融结构比率，以衡量金融体系相对于银行或市场的发展程度（Demirgüç-Kunt and Levine，2001；Demirgüç-Kunt and Klapper，2012）。金融结构是金融发展最重要的衡量指标之一，它能反映一国或地区金融体系的完善程度及发展模式，应该独立进行衡量。在已有研究中，往往存在金融结构指标和金融效率指标相互替代的问题，实际上，部分结构指标可以表示效率，但有些效率指标表示不了结构。为解决这一问题，本章用同一指标内部各部分占总体之比表示结构，用不同性质指标之比表示效率。基于金融类型视角的分类方法因受金融类型多样性与数据可得性的约束而缺乏全面性，将金融发展的影响因素纳入指标体系，会造成指标体系过于庞大，从而使得实证研究难以顺利开展，并且导致实证研究缺乏理论支撑。为简化指标体系、便于理论与实证分析，本章认为，应该将影响金融发展的生态环境、经济基础、文化信仰、法律制度、贸易等要素作为实证模型的控制变量。

　　综上，本章认为，金融发展指标既要反映金融发展的广度与深度，又要反映金融功能及其作用条件。而金融规模的扩大、金融结构的调整以及金融效率的提升三者综合演进的过程能够涵盖金融发展的深度、广度与功能。因此，本章将从金融规模、金融结构、金融效率三个层面建立金融发展的综合指标体系。

二　金融规模指标设定

　　金融规模是指一国或地区金融产品和服务的可得性、丰富度和覆盖面（姚星垣，2013），直观表现为某一国家或地区的金融机构、金融市场和金融资产规模的膨胀。金融规模是金融增长与发展最直接的体现，它代表着金融发展"量"的特征。有关金融规模的研究包括金融规模的衡量、金融规模与金融发展以及增长的关系、最优金融规模等多个方面。在以往的研究中，M2与GDP的比值、金融机构存贷款余额之和与GDP的比值、银行类金融机构总资产占GDP的比重常用来表示金融规模，这些指标虽然能在一定程度上反映金融规模，但多数指标仅仅关注了货币化程度及间接金融发展规模。王毅（2002）、李广众和陈平（2002）认为，中国M2/GDP较高并不能代表金融发展的实际水平高，金融发展水平是由现实国情决定的，交易手段落后、投资渠道闭塞以及效率低下的支付体系可能导致金融发展水平降低。同样，金融机构存贷款余额之和与GDP的比值、银行类金融机构总资产占GDP的比重仅能反映银行等间接金融的发展情况，而忽略了直接金融的发展状况。有学者指出，中国的股票市场相较于债券市场更能代表中国直接融资市场的金融发展情况。中国上市公司的股票存在流通股与非流通股，因此应以股票流通市值衡量我国股票市场的真实发展情况。于是，韩廷春和林磊（2006）、张林（2016）、杜江和刘诗园（2020）将金融规模的指标范围扩大到股票市场，使用股票流通市值与GDP的比值来衡量股票市场或直接金融的规模。关爱萍和李娜（2013）、刘小瑜和汪淑梅（2016）、张竣喃等（2020）还进一步引入保险深度等指标来衡量保险市场的发展规模。此外，刘立军等（2017）、林昌华（2021）、黄凌云等（2021）通过金融机构数量、金融从业人员数量、上市公司数量、保险密度等指标来度量金融发展规模。可见，随着金融市场的发展及数据可得性的提高，金融规模的内涵得到丰富，金融规模的考察领域更加全面。

综上，金融规模的扩大是通过金融产业规模（金融机构角度）和金融市场规模（市场角度）"量"的扩大和"质"的提升，最终实现整个宏观金融规模的进一步拓展，表现为金融资源在多大程度上作用于经济总量以及人均金融资源的持有水平。因此，本章分别从宏观金融规模、金融产业规模以及金融市场规模三个维度对金融规模进行考察。①宏观金融规模是指国家或地区整体金融活动的规模，从金融总量规模、金融流量规模以及货币发行规模三个方面分别考虑。其中，金融总量规模从总量角度反映金融资源的规模现状，具体涉及金融资产总量、社会融资规模、金融机构数量等相关指标；金融流量规模从流量角度反映金融资产或产出等的变化，表示一段时间内的金融资产或产出增加量，体现了经济体内金融资源量的变化和活跃程度；货币发行规模则是从货币发行角度反映金融发展的规模，货币发行规模直接影响着经济活动和金融市场，因此可以通过对货币发行规模的考察进一步评估金融发展规模。②金融产业规模是指各类金融机构的实际规模和业务规模，包括金融资产规模、业务规模、机构数量以及员工人数等指标，并从银行业、证券业、保险业这三类产业分别进行考虑。其中，银行业规模可以用银行类金融机构总资产、银行信贷总额、银行类金融机构数量等相关指标来表示；证券业规模可以用证券公司持有的金融资产总量（如债券存量代表着当前市场上已经发行的所有债券的总额，它可以用来衡量金融产业在债券市场中的业务规模）、上市公司数量等相关指标来表示；保险业规模则可用保险公司净资产、保险公司数量和从业人员数量等相关指标来表示。③金融市场规模是指金融体系中不同类型金融市场的规模，包括货币市场、信贷市场、资本市场、衍生品市场等。根据可行性原则，本章选取信贷市场、股票市场、债券市场以及货币市场来衡量金融市场规模。相比金融产业规模，金融市场规模不局限于特定实体金融机构的内部规模，而是更注重市场范围内各种金融资产交易规模的动态衡量，从而反映出各个市场的活跃程度。

表3.2列示了金融规模的测度指标。

表 3.2　金融规模的测度指标

二级	三级	四级	指标诠释	主要参考文献
金融规模	宏观金融规模	金融总量规模	金融资产总量/GDP、金融资产总量/总人口、社会融资规模/GDP、社会融资规模/总人口、金融机构数量/总人口、金融从业人员数量/总人口、金融从业人员人均工资/总人口	Goldsmith（1969）、Cecchetti 和 Kharroubi（2012）、苏基溶和廖进中（2012）、尹海员和陈佰翻（2020）、林昌华（2021）、张帆（2017）、王立国和赵婉妤（2015）
		金融流量规模	金融资产增加额/GDP、金融资产增加额/总人口、金融业增加值/GDP、金融业增加值/总人口	McKinnon（1973）、Abu-Bader 和 Abu-Qarn（2008）、程翔等（2018）
		货币发行规模	M2/GDP、准货币/GDP、(M3-M1)/GDP	McKinnon（1973）、沈军（2003）
	金融产业规模	银行业	银行类金融机构总资产/GDP、中央银行总资产/GDP、银行信贷总额/GDP、私人部门的银行信贷/GDP、银行类金融机构数量/总人口、商业银行每千名成年人的账户数、商业银行每十万名成年人的分行数	Rajan 和 Zingales（2003）、赫国胜和燕佳妮（2020）、Levine（1997）、Abu-Bader 和 Abu-Qarn（2008）
		证券业	股票总市值/GDP、上市公司总市值/GDP、上市公司数量/总人口、债券存量/GDP、企业债余额/GDP、国债余额/GDP	钱水土和金娇（2010）、姚耀军和董钢锋（2013）、王弓和叶蜀君（2016）、黄凌云等（2021）
		保险业	保险公司净资产/GDP、保险公司数量/总人口、保险机构从业人员数量/总人口、保费收入/GDP、保费收入/总人口	王永剑和刘春杰（2011）、张竣喃等（2020）、姜鹏和张国林（2017）、陈华和孙忠琦（2017）
	金融市场规模	信贷市场	本外币存款余额/GDP、本外币贷款余额/GDP、金融机构存贷款余额之和/GDP、地区金融机构信贷总额/GDP、私人部门信贷总量/GDP、非国有部门贷款总额/GDP、非金融类私人企业的信贷总量/GDP、金融机构票据业务额/GDP	张志元等（2016）、胡宗义和李毅（2019）、杜江和刘诗园（2020）
		股票市场	股票流通市值总额/GDP、股票成交额/GDP、股票成交量/总人口、股票融资额/GDP、股票筹资额/GDP	王曼怡和郭珺妍（2021）、Desbordes 和 Wei（2017）
		债券市场	债券成交额/GDP、债券融资额/GDP、债券筹资额/GDP、企业债发行额/GDP、国债发行额/GDP	王曼怡和郭珺妍（2021）
		货币市场	货币市场交易额/GDP	马长有（2005）

三 金融结构指标设定

金融结构的概念最早由 Goldsmith（1969）提出，他将金融结构定义为"不同类型的金融工具与金融机构的存在、性质以及相对规模"。在此基础上，学者们对金融结构的分类进行了进一步的细化分析。李茂生（1987）将金融结构分为金融市场结构、金融调节机制结构、金融形式结构、金融机构结构以及金融从业人员结构。Demirgüç-Kunt 和 Maksimovic（1999）进一步将金融结构划分为金融市场主导型金融结构与金融中介主导型金融结构。李量（2001）将金融市场结构纳入金融结构的分析中。林毅夫等（2003）同样认为，金融中介与金融市场在金融体系中的重要性决定了金融结构，金融结构具体包括两个方面：一是用国有银行与私有银行中信贷资产的占比来衡量银行业结构；二是用直接融资与间接融资的比例来衡量金融市场的融资结构。Allen 和 Gottesman（2006）运用银行部门占整个金融体系的比例以及银行部门占金融市场的比例两项指标对金融结构进行衡量。综合而言，在金融结构的类型和度量方面，现有学者在对金融结构的研究过程中多以银行集中度等指标来对金融结构进行度量，而银行与市场的比例关系则是众多学者研究金融结构的重点。显然，这些指标更多关注的是宏观金融结构与间接金融结构，忽视了直接金融结构，以及金融市场、金融产业各个组成部分之间的内部结构。尽管李健（2003）给出了当前金融结构尤为系统和全面的分类，将金融结构分为构成金融各业的产业结构、金融市场结构、融资结构、金融资产结构、金融开放结构等，但是繁杂指标的数据获取以及指标之间的逻辑关系还有待进一步探讨。

金融结构的测度指标既要反映金融机构种类的丰富性，刻画出各类金融机构规模分布的均衡性，还要满足数据可得性且能够化繁为简，这需要研究者们从繁杂的指标中抽丝剥茧。鉴于此，笔者将从宏观金融结构、金融产业结构以及金融市场结构等层面设定金融结构指标。①宏观金融结构是指国家或地区整体金融活动的结构,从金融资产结构、金融从业人员结构等方面分别考虑。其中,金融资产结构是指整体金融资产总量中不同类型金融资产所占的比重,包括资产总量结构以及金融产业或市场的相对结构,如固定资产投资中的资金来源结构、融资结构等;金融从业人员结构是指金融业自身及其内部不同类型产业的就业人员结构和员工素质。②金融产业结构是指金融产业中不同类型产业占总产业的比重以及各自的内部结构,包括市场份额、业务结构、金融机构数量、上市公司数量等,并从银行业、证券业、保险业这三类产业分别进行考虑。③金融市场结构是指金融市场中不同类型市场占总市场的比重以及各自的内部结构,包括市场份额、市场集中度、融资结构、市场竞争状况等,本章从信贷市场、股票市场、债券市场以及保险市场来具体衡量。

表 3.3 列示了金融结构的测度指标。

表 3.3　金融结构的测度指标

二级	三级	四级	指标诠释	主要参考文献
金融结构	宏观金融结构	金融资产结构	固定资产中国内贷款/国家预算资金、固定资产中银行信贷/财政拨款、证券市场市值/私人部门的银行信贷、股票市场交易额/私人部门的银行信贷、股票市场市值/金融机构贷款余额、股票筹资额/金融机构贷款增加额	Levine（2002）、周永涛和钱水土（2012）、姚耀军（2010）、王志强和孙刚（2003）、马长有（2005）、陈乐一等（2016）、张雪芳和戴伟（2020）、尹宗成和李向军（2012）
		金融从业人员结构	金融从业人员数量/就业总人数、银行业从业人员数量/金融业就业人员数、证券业从业人员数量/金融业就业人员数、保险业从业人员数量/金融业就业人员数、金融从业人员中本科以上人员比例、非国有金融机构就业人员数/金融从业人员数量	Lardy（1998）

二级	三级	四级	指标诠释	主要参考文献
金融结构	金融产业结构	银行业	非银行资产/金融总资产、银行类金融机构网点数/全部金融机构网点数、非国有银行的贷款/总贷款、私人部门的银行信贷/私人部门信贷总量、私有银行信贷资产/全部银行信贷资产、中小股份制银行资产总额／银行业资产总额、区域性银行资产总额／银行业资产总额、商业银行国内资产/商业银行和中央银行国内资产、银行集中度、利息收入（手续费收入）/营业总收入	林毅夫和姜烨（2006）、韩廷春和林磊（2006）
		证券业	(债券存量+股票总市值)/金融总资产、证券类金融机构网点数/全部金融机构网点数、证券业从业人数/金融业就业人员数、股票总市值/（股票总市值+债券存量）、地区非国有上市公司数量/地区上市公司总数、经纪（自营、承销）业务收入／营业总收入	李健和贾玉革（2005）、刘贯春（2017）
		保险业	保费收入/金融总资产、保险类金融机构网点数/全部金融机构网点数、人身保费收入/总保费收入、财产保费收入/总保费收入	肖功为等（2018）
	金融市场结构	信贷市场	存款额/负债总额、贷款额/资产总额、非金融机构部门贷款额/非金融机构部门融资额、金融机构中长期贷款/贷款总额、私营企业及个体贷款/贷款总额、拥有授信额度的公司占比	赫国胜和燕佳妮（2020）、赫国胜和马妍妮（2020）
		股票市场	股票融资额/总融资规模、股票融资额/社会融资规模、股票融资额/证券融资额、股票成交量/证券成交量	刘小瑜和汪淑梅（2016）、黄凌云等（2021）、王弓和叶蜀君（2016）
		债券市场	债券融资额/总融资规模、债券融资额/社会融资规模、债券融资额/证券融资额、国内债券/总债券、短期债券/债券总额（国内、国际）	Martin（2012）
		保险市场	人身保险保费收入/总保费、财产保险保费收入/总保费	刘小瑜和汪淑梅（2016）

四　金融效率指标设定

金融效率是从质量的角度出发反映金融的整体发展水平，金融效率是指金融资源的配置效率，是金融资源对经济增长的贡献效率，反映了金融运作能力的大小，具体表现为金融资源通过金融市场与金融中介机构投入能最大限度地发挥金融资源作用的实体企业。金融效率包括宏观金融效率和微观金融效率。从微观上来看，金融效率表现为金融机构对金融资源的分配、金融产业本身的投入产出率、金融系统内部的协调关系。金融机构通过对金融资源的协调分配，高度协调区域经济内部子系统，进而推动社会经济主体高效发展。在对微观金融效率进行测度的过程中，众多学者选取金融机构的盈利水平、人均利润水平、资本创利水平、资产盈利水平、人均资产持有量、人均资本（一级资本）持有量和资产质量等指标。从宏观上来看，金融效率表现为储蓄投资转化效率、资金配置效率以及货币政策效果等，通过对金融资源的最优配置进而实现金融部门推动社会经济发展的目标。金融资源在整个经济体中的配置达到帕累托最优时，也是在某个经济系统中金融资源配置效率达到最高的时点（白钦先，2001；朱仁友、邢相江，2021）。在对宏观金融效率进行测度的过程中，国内外学者主要从金融市场化程度和金融体系动员国内储蓄效率、货币政策效率以及货币量与经济成果的比例关系等方面对金融效率进行衡量。

综上所述，现有关于金融效率的实证指标较为单一，不能充分反映金融效率的状况，且难以分清效率层次。本章认为，金融效率是指金融系统在金融产业和金融市场的相互作用下，通过各种机制和手段，使得金融资源的利用达到最优化，在更少的成本和更高的效益下实现资金流动与价值创造的能力，表现为宏观金融效率、金融产业效率和金融市场效率的提升。其中，宏观金融效率是指一个国家或地区整个金融系统的运作效率（包括金融深化效率和金融功能效率）。根据资金流动的过程还可划分为投资转化效率和金融产出效率。投资转化效率是指金融体系将资源转化为投资的能力和效率，以资本形成总额与储蓄之比进行衡量，指标越大，表示金融体系有越强的投资转化能力与越高的效率，能够有效利用自身的储蓄来进行投资和发展；金融市场筹资额与金融市场规模之比反映了金融体系在一定金融市场规模下的资金筹集能力，指标越大，表明金融体系有越好的投资转化能力。金融产出效率是指金融体系的价值创造能力，其中金融业增加值与金融业固定资产总额之比衡量了单位固定资产所创造的金融业价值增量；GDP 增量与资本形成总额之比衡量了单位资本投入所创造的 GDP 增量，反映了对整体经济发展的贡献；金融业产值增速则衡量了金融业发展速度和价值创造的能力。金融产业效率是指金融机构在特定业务领域的运作效率，包括机构管理效率、资产负债管理效率、经营效率、资金周转效率等。本章从金融中介效率和产业运行效率来具体衡量，并突出中介成本对金融产业效率的影响。金融市场效率是指金融市场的运作效率，包括资金筹集效率、资金利用效率等，对于金融市场来说，衡量效率的重点不在于交易的成本，而在于交易的规模。本章从信贷市场效率、证券市场效率和保险市场效率来具体衡量。

表 3.4 列示了金融效率的测度指标。

表 3.4　金融效率的测度指标

二级	三级	四级	指标诠释	主要参考文献
金融效率	宏观金融效率	金融深化效率	非国有银行贷款/总贷款、非国有部门贷款/GDP、地区金融业人均增加值	King 和 Levine（1993b）、Kahouli（2017）、邵汉华和刘耀彬（2017）、熊学萍和谭霖（2016）
		金融功能效率	储蓄动员效率：新增存款/居民可支配收入。储蓄转化效率：资产形成总额/金融机构存款余额。投资投向效率：新增贷款/资本形成总额。边际资本效率：GDP 增量/资本形成总额	黄凌云等（2021）、雷辉和李智欣（2020）、黄婷婷和高波（2020）

续表

二级	三级	四级	指标诠释	主要参考文献
金融效率	金融产业效率	金融中介效率	银行体系管理费用/银行体系总资产、金融机构贷款余额/国有企业总负债	余官胜和袁东阳（2014）
		产业运行效率	金融业增加值/金融业固定资产总额、金融业增加值/银行业金融机构总资产、国内生产总值/金融业增加值	陆智强和熊德平（2015）、张竣喃等（2020）、李瑞和董璐（2021）
	金融市场效率	信贷市场效率	贷款/存款、不良贷款/贷款	汪浩瀚和潘源（2018）、黄婷婷和高波（2020）
		证券市场效率	股票市场成交额/股票总市值、股票筹资额/股票总市值、企业债券筹资额/债券存量、证券筹资额/居民储蓄	张元萍和刘泽东（2012）、杨继梅和孙继巧（2021）
		保险市场效率	全部保险赔款支出/全部保费收入	蔡晓春和郭玉鑫（2018）

五 综合体系设计

上述多数学者建立的金融发展指标体系，选取的数据多为国家层面数据，数据的可得性较强，指标选取较为全面和细致。为了全面刻画我国区域金融发展水平，需要省级层面数据，考虑到相关数据可得性有限，只能相应简化指标。基于此，本章从上节中金融规模、金融结构、金融效率的指标体系中选取可得性指标对我国金融发展的时空演化情况和综合发展水平进行测度分析。

在构建金融发展指标体系时，应遵循科学性、系统性以及数据可得性原则，对于各级指标的选取应建立在对金融发展的内涵有深入理解的基础之上，选取能够充分反映金融发展基本内容的指标。通过参考部分学者的研究并考虑数据的可得性，本节构建的指标体系可分为三个维度。一是金融规模，金融规模能够反映金融资源体量的增长，也能够反映金融质量的提升。在金融规模指标选取过程中，本章参考程翔等（2018）、钱水土和金娇（2010）、胡宗义和李毅（2019）对金融规模指标的界定，选取金融业增加值/GDP、金融机构人民币各项存款余额/GDP、金融机构人民币各项贷款余额/GDP、股票市价总值/GDP、股票筹资额/GDP、保费收入/GDP、保费支出/GDP 等指标对我国金融规模现状进行分析。二是金融结构，金融结构能够反映我国企业在资本市场融资渠道的多样性情况以及所占权重。在金融结构指标选取过程中，本章参考綦建红和马雯嘉（2020）、李瑞和董璐（2021）对金融结构指标的界定，选取股票市价总值/金融机构人民币存贷款余额之和、保费收入/金融机构人民币存贷款余额之和两个指标对我国金融结构现状进行分析。三是金融效率，金融效率能够反映我国金融资源的利用情况以及如何在更少的成本和更高的效益下实现资金流动与价值创造的能力。在金融效率指标选取过程中，本章参考黄婷婷和高波（2020）、张元萍和刘泽东（2012）、杨继梅和孙继巧（2021）、邱柳（2021）的研究，选取金融机构人民币各项贷款余额/金融机构人民币各项存款余额、股票筹资额/股票市价总值、保费支出/保费收入三个指标对我国金融效率现状进行分析。

本章在参考以往研究学者的指标测度基础上，选取的指标如表 3.5 所示。

表 3.5　金融发展综合指标体系

二级指标	序号	三级指标	单位	数据来源	方向
金融规模	1	金融业增加值/GDP	%	国家统计局、EPS、中经网、各省份统计年鉴	+
	2	金融机构人民币各项存款余额/GDP	%		+
	3	金融机构人民币各项贷款余额/GDP	%		+
	4	股票市价总值/GDP	%		+
	5	股票筹资额/GDP	%		+
	6	保费收入/GDP	%		+
	7	保费支出/GDP	%		+
金融结构	8	股票市价总值/金融机构人民币存贷款余额之和	%		+
	9	保费收入/金融机构人民币存贷款余额之和	%		+
金融效率	10	金融机构人民币各项贷款余额/金融机构人民币各项存款余额	%		+
	11	股票筹资额/股票市价总值	%		+
	12	保费支出/保费收入	%		+

第三节 我国金融发展的现状分析与综合评价

一 金融规模现状

金融的发展必然伴随其规模的扩大，同样，规模的扩大也会进一步促进金融发展，金融规模是考察金融发展水平的重要指标。随着金融规模的内涵不断丰富，对金融规模的考察不仅需要注重"量"的提高，还需要关注"质"的提升。因此，本节从金融业总规模、银行业发展规模、证券业发展规模以及保险业发展规模等层面进行现状分析。

（一）金融业总规模

随着我国经济发展不断加速，金融业在经济发展中所发挥的作用不断凸显，我国金融业增加值逐年增长，2008~2021年全国及东中西部地区的金融业增加值如图3.1所示。

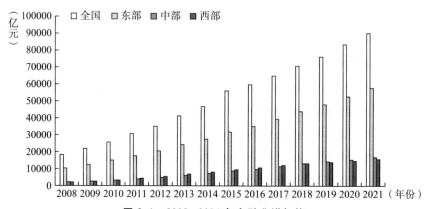

图 3.1 2008~2021 年金融业增加值

资料来源：由各省份统计年鉴经整理计算得出。

首先，从全国层面来看，2008~2021年我国金融业增加值呈现明显的增长趋势，金融业增加值增长幅度清晰可见。全国金融业增加值由2008年的18345.57亿元增长至2021年的90308.70亿元，年均增长率为 13.04%，其增长速度远高于我国经济增长速度。

其次，从地区视角来看，东部地区金融业增加值远高于中西部地区，2008 年，东部地区金融业增加值为 10472.26 亿元，而在 2021 年，东部地区的金融业增加值达到了 57778.93 亿元，年均增速达到了 14.04%。东部地区地理位置优越，工业资源丰富，在经济快速增长阶段对金融的需求远高于中西部地区，这极大地推动了东部地区金融业的发展，使金融业与经济发展形成正向循环，从而不断扩大金融业规模。

最后，中部地区的金融业增加值增速快于西部地区。随着经济的增长，东部地区的金融资源出现外溢现象，与其地理位置邻近的中部地区最先受益，进而其金融业增加值逐步超过西部地区。这表明我国金融整体规模逐步扩大，但是东中西部地区金融规模的扩大呈现出不平衡的态势，东部地区的经济先发优势使其处于领先地位，中部地区也后来居上，西部地区发展相对缓慢，但是金融规模的扩大对经济发展的推动作用在逐步凸显。

（二）银行业发展规模

银行业是我国金融体系的重要组成部分，在我国金融发展过程中具有不可替代的作用，我国银行业规模可以通过金融机构人民币各项存贷款余额进行衡量，2008～2021 年全国及东中西部地区金融机构人民币各项存贷款余额如图 3.2 和图 3.3 所示。

首先，从全国层面来看，2008～2021 年我国金融机构人民币各项存贷款余额均呈现出大幅增长趋势。2008 年，我国金融机构人民币各项存款余额为 466203.23 亿元，金融机构人民币各项贷款余额为 303394.60 亿元。到 2021 年，我国金融机构人民币各项存款余额已增至 2322500.40 亿元，金融机构人民币各项贷款余额已增至 1926903.00 亿元，金融机构人民币各项存款余额年均增速达到 13.15%，金融机构人民币各项贷款余额年均增速为 15.28%，由此可以看出我国金融机构人民币各项存贷款余额在经济发展过程中呈现出快速扩张趋势。

其次，从地区层面来看，东部地区的金融机构人民币各项存贷款余

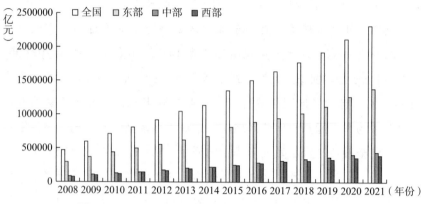

图 3.2　2008~2021 年金融机构人民币各项存款余额

资料来源：由各省份统计年鉴经整理计算得出。

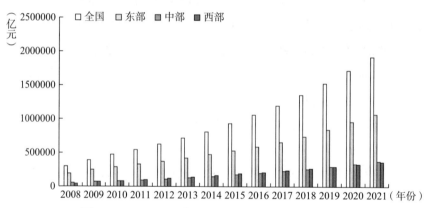

图 3.3　2008~2021 年金融机构人民币各项贷款余额

资料来源：由各省份统计年鉴经整理计算得出。

额均遥遥领先于中西部地区，中西部地区的金融机构人民币各项存贷款
余额逐渐增长、互有领先，这是由于我国中西部地区在经济发展过程中
逐步加强对金融市场的重视，推动了中西部地区银行业规模的扩大。

　　最后，从存贷款增速来看，我国金融机构人民币各项贷款余额增速
要快于金融机构人民币各项存款余额增速，原因有两方面。一方面，我
国经济处于扩张阶段，企业在生产经营过程中通过借贷扩大企业规模，
推动企业生产能力的提高，进而使得金融机构人民币各项贷款余额增速

要快于金融机构人民币各项存款余额增速；另一方面，我国房地产市场的快速扩张，使得人们在进行房屋购置的过程中，通过借贷来进行提前消费，这也使得我国金融机构人民币各项贷款余额增速要快于金融机构人民币各项存款余额增速。

（三）证券业发展规模

我国证券市场起步较晚，各种法律法规正处于逐步完善过程中，当前的证券市场规模依旧较小。2008～2021 年全国及东中西部地区的股票市价总值与股票筹资额分别如图 3.4 与图 3.5 所示。

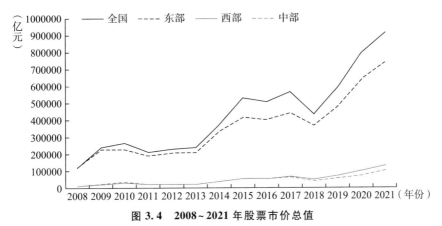

图 3.4 2008～2021 年股票市价总值

资料来源：由 CSMAR 数据库经整理计算得出。

首先，从全国层面来看，股票市价总值与股票筹资额二者均呈现螺旋式波动上涨的趋势，2008～2021 年我国股票市价总值波动较小，出现较大幅度增长。2008 年我国股票市价总值为 121366.4 亿元，2021 年已达 916088.2 亿元，13 年间增长 6.5 倍。一方面，随着上市公司的规模逐渐扩大，上市公司数量增加，优质企业市值不断增大，推动股票市价总值不断增加；另一方面，上市公司借助资本市场获得经营资金，增强生产能力，借助我国经济飞速发展这一东风不断提升企业盈利能力，进而推动上市公司股票价值不断凸显，从而推动我国股票市价总值不断增长。

其次，股票筹资额波动较股票市价总值更为剧烈，但其波动的转折

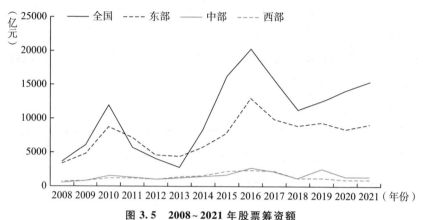

图 3.5　2008~2021 年股票筹资额

资料来源：由 CSMAR 数据库经整理计算得出。

点与股票市价总值呈现出趋同的特点，这表明当我国资本市场繁荣时，企业更倾向于向资本市场发行股票以筹集资金，帮助企业生产经营，进而推动企业发展；而当资本市场处于衰退期时，企业更倾向于通过借贷或其他方式来获得资金以扩大再生产，因此股票筹资额与股票市价总值呈现出同向波动的趋势，并且股票筹资额的波动更为剧烈。

最后，从东中西部地区来看，东部地区股票市价总值与股票筹资额均远高于中西部地区，这是由于东部沿海地区经济情况要好于中西部地区，沿海地区拥有更加精细的产业链、更加高端的新型技术企业，进而产生了更多的上市企业。随着时间的推移与上市企业数量的积累，东部地区逐步拉开与中西部地区的差距。

（四）保险业发展规模

保险业作为我国金融体系的重要组成部分，保费收入与保费支出能较好地反映保险市场的真实情况，2008~2021 年全国及东中西部地区的保费收入与保费支出分别如图 3.6 与图 3.7 所示。

从全国层面来看，2008~2021 年，我国保费收入与保费支出均呈现大幅增长的趋势，表明我国保险市场发展态势良好。2008 年，我国保费收入为 9764.23 亿元，保费支出为 2971.17 亿元；2021 年，我国保费收入达到了 44900.17 亿元，保费支出达到了 15608.64 亿元。2008~

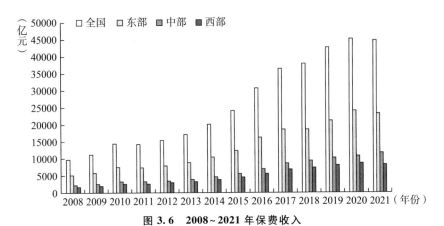

图 3.6　2008～2021 年保费收入

资料来源：由各省份统计年鉴经整理计算得出。

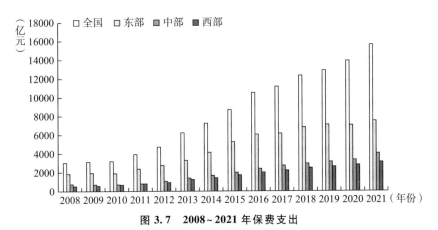

图 3.7　2008～2021 年保费支出

资料来源：由各省份统计年鉴经整理计算得出。

2021 年，我国保费收入年均增长率达到了 12.45%，保费支出年均增长率达到了 13.61%。我国保费收入在增长过程中呈现先快后慢的变动，在 2008～2017 年年均增长率为 14.12%，而 2018～2021 年年均增长率仅为 4.25%，甚至在 2021 年出现了保费收入倒退的现象，这可能是突发的新冠疫情导致保险业出现了萧条的现象，而保费支出从 2008～2021 年整体上来看增长相对平稳。上述分析表明我国居民可支配收入随着经济发展在逐步提高，对保险资产的购入数量和金额也在增加，而保费收入的增加也会相应带来支出的增加，保险赔付率的相对提高有助于保险市场的健康发展，这也表明我国保险市场在逐步完善。

从地区层面来看，东部地区保险市场体量最大，但是其增长速度最慢。2008~2021年，从保费收入来看，中部地区保费收入年均增长率为12.38%，增速最快，东部地区保费收入年均增长率为11.38%，增速最慢；而从保费支出来看，西部地区保费支出年均增长率为13.76%，增速最快，保费支出增速最慢的依旧为东部地区，年均增长率仅为10.74%。造成这一现象的原因可能是东部地区保险市场起步较早，规模较大，发展遇到瓶颈，而中西部地区保险市场处于开发较少的"蓝海"，保险公司将发展中心逐步转移至中西部地区，进而使中西部地区的保险市场发展速度快于东部地区。因此，中西部地区应该充分利用保险市场的金融资源，推动地区经济增长。

二　金融结构现状

金融发展水平的提高必然伴随金融结构的优化，而金融结构优化也会进一步反向推动金融发展水平的提高，金融结构是考察金融发展水平的重要指标。金融结构的研究聚焦金融体系内不同金融产业的比例关系，能够更好地反映不同金融产业在金融体系内的重要程度。本节分别从证券业与银行业的比例结构、保险业与银行业的比例结构等方面对金融结构的现状进行考察。

（一）证券业与银行业的比例结构

在对金融结构进行考察时，已有研究将目光聚焦于直接融资与间接融资之间的关系，即银行主导型金融结构与市场主导型金融结构，虽然我国现阶段是银行主导型的金融结构，但也在大力发展资本市场，不断加大证券市场发展力度，因此，证券业与银行业的比例结构不容忽视。本节以股票市价总值与金融机构人民币存贷款余额之和的比值来对其进行衡量。图3.8给出了2008~2021年全国及东中西部地区的股票市价总值与金融机构人民币存贷款余额之和的比值。

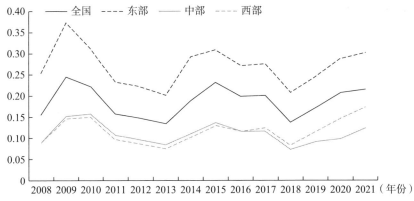

图 3.8　2008～2021 年股票市价总值/金融机构人民币存贷款余额之和

资料来源：由各省份统计年鉴、CSMAR 数据库经整理计算得出。

从全国层面来看，我国金融市场是银行主导型的间接融资结构，2008～2021 年，虽然证券市场的融资比例有所提升，但整体还处于较低水平。2018 年之后，我国资本市场的融资比例开始逐步上升，国家通过科创板改革、注册制改革、北交所开市等一系列措施提升资本市场活力，推动我国金融市场向市场主导型的直接融资结构方向快速发展。

从地区层面来看，东部地区的直接融资比例显著高于中西部地区的直接融资比例，东中西部地区的这一发展趋势与全国的变动趋势趋同。由此可以看出，东部地区经济发达，金融资源丰富，为市场的直接融资提供了充足的资源，保障了东部地区的直接融资市场发展，而中西部地区的金融资源相对匮乏，进而使得中西部地区的直接融资水平相对较低，但是东中西部地区的直接融资结构都有所改善，并且随着国家对直接融资市场发展的推动，直接融资比例会逐步提高。

（二）保险业与银行业的比例结构

来自保险业与银行业的融资均属于间接融资，二者之间的比例关系可以帮助衡量间接融资市场的内部结构，对于金融结构的衡量也需要考虑两者的比例关系。2008～2021 年全国及东中西部地区的保费收入与金融机构人民币存贷款余额之和的比值如图 3.9 所示。

全国及东中西部地区保费收入与金融机构人民币存贷款余额之和的

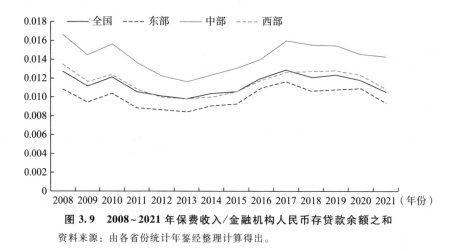

图 3.9　2008~2021 年保费收入/金融机构人民币存贷款余额之和

资料来源：由各省份统计年鉴经整理计算得出。

比值的变化趋势趋同，均呈现 U 形变化趋势，并在 2017 年以后出现下滑趋势，中部地区的保费收入与金融机构人民币存贷款余额之和的比值最高，而东部地区最低，西部地区的保费收入与金融机构人民币存贷款余额之和的比值与全国近似。这表明，我国保险业的融资虽然已经走出低谷，但近些年在金融市场上发挥的作用又呈现减弱趋势，且以东部地区最为明显，中部地区保险业发挥的作用则始终较强。因此，在间接融资市场上，不应该忽略保险资金的作用，需要扩大保险业发展规模，逐步平衡保险业与银行业在间接融资市场中所发挥的作用。

三　金融效率现状

金融效率是从质量的角度出发反映金融的整体发展水平，金融效率是指金融系统在金融产业和金融市场的相互作用下，通过各种机制和手段，使得金融资源的利用达到最优化，在更少的成本和更高的效益下实现资金流动与价值创造的能力。因此，本节从银行业金融效率、证券业金融效率以及保险业金融效率三个方面来考察我国金融效率现状。

（一）银行业金融效率

在对银行业金融效率进行衡量的过程中，银行业存款转换为贷款的能力是极其重要的指标，能够充分地反映银行业的金融效率。因此，本

节采用金融机构人民币各项贷款余额与金融机构人民币各项存款余额的
比值来衡量我国银行业的金融效率。2008~2021 年全国及东中西部地区
金融机构人民币各项贷款余额与金融机构人民币各项存款余额的比值如
图 3.10 所示。

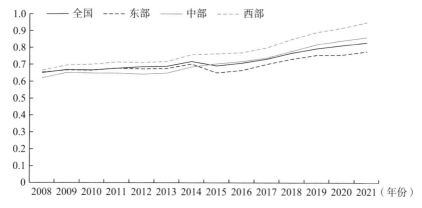

**图 3.10　2008~2021 年金融机构人民币各项贷款余额/金融
机构人民币各项存款余额**

资料来源：由各省份统计年鉴经整理计算得出。

从全国层面来看，金融机构人民币各项贷款余额与金融机构人民币
各项存款余额的比值虽存在波动，但整体来看呈现上升趋势，表明我国
银行业金融效率总体提高。2008 年美国次贷危机爆发后，虽然我国受
到的影响较小，但依旧受到冲击，企业生产经营面临困境，资金链陷入
断裂危机，企业为了继续生产经营，向金融机构进行借贷，国家也通过
降低贷款利率刺激经济发展，实施宽松的货币政策，进而使得我国金融
机构人民币各项贷款余额增加速度高于金融机构人民币各项存款余额增
加速度，因此，我国银行业金融效率呈现上升的趋势。

从地区层面来看，东中西部地区银行业金融效率总体提高。2008
年，西部地区银行业金融效率高于东部地区银行业金融效率，而中部地
区银行业金融效率则最低；随着中部地区银行业的快速发展，2015 年，
中部地区银行业金融效率超过了东部地区银行业金融效率；2021 年，
西部地区银行业金融效率、中部地区银行业金融效率、东部地区银行业

金融效率依次递减。这是因为东部地区银行业金融资源相对丰富，而中西部地区银行业金融资源则相对匮乏，因此东部地区银行业金融资源存在浪费现象，而中西部地区金融资源的紧俏使得其利用效率反而较高，因此，东中西部地区银行业金融效率依次递增。

（二）证券业金融效率

在对证券业金融效率进行衡量的过程中，股票市场的筹资能力是极其重要的指标，能够较好地反映证券业的金融效率。因此，本节采用股票筹资额与股票市价总值的比值来衡量证券业金融效率。2008~2021年全国及东中西部地区股票筹资额与股票市价总值的比值如图3.11所示。

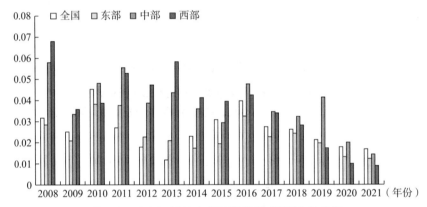

图3.11 2008~2021年股票筹资额/股票市价总值

资料来源：由各省份统计年鉴、CSMAR数据库经整理计算得出。

从全国层面来看，我国证券业金融效率呈现周期性波动。在2008~2021年，2010年证券业金融效率最高，而2013年证券业金融效率最低。自2016年以来，证券业金融效率逐年下降，这是由于随着时间的推进，新股上市步伐加快，股票市值不断增加，而缺乏相应的退出机制，市场中存量资金从而不能充分流通起来；优质企业与劣质企业共存，投资者信心缺失，股票退出机制不够完善，进而使得我国证券业金融效率低下。虽然近些年我国已经逐步推出科创板、进行注册制改革和实现北交所开市，提升了企业的上市效率，帮助企业在证券市场上获取资金，但相对而言所占比例还是不高，需要政府采取措施并完善激励政策，使证券市场活跃起来，进而激发证券市场活力，推动证券业金融效率不断提高。

从地区层面来看，东部地区的证券市场相对发达，其波动程度与全国近似，而中西部地区的证券业金融效率虽然较高，但呈现不规律的波动态势。从图 3.11 中也可以看出，东中西部地区证券业金融效率呈现出割裂的态势，这是因为中西部地区证券市场的发达程度较低，金融资源处于相对劣势地位，虽然其金融效率较高，但不能掩盖其证券市场不发达的事实。造成这一现象的主要原因可能是中西部地区上市公司数量与资质整体处于较低水平，而新增上市公司则处于资本市场发展较好的阶段，进而造成了中西部地区的证券业金融效率更高的假象。因此，中西部地区应该加强对证券业金融资源的重视，在不断扩大证券市场规模的同时保持证券业金融效率的稳定或提高。

（三）保险业金融效率

保险业作为我国金融体系的重要组成部分，在金融发展过程中具有不可忽视的作用。因此在对金融效率进行衡量的过程中，保险业金融效率是不可忽视的指标，而保险业的赔付率能够较好地衡量保险业的金融效率，即以保费支出与保费收入的比值来对保险业金融效率进行衡量。2008~2021 年全国及东中西部地区的保费支出与保费收入的比值如图 3.12 所示。

从全国层面来看，保险的赔付率呈现周期性波动，且赔付率在周期性变化过程中逐步提升。2008 年，我国保险业的赔付率为 0.30，2021 年为 0.35，在 2008~2021 年我国保险业赔付率最高为 0.36，最低为 0.22。从保险赔付率变化趋于稳定的过程中可以看出，我国保险业在发展过程中逐步提高了经营的稳定性，在经营过程中能够更精准地对风险敞口进行评估，不断地提高风险管控意识，降低经营风险，提高经营效率。其经营效率的提高可以帮助保险公司更加有效地利用保费收入，进而使整个保险业的金融效率得到提高。

从地区层面来看，我国东部地区保险业赔付率在早期相较于中西部

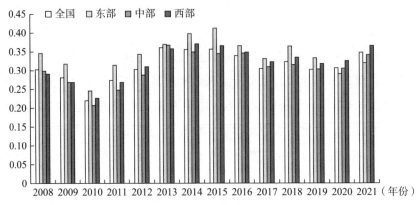

图 3.12　2008~2021 年保费支出/保费收入

资料来源：由各省份统计年鉴经整理计算得出。

地区变化更为剧烈，而在近些年虽然仍有波动，但已经趋于平稳；西部地区的保险业赔付率增长最为显著，近几年的保险业金融效率稳步提升。这表明西部地区保险业的发展较为迅猛，中部地区发展紧随其后，而东部地区的金融资源较为丰富，保险业金融资源在东部地区的利用效率反而要低于中西部地区，但在近些年其效率趋于稳定，表明东部地区的保险业也在改善。

四　金融发展水平综合评价

　　为了更客观和科学地权衡上述指标之间的权重，本节使用熵权法对 3 个维度下的 12 个三级指标赋予权重，然后将各变量标准化之后的数值与综合权重相乘并求和计算得到 30 个省份（不含港澳台及西藏）金融发展综合指数。

（一）方法说明

　　熵权法是一种客观赋权法，依据每项指标的数值所提供的信息量来确定每项指标的权重大小。熵的定义来源于热力学，后引入信息论中，表示对不确定性信息的评估，可以进一步理解为，指标提供的信息量越多，不确定性就越小，熵值就越小；反之，所含的信息量越少，不确定性越大，熵值也就越大。因此，可以通过熵权法计算各个指标的权重，该方法最主要的优点就是不受人为主观意图的影响，因此对数据的处理更具有科学性、客观性。采用熵权法计算金融发展综合指数的步骤如下。

（1）对初始数据 x_{ij} 做标准化处理，x_{ij} 表示第 i 个样本第 j 项指标的数值。按照公式（3.1）、公式（3.2）对正向和逆向两种指标进行计算，得到标准化之后的数据 Y_{ij}。

正向指标标准化公式为：

$$Y_{ij} = \frac{x_{ij} - \min x_{ij}}{\max x_{ij} - \min x_{ij}}(1 \leqslant j \leqslant m) \tag{3.1}$$

逆向指标标准化公式为：

$$Y_{ij} = \frac{\max x_{ij} - x_{ij}}{\max x_{ij} - \min x_{ij}}(1 \leqslant j \leqslant m) \tag{3.2}$$

（2）计算第 i 个样本下第 j 项指标所占的比重 p_{ij}。

$$p_{ij} = \frac{Y_{ij}}{\sum_{i=1}^{n} Y_{ij}} \tag{3.3}$$

（3）计算第 j 项指标的熵值 e_{ij}。

$$e_{ij} = -k \sum_{i=1}^{n} p_{ij}\ln p_{ij} \tag{3.4}$$

其中 $k = 1/\ln(n) > 0$，如果 $p_{ij} = 0$，则定义 $\lim_{p_{ij} \to 0} p_{ij}\ln p_{ij} = 0$。

（4）计算第 j 项指标的权重 w_j。

$$w_j = \frac{1 - e_j}{m - \sum_{j=1}^{m} e_j}, \quad \sum_{j=1}^{m} w_j = 1 \tag{3.5}$$

（5）计算金融发展综合指数 z。

$$z = \sum_{j=1}^{m} w_j \times Y_{ij} \tag{3.6}$$

（二）评价结果

在对金融发展指标进行综合评价的过程中，选取金融规模、金融结构、金融效率作为二级指标，选取金融业增加值/GDP、金融机构人民币各项存款余额/GDP、金融机构人民币各项贷款余额/GDP、股票市价总值/GDP、股票筹资额/GDP、保费收入/GDP、保费支出/GDP、股票市价总值/金融机构人民币存贷款余额之和、保费收入/金融机构人民币存贷款余额之和、金融机构人民币各项贷款余额/金融机构人民币各项存款余额、股票筹资额/股票市价总值、保费支出/保费收入等 12 个三级指标，利用熵权法测算各省份金融发展水平的平均综合得分，再测算东中西部地区金融发展的平均综合得分，测算结果如图 3.13 所示。

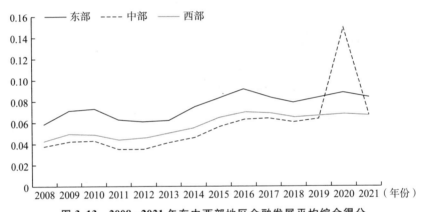

图 3.13　2008～2021 年东中西部地区金融发展平均综合得分
资料来源：由各省份统计年鉴、CSMAR 数据库经整理计算得出。

2008～2021 年，我国东中西部地区金融发展水平整体处于上升阶段，但是中部地区 2020 年出现了一个极其特殊的高点，这是由于熵权法自身计算得分过程中出现了一个特殊值，并不影响金融发展的整体稳定性。从金融发展的平均综合得分角度看，东部地区的金融发展平均综合得分显著高于中西部地区（除 2020 年）。我国东中西部地区的金融发展水平总体提高，虽然速度上有所区别，但是并不影响其增长趋势。东部地区需要重视金融创新，不断提高金融资源的利用效率，而中西部地区则更应该提高金融资源的总量并兼顾金融效率的稳定性。

在对东中西部地区的金融发展现状进行分析后，本部分选取金融规模、金融结构、金融效率 3 个二级指标，并在二级指标下选取 12 个三

级指标，利用熵权法计算我国 30 个省份的金融规模、金融结构及金融
效率的平均得分以及金融发展综合得分，计算结果如图 3.14 所示。

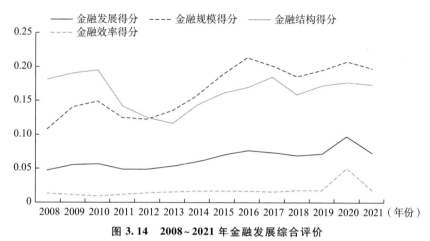

图 3.14　2008~2021 年金融发展综合评价

资料来源：由各省份统计年鉴、CSMAR 数据库经整理计算得出。

从总体来看，2008~2021 年，金融发展综合水平与金融效率水平整
体上呈现上升趋势，而我国金融结构水平、金融规模水平呈现先下降后
上升的总体趋势。2008~2021 年，我国金融结构水平、金融规模水平始
终高于金融发展综合水平，而金融发展综合水平始终高于金融效率水
平。由此可以看出，随着我国经济的不断增长，社会财富不断增加，金
融规模体量因此增大，但是金融规模扩大并不曾推动金融效率的提高，
这可能是随着规模的扩大，金融机构出于安全性考虑，可投资项目变
少，造成资金利用效率低下，进而导致金融效率难以提升。2008~2012
年，金融结构水平高于金融规模水平，而 2013~2021 年，我国金融规
模水平持续超过金融结构水平。金融结构得分从 2013 年的低位开始明
显提升，这是由于我国在金融发展过程中逐步注重直接融资的资本市场
作用，而不再仅仅依靠银行业这种间接融资模式，通过开通科创板、北
交所以及启动注册制等一系列措施改善我国融资结构，进而推动我国金
融结构的完善，金融结构得分因此提高。金融发展受益于金融规模的扩
大、金融结构的改善，使得金融发展水平不断提高，然而在后续金融发

展的过程中，不仅应该注重做大金融规模，改善金融结构，也应该不断提高金融效率，这样才能更好地利用金融资源，以金融发展推动我国经济增长。

第四节　小结

新中国成立以来，我国的金融发展先经历了为计划经济服务的"大一统"金融体制，包括建立统一的货币制度、建立高度集中的金融体系、以银行信用取代商业信用；随后开始构建社会主义现代化建设时期的多元化金融体系，具体是构建多层次银行体系，推动非银行金融市场快速发展、外汇管理体制创新性发展；自 1998 年亚洲金融危机以来，我国金融体系进行了市场化改革，具体包括金融体制的市场化改革、绿色金融萌芽发展、建立分业监管的金融监管体制；自 2012 年以来，我国开始构建新时代中国特色社会主义金融体系，推动金融与科技融合、绿色金融差异化发展、全面深化金融改革。

为构建我国金融发展的综合指标体系，本章首先归纳和总结金融发展的综合指标，选取金融规模、金融结构以及金融效率作为金融发展的二级指标；其次，系统回顾和总结已有文献对金融规模、金融结构以及金融效率的测度指标，为强化层次性，结合各类二级指标的主要特征，将其细化为以宏观金融、金融业、金融市场为主体的三级指标；最后，在此基础上进一步构建金融发展的综合指标体系。结合前文选取的指标，从金融规模、金融结构、金融效率的指标体系中选取可得性指标对我国区域金融发展的时空演化情况和综合发展水平进行测度分析。

在金融规模层面，本章分别从金融业增加值、金融机构人民币各项存贷款余额、股票市价总值、股票筹资额、保费收入与保费支出等角度考察金融业总规模、银行业规模、证券业规模以及保险业规模现状；在金融结构层面，分别从证券业与银行业的比例结构、保险业与银行业的比例结构等角度考察金融结构；在金融效率层面，分别从银行业的资金转化效率、股票市场的筹资效率、保险业的赔付率等角度考察我国银行业金融效率、证券业金融效率以及保险业金融效率。研究发现，我国金融规模不断扩大、金融结构得以优化、金融效率得到提高。从区域视角看，东部地区的金融资源总量远高于中西部地区。

第四章 我国经济绿色转型的历程回顾、现状分析及综合评价

近年来，经济绿色转型已经成为我国经济发展的主导方向，尤其是自绿色发展理念提出以来，中央政府与各级地方政府出台了一系列环保类的政策法规以加大环境保护力度，在金融体系中大力发展绿色金融以支持经济绿色转型。在此背景下，企业积极开展绿色技术创新、强化过程管理以履行绿色社会责任。经过各级经济主体的不懈努力，尤其是随着环境治理投入的逐步增加和绿色金融的不断发展，近年来，我国绿色经济规模大幅扩大、绿色经济结构不断优化、绿色经济效率快速提升，绿色经济综合水平不断提高。

为全面系统地刻画中国经济绿色转型水平的时空演化特征，本章首先从绿色经济萌芽阶段、初步发展阶段、快速发展阶段系统回顾了我国经济绿色转型的历程；其次，参照已有文献，选取绿色 GDP、产业结构绿色化水平、绿色全要素生产率等指标对全国及东西部地区的绿色经济规模、绿色经济结构及绿色经济效率的发展现状进行分析；最后，在对现有经济绿色转型的类型、指标合理性进行综合比较的基础上，依据全面性、层次性、功能性的逻辑标准构建我国经济绿色转型的综合指标体系，利用熵权法计算和比较我国及东西部地区的绿色经济综合发展水平。

第一节　我国经济绿色转型历程

根据国家颁布并实施的各项方针政策，可以将我国经济绿色转型历程分为绿色经济萌芽阶段、初步发展阶段、快速发展阶段，在经济绿色转型过程中我国有关绿色经济的政策法规不断完善，环境保护力度不断增大，生态环境质量不断提高。

一　萌芽阶段

20 世纪 80 年代末至 90 年代初，中国的快速工业化和城镇化带来了巨大的经济增长，但同时也带来了比较严重的环境问题。大气污染弥漫城市，水体受到严重污染，土地退化威胁农业和生态系统。公众开始认识到环境问题的严重性，环保组织的成立和环保活动的兴起逐渐引起了社会的关注。1973 年我国召开了第一次全国环境保护会议，标志着中国首次正式将环境问题置于议事日程上。这次会议的召开表明中国开始意识到快速工业化和经济发展所带来的环境问题，也体现了我国在环保领域采取行动的决心。在会议上，与会者讨论了工业污染、水体污染、空气污染等环境问题，深入研究了如何在经济发展的同时开展环境保护，这次会议是中国经济绿色转型历程中的重要里程碑之一。1992 年，联合国召开以"环境与发展"为主题的会议，此次会议通过了以可持续发展为核心的《里约环境与发展宣言》，其为全球可持续发展奠定了坚实基础，可持续发展战略也为我国经济绿色转型提供了方向上的指导。随后我国积极响应全球可持续发展的呼吁，在党的十五大、第九届全国人大四次会议中逐步完成了可持续发展战略从确立到全面推进的重大进展。在 2000 年之前的这一阶段标志着中国环保意识的觉醒，人们开始呼吁政府采取措施保护环境，为经济绿色转型奠定了基础。

二　初步发展阶段

21 世纪初，我国逐渐开始将经济绿色转型纳入国家发展战略，旨在实现经济增长与环境保护的协调发展。此阶段，绿色政策的制定与实施有了重要的进展。2007年，我国首次提出了生态文明建设的理念，强调经济和社会发展必须在生态环境保护的基础上进行，要实现经济、政治、文化、社会和生态的协调发展。与此同时，我国颁布了一系列环保法律法规，为绿色政策的实施提供了法律支持。不断颁布和修订《水污染防治法实施细则》《中华人民共和国大气污染防治法》《中华人民共和国固体废物污染环境防治法》《国家环境保护工程技术中心管理办法》等一系列法律条例，推动了我国环境质量的改善。综上，2000年初至2006年是我国绿色经济初步发展阶段，我国在绿色政策制定与实施方面取得了显著进展，提出生态文明理念、加强环境法律法规的颁布与实施，推动了中国绿色经济的初步发展。这一阶段的发展为未来绿色经济的进一步发展奠定了坚实基础。

（一）环境污染治理重视程度有所提高

在环境污染治理方面，如图4.1所示，我国环境污染治理投资总额逐年增加，2000年我国环境污染治理投资总额为1014.9亿元，到2006年增长到了2566.0亿元，增长了1倍多。这表明我国政府在这段时期内对环境污染治理的投资逐年增加，而且开始探索多元化的投资模式，包括政府投资、企业自筹资金和银行贷款等，以满足环境污染治理的需求。此外，我国逐渐将环境污染治理的投资重点从城市向农村和工业区域转移，开始重视农村和工业区域的环境污染治理问题。而且在该阶段，我国还逐渐加大对环境污染治理政策的支持力度，包括制定更加严格的环境法规、加大环保执法力度等。

（二）生态环保意识不断增强

在可再生能源的利用方面，我国大力发展可再生能源，包括风能、太阳能、水能等。到2006年可再生能源占能源消费总量的比重已经达到了8%左右。而且截至2006年底，我国建成了528个生态示范区试点地区和单位。其中，有233个已命名的国家级生态示范区，178个全国环境优美乡镇。建成了2395个不同类型和级别的自然保护区，总面积

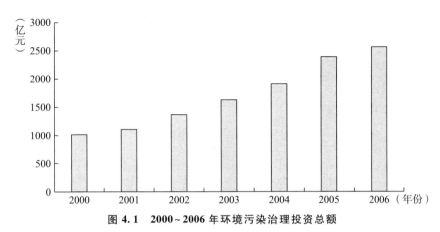

图 4.1 2000～2006 年环境污染治理投资总额

资料来源：《中国统计年鉴》。

达到 15153.5 万公顷，约占国土面积的 15.8%。① 总体而言，2000～2006 年，中国的绿色经济得到了快速发展和不断壮大，取得了一定的成就，为中国未来的可持续发展奠定了基础。

在可持续发展战略背景下，我国积极践行全球实现可持续发展的目标，在金融产品、金融监管等方面不断进行创新性探索，以加速推进经济绿色转型的进程。在金融产品创新方面，由于节能减排项目在我国经济绿色转型初期是银行未触及的新项目，银行对绿色项目的信贷支持也相对较弱。因此，国际金融公司（IFC）在全球环境基金、芬兰政府、挪威政府以及中国财政部的支持下，采用损失分担的商业模式，设计并实施了中国节能减排融资项目（CHUEE）。IFC 与国内商业银行合作，在节能减排相关贷款中提供本金损失分担的同时还为项目各参与方提供技术援助。2006 年，IFC 与我国兴业银行合作推出了中国金融市场上的首个绿色信贷产品，即能效融资产品。此后，IFC 还与浦发银行和北京银行等金融机构开展合作，不断开发可再生能源类金融产品以支持气候变化领域的相关项目。在金融监管创新方面，自 1995 年起，中国人民银行和中国银行业监督管理委员会等主管部门开始将信贷支持经济绿色

---

① 数据来自《全国环境统计公报（2006）》。

转型的相关政策作为引导金融机构支持环保项目的重要政策手段。

在此阶段，我国开始重视金融在环境资源保护中的重要作用，更加侧重于金融监管制度的创新，大多是由政策制定部门或监管部门发布的倡导性政策，对相关企业或金融机构采取的强制性政策较少，因此政策实施效果较为局限。

三　快速发展阶段

2007年中国共产党第十七次全国代表大会首次提出"生态文明"这一概念，并将建设资源节约型、环境友好型社会纳入党章，将生态文明建设作为实现全面建设小康社会奋斗目标的新要求。2012年11月，党的十八大在新的历史起点上，做出"大力推进生态文明建设"的战略决策。党的十八大报告明确指出，要把生态文明建设放在突出地位，并将其融入经济建设、政治建设、文化建设、社会建设等各方面和全过程中。"着力推进绿色发展、循环发展、低碳发展"成为我国生态文明建设的重要途径。并且在习近平生态文明思想的指引下，经济绿色转型的内涵不断丰富，体系日臻完善。我国经济高质量发展的关键在于推进绿色经济的发展，这一点在党的二十大报告中再次得到了明确阐述。在国际金融危机冲击下，世界各国都把目光投向全球气候治理领域，积极推动全球气候治理体系变革。以习近平同志为核心的党中央，经过深思熟虑，制定了一项重大战略决策，旨在2030年前实现碳达峰，在2060年前实现碳中和。近年来，随着"双碳"目标的不断推进以及相关环境保护和生态治理工作的不断落实，我国的碳排放强度已经明显降低，大多数污染物的排放量已经开始逐渐减少，实现了超越"环境库兹涅茨曲线"的顶峰。这一重要进展标志着环境与经济之间的协同效应初步显现。因此，在"十四五"时期，我国将未来的发展目标定义为"绿色的生产和生活方式"或"高质量的经济发展模式"。在此阶段，我国经济绿色转型也取得了显著成效，主要表现在以下几个方面。

（一）生态环境质量不断优化

在生态环境方面，提高环境污染治理能力是推动经济绿色转型的一项重要举措。我国自实行发展绿色经济的政策以来，2007～2019年，工业污染治理完成投资额呈现明显的变化趋势。如图4.2所示，我国工业污染治理完成投资额呈现先下降后增长再下降的态势。结合实际分析，形成这一趋势的原因有以下几个方面。首先，在政策方面，我国发布了一系列环保政策，例如《环境保护法》和《大气污染防治行动计划》等，这些政策为工业污染治理的投资提供了政策支持和法律保障。此外，政策的实施也加大了环保督察和处罚力度，促使企业更加重视环保问题，进而增加了工业污染治理完成投资额。其次，工业污染治理完成投资额的另一个关键变化是投资主体的转变。2008年前，工业污染治理主要由政府投资，但随着市场经济的发展，私人投资开始逐渐成为工业污染治理的主力。此外，外资也开始进入中国的环保市场，环保投资的来源和数量不断增加。这些投资主体的变化，推动了工业污染治理完成投资额的快速增长。最后，在投资规模方面，2007～2019年，中国工业污染治理完成投资额总体增加，其中在2014年达到了峰值，之后下降。这是由于2014年之前，中国经济增长较快，环保政策的实施相对滞后，因此工业污染治理完成投资规模也相应较大。但2014年后，中国进一步深化绿色发展理念，加强对环保政策的实施，因此工业污染治理完成投资规模也逐渐减小，可见我国经济绿色转型取得了较好成绩。

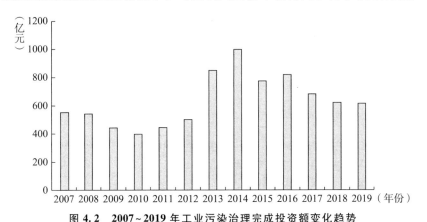

图4.2 2007～2019年工业污染治理完成投资额变化趋势

资料来源：《中国统计年鉴》。

随着经济绿色转型进程的不断推进，我国的生态环境得到了较大改善。城市绿地面积和生活垃圾无害化处理率均经历了显著的变化。如图4.3所示，我国的城市绿地面积从2007年的170.90万公顷增长到2019年的315.29万公顷。在城市绿地方面，我国通过多项政策和计划，如"森林城市"和"美丽乡村"等，积极推动城市绿化建设。在此期间，中国的城市绿地面积呈现逐年增加的趋势，这反映出我国在经济绿色转型中越来越重视环境保护和生态建设的作用。此外，一些城市也采取了创新的方法，如屋顶绿化、立体绿化等，以扩大城市绿地面积。在生活垃圾无害化处理方面，我国的生活垃圾无害化处理率从2007年的62.0%提升到了2019年的99.2%，几乎完全实现了生活垃圾的无害化处理。这是由于一些城市采取了垃圾分类、生活垃圾焚烧等手段，以减小生活垃圾对环境的污染和对居民生活的影响。总体来说，2007~2019年，中国城市绿地面积和生活垃圾无害化处理率都呈现逐年增加的趋势，这表明我国在经济绿色转型方面采取的努力已取得显著成果，但仍需进一步采取有效措施，以应对城镇化带来的环境和社会问题，从而实现绿色经济的长足发展。

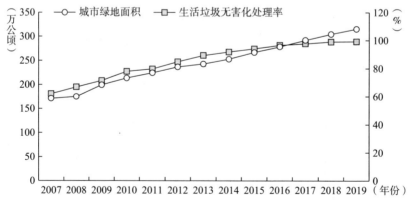

图4.3　2007~2019年城市绿地面积及生活垃圾无害化处理率变化趋势
资料来源：《中国统计年鉴》。

（二）社会民生保障水平稳步提升

经济绿色转型是以满足人类需求为目的的可持续发展方式，不仅要关注经济的发展和自然环境的保护，还需关注人民生活水平的提高。民生福祉等因素也是评估经济绿色转型情况的关键指标。在教育层面，如图 4.4 所示，近年来我国地方财政教育支出及普通高等学校在校学生数均呈现显著上升趋势。具体来说，2007~2019 年，中国地方财政教育支出不断增加，从 6727.06 亿元增至 32961.06 亿元，增长约 4 倍，说明我国在不断加强教育领域的投资，逐步提高教育资源的公平性；同时，普通高等学校在校学生数也呈现显著的增长趋势，从 2007 年的 1884.9 万人增加到 2019 年的 3031.5 万人，增长了近 61%。可见我国在不断提高教育的质量和效益，以推动教育事业更加健康、可持续发展。在生活水平层面，如图 4.5 所示，2007 年我国城镇居民恩格尔系数为 33.5%，而农村居民恩格尔系数为 40.5%。到 2019 年，城镇居民恩格尔系数为 27.6%，农村居民恩格尔系数为 30.0%。可以看出，中国城镇居民和农村居民的恩格尔系数都呈现下降的趋势，表示人民的生活水平在逐渐提高。城镇居民恩格尔系数下降的原因可能为，随着中国经济的不断发展，城镇居民的收入水平不断提高，他们可以消费更多的非食品产品和服务。农村居民恩格尔系数下降的主要原因是，农村电商和物流等基础设施的发展，为农村居民提供了更加方便和多样的购物方式。此外，农村旅游和休闲产业的发展，也为农村居民提供了更加多元化的消费选择。这一趋势反映出在我国居民生活水平不断提高的同时，消费结构也在逐步升级和多样化。

第二节　我国经济绿色转型现状分析

学者们基于不同视角对绿色经济的内涵进行了解析，参考学者们的研究成果，本节分别采用绿色 GDP、产业结构绿色化水平、绿色全要素生产率等指标对绿色经济规模、绿色经济结构及绿色经济效率的发展

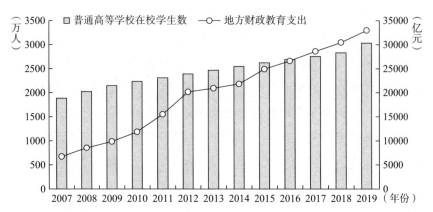

图 4.4 2007~2019 年地方财政教育支出及普通高等学校在校学生数变化趋势
资料来源：《中国统计年鉴》。

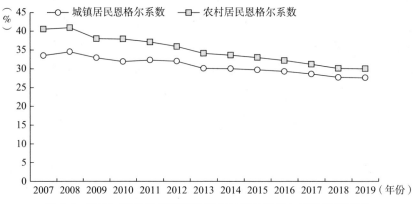

图 4.5 2007~2019 年城镇居民及农村居民恩格尔系数变化趋势
资料来源：《中国统计年鉴》。

现状进行分析。

一 绿色经济规模

传统国民经济的核算只测度经济发展的总量，却忽视了经济发展对资源的消耗和给环境带来的破坏。绿色 GDP 是一个国家或地区在考虑自然资源与环境因素后所进行的一系列经济活动的最终产出。联合国提出的"环境与经济综合核算体系"（SEEA）是目前世界上大多数国家构建绿色 GDP 核算体系的基础。根据 2003 年的国民经济核算体系（SNA）文件，SEEA 核算体系由经济与资源环境间流量的实物与混合账户、经济账户和环境交易、物质和货币形式的资产账户、考虑消耗降级和防御性环保支出后对 SNA 的调整账户四个账户构成。它核算的最终货币化结果便是绿色 GDP 和绿色国内生产净值（EDP）。二者具体的计算公式为：

$$绿色 GDP = GDP - 自然资源损失价值 - 环境品质的降级 \tag{4.1}$$

$$自然资产损失价值 = 能源耗减价值 + 水资源耗减价值 + 耕地资源耗减价值 \tag{4.2}$$

$$能源耗减价值 = 能源消费总量 \times 单位标准煤实际市场价格 \tag{4.3}$$

$$水资源耗减价值 = 年用水消耗量 \times 水资源费均价 \tag{4.4}$$

$$耕地资源耗减价值 = 耕地资源减少量 \times 粮食单产 \times 粮食出库价格 \tag{4.5}$$

$$环境品质的降级 = 治理废水项目完成投资 + 治理废气项目完成投资 +$$
$$治理固体废物项目完成投资 + 治理噪声项目完成投资 +$$
$$治理其他项目完成投资 \tag{4.6}$$

$$绿色国内生产净值（EDP）= 绿色 GDP - 固定资产折旧 = 国内生产净值（NDP）-$$
$$自然资源损失价值 - 环境品质的降级 \tag{4.7}$$

其中，自然资源损失价值主要考虑自然资源的存量及其变化对国民收入的影响，具体包括矿藏和能源资源、土壤资源、水资源、生物资源、土地资源、森林资源等。其核算方法主要分为三种。①净租法（Net Rent Approach）：主要用于不可再生资源的核算，计算方式是资源的市场价格与边际成本之差。②净价值法（Net Value Approach）：两年间资源价值的净现值之差。③使用者成本法（User Cost Approach）：当前消耗的资源给未来使用者带来的成本。环境品质的降级是指社会经济活动对环境品质造成的负面影响。其核算主要包括两种方法。①维护成本法：在目前最佳可行技术条件下，对未采取防治措施的污染所造成的环境品质降低，计算实际应投入的污染防治成本，计算公式是：污染对环境品质的降级 = 污染排放量 × 单位防治成本。②损害法：衡量因环境品质下降而给人们带来的负面效应和损害，包括主观因素和客观因素，需将其货币化（李伟、劳川奇，2006）。

本节参照沈晓艳等（2017）用工业污染治理完成投资额替代环境
污染治理投资；单位标准煤实际市场价格在国际通常采用 1100~1300
元，本节选取平均值 1200 元；粮食出库价格选取 2021 年各类粮食国库
出库平均价格 1780 元/吨。以上数据均来源于国家统计局。

从绿色经济规模来看，如图 4.6 所示，自 2008 年以来，我国绿色
GDP 呈逐年上升态势。我国东部地区作为国家经济发展的核心引擎，
在经济绿色转型方面具有显著优势。东部地区集聚了大量的经济、金
融、科技等资源，为绿色经济的发展奠定了坚实的基础。因此，其绿色
经济规模相对较大，体现在以下几个方面。首先，绿色产业在东部地区
得到了积极发展，环保技术、清洁能源、节能减排等绿色产业在东部地
区快速兴起，成为经济增长的新动力。上海、广州等发达城市以及浙
江、江苏等省份在绿色产业方面取得了显著进展，推动了经济结构的转
型升级。其次，东部地区在绿色金融方面表现出较强的创新能力。绿色
金融产品如绿色债券、绿色贷款等在东部地区得到广泛发展，金融机构
积极参与环保项目融资，为绿色发展提供资金支持。最后，东部地区的
环境治理和生态保护力度逐渐加大。政府加大对环境监管和治理的力

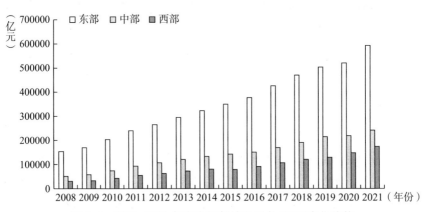

图 4.6　2008~2021 年东中西部地区绿色 GDP 变化趋势

资料来源：国家统计局。

度，加强对大气污染、水污染等环境问题的治理，为绿色经济的可持续发展创造了有利条件。绿色基础设施建设和生态修复项目在东部地区也得到推进，有助于改善生态环境。

而我国中部地区作为连接东西部地区的重要纽带，其经济绿色转型呈现出中庸而有活力的态势。中部地区的绿色经济规模相对较小，但在适应性调整和均衡发展方面表现出积极追赶的特点。在绿色产业发展方面，中部地区虽然相对滞后，但也取得了一定的进展。湖北、湖南等省份在绿色产业领域不断探索和创新，推动环保技术和清洁能源的应用，逐步实现了产业结构的优化升级，虽然整体规模较小，但这些努力有望为地区经济增长注入可持续动力。在绿色能源方面，中部地区在可再生能源的推广应用方面取得了一些成绩。部分省份如河南、陕西等在太阳能、风能等领域进行了积极探索，逐步增加了清洁能源的装机容量。虽然与东部地区相比仍有差距，但中部地区在能源结构调整方面也取得了一些进展。

我国西部地区作为国家发展的重要支撑区，其经济绿色转型面临一些特殊的挑战和机遇。西部地区资源丰富，但也存在环境治理和可持续发展的压力，因此其绿色经济的发展具有一定的复杂性和多样性。在绿色产业发展方面，西部地区在环保产业、可再生能源等领域积极推进。新疆、青海等省份以丰富的太阳能、风能等资源为基础，积极发展可再生能源产业，为地区经济增长提供了新的动力。生态农业和生态旅游等绿色产业也在西部地区得到一定发展。尽管如此，西部地区在经济绿色转型过程中仍面临一些挑战：传统产业占比较大，环境治理压力较大，部分地区的生态环境保护仍存在不足。因此，西部地区需要在发展绿色产业的同时，加强环境治理和生态保护，实现经济增长与生态平衡的良性互动。

综合来看，中国东中西部地区在经济绿色转型方面呈现差异化的特点和规模。东部地区以较大的绿色经济规模、较强的创新能力和金融支持为特点，中部地区在适应性调整和均衡发展方面取得积极进展，西部地区则在资源优势和环境挑战中寻求发展平衡。

二 绿色经济结构

绿色经济结构可以通过产业结构绿色化来衡量,又被称为产业结构
生态化,是一种在保护环境、节约资源的同时提高经济发展水平的产业
发展模式,对于科学技术水平有较高的要求。要想实现产业结构绿色化
发展,就要大力发展绿色环保产业,遏制高污染、高耗能产业发展,进
而实现可持续发展以及良性循环。关于产业结构绿色化的衡量指标,学
术界一般采用第三产业产值占 GDP 的比重来衡量,还有部分学者采用
构建指标体系的方式测算产业结构绿色化水平。

本章在魏学文(2012)的研究基础上,采用环保产业增加值与污
染产业增加值之比来测度产业结构绿色化水平。如图 4.7 所示,自 2008
年以来,我国东中西部地区的绿色经济结构总体呈现上升的态势:东部
地区由 2008 年的 16.07%上升至 2021 年的 19.36%,中部地区由 2008
年的 9.29%上升至 2021 年的 12.13%,西部地区由 2008 年的 13.58%上
升至 2021 年的 15.97%,可见,我国产业结构趋于绿色化发展,经济绿
色转型结构更加合理。

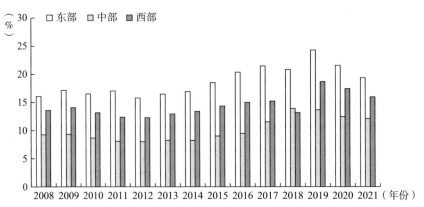

图 4.7 2008~2021 年东中西部地区绿色经济结构变化趋势

资料来源:《中国统计年鉴》《中国金融统计年鉴》。

东部地区作为我国经济发展的主要引擎，绿色产业占比总体提升，随着消费升级和生态文明建设，东部地区的绿色服务业也得到发展，如环保咨询、节能服务、生态旅游等，为地区经济增长注入新的动力，而且在新兴领域如智能制造、生态城市等得到积极探索和应用。中部地区在产业结构绿色化方面呈现出适应性调整和均衡发展的特点，产业结构升级与绿色化并重，中部地区的制造业，如汽车制造、钢铁等，逐步引入清洁生产技术，实现产业升级和绿色化双赢。而西部地区一些省份是我国清洁能源的主要产地，拥有丰富的太阳能、风能等可再生能源，推动可再生能源产业的发展。但是西部地区在保护生态环境方面面临较大压力，一些地方通过生态修复和环保建设，如草原恢复、水资源治理等，提升了生态环境质量。综上所述，中国东部地区在绿色产业、绿色服务业和科技创新方面具备较大优势，中部地区通过产业升级和可再生能源应用进行适应性调整，西部地区则以可再生能源利用和生态修复为主要目标。未来，三个地区仍需根据地区特点和资源优势，加强政策引导、技术创新和产业结构升级，进一步推动绿色产业的发展，实现经济可持续增长和环境保护的双重目标。

三　绿色经济效率

绿色经济效率通常用绿色全要素生产率（GTFP）衡量，绿色全要素生产率是一种建立在全要素生产率基础上的测算指标，主要考虑了资源和环境约束因素。绿色全要素生产率测度法是在全要素生产率的基础上，通过引入能源资源因素，综合考虑生产要素投入和能源资源消耗，将劳动、资本等生产要素和能源资源消耗统一纳入一个数学模型的新的测度方法。关于 GTFP 的测度主要包括随机前沿分析法（SFA）、索洛残差法和非参数数据包络分析法（DEA）。随机前沿分析法通过超越对数函数形式或生产函数形式来估计其参数，从而计算 GTFP（谌莹、张捷，2016）；索洛残差法由产出增长率减去各投入要素增长率的加权值得出（Young，2000）；非参数数据包络分析法是通过测算投入和产出的相对效率，并使用 Malmquist 指数来描述效率变化的一种方法，该方法具有不需要要素价格信息、不依赖具体的生产函数形式、容易计算出效率、能够处理多种投入和产出问题等优点，因而得到学术界的青睐（王裕瑾、于伟，2016）。在应用非参数方法时，一些研究选择将环境污染指数作为"不良"产出，将其纳入 DEA-Malmquist 指数模型中（胡晓珍、杨龙，2011；林春，2016；徐晶晶，2015）；部分研究使用基于 ML 指数的非径向、非角度 SBM 方向距离函数测算绿色全要素生产率（李卫兵、梁榜，2017；王兵等，2008；陈超凡，2016）；还有研究选择 GML 生产率指数、MML 生产率指数等扩展形式来测算 GTFP（陶长琪、齐亚伟，2012；王凯风、吴超林，2017；王兵、肖海林，2011）。朱金鹤和王雅莉（2019）基于数据包络分析法的 Malmquist 指数，测度了全国和各省域在不同环境约束下的 4 种 GTFP，并选取 12 个影响因素构建系统 GMM 模型。

本章采用两项指标测度绿色经济效率。①通过三种 DEA 模型测算绿色全要素生产率。一是非径向 SBM-DDF 模型。该模型的优点是考虑了非期望产出、冗余变量，引入了方向因素，在非前沿面上考虑了松弛变量的影响。其测算结果包含无效率值以及各个变量的冗余值，可进一步分析无效率来源于哪些投入或非期望产出。该模型的不足之处是测算的是静态指标，同时不能对效率值达到 1 的变量进行比较。二是 Super-SBM 模型和 GML 指数。运用 GML 指数，我们可以利用整个考察期间所有决策单元的投入和产出数据来构造最佳生产前沿，并将不同时间段的决策单元都置于全局最佳生产前沿下进行测度，从而有效解决了测度中可能出现的不可行解和跨期不可比等问题，同时可以对效率值达到 1 的变量进行比较。不足之处是未考虑到方向向量的影响，在非前沿面上未考虑松弛变量的影响，约束条件一旦存在松弛效应，此时测得的效率会比实际值高。三是 SBM 方向距离函数和 GML 指数。将 SBM 模型与方向距离函数相结合，形成了非径向、非导向的基于松弛变量测度的方向距离函数 SBM-DDF，能够对投入要素与产出要素效率的非比例变动进行测度。基于 SBM 方向距离函数构建的 GML 指数能够有效处理径向与角度问题，同时还确保了测度结果的全局可比性。②选取 GDP 与污染物排放总量的比值衡量绿色经济效率，该项指标代表单位污染排放所产生的 GDP，指标数值越大，代表绿色经济效率越高，反之亦然。其中，污染物排放量主要包括二氧化硫排放量、废水排放量和固体废物排放量。

本节 DEA 模型中的投入指标主要选取以下三项。①劳动投入。以各省份的年末就业人数表示。②资本投入。通常用实际资本存量来表示，目前大部分研究都采用这一方法，本节也沿用这种做法。参考张军等（2004）的做法，按照永续盘存法进行测算，统一调整为以 2008 年为基期的相应值。③能源投入。能源消耗数据采用分地区能源消费总量来度量。

本节 DEA 模型中的产出指标主要选取以下两项。①期望产出。本节选取各省份的实际 GDP 表示期望产出，所有地区的 GDP 均根据 GDP 缩减指数折算为 2008 年不变价。②非期望产出。非期望产出是经济增长过程中产生的环境污染物，本节选取了二氧化硫排放量、废水排放量和固体废物排放量这三项主要指标进行衡量。

（一）非径向 SBM-DDF

本章首先运用非径向的 SBM-DDF 方法对 30 个省份（除港澳台和西藏）和东中西部地区 2008～2021 年的绿色全要素生产率进行测算。测算结果如表 4.1 和图 4.8 所示。

从静态效率视角考察，2008～2021 年北京、上海、江苏等 6 个省份的绿色全要素生产率始终为 1，处于低碳发展的有效前沿面上，说明这些省份在经济发展的同时兼顾了对能源资源合理消耗以及对减少环境污染的考虑。浙江、重庆、宁夏的绿色全要素生产率也在提升，在近几年也达到了 1，说明这些省份在经济发展的同时，越来越重视对资源的利用和对环境的保护。天津、安徽、湖南等省份绿色全要素生产率在2008～2021 年均达到过 1，但其未能保持低碳经济的发展趋势，绿色全要素生产率在后几年均出现下滑。

表 4.1 2008~2021 年基于非径向 SBM-DDF 的绿色全要素生产率

地区	2008 年	2009 年	2010 年	2011 年	2012 年	2013 年	2014 年	2015 年	2016 年	2017 年	2018 年	2019 年	2020 年	2021 年
北京	1.00	1.00	1.00	1.00	1.00	1.00	1.00	1.00	1.00	1.00	1.00	1.00	1.00	1.00
天津	0.78	0.79	0.77	0.75	0.76	0.78	1.00	0.76	0.79	0.75	0.75	0.74	0.75	0.76
河北	0.70	0.69	0.68	0.69	0.70	0.73	0.71	0.69	0.68	0.73	0.70	0.69	0.69	0.69
山西	0.68	0.68	0.65	0.66	0.67	0.66	0.65	0.64	0.63	0.63	0.64	0.64	0.64	0.64
内蒙古	0.68	0.69	0.67	0.67	0.69	1.00	0.71	0.69	0.68	0.69	0.67	0.67	0.67	0.66
辽宁	0.69	0.69	0.68	0.66	0.67	0.65	0.65	0.65	0.65	0.64	0.65	0.65	0.65	0.65
吉林	0.66	0.67	0.66	0.66	0.67	0.66	0.66	0.66	0.66	0.66	0.66	0.65	0.65	0.66
黑龙江	0.67	0.68	0.66	0.66	0.66	0.66	0.66	0.66	0.64	0.64	0.64	0.64	0.64	0.64
上海	1.00	1.00	1.00	1.00	1.00	1.00	1.00	1.00	1.00	1.00	1.00	1.00	1.00	1.00
江苏	1.00	1.00	1.00	1.00	1.00	1.00	1.00	1.00	1.00	1.00	1.00	1.00	1.00	1.00
浙江	0.83	0.83	0.81	0.82	0.83	1.00	1.00	0.89	1.00	1.00	1.00	1.00	1.00	1.00
安徽	0.77	0.77	0.79	0.79	0.82	1.00	0.80	0.80	0.85	0.74	0.75	0.83	0.83	0.81
福建	0.75	0.75	0.75	0.75	0.76	0.79	0.80	0.80	0.77	0.72	0.75	0.86	1.00	0.90
江西	0.74	0.75	0.75	0.72	0.76	0.76	0.74	0.73	0.72	0.72	0.73	0.74	0.72	0.74
山东	0.75	0.75	0.74	0.71	0.73	0.78	0.81	0.77	0.77	0.76	0.76	0.75	0.73	0.72
河南	0.73	0.72	0.72	0.71	0.71	0.71	0.70	0.70	0.69	0.71	0.72	0.75	0.73	0.72
湖北	0.73	0.74	0.74	0.74	0.77	0.80	0.83	0.83	0.80	0.80	1.00	1.00	1.00	0.76
湖南	0.74	0.74	0.74	0.74	0.76	1.00	1.00	1.00	1.00	1.00	1.00	0.88	0.89	0.88

续表

地区	2008年	2009年	2010年	2011年	2012年	2013年	2014年	2015年	2016年	2017年	2018年	2019年	2020年	2021年
广东	1.00	1.00	1.00	1.00	1.00	1.00	1.00	1.00	1.00	1.00	1.00	1.00	1.00	1.00
广西	0.69	0.68	0.68	0.68	0.69	0.69	0.69	0.69	0.69	0.68	0.69	0.69	0.67	0.69
海南	1.00	1.00	1.00	1.00	1.00	1.00	1.00	1.00	1.00	1.00	1.00	1.00	1.00	1.00
重庆	0.72	0.72	0.73	0.73	0.78	0.78	0.78	0.79	0.82	0.82	0.88	1.00	1.00	1.00
四川	0.71	0.71	0.72	0.73	0.77	0.76	0.77	0.77	0.75	0.74	0.76	0.79	0.74	0.75
贵州	0.68	0.68	0.68	0.67	0.67	0.68	0.68	0.68	0.69	0.69	0.70	0.70	0.69	0.70
云南	0.70	0.70	0.69	0.68	0.69	0.69	0.71	0.70	0.69	0.68	0.68	0.73	0.74	0.72
陕西	0.70	0.71	0.70	0.71	0.74	0.74	0.73	0.73	0.70	0.69	0.70	0.71	0.69	0.70
甘肃	0.68	0.69	0.68	0.68	0.69	0.68	0.68	0.68	0.67	0.67	0.66	0.67	0.67	0.67
青海	1.00	1.00	1.00	1.00	1.00	1.00	1.00	1.00	1.00	1.00	1.00	1.00	1.00	1.00
宁夏	0.80	0.81	1.00	1.00	1.00	1.00	1.00	1.00	1.00	1.00	1.00	1.00	1.00	1.00
新疆	0.67	0.68	0.66	0.66	0.67	0.66	0.66	0.66	0.64	0.63	0.64	0.64	0.64	0.64
东部	1.00	1.00	1.00	1.00	1.00	1.00	1.00	1.00	1.00	1.00	1.00	1.00	1.00	1.00
中部	0.76	0.77	0.77	0.77	0.79	0.80	0.80	0.80	0.79	0.79	0.79	0.79	0.80	0.79
西部	0.71	0.70	0.72	0.72	0.77	0.78	0.78	0.77	0.75	0.75	0.76	0.77	0.78	1.00
全国	1.00	1.00	1.00	1.00	1.00	1.00	1.00	1.00	1.00	1.00	1.00	1.00	1.00	1.00

注：东部地区包括天津、北京、河北、上海、江苏、浙江、福建、山东、广东、辽宁、海南（11个）；中部地区包括山西、安徽、湖北、江西、黑龙江、吉林、湖南、河南（8个）；西部地区包括重庆、四川、广西、陕西、贵州、宁夏、甘肃、青海、云南、内蒙古、新疆（11个）。全书同。

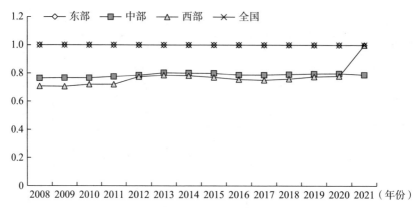

图 4.8　2008～2021 年全国及东中西部地区基于非径向
SBM-DDF 的绿色全要素生产率变化趋势

总体上看，2008～2021 年，绿色全要素生产率达到 1 的省份大多位于我国的东部地区，且东部地区和全国的绿色全要素生产率均始终为 1，这主要是因为东部地区具有经济、人才、地理区位等先发优势。近年来，随着中高端制造业陆续向中部转移，中部地区的人力资源逐渐丰富，再加上绿色创新知识溢出与技术扩散效应的影响，中部地区绿色全要素生产率呈上升趋势。西部地区具有幅员辽阔、矿产资源丰富等优势，在国家大力实施"西部大开发"战略的背景下，其绿色全要素生产率也在提升。

（二）Super-SBM 结合 GML 指数

第二种方法运用 Super-SBM 模型并结合 GML 指数对 30 个省份（除港澳台和西藏）和东中西部地区 2008～2021 年的绿色全要素生产率进行测算。测算结果如表 4.2 和图 4.9 所示。

2008～2021 年北京、福建的绿色全要素生产率始终大于 1，可以看出这些省份的绿色全要素生产率在这 14 年间处于增长态势，这说明这些省份在经济发展的同时兼顾了对能源资源合理消耗以及对减少环境污染的考虑。综合来看，除 2020～2021 年外，我国大部分省份的绿色全要素生产率虽略有波动，但整体上呈现上升的趋势。大部分省份的绿色全要素

表 4.2　2008~2021 年基于 Super-SBM 结合 GML 指数的绿色全要素生产率

地区	2008 年	2009 年	2010 年	2011 年	2012 年	2013 年	2014 年	2015 年	2016 年	2017 年	2018 年	2019 年	2020 年	2021 年
北京	1.020	1.005	1.029	1.089	1.041	1.062	1.062	1.075	1.138	1.093	1.178	1.269	1.017	1.046
天津	1.010	1.009	0.969	0.932	1.022	1.013	1.033	1.013	1.083	1.060	1.057	1.020	1.233	0.928
河北	1.005	1.006	0.992	1.061	1.059	0.988	1.002	0.995	1.019	1.178	1.045	1.019	1.102	0.974
山西	0.979	0.965	0.871	1.130	1.068	0.964	0.983	0.958	0.955	1.010	1.200	1.056	1.042	0.993
内蒙古	1.007	1.017	1.001	1.000	1.030	0.953	1.019	1.026	1.045	1.065	1.040	1.060	1.051	0.938
辽宁	0.981	1.019	0.965	0.946	1.073	0.963	1.041	1.041	1.043	1.025	1.105	1.082	1.067	0.966
吉林	0.983	0.989	0.989	1.035	1.085	0.973	1.041	1.065	1.010	1.052	1.066	1.012	1.046	1.021
黑龙江	1.009	0.993	0.937	1.045	1.066	1.030	1.026	1.002	0.960	0.999	1.057	1.074	1.075	0.963
上海	1.041	1.039	1.016	1.000	1.018	0.987	1.051	1.058	1.042	1.098	1.239	0.992	1.683	0.750
江苏	1.043	1.049	1.021	1.160	1.170	0.829	1.071	1.084	1.109	1.094	1.156	1.413	1.005	1.024
浙江	1.011	1.009	0.968	1.107	1.053	1.021	1.074	1.061	1.114	1.092	1.197	1.289	1.284	0.995
安徽	1.014	1.010	1.027	1.068	1.085	0.957	1.041	1.031	1.004	1.113	1.005	1.229	1.185	0.934
福建	1.002	1.011	1.003	1.045	1.054	1.045	1.029	1.043	1.016	1.036	1.083	1.381	1.290	1.010
江西	1.029	1.019	0.990	1.047	1.067	0.967	1.022	1.011	1.010	1.049	1.087	1.094	1.101	0.977
山东	1.018	1.010	1.000	1.034	1.097	1.013	1.082	1.033	1.071	1.061	1.094	1.070	1.030	0.966
河南	1.000	0.996	0.963	1.037	1.048	0.943	1.001	1.040	1.046	1.101	1.206	1.145	1.094	0.937
湖北	1.157	1.027	1.028	1.058	1.112	0.988	1.035	1.057	1.008	1.082	1.257	1.241	1.560	0.492
湖南	1.006	1.007	0.991	1.063	1.082	1.028	1.035	1.071	1.113	1.111	1.201	1.000	1.205	0.992

续表

地区	2008年	2009年	2010年	2011年	2012年	2013年	2014年	2015年	2016年	2017年	2018年	2019年	2020年	2021年
广东	1.019	1.053	0.997	1.161	2.190	0.456	1.083	1.093	1.128	1.104	1.166	1.131	1.148	1.001
广西	0.983	0.952	0.944	1.022	1.054	0.974	1.041	1.022	1.054	1.062	1.085	1.051	1.052	0.990
海南	0.857	0.977	0.999	0.782	0.974	0.950	0.956	1.101	1.344	0.978	1.004	1.003	1.007	1.072
重庆	0.984	1.030	1.004	1.004	1.118	1.014	1.019	1.070	1.056	1.087	1.208	1.143	1.308	1.205
四川	0.997	1.012	1.045	1.081	1.109	0.939	1.047	1.048	1.005	1.043	1.157	1.192	1.016	0.979
贵州	1.026	0.985	0.985	0.998	1.048	1.017	1.031	1.042	1.050	1.031	1.096	1.050	1.050	0.999
云南	1.021	0.999	0.975	0.990	1.047	1.017	1.067	0.996	1.005	1.034	1.071	1.235	1.118	0.988
陕西	1.006	1.019	0.967	1.076	1.085	0.984	1.019	1.029	0.974	1.019	1.101	1.075	1.103	0.951
甘肃	0.983	1.004	0.973	1.039	1.064	0.932	1.005	1.002	0.974	1.025	1.026	1.083	1.019	0.978
青海	0.925	0.792	0.846	0.799	0.986	0.944	1.007	0.976	1.744	1.176	1.004	0.856	1.172	0.820
宁夏	0.969	0.949	0.916	0.999	0.992	0.940	0.973	0.952	1.021	1.098	1.665	1.045	1.219	1.007
新疆	1.017	1.021	0.927	1.073	1.059	0.965	1.012	1.016	0.946	0.945	1.171	1.062	1.015	0.956
东部	1.047	1.044	0.997	1.098	1.115	1.008	1.072	1.063	1.110	1.094	1.186	1.217	1.010	1.017
中部	1.036	1.017	0.989	1.137	1.141	1.033	1.055	1.059	1.039	1.078	1.124	1.101	1.093	0.928
西部	1.055	1.054	1.020	1.120	1.159	1.029	1.057	1.060	1.020	1.063	1.149	1.132	1.115	0.963
全国	1.039	1.033	0.991	1.090	1.112	1.031	1.086	1.076	1.094	1.104	1.157	1.314	1.011	1.006

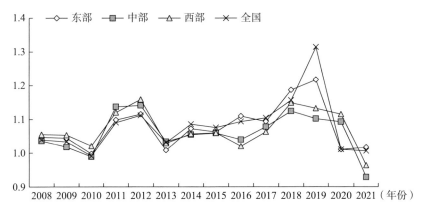

图 4.9 2008～2021 年全国及东中西部地区基于 Super-SBM
结合 GML 指数的绿色全要素生产率变化趋势

生产率在 2020～2021 年出现了大幅下滑，主要是因为新冠疫情的发生，使全球经济陷入低迷状态，与此同时中国面临着边际投资回报递减以及人口红利逐渐减少等多重不利影响。

将绿色全要素生产率拆分为技术效率和技术进步两个变量进行进一步分析。根据测算结果我们可以发现，2008～2021 年大部分省份的技术效率值大于 1，而其技术进步的值小于 1，从中可以看出，各省份的绿色全要素生产率的提升大多由技术效率主导。这也说明了随着我国经济的发展，我国各省份的生产技术不断靠近潜在的生产技术水平，而在潜在技术相对变动方面，三大区域都出现技术发展空间受限的情况。总体上看，2008～2019 年，东部地区的绿色全要素生产率增速最快，西部地区次之，中部地区增速最慢。

（三） SBM 方向距离函数结合 GML 指数

第三种方法运用 SBM 方向距离函数并结合 GML 指数对 30 个省份（除港澳台和西藏）和东中西部地区 2008～2021 年的绿色全要素生产率进行测算，测算结果如表 4.3 和图 4.10 所示。

2008～2021 年仅福建的绿色全要素生产率始终大于或等于 1，这说明福建在经济发展的同时兼顾了对能源资源合理消耗以及对减少环境污

表 4.3　2008～2021 年基于 SBM 方向距离函数结合 GML 指数的绿色全要素生产率

地区	2008 年	2009 年	2010 年	2011 年	2012 年	2013 年	2014 年	2015 年	2016 年	2017 年	2018 年	2019 年	2020 年	2021 年
北京	1.010	0.999	1.008	1.020	1.008	1.016	1.018	1.030	1.060	1.040	1.077	1.108	1.000	1.000
天津	1.002	1.003	0.993	0.989	1.004	1.004	1.005	1.004	1.034	1.011	1.013	1.003	1.087	0.976
河北	1.001	1.001	0.998	1.008	1.009	0.998	1.000	1.000	1.003	1.038	1.014	1.006	1.036	0.993
山西	0.997	0.995	0.980	1.017	1.008	0.995	0.997	0.996	0.995	1.002	1.026	1.009	1.007	0.998
内蒙古	0.999	1.003	0.997	1.000	1.007	0.992	1.002	1.005	1.007	1.013	1.013	1.014	1.017	0.987
辽宁	0.998	1.003	0.996	0.992	1.009	0.996	1.005	1.006	1.007	1.003	1.016	1.014	1.020	0.993
吉林	0.998	0.999	0.998	1.003	1.011	0.997	1.006	1.010	1.007	1.008	1.010	1.001	1.009	1.004
黑龙江	1.001	1.000	0.991	1.004	1.006	1.006	1.005	1.001	0.997	1.001	1.009	1.010	1.012	0.995
上海	1.009	1.009	1.004	1.000	1.005	0.998	1.013	1.014	1.016	1.032	1.098	0.997	1.279	0.880
江苏	1.008	1.010	1.006	1.050	1.061	0.941	1.024	1.028	1.038	1.041	1.072	1.192	1.000	1.000
浙江	1.002	1.002	0.994	1.019	1.010	1.005	1.021	1.019	1.040	1.033	1.079	1.130	1.130	1.000
安徽	1.003	1.001	1.005	1.013	1.009	0.990	1.009	1.007	1.002	1.038	1.001	1.085	1.095	0.967
福建	1.000	1.001	1.001	1.008	1.009	1.008	1.008	1.009	1.004	1.007	1.020	1.134	1.139	1.010
江西	1.006	1.004	0.998	1.009	1.014	0.993	1.005	1.002	1.002	1.011	1.020	1.030	1.035	0.993
山东	1.002	1.001	1.000	1.005	1.023	1.007	1.020	1.010	1.020	1.019	1.029	1.022	1.014	0.989
河南	1.000	0.999	0.994	1.005	1.007	0.991	1.000	1.006	1.012	1.024	1.048	1.046	1.039	0.980
湖北	1.020	1.004	1.004	1.009	1.020	0.998	1.007	1.012	1.002	1.021	1.087	1.108	1.240	0.723
湖南	1.002	1.001	0.998	1.010	1.015	1.006	1.008	1.016	1.038	1.043	1.082	1.000	1.100	1.000

续表

地区	2008年	2009年	2010年	2011年	2012年	2013年	2014年	2015年	2016年	2017年	2018年	2019年	2020年	2021年
广东	1.003	1.017	1.003	1.051	1.431	0.708	1.031	1.036	1.054	1.043	1.072	1.061	1.058	1.000
广西	0.997	0.993	0.991	1.005	1.008	0.997	1.007	1.005	1.012	1.010	1.016	1.012	1.017	1.001
海南	1.000	1.000	1.000	0.889	0.986	0.981	0.977	1.048	1.136	1.000	1.000	1.000	1.000	1.000
重庆	0.997	1.005	1.003	1.003	1.023	1.002	1.004	1.016	1.019	1.025	1.083	1.063	1.140	1.091
四川	1.000	1.002	1.007	1.014	1.020	0.989	1.008	1.009	1.002	1.008	1.044	1.072	1.010	0.996
贵州	1.005	0.994	0.996	0.992	1.006	1.003	1.001	1.009	1.010	1.005	1.020	1.013	1.016	1.003
云南	1.004	1.000	0.996	0.993	1.008	1.003	1.011	0.999	1.001	1.007	1.013	1.067	1.044	0.997
陕西	1.001	1.003	0.995	1.012	1.015	0.998	1.003	1.005	0.997	1.004	1.019	1.017	1.038	0.986
甘肃	0.996	1.001	0.996	1.000	1.012	0.987	1.001	1.001	1.002	1.006	1.005	1.016	1.006	0.996
青海	1.000	0.895	0.928	0.907	0.996	0.984	1.007	0.995	1.256	1.075	1.000	0.931	1.074	0.916
宁夏	0.989	0.980	0.965	0.997	0.999	0.981	0.994	0.989	1.016	1.040	1.221	1.019	1.100	1.000
新疆	1.000	1.001	0.989	1.007	1.007	0.993	1.003	1.004	0.993	0.992	1.023	1.009	1.003	0.993
东部	1.014	1.014	1.001	1.026	1.038	1.009	1.027	1.026	1.046	1.038	1.079	1.098	1.000	1.000
中部	1.008	1.007	0.999	1.025	1.030	1.010	1.017	1.017	1.015	1.024	1.038	1.034	1.036	0.977
西部	1.010	1.010	1.007	1.024	1.035	1.009	1.016	1.013	1.009	1.019	1.041	1.037	1.042	0.988
全国	1.011	1.010	0.999	1.021	1.033	1.016	1.031	1.028	1.040	1.041	1.063	1.138	1.000	1.000

染的考虑。综合来看，除 2020～2021 年外，我国大部分省份的绿色全要素生产率虽略有波动，但整体上呈现上升的趋势。其中大部分省份的绿色全要素生产率在 2020～2021 年出现了大幅下滑，这主要是因为新冠疫情不断反复，全球经济持续低迷。同时，我国又面临着边际投资回报递减和人口红利逐渐消失等多重不利影响。

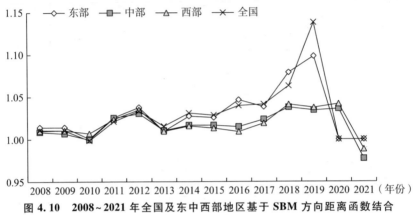

图 4.10　2008～2021 年全国及东中西部地区基于 SBM 方向距离函数结合GML 指数的绿色全要素生产率变化趋势

再次将绿色全要素生产率拆分为技术效率和技术进步两个变量进行进一步分析。根据测算结果我们可以发现，2008～2021 年大部分省份的技术效率值大于 1，而其技术进步的值小于 1，从中可以看出，技术效率提升已经成为推动我国绿色全要素生产率增长的主要动力。这也表明，随着我国经济发展水平的提升，各省份的生产技术不断接近潜在的生产技术水平，然而在潜在技术相对变动方面，三大区域都出现了技术发展空间受限的情况。

总体上看，2008～2019 年，东部地区的绿色全要素生产率增速最快，西部地区次之，中部地区最慢。这主要是因为东部地区具有经济、人才、地理区位等先发优势。近年来，随着中高端制造业陆续向中部转移，中部地区的人力资源逐渐丰富，再加上绿色创新知识溢出与技术扩散效应的影响，中部地区绿色全要素生产率提高。西部地区具有幅员辽阔、矿产资源丰富等优势，在国家大力实施"西部大开发"战略的背景下，其绿色全要素生产率也在不断提升，但中西部地区与东部地区仍存在一定的差距。

（四）　GDP 与三废总量之比

第四种方法利用 GDP 与三废总量的比值衡量绿色经济效率，即 GDP 与工业废水、废气和固体废物排放总量的比值，这是一项用于评估经济增长与环境保护之间关系的指标。

如图 4.11 所示，总体上看，2008~2021 年，东部地区的绿色经济效率增速最快，中部地区次之，西部地区最慢。这主要是因为在东部地区，经济增长速度相对较快，但同时环境保护的压力也比较大。由于政府强化环保政策和措施，以及绿色产业发展的推动，单位 GDP 创造的环境压力逐渐减小。这反映了东部地区在环境治理方面取得一些成效，大气污染治理、水污染治理等措施对减小废弃物排放的负面影响起到了一定作用。中部地区在这段时期内进行了产业升级和绿色化改造，虽然经济增长速度较东部地区慢，但在环境保护方面发展相对稳定，反映了中部地区较为平衡的发展态势。西部地区在可再生能源开发等方面取得了积极进展，这在一定程度上减少了环境污染和废弃物排放，反映出西部地区环境保护所取得的积极成效。综上所述，东部地区在经济发展与环境保护之间取得了一定的平衡，中部地区在产业升级和绿色化改造方面保持相对稳定的发展趋势，西部地区由于绿色能源发展等优势也取得了一定的成效。

第三节　我国经济绿色转型水平的综合评价

对于经济绿色转型水平的综合评价，学者们主要通过构建多指标测度体系和综合指数等方法进行测度。多指标测度体系是通过选取多项核心指标，对各项指标不进行加权，进而从多角度评价绿色经济的发展情况。多指标测度体系可以清晰考察经济绿色转型的影响因素及其相互间的作用机制，不足之处在于不能对绿色经济的发展水平进行整体评估。

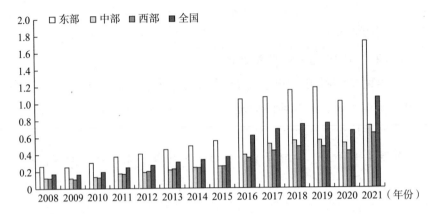

图 4.11　2008~2021 年全国及东中西部地区绿色经济效率变化趋势

而综合指数评价方法是在选择若干指标的基础上，根据各项指标的重要程度赋予其相应的权重，进而加权计算综合得分。综合指数评价方法的优点是能够对不同地区的绿色发展水平进行横向和纵向的对比；不足之处在于只能反映总体情况，缺少对具体影响因素及其作用机制的考察。

一　指标体系构建

构建经济绿色转型指标体系时，应遵循以下几个原则。首先是科学性原则，各级指标的选取应建立在对绿色经济的内涵有深入理解的基础之上，所选取的指标要能够体现绿色经济的基本内容。其次是系统性原则，经济绿色转型包含了经济、生态环境、社会发展等多个领域，因此指标选取要能从多方面、多层次反映经济绿色转型水平。最后是兼顾全面性和可得性原则，对绿色经济每个维度的指标选取要尽可能全面反映经济绿色转型的特征，但这可能与数据的可得性存在一定的矛盾，因此要兼顾指标的全面性和可得性。

现有文献构建的多指标测度体系和绿色发展综合指数主要从环境污染、生态发展和福利增长等角度进行指标选取。如雷鹰和万海远（2007）构建的绿色经济福利增长指数（GEWII），指在考虑经济的主要外部影响之后的实际产值占 GDP 的比重，它是由资源耗损、环境退化、健康损失三个指标构成的。林卫斌和陈彬（2011）认为经济增长的绿色指数衡量了地区在 GDP 创造过程中的资源消耗和环境污染程度。他们引入了非参数线性规划方法，借鉴经济学家和运筹学家在测量生产效率时提出的数据包络分析法来测度绿色 GDP 指数。而向书坚和郑瑞坤（2013）构建的经济绿色转型指数，是综合反映生产和消费过程中节约资源、减少废物排放并提供绿色产品与服务、促使生态健康协调发展的变动趋势和程度的相对数。与之相似，刘莎和刘明（2020）将污染物排放指标作为坏产出指标，包括废水总量、废水中化学需氧量、废气总量、二氧化硫排放量、烟粉尘和固体废物排放量等指标，运用因子分析法测度环境质量指标。李祝平和欧阳强（2017）进一步构建了包含经济增长绿化度、资源环境承载力、政府政策支持度三个一级指标的绿色化发展指数，以此考察长江中游城市群绿色化发展水平。

上述文献从多个角度对经济绿色转型水平进行了评价，对本章的研究具有很好的启发和借鉴。为了更客观和科学地权衡上述指标之间的权重，本章参考马勇（2017）、陈景华（2020）的方法，选取两类指标进行综合水平测度。①选取前文的绿色经济规模、绿色经济结构和绿色经济效率数据，对这三个维度下的指标赋予权重，测算 30 个省份的经济绿色转型综合指数（用结果一表示）；②使用熵权法对四个维度下的 16个三级指标赋予权重，然后将各变量标准化之后的数值与综合权重相乘并求和，计算得到 30 个省份经济绿色转型综合指数（用结果二表示），选取的具体指标包含 4 个方面。一是绿色生产方面，绿色经济的发展并不代表为了追求绿色化而忽略经济增长，而是对经济增长引擎进行改造，追求绿色生产。本章参考杨顺顺（2018）选取的资源利用、污染排放方面的指标，选取了单位 GDP 能源消费量、单位 GDP 电力消费量、单位 GDP 一般工业固体废物产生量、单位 GDP 二氧化硫排放量 4个三级指标。前两个指标意在考察生产投入阶段的绿色化，而后两个指标旨在考察产出阶段的绿色化。二是生态环境方面，经济绿色转型应是在进行经济生产活动时注重对自然资源和环境的保护。在参考徐晓光等

（2021）选取的生态建设方面的指标基础上，本章选择了湿地总面积占
国土面积比重、森林覆盖率、建成区绿地率、人均公园绿地面积4个三
级指标，前两个指标意在考察对自然资源的保护，后两个指标意在考察
居住环境质量。三是绿色生活方面，经济绿色转型还应考虑代际公平，
为我们的子孙后代考虑，必须将当前的生活方式转变为绿色的。在参考
徐淑红（2021）的研究基础上，本章选取城市污水处理率、生活垃圾
无害化处理率、每万人拥有公交车数量、每人节约用水量4个三级指
标。四是社会发展方面，经济绿色转型应保障居民的生活水平、基本权
益与发展的相对公平性。在参考徐晓光等（2021）选取的惠民公平指
标和张薇（2021）选取的社会发展指标基础上，本章选择每万人拥有
执业助理医师数、人均可支配收入、人均教育经费、城乡居民收入比4
个三级指标分别从医疗、教育、消费、公平角度衡量社会发展。具体的
指标描述如表4.4所示。

表4.4 经济绿色转型综合指数构建

二级指标	序号	三级指标	单位	数据来源	方向
绿色生产	1	单位GDP能源消费量	吨标准煤/万元	《中国能源统计年鉴》、《中国环境统计年鉴》、国家统计局	－
	2	单位GDP电力消费量	千瓦时/万元		－
	3	单位GDP一般工业固体废物产生量	吨/万元		－
	4	单位GDP二氧化硫排放量	吨/亿元		－
生态环境	5	湿地总面积占国土面积比重	%	《中国环境统计年鉴》	＋
	6	森林覆盖率	%		＋
	7	建成区绿地率	%		＋
	8	人均公园绿地面积	平方米		＋
绿色生活	9	城市污水处理率	%	《中国环境统计年鉴》	＋
	10	生活垃圾无害化处理率	%		＋
	11	每万人拥有公交车数量	标台		＋
	12	每人节约用水量	立方米		＋

续表

二级指标	序号	三级指标	单位	数据来源	方向
社会发展	13	每万人拥有执业助理医师数	人	《中国环境统计年鉴》、国家统计局	+
	14	人均可支配收入	元		+
	15	人均教育经费	元		+
	16	城乡居民收入比	%		-

二　综合水平测度

熵权法是一种相对客观的确定权重的方法，它根据每项指标的数值提供的信息量来确定各项指标的权重大小。熵的定义来源于热力学，后引入信息论中，表示对不确定性信息的评估，可以进一步理解为，指标提供的信息量越多，不确定性越小，熵值越小；反之，如果包含的信息量越少，不确定性就越大，熵值也就越大。因此，可以通过熵权法计算各个指标的权重，该方法最主要的优点就是不受人为主观意图的影响，因此对数据的处理更具有科学性、客观性。采用熵权法计算经济绿色转型综合指数的步骤如下。

（1）对初始数据 x_{ij} 做标准化处理，x_{ij} 表示第 i 个样本第 j 项指标的数值。按照公式（4.8）、公式（4.9）对正向和逆向两种指标进行计算，得到标准化之后的数据 Y_{ij}。

正向指标标准化公式为：

$$Y_{ij} = \frac{x_{ij} - \min x_{ij}}{\max x_{ij} - \min x_{ij}} \quad (1 \leqslant j \leqslant m) \tag{4.8}$$

逆向指标标准化公式为：

$$Y_{ij} = \frac{\max x_{ij} - x_{ij}}{\max x_{ij} - \min x_{ij}} \quad (1 \leqslant j \leqslant m) \tag{4.9}$$

（2）计算第 i 个样本下第 j 项指标所占的比重 p_{ij}。

$$p_{ij} = \frac{Y_{ij}}{\sum_{i=1}^{n} Y_{ij}} \qquad (4.10)$$

（3）计算第 j 项指标的熵值 e_{ij}。

$$e_{ij} = -k \sum_{i=1}^{n} p_{ij} \ln p_{ij} \qquad (4.11)$$

其中 $k = 1/\ln(n) > 0$，如果 $p_{ij} = 0$，则定义 $\lim_{p_{ij} \to 0} p_{ij} \ln p_{ij} = 0$。

（4）计算第 j 项指标的权重 w_j。

$$w_j = \frac{1 - e_j}{m - \sum_{j=1}^{m} e_j}, \quad \sum_{j=1}^{m} w_j = 1 \qquad (4.12)$$

（5）计算经济绿色转型的综合指数 z。

$$z = \sum_{j=1}^{m} w_j \times Y_{ij} \qquad (4.13)$$

由于部分地区数据缺失，考虑数据的可得性和准确性，本章将前文 2008~2021 年 30 个省份（除西藏和港澳台）的绿色经济规模、绿色经济结构、绿色经济效率作为样本，经过上述熵权法的计算，得到了我国 2008~2021 年 30 个省份和东中西部地区的经济绿色转型综合指数。如图 4.12 所示，我国经济绿色转型综合指数在 2008~2021 年基本保持增长的趋势，在部分年份增长速度有所放缓，东部地区的发展水平在每一个年度均高于中部和西部地区，但东中西部地区的增长趋势基本一致。

由于部分地区数据缺失，考虑数据的可得性和准确性，本章针对第二类指标选取 2008~2021 年 30 个省份作为样本，经过上述熵权法的计算，得到了我国 2008~2021 年 30 个省份和东中西部地区的经济绿色转型综合指数。如图 4.13 所示，我国经济绿色转型综合指数在 2008~2021 年基本保持增长的趋势，在部分年份增长速度有所放缓，东部地区的发展水平在每一个年度均高于中西部地区，但东中西部地区的增长趋势基本一致。

从空间维度来看，通过比较 2008 年和 2021 年 30 个省份的经济绿

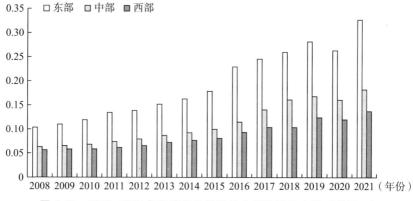

图 4.12　2008~2021 年经济绿色转型综合指数平均水平（结果一）

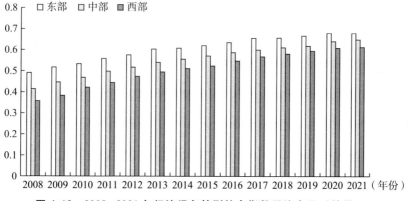

图 4.13　2008~2021 年经济绿色转型综合指数平均水平（结果二）

色转型状况，明显发现东部地区经济绿色转型状况要优于中部和西部地区。其中，北京、上海、浙江、江苏、广东位于东部地区经济绿色转型水平的前列，而黑龙江、湖北位于中西部地区经济绿色转型水平的前列，但与东部地区相比还存在不小的差距。东部地区的经济绿色转型平均水平在 2021 年达到了 0.68，中部、西部地区同时期经济绿色转型水平分别为 0.65 和 0.61，东部地区的经济绿色转型平均水平要高于中西部地区；而在 2008 年，东部地区为 0.49，中部地区和西部地区分别为 0.42 和 0.36，可见中西部地区的经济绿色转型势头迅猛，逐渐缩小了与东部地区的差距。

从时间维度来看，相较于 2008 年的经济绿色转型水平，30 个省份的经济绿色转型水平普遍提高。处于第一梯队的地区由 2008 年的 1 个变为 2021 年的 8 个。东部地区的经济绿色转型综合指数从 2008 年的 0.49 提升到 2021 年的 0.68，增长了 39%，中部地区的经济绿色转型综合指数同时期增长了 55%，西部地区的经济绿色转型综合指数同时期增长了 69%。中西部地区的绿色发展更快，这种发展趋势与从空间角度分析的结果一致。中西部地区经济绿色转型迅速，离不开国家的政策倾斜，自身资源禀赋优势，东部地区的技术、人才、资本输送和发展经验的分享。本章从空间维度和时间维度两个方面测度的我国东中西部地区经济绿色转型水平，与李苏和尹海涛（2020）、刘军英（2020）选择其他指标测算的结果是一致的。石敏俊（2018）将全国主要城市作为研究对象，也得出相似的结论。

第四节　小结

随着绿色经济理念的提出、绿色经济政策的推行、绿色金融的发展以及绿色创新技术的推广，近年来，我国绿色经济规模大幅扩大、绿色经济结构不断优化、绿色经济效率快速提升，绿色经济综合水平不断提高。为考察我国经济绿色转型的现实情况，本章对其发展历程、发展现状及发展水平进行了系统分析。

在我国绿色经济的发展历程方面，本章根据国家颁布并实施的各项方针政策，将我国的经济绿色转型历程分为萌芽阶段、初步发展阶段和快速发展阶段。其中，萌芽阶段，党的十五大、九届全国人大四次会议深入研究如何在经济发展的同时开展环境保护工作，这是中国经济绿色转型历程中的重要里程碑之一，实现了可持续发展战略从确立到全面推进的重大进展。这一阶段标志着中国的环保意识觉醒，人们开始呼吁政府采取措施来保护环境。初步发展阶段在绿色政策制定与实施方面取得了显著进展，提出了生态文明理念、加强了环境法律法规的颁布与实施，这一阶段的发展为未来绿色经济的进一步发展奠定了坚实基础。快速发展阶段，逐步提出"生态文明建设""碳达峰、碳中和"等战略目标，并实现了生态环境质量的不断优化以及社会民生保障水平的稳步提升，对我国经济绿色转型起到了重要的推动作用。

为考察我国经济绿色转型现状，本章分别从绿色经济规模、绿色经济结构及绿色经济效率的视角进行了系统分析。在规模层面，选取绿色GDP 测度绿色经济规模。数据分析发现，我国绿色经济规模逐步扩大、各地区经济绿色转型规模差距显著。在结构层面，选取环保产业与污染产业之比来测度绿色经济结构。研究发现，绿色经济结构不平衡主要表现在地区分布上。在效率层面，选取 GDP 与污染物排放总量的比值衡量绿色经济效率，并通过非径向 SBM‑DDF 模型、Super‑SBM 模型和GML 指数、SBM 方向距离函数和 GML 指数测算绿色全要素生产率。研究发现，绿色经济效率也呈现显著差异。我国东中西部地区在经济绿色转型方面呈现差异化的特点，东部地区以较大的绿色经济规模、较强的创新能力和金融支持为特点，中部地区在适应性调整和均衡发展方面取得积极进展，西部地区则在资源优势和环境挑战中寻求发展平衡。

为识别我国经济绿色转型综合水平，本章选取了两类综合指标进行测度：一是使用熵权法对绿色经济规模、绿色经济结构和绿色经济效率数据进行加权；二是使用熵权法对绿色生产、生态环境、绿色生活、社会发展 4 个维度下的 16 个三级指标赋予权重。在此基础上，将各变量标准化之后的数值与综合权重相乘并求和，计算得到 30 个省份的经济绿色转型综合指数。两类数据的测算结果均显示，东部地区是综合指数最高的区域，中西部地区的综合指数近年来也保持上升的态势。这意味着东部地区在经济绿色转型方面取得了相对较好的成绩，这主要是由于其较早实施了绿色发展政策，拥有更加成熟的绿色产业体系。而中西部地区的综合指数近年来呈现上升的趋势，表明这些地区在经济绿色转型方面取得积极的进展，也体现了这些地区正朝着更加可持续的经济发展方向迈进。

第五章 金融发展对产业绿色发展的
影响机制分析

　　从产业绿色发展的视角看，在过去二十年，金融体系的资本配置不当是导致褐色经济盛行的主要原因。大量资本被注入房地产、化石燃料和内嵌衍生工具等结构性金融资产；相比之下，相对微不足道的资本被投入可再生能源、能源效率、公共交通、可持续农业、生态系统和生物多样性保护，以及土地和水资源保护等绿色经济方面。经济绿色转型需要大量的资金投入，这种资本的总体配置不当阻碍了经济绿色转型。显然，改变金融体系的资本配置方向，引导金融体系支持绿色发展是中国经济绿色转型的重要前提。近年来，为推动绿色发展，金融业被赋予重要责任，其资金导向功能将驱动要素重新配置，以实现支持环保产业发展和抑制污染产业扩张的目标。

　　本章结构安排如下：首先，系统梳理和比较污染产业和环保产业的划分方法，依据污染密集指数和要素密集度划分污染产业与环保产业；其次，选取 2005 年、2010 年、2015 年及 2020 年的投入产出表对环保产业和污染产业的增加值结构、使用结构和产出结构进行分析；再次，分别计算直接和完全消耗系数、直接和完全分配系数、影响力与感应度系数，分析金融业与环保产业、污染产业间的产业关联情况；最后，分别计算金融业最终需求中的消费和出口对环保产业与污染产业的最终依赖度系数、生产诱发额、生产诱发系数，分析金融业对产业绿色发展的影响渠道及效果。

第一节　污染产业与环保产业划分

产业发展问题的有关文献多以三次产业划分方法去考察产业结构。而考察经济绿色转型问题时，环保产业与污染产业的结构变化更能反映其结构特征。因此，本节对环保产业与污染产业的类型进行划分。

一　污染产业划分方法

污染产业是指在生产过程中不控制或不治理会产生大量污染物的产业（夏友富，1999）。截至目前，污染产业尚未形成统一的划分方法和标准，常见的划分依据主要包括污染治理成本占比、排污规模、排污强度、污染指数以及污染密集指数等指标。

（一）污染治理成本占比

有学者是依据产业污染治理成本占总成本的比例对产业进行划分。其中，Tobey（1990）将污染削减成本占生产总成本 1.85%以上的产业划分为重度污染产业。Low 和 Yeat（1992）则是将污染控制成本占销售额比例超过 1%的产业界定为重度污染产业。Cole 等（2011）在参考 Tobey 分类方法的基础上，加入环境治理资本费用的比例测度英国行业污染强度。污染治理成本法从治理成本的角度考虑了产业污染治理成本支出的比例，但污染治理成本的高低不仅取决于产业本身污染的排放量，还会受到政府的环境管制强度和污染治理设备的费用等外在因素的影响。由于统计指标的差异性，我国各产业污染治理成本的相关数据无法获取。

（二）排污规模

有学者是依据排污的总体规模来划分污染产业。排污规模用产业污染物排放量在所有产业该污染物排放量中所占的比例来表示，从纵向的角度分析该产业在所有产业中的地位。其中，Bartik（1988）提出重度污染产业是大气污染物排放量在各产业总排放量中占比大于6%的产业。Becker 和 Henderson（2000）界定挥发性有机污染物（VOCs）的累计排放量占所有产业总排放量 60% 以上的产业为重度污染产业。何彬灵（2020）参考 Becker 和 Henderson 的分类方法，测算东部沿海地区各行业的主要污染物污染密度指数（PDI），将有一个或一个以上 PDI≥1 的产业界定为污染密集型产业。

（三）排污强度

排污强度通过产业单位产值的污染物排放量表示，多数学者从横向的角度分析同一产业中不同污染物的排放情况。其中，Lucas 等（1992）依照计算的各产业单位产出的总毒物排放水平，将金属、水泥、造纸和纸浆业以及化学制造业划分为污染密集型产业。Mani 和 Wheeler（1998）在计算出美国不同产业空气、水和固体废物的单位排放后，将产业平均污染排放水平较高的钢铁业、有色金属业、化学工业、造纸和纸浆业以及非金属矿物制品业五个产业划分为重度污染产业。与之类似，赵细康（2004）以 1991~1999 年各产业的工业"三废"排放数据计算总污染排放强度系数，以 0.2 和 0.3278 作为分界值，将产业分为轻度、中度和重度污染产业。王丽萍和夏文静（2019）在参考赵细康（2004）划分方法的基础上加入二氧化硫排放系数测算产业的污染排放强度，以 0.2、0.3654 和 1 作为分界值，将产业划分为清洁、轻度、中度和重度污染产业。

（四）污染指数

污染指数评价法是根据污染指数评价产业对环境的污染程度，进而将其划分为清洁产业和污染产业。污染指数用污染物排放量与背景值[①]的比值衡量。污染指数的测度方法主要包括单因子污染指数法和多因子污染指数法。其中多因子污染指数法包括内梅罗指数法（谷朝君等，2002）和地积累指数法（Muller，1969）。张龙（2015）综合内梅罗指数法和地积累指数法构建内梅罗积累指数评价模型，以开发较少的西藏的每种污染物排放量作为背景值的替代变量，对产业的污染程度进行分析。但由于我国"西部大开发"战略的持续推进，西藏开发程度大幅

[①] 背景值指自然环境未受污染的情况下，各种环境要素包含的化学物质的基线含量反映环境质量的原始状态。可参考张龙（2015）的研究。

提高，西藏每种污染物的排放量逐渐不再适合作为背景值的替代变量。污染指数评价法从产业污染排放对环境影响的角度划分污染产业。利用污染指数评价产业污染程度有两点困难：一是区分每一种污染物污染程度临界值的标准不统一，获取的数据也不同；二是反映环境质量原始状态的背景值难以获取。

（五）污染密集指数

有学者是依据污染密集指数划分产业。仇方道等（2013）构建综合考虑污染排放强度和规模的污染密集指数，将电力、燃气及水的生产和供应业，黑色金属冶炼及压延加工业，纺织业，化学原料及化学制品制造业，造纸及纸制品业，采矿业，非金属矿物制品业，石油加工、炼焦及核燃料加工业，饮料制造业，化学纤维制造业等 10 个污染密集指数高的产业划分为污染密集型产业。李杰和艾莎莎（2018）、黄磊和吴传清（2022）对污染密集指数的计算方法进行了改进，对其进行标准化和非零起点处理，从而规避零值和量纲的影响。污染产业的界定应该侧重于考虑产业本身的污染属性，同时考虑产业污染物排放在所有产业中的规模和单位产值污染物排放的强度。依据污染密集指数划分污染产业的方法，同时将产业污染物排放规模和排放强度纳入污染密集指数的计算公式中，弥补了仅依据排污规模或排污强度识别污染产业的不足。

二　环保产业划分方法

（一）国外学者对环保产业的划分方法

国外学者对环保产业的分类标准、统计规范和评价方法的研究相对匮乏，主要依据定义对环保产业进行分类。由这种方法界定的环保产业范围比较笼统，没有具体的环保产业分类，不便于对环保产业进行研究。具有代表性的研究成果包括以下五种。①OECD 根据"终端使用"将环保设备和相关服务细分为废水治理、废弃物管理、空气质量控制和其他四个类别。②欧洲委员会在 OECD 环保产业定义的基础上，进一步延伸出清洁技术、货物和服务以及保护生态系统的活动。③加拿大环保局规定环保企业包括从事环保产品生产、环保服务提供以及环保关联建设活动的所有企业。④美国环境保护署规定环保产业包括实行环保活动和因执行环保法规而负担了相应成本的产业。⑤日本环境厅将潜在地有助于减轻环境压力的产业，包括环境负担减轻装置的开发与销售，对环境负担较小产品的开发与销售，环保服务业的开发及服务，有关强化公共设施的技术、设备及系统的开发与销售等产业界定为环保产业。

（二）国内学者对环保产业的划分方法

国内学者对环保产业的划分方法主要包括三种。①直接选取在证券交易所上市的节能环保企业作为研究对象（张强、贺立，2013；苏媛、李广培，2021）。该方法可以得到各环保企业的相关数据，适用于企业层面的微观研究，不适用于开展产业层面和国家层面的中宏观研究。②以相关部门颁布的文件为基础。比较有代表性的是《中国工业经济统计年鉴》中划分的环保产业，主要有废弃资源综合利用业、水的生产和供应业、环保以及社会公共服务业及其他专用设备制造业（高锦杰、张伟伟，2021；刘月桦，2022）。由于投入产出表没有对环保产业进行明确分类，房俊峰（2016）、王依等（2017）依据中共中央、国务院发布的《关于加快推进生态文明建设的意见》，直接选取水利、环境和公共设施管理中的环境管理业作为环保产业。凌玲等（2020）结合《环境保护活动分类》，将环保产业分为环保制造业和环保服务业2个大类和9个二级分类，采用销售额比例拆分法从投入产出表中拆分出环保产业。上述文件与投入产出表中的部门划分标准并不一致，利用投入产出表无法直接定义或从某一产业中拆分出环保产业。③依据产业的清洁度划分环保产业与污染产业。徐常萍和吴敏洁（2016）计算各产业的污染治理强度，以均值为界划分污染产业与清洁产业。邓芳芳和王磊（2020）以污染排放强度中位数为界划分污染产业与清洁产业。余东华和燕玉婷（2022）根据产业污染物排放情况将产业划分为不同程度的污染产业后，选取轻度污染产业作为清洁产业进行研究。韩玉晶（2016）将轻度污染产业和非污染产业（一般指第三产业）共同作为清洁产业进行研究。此类方法依据清洁度将产业划分为环保产业与污染产业，既考虑了产业自身的清洁属性，同时便于利用投入产出数据对环保产业与污染产业的发展演化情况进行比较研究。因此，本章依据产业废水、废气和固体废物的排放量，构建同时反映产业污染排放规模及强度的污染密集指数来划分污染产业与环保产业。

三　污染产业与环保产业划分

（一）产业合并调整

由于统计年鉴的统计口径在部分年份进行了细微调整，同时考虑到完全污染密集指数的计算需要用到里昂惕夫逆矩阵，因此，在计算污染密集指数前，本章先对照《国民经济行业分类》和竞争型投入产出表的国民经济部门对相关产业进行合并调整，调整结果见表5.1。

表 5.1　部门合并结果（部分）

合并前	合并后
煤炭开采和洗选业	煤炭采选产品业
石油和天然气开采业	石油和天然气开采业
黑色金属矿采选业	金属矿采选业
有色金属矿采选业	
非金属矿采选业	非金属矿和其他矿采选业
开采专业及辅助性活动	
其他采矿业	
农副食品加工业	食品和烟草业
食品制造业	
酒、饮料和精制茶制造业	
烟草制品业	
纺织业	纺织业
纺织服装、服饰业	纺织服装鞋帽皮革羽绒及其制品业
皮革、毛皮、羽毛及其制品和制鞋业	

续表

合并前	合并后
木材加工和木、竹、藤、棕、草制品业	木材加工和家具业
家具制造业	
造纸及纸制品业	造纸印刷和文教体育用品业
印刷和记录媒介复制业	
文教、工美、体育和娱乐用品制造业	
石油、煤炭及其他燃料加工业	石油、煤炭及其他燃料加工业
化学原料和化学制品制造业	化学产业
医药制造业	
化学纤维制造业	
橡胶和塑料制品业	
非金属矿物制品业	非金属矿物制品业
黑色金属冶炼和压延加工业	金属冶炼和压延加工业
有色金属冶炼和压延加工业	
金属制品业	金属制品业
通用设备制造业	通用设备业
专用设备制造业	专用设备业
汽车制造业	交通运输设备业
铁路、船舶、航空航天和其他运输设备制造业	
电气机械和器材制造业	电气机械和器材业
计算机、通信和其他电子设备制造业	通信设备、计算机和其他电子设备业
仪器仪表制造业	仪器仪表业
其他制造业	其他制造和废品废料业
废弃资源综合利用业	
金属制品、机械和设备修理业	金属制品、机械和设备修理业
电力、热力生产和供应业	电力、热力生产和供应业
燃气生产和供应业	燃气生产和供应业
水的生产和供应业	水生产和供应业

注：合并前41个产业是《国民经济行业分类》中的产业，结合《中国工业统计年鉴》《中国环境统计年鉴》中含污染数据的产业，而表中只包含工业行业部分的变动，建筑业因缺少污染物排放数据所以不涉及变动，未在表5.1中列示。

（二）污染密集指数计算

本节通过收集 2005～2020 年各产业污染物排放量和产值数据，计算各产业的污染密集指数，具体步骤和公式如下。

（1）计算各产业主要污染物单位产值的污染排放强度系数。

$$UE_{ij} = \frac{E_{ij}}{O_i} \tag{5.1}$$

其中，UE_{ij} 为产业单位产值的污染排放强度系数，E_{ij} 为产业 i（$i=1$，2，$\cdots$，m）主要污染物 j（$j=1$，2，$\cdots$，n）的排放量，O_i 为产业 i 的产值。

（2）将污染排放强度系数进行线性标准化。其公式为：

$$UE_{ij}^s = \frac{UE_{ij} - \min(UE_j)}{\max(UE_j) - \min(UE_j)} \tag{5.2}$$

其中，UE_{ij} 为指标的原始值，$\max(UE_j)$ 和 $\min(UE_j)$ 分别为主要污染物 j 在所有产业中的最大值和最小值，UE_{ij}^s 为指标 j 的标准化值。

（3）计算各产业主要污染物的污染排放比例。

$$P_{ij} = \frac{UE_{ij}}{\sum_{i=1}^{n} UE_{ij}} \tag{5.3}$$

其中，P_{ij} 为 i 产业主要污染物 j 的直接排放量在所有产业 j 污染物直接排放量中的比例。

（4）将各产业污染物污染排放比例按 $0～1$ 的取值范围进行线性标准化。

$$P_{ij}^s = \frac{P_{ij} - \min(P_{ij})}{\max(P_{ij}) - \min(P_{ij})} \tag{5.4}$$

其中，P_{ij}^s 为产业污染物污染排放比例的标准化值。

（5）计算产业污染密集指数。

$$A_{ij} = (UE_{ij}^s \times P_{ij}^s)^{\frac{1}{2}} \tag{5.5}$$

$$A_i = \frac{1}{3}(A_{i1} + A_{i2} + A_{i3}) \tag{5.6}$$

其中，A_{ij} 为 i 产业污染物 j 的污染密集指数，A_i 为 i 产业的综合污染密集指数。

为了保证数据的可得性和连续性，本章将固体废物产生量代替固体废物排放量，选取废水中化学需氧量和氨氮的排放量，废气中工业二氧化硫、烟尘和粉尘的排放量，固体废物中一般固体废物和危险废物的产生量作为污染物的具体指标，将主营业务收入与当年新增存货作为产业产值，计算各产业的直接污染密集指数，以测度产业的污染属性。产业的污染物排放数据来源于《中国环境统计年鉴》，产业产值相关数据来源于《中国工业统计年鉴》。由于统计年鉴在不同年份的统计指标可能会有细微变动，并且单一年份的污染排放数据不能准确反映产业动态的污染排放情况，为了保证计算结果的科学合理，同时为了观察产业污染物在不同年份的动态排放情况，本章分别计算了我国各行业 2005～2010 年、2011～2015 年、2016～2020 年和 2005～2020 年的综合污染密集指数的均值，最终确定污染产业的等级划分标准。具体计算结果如表 5.2 所示。

表 5.2　各行业综合污染密集指数

行业	2005～2010 年	2011～2015 年	2016～2020 年	2005～2020 年
煤炭采选产品业	0.12003	0.13713	0.22228	0.15733
石油和天然气开采业	0.01316	0.01798	0.02350	0.01790
金属矿采选业	0.28626	0.29958	0.44315	0.33945
非金属矿和其他矿采选业	0.04911	0.06542	0.11524	0.07487
食品和烟草业	0.16206	0.25717	0.27900	0.22833
纺织业	0.08111	0.15266	0.17369	0.13240
纺织服装鞋帽皮革羽绒及其制品业	0.02922	0.05254	0.03272	0.03760
木材加工和家具业	0.01318	0.02319	0.03711	0.02378
造纸印刷和文教体育用品业	0.35618	0.30353	0.16365	0.27956

行业	2005~2010 年	2011~2015 年	2016~2020 年	2005~2020 年
石油、煤炭及其他燃料加工业	0.06839	0.11651	0.12407	0.10083
化学产业	0.23124	0.32019	0.29727	0.27967
非金属矿物制品业	0.27848	0.17012	0.32262	0.25841
金属冶炼和压延加工业	0.18881	0.25317	0.28938	0.24035
金属制品业	0.00849	0.03497	0.05044	0.02987
通用设备业	0.00796	0.00787	0.01508	0.01016
专用设备业	0.00503	0.00623	0.00935	0.00700
交通运输设备业	0.00903	0.01653	0.01423	0.01300
电气机械和器材业	0.00063	0.00426	0.01487	0.00621
通信设备、计算机及其他电子设备业	0.00313	0.01691	0.02726	0.01498
仪器仪表业	0.00126	0.00215	0.00175	0.00169
其他制造和废品废料业	0.00324	0.02436	0.02501	0.01664
金属制品、机械和设备修理业	—	0.00659	0.00497	0.00578
电力、热力生产和供应业	0.43648	0.28661	0.30029	0.34709
燃气生产和供应业	0.01932	0.06237	0.00400	0.02799
水生产和供应业	0.01880	—	0.07543	0.03500

四　污染产业等级划分

根据表 5.2 中不同时间段内各产业综合污染密集指数的平均值，将产业按照时间段划分为重度、中度和轻度污染产业。所有时间段内所属等级相同的产业直接界定为相应等级。产业等级不一致的，通过污染密集指数的变动趋势进行调整，最终确定污染产业的等级。

（一）重度污染产业

根据产业污染密集指数，在 2005~2010 年、2011~2015 年、2016~2020 年和 2005~2020 年四个时间段内，所属等级相同的重度污染产业有 6 个，包括金属矿采选业，食品和烟草业，化学产业，非金属矿物制品业，金属冶炼和压延加工业，电力、热力生产和供应业。煤炭采选产品业在 2005～2010 年（0.12003）和 2016～2020 年（0.22228）两个时间段被划分为重度污染产业，在 2011～2015 年（0.13713）被划分为中度污染产业。该产业的污染密集指数呈上升趋势，且在 2016～2020 年这个时间段明显上升，因此，将其归纳为重度污染产业。纺织业在 2005～2010 年被划分为中度污染产业，在 2011～2020 年一直被划分为重度污染产业。因此，将该产业划分为重度污染产业。

（二）中度污染产业

根据污染密集指数，在 2005～2010 年、2011～2015 年、2016～2020 年和 2005～2020 年四个时间段内，所属等级相同的中度污染产业的有非金属矿和其他矿采选业，纺织服装鞋帽皮革羽绒及其制品业，木材加工和家具业，石油、煤炭及其他燃料加工业 4 个产业。造纸印刷和文教体育用品业在 2005～2015 年被划分为重度污染产业，在 2016～2020 年被划分为中度污染产业。该产业在三个时间段的综合污染密集指数依次为 0.35618、0.30353 和 0.16365，整体呈下降趋势，且在近五年下降趋势明显，因此，本章将造纸印刷和文教体育用品业划分为中度污染产业。金属制品业的污染密集指数逐年上升，在 2011～2020 年一直被划分为中度污染产业，因此将其划分为中度污染产业。

（三）轻度污染产业

燃气生产和供应业污染密集指数整体处于较低的水平，且在 2016～2020 年大幅下降，仅高于仪器仪表业，因此将其划分为轻度污染产业。由于水生产和供应业 2011～2015 年主要污染物排放数据有部分缺失，参考《中国工业经济统计年鉴》及其他学者的分类，将其划分为轻度污染产业。考虑到石油和天然气开采业、其他制造和废品废料业以及通信设备、计算机和其他电子设备业 3 个产业只有在部分时间段被划分为中度污染产业，且其污染密集指数较小，将其均划分为轻度污染产业。除了以上产业，余下产业均被划分为轻度污染产业。

（四）按要素密集度划分

为了刻画产业特征，本节进一步将上述污染产业按照劳动密集型、资本密集型以及技术密集型进行进一步划分。劳动密集型产业是指单位劳动占用的资金数量较少，或资本有机构成较低的经济活动。劳动密集型产品的成本中，劳动消耗所占的比重较大，而物化劳动消耗（主要是指固定资产转移的部分）所占的比重较小。资本密集型产业是指需要较多资金投入的产业，又称资金密集型产业，具有技术装备多、投资量大、容纳劳动力少、资金周转慢、投资效果差等特征。技术密集型产业也称知识密集型产业，是一种介于劳动密集型和资本密集型之间的经济类型的产业部门，属于高技术产业部门。在生产结构中，该产业具有技术占比大、科研费用高、劳动者文化技术水平高、产品附加值高、增长速度快等特点。本章综合参考唐德才（2009）、阳立高等（2014）、蒋姝睿等（2017）、孙燕芳和赵素心（2021）的划分方法，将上述污染产业进一步划分为劳动密集型、资本密集型和技术密集型。产业划分具体结果见表 5.3。

表 5.3　产业划分结果

污染等级	要素密集度	产业部门
重度污染	劳动密集型	煤炭采选产品业
		金属矿采选业
		食品和烟草业
		纺织业
		非金属矿物制品业
	资本密集型	金属冶炼和压延加工业
		电力、热力生产和供应业
	技术密集型	化学产业
中度污染	劳动密集型	非金属矿和其他矿采选业
		纺织服装鞋帽皮革羽绒及其制品业
		木材加工和家具业
		金属制品业

续表

污染等级	要素密集度	产业部门
中度污染	资本密集型	造纸印刷和文教体育用品业
		石油、煤炭及其他燃料加工业
轻度污染	劳动密集型	金属制品、机械和设备修理业
		建筑业
	资本密集型	燃气生产和供应业
		水生产和供应业
		石油和天然气开采业
	技术密集型	通用设备业
		专用设备业
		交通运输设备业
		电气机械和器材业
		通信设备、计算机和其他电子设备业
		仪器仪表业
		其他制造和废品废料业
非污染	劳动密集型	农林牧渔产品和服务业
		批发和零售业
		住宿和餐饮业
		居民服务、修理和其他服务业
	资本密集型	房地产业
		水利、环境和公共设施管理业
		交通运输、仓储和邮政业
	技术密集型	租赁和商务服务业
		研究和试验发展
		专业技术服务业
		信息传输、软件和信息技术服务业
		金融业
		教育业
		卫生和社会工作
		文化、体育和娱乐业

第二节　环保产业与污染产业的产业结构分析

一　增加值与使用结构分析

（一）增加值结构分析

产业投入包括中间投入和增加值两部分。增加值指常住单位在生产过程中的新增和固定资产转移价值，包括劳动者报酬、生产税净额、固定资产折旧和营业盈余四个部分。表5.4为2005年、2010年、2015年和2020年环保产业和污染产业增加值结构系数。其中，污染产业包括表5.3中的重度污染产业和中度污染产业，环保产业包括表5.3中的轻度污染产业和非污染产业。

表 5.4　产业增加值结构系数

年份	产业部门	劳动者报酬	生产税净额	固定资产折旧	营业盈余	增加值合计
2005	污染产业	0.3948	0.1864	0.1366	0.2822	0.3156
	环保产业	0.3849	0.1344	0.1565	0.3242	0.3587
	各产业平均	0.3890	0.1562	0.1482	0.3066	0.3407
2010	污染产业	0.4391	0.2033	0.1260	0.2316	0.2726
	环保产业	0.4542	0.1448	0.1448	0.2562	0.3579
	各产业平均	0.4479	0.1693	0.1369	0.2459	0.3222
2015	污染产业	0.4514	0.1906	0.1281	0.2298	0.2555
	环保产业	0.5041	0.1138	0.1282	0.2539	0.3709
	各产业平均	0.4840	0.1431	0.1282	0.2447	0.3268
2020	污染产业	0.4375	0.1351	0.1269	0.3005	0.3208
	环保产业	0.5281	0.0807	0.1655	0.2256	0.4020
	各产业平均	0.4997	0.0978	0.1534	0.2491	0.3766

资料来源：经投入产出表计算得到。

总体来看，污染产业和环保产业的增加值率均小于 50%，即产业的附加值率较低，环保产业的增加值率大于污染产业。污染产业的增加值率在 2005~2015 年下降，2015~2020 年上升。环保产业的增加值率在 2005~2010 年下降，2010~2020 年上升。在增加值结构中，污染产业和环保产业的劳动者报酬率最高，营业盈余率次之。关于生产税净额和固定资产折旧的比例，污染产业的生产税净额占比较高，环保产业的固定资产折旧占比较高。劳动报酬率、固定资本折旧率和营业盈余率分别可以用来衡量产业的劳动依赖度、资本依赖度和利润率。可以看到，2005 年，污染产业对劳动的依赖度高于环保产业，2010~2020 年，环保产业对劳动的依赖度超过污染产业。2005~2020 年环保产业对资本的依赖度一直高于污染产业。2005~2015 年，环保产业的平均利润率高于污染产业，2020 年，污染产业的平均利润率高于环保产业。

（二）使用结构分析

产业产出分为中间使用和最终使用两部分。最终使用指已经或者暂时退出产业本期生产活动，为最终需求提供的货物和服务，包括最终消费支出、资本形成总额、存货变动和出口，其中资本形成总额和存货变动是衡量产业对自身投资的指标。表 5.5 为 2005 年、2010 年、2015 年和 2020 年环保产业和污染产业最终使用结构系数。

表 5.5　产业最终使用结构系数

年份	产业部门	消费	投资	出口	最终使用合计
2005	污染产业	0.34	0.03	0.63	0.25
	环保产业	0.43	0.32	0.25	0.59
	各产业平均	0.39	0.20	0.41	0.45
2010	污染产业	0.35	0.16	0.49	0.20
	环保产业	0.41	0.36	0.23	0.54
	各产业平均	0.39	0.28	0.34	0.40

年份	产业部门	消费	投资	出口	最终使用合计
2015	污染产业	0.46	-0.15	0.69	0.19
	环保产业	0.46	0.34	0.20	0.51
	各产业平均	0.46	0.15	0.39	0.39
2020	污染产业	0.41	0.10	0.49	0.23
	环保产业	0.49	0.32	0.19	0.53
	各产业平均	0.47	0.25	0.28	0.44

资料来源：经投入产出表计算得到。

　　总体来看，污染产业最终使用率小于 30%，环保产业的最终使用率大于 50%。污染产业和环保产业的最终使用率在 2005~2015 年下降，2015~2020 年上升，说明污染产业的货物和服务更多作为生产资料投入其他产业的生产过程中，且投入比例整体呈上升趋势。这与产业间关联度逐渐提高有关，与污染产业存在联系的产业越来越多，对污染产业的需求也就越来越高。而环保产业的货物和服务作为消费资料用于最终的消费，对产业本身的投资和出口的比例更高。最终使用中消费、投资和出口所占比例，可以用来衡量各部分对产业的产出效应。污染产业的最终使用构成中，所占比例从大到小依次为出口、消费和投资。而环保产业的最终使用构成中，所占比例从大到小依次为消费、投资和出口。这说明污染产业货物和服务消费和出口的生产效应更强，创造的产出更多，对自身投资的份额较小。环保产业则注重产业货物和服务的消费和对产业本身的投资，二者带来的生产效应也较强，出口份额相对较小，生产效应也较弱。

二　产出结构分解

（一）投入产出结构分解

　　20 世纪 30 年代，美国经济学家沃西里·里昂惕夫提出投入产出法，即把一系列部门在一定时期内的投入与产出排成一张投入产出表，并根据此表建立数学模型，计算相关系数，进行经济分析和预测。投入产出表由中间需求、最终需求和增加值三个基本部分组成，存在如下均衡关系：总产出＝中间需求＋最终需求。其中最终需求是产业的产品或服务作为社会最终产出的部分，一般包括最终消费、资本形成总额和出口。在投入产出表中，存在如下关系：

$$X = (I - A)^{-1}Y \tag{5.7}$$

其中，X 为总产出向量，Y 为最终需求向量，A 为直接消耗系数矩阵。最终需求的增加会带来总产出的成倍数扩张。里昂惕夫逆矩阵 $(I - A)^{-1}$ 就是投入产出乘数，扮演放大器的角色。

Miller 和 Blair（1985）发展了投入产出结构分解技术，在多国多部门的投入产出模型中，将一个国家的所有部门视为一个独立元素进行结构分解。这种分解技术常用于地区或国家间的比较分析。余典范等（2011）借助 Miller 和 Blair 的分解技术，将所有部门视为整体进行分解，对投入产出模型进行结构分析。将里昂惕夫逆矩阵分解为以下形式：

$$\begin{bmatrix} b_{11} & b_{12} & \cdots & b_{1n} \\ b_{21} & b_{22} & \cdots & b_{2n} \\ \vdots & \vdots & & \vdots \\ b_{n1} & b_{n2} & \cdots & b_{nn} \end{bmatrix} = \begin{bmatrix} \frac{1}{1-a_{11}} & 0 & \cdots & 0 \\ 0 & \frac{1}{1-a_{22}} & \cdots & 0 \\ \vdots & \vdots & & \vdots \\ 0 & 0 & \cdots & \frac{1}{1-a_{nn}} \end{bmatrix} +$$

$$\begin{bmatrix} b_{11}-\frac{1}{1-a_{11}} & 0 & \cdots & 0 \\ 0 & b_{22}-\frac{1}{1-a_{22}} & \cdots & 0 \\ \vdots & \vdots & & \vdots \\ 0 & 0 & \cdots & b_{nn}-\frac{1}{1-a_{nn}} \end{bmatrix} + \begin{bmatrix} 0 & b_{12} & \cdots & b_{1n} \\ b_{21} & 0 & \cdots & b_{2n} \\ \vdots & \vdots & & \vdots \\ b_{n1} & b_{n2} & \cdots & 0 \end{bmatrix} \tag{5.8}$$

在给定最终需求的情形下，对于 X_i 有如下方程：

$$X_i = \frac{1}{1 - a_{ii}} Y_i + \left(b_{ii} - \frac{1}{1 - a_{ii}} \right) Y_i + \sum_{j, \, j \neq i}^{n} b_{ij} Y_j \tag{5.9}$$

根据公式（5.9），产业 i 的产出由产业内乘数效应、反馈效应和产业间溢出效应三部分构成。为了分析方便，通过单位最终需求进行定义。

为了进行动态分析，在公式中引入时间上标，产业 X_i 在时间 0 和时间 t 的产出可以表示为：

$$X_i^0 = M_i^0 Y_i^0 + F_i^0 Y_i^0 + \sum_{j, \, j \neq i}^{n} b_{ij}^0 Y_j^0 \tag{5.10}$$

$$X_i^t = (M_i^0 + \Delta M_i)(Y_i^0 + \Delta Y_i) + (F_i^0 + \Delta F_i)(Y_i^0 + \Delta Y_i) +$$

$$\sum_{j, \, j \neq i}^{n} (b_{ij}^0 + \Delta b_{ij})(Y_j^0 + \Delta Y_j) \tag{5.11}$$

根据式（5.10）和式（5.11），可以得到产业 i 的增长构成为：

$$g_i = \frac{\Delta X_i}{X_i} = \frac{M_i^0 \times \Delta Y_i + \Delta M_i \times Y_i^0 + \Delta M_i \times \Delta Y_i}{X_i^0} + \frac{F_i^0 \times \Delta Y_i + \Delta F_i \times Y_i^0 + \Delta F_i \times \Delta Y_i}{X_i^0} +$$

$$\frac{\sum_{j, \, j \neq i}^{n} (b_{ij}^0 \Delta Y_j + \Delta b_{ij} Y_j^0 + \Delta b_{ij} \Delta Y_j)}{X_i^0} \tag{5.12}$$

式（5.12）中，将产业 i 的产出分解为乘数效应、反馈效应和溢出效应的变化，分别称之为动态乘数效应、动态反馈效应和动态溢出效应。

（二）静态分析

本章根据式（5.9）的投入产出静态结构分解模型，计算了我国各产业的乘数效应（M）、反馈效应（F）和溢出效应（SI、SII）。由于篇幅有限，表 5.6 只给出了 2005 年和 2020 年两个年份污染产业和环保产业的计算结果。

表 5.6 2005 年与 2020 年中国细分行业的产业结构关联

行业	2005 年				2020 年			
	M	F	SI	SII	M	F	SI	SII
污染产业平均	1.261	0.062	3.284	1.860	1.344	0.040	2.677	1.548
煤炭采选产品业	1.035	0.062	2.437	1.700	1.182	0.020	1.366	1.033
金属矿采选业	1.085	0.023	1.130	1.833	1.111	0.012	1.039	1.040
食品和烟草业	1.187	0.055	1.514	1.521	1.249	0.074	2.152	1.374
纺织业	1.491	0.013	1.477	1.824	1.547	0.013	1.214	1.696
化学产业	1.454	0.085	5.659	1.803	1.595	0.064	5.505	1.428
非金属矿物制品业	1.167	0.064	3.507	2.044	1.234	0.011	0.858	1.579
金属冶炼和压延加工业	1.458	0.115	6.049	1.890	1.386	0.046	3.657	1.552
电力、热力生产和供应业	1.072	0.089	4.284	1.746	1.423	0.041	2.963	1.355
非金属矿及其他矿采选业	1.069	0.011	0.434	2.004	1.020	0.011	0.697	1.363
纺织服装鞋帽皮革羽绒及其制品业	1.155	0.007	0.398	2.156	1.167	0.011	0.515	2.186
木材加工和家具业	1.320	0.008	0.583	1.917	1.445	0.004	0.356	1.716
造纸印刷和文教体育用品业	1.338	0.034	1.961	1.919	1.315	0.020	1.175	1.758
石油、煤炭及其他燃料加工业	1.037	0.059	3.299	1.689	1.059	0.026	1.551	1.569
金属制品业	1.105	0.030	1.484	2.399	1.155	0.020	1.201	1.980
环保产业平均	1.153	0.033	1.977	1.689	1.170	0.026	1.738	1.382
石油和天然气开采业	1.016	0.041	3.159	0.926	1.005	0.015	1.894	0.937
通用、专用设备业	1.213	0.064	2.871	2.209	1.282	0.039	1.586	1.994
交通运输设备业	1.411	0.035	1.672	2.188	1.445	0.025	0.994	1.982
电气机械和器材业	1.114	0.047	2.129	2.448	1.202	0.036	1.369	2.292
通信设备、计算机和其他电子设备业	1.774	0.060	2.651	2.200	2.074	0.064	2.445	1.822
仪器仪表业	1.060	0.011	0.530	2.569	1.174	0.010	0.393	2.217
其他制造和废品废料业	1.045	0.015	0.839	1.559	1.100	0.006	0.587	0.812
金属制品、机械和设备修理业	1.000	0.000	0.000	0.000	1.000	0.000	0.067	0.000

续表

行业	2005 年				2020 年			
	M	F	SI	SII	M	F	SI	SII
燃气生产和供应业	1.047	0.002	0.091	1.966	1.140	0.002	0.169	1.520
水生产和供应业	1.046	0.003	0.189	1.575	1.054	0.001	0.066	1.240
建筑业	1.001	0.009	0.684	2.278	1.037	0.002	0.153	2.035
农林牧渔产品和服务业	1.186	0.061	3.616	0.826	1.159	0.070	3.384	0.697
批发和零售业	1.020	0.039	3.141	1.320	1.008	0.026	3.673	0.826
交通运输、仓储和邮政业	1.144	0.051	4.058	1.413	1.169	0.044	3.209	1.366
住宿和餐饮业	1.011	0.013	1.260	1.516	1.002	0.012	0.910	1.574
信息传输、软件和信息技术服务业	1.026	0.020	1.326	1.674	1.252	0.018	1.171	1.097
金融业	1.066	0.015	1.574	0.960	1.077	0.029	3.116	0.606
房地产业	1.005	0.003	0.382	0.559	1.043	0.020	1.548	0.533
租赁和商务服务业	1.062	0.040	1.676	2.198	1.122	0.058	2.985	1.546
科学研究和技术服务业	1.111	0.007	0.423	1.847	1.131	0.008	0.588	1.596
水利、环境和公共设施管理业	1.037	0.002	0.129	1.631	1.033	0.002	0.180	1.485
居民服务、修理和其他服务业	1.036	0.008	0.621	1.524	1.019	0.005	0.494	1.213
教育业	1.003	0.002	0.175	1.127	1.015	0.000	0.055	0.705
卫生和社会工作	1.010	0.005	0.298	2.144	1.006	0.002	0.034	1.635
文化、体育和娱乐业	1.047	0.004	0.277	1.587	1.063	0.002	0.197	1.192
公共管理、社会保障和社会组织	1.000	0.000	0.000	1.301	1.027	0.001	0.047	1.011
各部门合计	45.464	1.212	67.987	67.990	47.527	0.868	55.563	55.562
各产业平均	1.195	0.044	2.486	1.755	1.223	0.031	2.025	1.433

注：采用各部门产出比重进行加权平均。为便于计算，部分年份投入产出表中的产业进行合并处理，如通用、专用设备业，科学研究和技术服务业，且新增公共管理、社会保障和社会组织部门。

资料来源：经投入产出表计算得到。

1. 总体特征

总的来看，若经济体系中各部门的最终需求均增加 1 单位，则各部门

2005 年、2010 年、2015 年和 2020 年乘数效应总和依次为 45.464、47.162、48.389 和 47.527，反馈效应总和依次为 1.212、1.398、1.384 和 0.868，溢出效应总和依次为 67.987、86.660、75.043 和 55.563。这意味着若经济体系各部门均增加 1 万元最终需求，则通过产业自生机制分别创造 45.464 万元、47.162 万元、48.389 万元和 47.527 万元的产出，通过产业反馈机制创造 1.212 万元、1.398 万元、1.384 万元和 0.868 万元的产出，通过产业关联机制创造 67.987 万元、86.660 万元、75.043 万元和 55.563 万元的产出，整个经济产出共增加 114.663 万元、135.220 万元、124.816 万元和 103.958 万元。其中，溢出效应对产出增加值的贡献率最高（分别为 59.29%、64.09%、60.12%、53.45%），产业内乘数效应次之（分别为 39.65%、34.88%、38.77%、45.72%），产业间的反馈效应最低（分别为 1.06%、1.03%、1.11%、0.83%）。可见，产业产值增长主要依靠产业结构的关联作用，其次为产业的自生能力，产业反馈能力的影响比较微弱。将环保产业、污染产业和各产业平均水平进行对比，发现无论是乘数效应、反馈效应还是溢出效应，均是污染产业>各产业平均>环保产业。可见，污染产业对经济增长的推动作用更加显著，环保产业发展更加依赖其他产业带动。从环保产业和污染产业内部的各种效应看，从大到小依次为溢出效应 SI、溢出效应 SII、乘数效应、反馈效应。可见，环保产业和污染产业的产值增加主要依靠其他产业的关联和产业的自生能力，二者对彼此的感应度（SI）均大于影响力（SII）。

2. 行业特征

由于产业关联特征存在差异，产业最终需求的变动对产业产值增加的影响大小也不同。首先是 14 个污染产业，在 2020 年产业关联水平上，各产业最终需求均增加 1 万元时，产业增加值最多的是化学产业，增加 7.164 万元，增加最少的是纺织服装鞋帽皮革羽绒及其制品业，增加 1.693 万元。在 14 个污染产业中，产业增加值高于各产业平均水平（3.279 万元）的产业有 4 个，高于污染产业平均水平（4.061 万元）的产业有 3 个，分别为化学产业，金属冶炼和压延加工业，电力、热力生产和供应业，均属于重度污染产业。可见，污染产业中，重度污染产业的产业关联效应要高于中度污染产业。其次是 26 个环保产业，2020年经济体系中各产业最终需求均增加 1 万元时，批发和零售业的增加值为4.707 万元，是增加最多的产业，卫生和社会工作增加值最少，仅有1.040 万元。26 个环保产业中，有 6 个产业的增加值高于环保产业平均水平（2.934 万元），分别为通信设备、计算机和其他电子设备业，农林牧渔产品和服务业，批发和零售业，交通运输、仓储和邮政业，金融业，租赁和商务服务业，而且这 6 个产业增加值也高于各产业平均水平。这 6个产业中，非污染产业有 5 个。可见，环保产业中，非污染产业的产业关联效应更强，环保产业增加值主要由非污染产业（第三产业）拉动。

3. 影响效应分析

具体到产业的各种效应，考虑到反馈效应的数值较小，本章只分析产业的乘数效应、溢出效应 SI 和溢出效应 SII。

首先是乘数效应，2020 年，40 个产业部门中，乘数效应大于各产业平均值的有 12 个产业，其中，污染产业 8 个，环保产业 4 个。污染产业中，乘数效应大于污染产业平均水平的有 5 个产业，除了木材加工和家具业属于中度污染产业，剩余 4 个皆为重度污染产业。其中，化学产业通过自生机制创造的产业增加值最多，金属冶炼和压延加工业最少。环保产业中，乘数效应大于环保产业平均水平的有 6 个，其中轻度污染产业占 5 个。可见，重度污染产业和轻度污染产业的乘数效应数值较大，说明这些产业的自生能力较强，中度污染产业和以第三产业为主的非污染产业自生能力较弱。

其次是溢出效应 SI，溢出效应 SI 衡量的是某一产业对其他产业的感应度，即其他产业最终需求的变动对产业增加值的影响。在经济体系的40 个产业部门中，溢出效应 SI 大于各产业均值的有 10 个，其中，污染产业有 4 个，环保产业有 6 个。4 个污染产业中，化学产业，金属冶炼和压延加工业，电力、热力生产和供应业 3 个重度污染产业的溢出效应SI 均大于污染产业平均水平。由上文可知，这 3 个产业的总效应和乘数效应均大于污染产业平均水平，这说明化学产业，金属冶炼和压延加工业，电力、热力生产和供应业 3 个产业对经济增长起到推动作用，这是产业自生能力和产业关联效应共同作用的结果。溢出效应 SI 高于各产业平均水平的 6 个环保产业分别为通信设备、计算机和其他电子设备业，农林牧渔产品和服务业，批发和零售业，交通运输、仓储和邮政业，金融业，租赁和商务服务业，这 6 个产业的总效应均高于各产业平均水平，说明这些产业的增加值主要是源于产业间关联效应，而通信设备、计算机和其他电子设备业的产值增加是自生能力和产业关联效应共同作用的结果。

最后是溢出效应 SII，溢出效应 SII 衡量的是某一产业最终需求变动对其他产业产值的影响。总体上，污染产业溢出效应 SII 的平均值（1.548）大于环保产业均值（1.382），说明污染产业最终需求的变动对其他产业的增长作用更大。在经济体系的 40 个产业部门中，有 20 个产业部门的溢出效应 SII 大于各产业平均水平（1.433），其中污染产业 8 个，环保产业 12 个。尤其是纺织服装鞋帽皮革羽绒及其制品业，溢出效应 SII 大于 2，意味着该产业最终需求增加 1 万元，将为其他产业产值带来超过 2 万元的增长。8 个污染产业中，中度污染产业占 5 个，溢出效应 SII 排名靠前的纺织服装鞋帽皮革羽绒及其制品业、金属制品业、造纸印刷和文教体育用品业以及木材加工和家具业 4 个产业均为中度污染产业。12 个环保产业中，轻度污染产业占 7 个，溢出效应 SII 从大到小的 5 个环保产业依次为电气机械和器材业，仪器仪表业，建筑业，通用、专用设备业以及交通运输设备业，均为轻度污染产业。可见，中度污染产业和轻度污染产业为其他产业的发展做出了重要贡献。此外，环保产业中石油和天然气开采业，其他制造和废品废料业，金属制品、机械和设备修理业，农林牧渔产品和服务业，批发和零售业，金融业，房地产业和教育业 8 个产业最终需求增加 1 万元，将为其他产业带来不足 1 万元的增加值，说明这些产业对外溢出能力较弱。8 个产业中以第三产业为主的非污染产业所占比例更大，对外溢出能力更弱。可见，我国第三产业本身的技术经济特性体现得并不充分，发展仍依赖其他产业的带动。而第三产业具有积累人力和知识资本并将其引入产业的生产过程中、提高产业专业化水平和降低产业生产成本三个功能，因此增强第三产业的对外溢出能力对经济发展具有重要意义。因此，第三产业的发展要侧重于自生机制建设的加强、产业结构的优化和产业功能的发挥。

（三）动态分析

以 2005 年和 2020 年投入产出表为基础，基于式（5.12）的动态分解公式，计算 2005~2020 年的产出增长率、动态乘数效应、动态反馈效应、动态溢出效应 SI 以及各效应的贡献率，结果见表 5.7。

表 5.7 产业关联效应的动态分解

单位：%

行业	增长率	效应大小			贡献率		
		M	F	SI	M	F	SI
煤炭采选产品业	196.7	-15.4	0.1	212.9	-8	0	108
金属矿采选业	246.2	-384.6	-3.8	638.6	-156	-2	259
食品和烟草业	383.6	208.8	13.2	161.9	54	3	42
纺织业	143.9	34.9	0.3	109.0	24	0	76
化学产业	426.9	32.5	1.4	394.0	8	0	92
非金属矿物制品业	174.8	3.7	-0.4	171.8	2	0	98
金属冶炼和压延加工业	284.4	-4.0	0.3	290.1	-1	0.1	102
电力、热力生产和供应业	279.1	35.6	0.4	244.3	13	0	88
非金属矿和其他矿采选业	345.2	5.4	0.0	340.8	2	0	99
纺织服装鞋帽皮革羽绒及其制品业	203.2	108.6	1.2	93.7	53	1	46
木材加工和家具业	340.6	159.8	0.4	180.8	47	0	53
造纸印刷和文教体育用品业	294.7	72.9	1.0	221.3	25	0	75
石油、煤炭及其他燃料加工业	224.3	26.5	0.9	197.8	12	0	88
金属制品业	388.6	76.8	1.1	312.7	20	0	80
石油和天然气开采业	78.4	-183.0	-1.4	263.9	-233	-2	337

续表

行业	增长率	效应大小			贡献率		
		M	F	SI	M	F	SI
通用、专用设备业	266.7	172.4	4.2	91.5	65	2	34
交通运输设备业	390.8	285.1	4.7	103.4	73	1	26
电气机械和器材业	321.0	128.1	3.5	191.1	40	1	60
通信设备、计算机和其他电子设备业	289.1	103.6	3.0	183.7	36	1	64
仪器仪表业	170.2	-51.4	-0.5	223.4	-30	0	131
其他制造和废品废料业	189.0	-10.2	-0.3	200.6	-5	0	106
燃气生产和供应业	992.0	483.1	1.0	511.3	49	0	52
水生产和供应业	321.5	223.4	0.2	98.5	69	0	31
建筑业	572.0	568.7	0.5	2.8	99	0	0
农林牧渔产品和服务业	238.4	74.4	4.8	159.3	31	2	67
批发和零售业	529.4	172.4	4.0	354.3	33	1	67
交通运输、仓储和邮政业	377.5	104.0	3.8	270.6	28	1	72
住宿和餐饮业	320.1	114.8	1.3	204.6	36	0	64
信息传输、软件和信息技术服务业	870.3	545.5	7.6	317.8	63	1	37
金融业	1098.0	331.6	9.4	758.7	30	1	69
房地产业	940.6	512.6	11.0	417.9	55	1	44
租赁和商务服务业	832.1	62.8	3.4	767.9	8	0	92
科学研究和技术服务业	1160.2	557.7	4.2	598.9	48	0	52
水利、环境和公共设施管理业	492.2	366.5	0.8	125.4	74	0	25
居民服务、修理和其他服务业	355.2	171.6	0.7	183.3	48	0	52
教育业	483.3	469.8	0.1	13.4	97	0	3
卫生和社会工作	437.4	440.9	-0.2	-3.3	101	0	-1
文化、体育和娱乐业	470.0	301.2	0.6	168.7	64	0	36
公共管理、社会保障和社会组织	520.0	510.6	0.3	9.2	98	0	2
污染产业平均	306.0	37.2	1.6	268.3	9	0	91

行业	增长率	效应大小			贡献率		
		M	F	SI	M	F	SI
环保产业平均	680.2	342.4	3.7	335.2	51	1	49
各产业平均	591.8	270.3	3.2	319.4	41	0	59

注：均值采用各部门增长率比重进行加权平均。2005～2010年金属制品、机械和设备修理业未出现在投入产出表中，故本表未统计。

资料来源：经投入产出表计算得到。

总体来看，各产业总产出在 2005～2020 年均呈现正增长，其中燃气生产和供应业，信息传输、软件和信息技术服务业，金融业，房地产业，租赁和商务服务业，科学研究和技术服务业等产业的增长率超过 800%。对各类产业平均增长率进行比较，从大到小依次为环保产业平均>各产业平均>污染产业平均。可见，随着我国环保产业政策的实施，环保产业取得了较快的发展。郑红玲等（2018）根据产业动态乘数效应和动态溢出效应 SI 对产业产值增长率的贡献占比，将产业发展的驱动因素分为完全产业关联拉动型、产业关联主导型、产业关联-自身机制驱动型、自生机制-产业关联型、自生机制主导型和完全自生机制驱动型六类。本章参考郑红玲等（2018）的划分方法，分别将污染产业和环保产业划分为不同驱动因素的产业进行分析。划分标准为：动态乘数效应贡献率为负，动态溢出效应>100%，属于完全产业关联拉动型；动态乘数效应贡献率介于 0 和 20% 之间（含上限，余同），动态溢出效应 >80%，属于产业关联主导型；动态乘数效应贡献率介于 20% 和 50% 之间，动态溢出效应>80%，属于产业关联-自生机制驱动型；动态乘数效应贡献率介于 50% 和 80% 之间，动态溢出效应<50%，属于自生机制-产业关联型；动态乘数效应贡献率介于 80% 和 100% 之间，动态溢出效应<20%，属于自生机制主导型；动态乘数效应贡献率>100%，动态溢出效应为负，属于完全自生机制驱动型。

首先是污染产业。总体来看，污染产业 2005～2020 年增长率为 306.0%，动态乘数效应为 37.2%，贡献率为 9%，动态溢出效应为

268.3%，贡献率为91%，属于产业关联主导型产业。这说明污染产业整体具有一定的自生能力，但自生能力比较弱，主要由产业关联驱动。这也暴露出污染产业发展过程中的不合理之处，即对其他产业的依赖度过高，受其他产业需求变动影响较大。具体到14个细分行业，煤炭采选产品业、金属矿采选业、金属冶炼和压延加工业的动态乘数效应贡献率小于0，动态溢出效应贡献率大于100%，尤其是金属矿采选业的动态溢出效应贡献率达到259%，属于典型的完全产业关联拉动型产业。这说明这三个产业产值的增长完全依赖于其他行业的需求拉动，自身驱动机制较差，这类产业易受其他产业需求变动的影响，抗压能力差。对于这类产业，要及时进行规范，理顺发展机制，保持发展活力，尽量减弱乘数效应的副作用。化学产业，非金属矿物制品业，电力、热力生产和供应业，非金属矿和其他矿采选业，石油、煤炭及其他燃料加工业，金属制品业6个产业的动态乘数效应贡献率介于0和20%之间，动态溢出效应贡献率大于等于80%，属于产业关联主导型产业。这说明这6个产业具有一定的自生能力，但产业的发展还是由产业关联机制驱动，自生机制驱动力不大。纺织业、木材加工和家具业、造纸印刷和文教体育用品业3个产业的动态乘数效应贡献率介于20%和50%之间，动态溢出效应贡献率大于50%，属于产业关联-自身机制驱动型产业。这3个产业的产出增长由产业关联和自生双机制驱动，产业关联效应的驱动力更大，这些产业具有一定独立性的同时又易受其他行业外部需求波动的影响。食品和烟草业、纺织服装鞋帽皮革羽绒及其制品业的动态乘数效应大于50%，小于80%，属于自生机制-产业关联型产业。这类产业的发展同样受到双机制驱动，但自生能力更大一些，产业的独立性更强。这也符合食品和烟草业、纺织服装鞋帽皮革羽绒及其制品业的产业特点，它们作为我国传统基础产业，产出品一般为生活必需品，具有一定的产业基础，市场需求大且稳定，受其他行业影响小。

其次是环保产业。环保产业2005~2020年产值增长率均值为

680.2%，其中，动态乘数效应为342.4%，贡献率为51%，动态溢出效应为335.2%，贡献率为49%，属于自生机制-产业关联型产业。这说明环保产业整体发展受到自生能力和产业关联双重驱动，自生能力略强于其他产业的需求推动效应，对其他产业的需求依赖度相对较小。具体到各个细分行业，石油和天然气开采业、仪器仪表业、其他制造和废品废料业3个产业属于完全产业关联拉动型产业，产业的发展完全依赖于产业关联机制。同时，值得注意的是，这3个产业的产出增长率分别为78.4%、170.2%和189.0%，远低于产业平均水平，是环保产业中增长率最低的3个产业。可见，只靠产业关联机制驱动，产业产出增长较缓慢，产业发展容易受限。环保产业中，只有租赁和商务服务业属于产业关联主导型产业，产业的产值增长主要依赖于其他产业的需求推动。电气机械和器材业，通信设备、计算机和其他电子设备业，燃气生产和供应业，农林牧渔产品和服务业，批发和零售业，交通运输、仓储和邮政业，住宿和餐饮业，金融业，科学研究和技术服务业，居民服务、修理和其他服务业10个产业均属于产业关联-自身机制驱动型产业，产业发展由产业关联和自身机制双驱动，产业关联的驱动力更强。通用、专用设备业，交通运输设备业，水生产和供应业，信息传输、软件和信息技术服务业，房地产业，水利、环境和公共设施管理业，文化、体育和娱乐业7个产业动态乘数效应的贡献率介于50%和80%之间，动态溢出效应的贡献率小于动态乘数效应的贡献率，属于自生机制-产业关联型产业，产业发展受双机制驱动，自生作用稍大。建筑业，教育业，公共管理、社会保障和社会组织的动态乘数效应贡献率介于80%和100%之间，属于自生机制主导型产业。这类产业的发展主要依赖自生机制的作用。卫生和社会工作的动态乘数效应贡献率大于100%，属于完全自生机制驱动型产业，产业发展完全依赖于自身机制驱动。这类产业往往拥有较完备的产业链，通过自生机制驱动产业发展。

第三节 金融业与环保产业及污染产业的
产业关联分析

一 前向关联分析

（一）前向关联与分配系数

前向关联分析是从投入产出表的行关系分析某产业和需要其提供商品或服务的另一产业之间的关系。

直接分配系数是某产业的产品或服务分配给另一产业作为中间产品直接使用的价值占该产业总产出的比例。其计算公式为：

$$d_{ij} = \frac{x_{ij}}{x_i}(i,\ j = 1,\ 2,\ \cdots,\ n) \tag{5.13}$$

其中，d_{ij} 为产业 i 对产业 j 的直接分配系数；x_{ij} 是产业 i 对产业 j 的直接投入量；x_i 为产业 i 的总产出。

完全分配系数反映某产业产品使用的直接和间接去向，计算公式为：

$$W = (I - D)^{-1} - I \tag{5.14}$$

其中，W 为完全分配系数矩阵；D 为直接分配系数矩阵 $\{d_{ij}\}$；I 为单位矩阵。分配系数越大，说明产业 i 对产业 j 的推动作用越大，两产业的关联度越高。

（二）金融业对环保和污染产业分配系数

根据金融业产出的核算，金融业中间需求（中间使用）是指金融业为国民经济各部门（居民部门除外）提供金融服务的收入。前向关联分析是从分配的角度考察金融业对产业的供给推动作用大小。金融业向产业投入的份额越大，要素越多，即金融业对产业的分配系数越大，金融业对产业的推动作用就越强。

图 5.1 和图 5.2 分别为金融业对环保和污染产业直接和完全分配系数的平均值和趋势线。从直接分配系数分析，金融业对环保产业的分配系数始终大于等于污染产业。从完全分配系数分析，金融业对产业的完全分配系数大体上分为两个阶段：2007~2012 年，对污染产业的完全分配系数大于环保产业；2012 年之后，对环保产业的完全分配系数大于污染产业。金融业对污染和环保产业的间接分配系数远大于直接分配系数。[1] 这说明金融业通过间接的方式向产业提供更多的产品和服务，金融业对产业间接的供给推动作用更强。从变动趋势来看，金融业对环保产业的直接分配系数呈明显的上升趋势，完全分配系数变动不明显。金融业对污染产业的直接和完全分配系数在 2005~2010 年有小幅度上升，自 2010 年开始大幅下降。从变动幅度看，环保产业波动更为平缓，污染产业的波动幅度更大。金融业对污染产业的直接分配系数在 2007 年达到最大值 0.0274，之后整体处于下降趋势，在 2017 年下降幅度最大，较 2015 年下降 39.68%，完全分配系数下降 38.51%。金融业对环保产业的直接分配系数整体保持上升的趋势。这与 2017 年中国人民银行等五部门发布《金融业标准化体系建设发展规划（2016—2020 年）》有关。该规划将"绿色金融标准化工程"列为重点工程，鼓励金融机构在绿色金融领域加大投入，引导绿色金融市场有序竞争。所以，金融业的产品和服务更多地流向环保产业，作为中间投入品提供给环保产业部门，以维护和支持环保产业的生产。

（三）金融业对环保及污染产业细分行业分配系数

图 5.3 和图 5.4 分别为金融业对不同污染程度产业的直接和完全分配系数的均值。整体上，金融业对中度污染产业的直接分配系数最小，对非污染产业的直接分配系数最大。关于金融业对重度污染产业和轻度污染产业直接分配系数的大小可分为两个阶段：2005~2012 年，金融业对重度污染产业的直接分配系数高于轻度污染产业；2012~2020 年，金

---

[1]　注：间接分配系数=完全分配系数-直接分配系数，下文间接消耗系数同理。

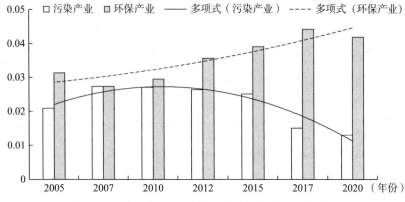

图 5.1　2005~2020 年金融业对产业的直接分配系数
资料来源：经投入产出表计算得到。

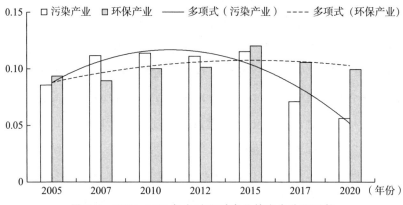

图 5.2　2005~2020 年金融业对产业的完全分配系数
资料来源：经投入产出表计算得到。

融业对轻度污染产业的直接分配系数高于重度污染产业。从完全分配系数看，整体上金融业对重度污染和轻度污染产业的完全分配系数最高，同样可分为两个阶段，其次是非污染产业，最后是中度污染产业。从变化趋势看，无论是直接分配还是完全分配，金融业对中度污染和非污染产业的分配系数变化趋势并不明显，对重度污染产业的直接分配系数在2005~2010 年呈上升趋势，自 2010 年开始大幅下降，2020 年直接分配系数较 2010 下降 52.05%，完全分配系数下降 50.75%。金融业对轻度污染产业的直接分配系数呈上升趋势，2020 年的直接分配系数为 0.0407，较 2005 年上涨 0.0203，增长率高达 99.51%；完全分配系数在 2005~2015 年呈现明显的上升趋势，在 2015~2020 年有一定幅度的下降。

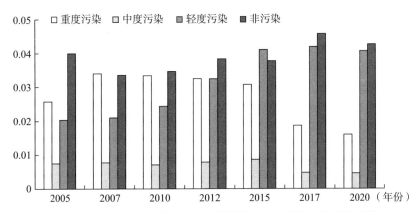

图 5.3　2005~2020 年金融业对不同污染程度产业的直接分配系数
资料来源：经投入产出表计算得到。

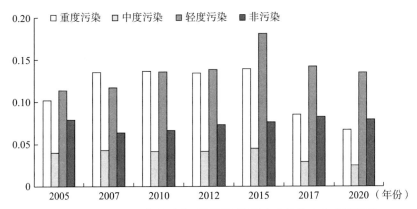

图 5.4　2005~2020 年金融业对不同污染程度产业的完全分配系数
资料来源：经投入产出表计算得到。

表 5.8 为金融业对不同污染程度下不同要素密集度产业的直接和完全分配系数均值。从直接分配系数看，总体上，除轻度污染产业外，金融业对资本密集型产业的直接分配系数均是最高的。这与资本密集型产业本身对投资需求量大、资金周转慢等特征有关。从完全分配系数看，

金融业对重度污染产业的技术密集型产业分配系数最大，对轻度污染产业的劳动密集型产业分配系数最大，对非污染产业的资本密集型产业分配系数最大。重度污染产业中技术密集型产业只有化学产业，这说明我国金融业对化学产业间接的货币支持力度更大。从投入产出表分析，金融业支持化学产业发展的可能原因有两个：一是化学产业的利润率较高，2005年、2010年、2015年、2020年化学产业的营业盈余率（营业盈余额占增加值的比重）依次为48.84%、30.78%、24.70%、19.30%，这也对应了金融业对化学产业的分配系数下降的趋势；二是出口需求大，2005年、2010年、2015年、2020年化学产业最终使用中出口系数（各部门某项最终使用占该项最终使用总额的比重）依次为4.19%、8.44%、7.21%、7.78%。整体来看，除轻度污染产业外，金融业对劳动密集型产业的分配系数呈明显的下降趋势，对非污染产业的资本密集型和技术密集型产业的分配系数呈现上升趋势。这与我国国民经济的转型相关，我国国民经济逐渐由工业主导转型为服务主导，产业结构得到调整，这是我国经济发展和技术进步的必然结果。值得注意的是，不论是直接分配系数，还是完全分配系数，金融业对轻度污染产业中劳动密集型产业的分配系数都较高，且呈明显的上升趋势，尤其是2010年之后，已然成为金融业分配系数最高的产业。轻度污染产业中劳动密集型产业有金属制品、机械和设备修理业与建筑业两个。而金融业对金属制品、机械和设备修理业的直接分配系数低于0.0003，完全分配系数低于0.0018，是40个部门中分配系数最小的产业。2005年，金融业对建筑业的直接分配系数为0.0220，完全分配系数为0.1619，2020年分别为0.0852和0.2431，较2005年上涨了287.27%和50.15%。可见，金融业对轻度污染产业中劳动密集型产业分配系数的上升主要由建筑业带动。同时，金融业对非污染产业中资本密集型产业的分配系数始终较高，尤其是房地产业。这与近年来我国房地产业的快速发展有关。房地产业逐渐成为我国的国民经济支柱产业之一，建筑业作为房地产业的上游部门，需要为房地产业提供中间投入品。因此，建筑业和房地产业的生产需要金融业提供更多的产品和服务。这也验证了过去二十年我国资本配置不当，大量资本投入房地产业的现状。

表 5.8　2005~2020 年金融业对细分行业的分配系数

类型	2005 年		2007 年		2010 年		2012 年		2015 年		2017 年		2020 年	
	直接	完全	直接	完全	直接	完全	直接	完全	直接	完全	直接	完全	直接	完全
重度污染	0.026	0.102	0.034	0.135	0.033	0.137	0.032	0.134	0.031	0.139	0.019	0.085	0.016	0.067
劳动密集型	0.024	0.087	0.019	0.072	0.021	0.081	0.015	0.066	0.014	0.069	0.009	0.055	0.007	0.040
资本密集型	0.029	0.115	0.046	0.171	0.042	0.162	0.050	0.181	0.048	0.186	0.030	0.096	0.026	0.082
技术密集型	0.024	0.120	0.042	0.189	0.045	0.204	0.039	0.190	0.039	0.205	0.023	0.127	0.019	0.098
中度污染	0.007	0.040	0.008	0.043	0.007	0.042	0.008	0.042	0.009	0.045	0.005	0.029	0.005	0.025
劳动密集型	0.006	0.037	0.007	0.042	0.007	0.042	0.007	0.040	0.008	0.044	0.005	0.030	0.004	0.025
资本密集型	0.009	0.044	0.008	0.045	0.007	0.041	0.009	0.044	0.010	0.048	0.005	0.029	0.005	0.025
轻度污染	0.020	0.114	0.021	0.117	0.024	0.136	0.032	0.138	0.041	0.181	0.042	0.142	0.041	0.135
劳动密集型	0.022	0.162	0.028	0.184	0.030	0.182	0.065	0.241	0.082	0.314	0.093	0.268	0.085	0.241
资本密集型	0.006	0.014	0.005	0.015	0.003	0.014	0.003	0.009	0.003	0.009	0.003	0.006	0.003	0.006
技术密集型	0.021	0.100	0.019	0.098	0.023	0.124	0.017	0.092	0.018	0.108	0.010	0.065	0.010	0.062
非污染	0.040	0.079	0.034	0.064	0.035	0.066	0.038	0.073	0.038	0.076	0.046	0.083	0.043	0.079
劳动密集型	0.040	0.086	0.028	0.063	0.021	0.058	0.025	0.060	0.023	0.062	0.025	0.060	0.026	0.060
资本密集型	0.071	0.118	0.059	0.094	0.067	0.102	0.078	0.123	0.072	0.120	0.102	0.147	0.090	0.135
技术密集型	0.020	0.043	0.026	0.044	0.031	0.054	0.032	0.060	0.036	0.069	0.037	0.071	0.035	0.070

　　注：采用各部门产出额比重进行加权平均。结果仅保留 3 位小数。

　　资料来源：经投入产出表计算得到。

二　后向关联分析

（一）后向关联与消耗系数

后向关联分析从投入产出表的列关系分析产业间生产投入的关系。

直接消耗系数是指，某产业单位产值需要直接消耗的其他产业的产值。其计算公式为：

$$a_{ij} = \frac{x_{ij}}{x_j}(i, j = 1, 2, \cdots, n) \tag{5.15}$$

其中，a_{ij} 为产业 j 对产业 i 的直接消耗系数；x_{ij} 为产业 j 在生产过程中对产业 i 的直接消耗量；x_j 是指产业 j 的总产出。

完全消耗系数用于度量两个产业间的完全依存关系，包括直接消耗与间接消耗，其公式为：

$$B = (I - A)^{-1} - I \tag{5.16}$$

其中，B 为完全消耗系数矩阵；A 为直接消耗系数矩阵 $\{a_{ij}\}$；I 为单位矩阵。消耗系数常用来反映某一产业对其他产业的依赖或拉动作用。

（二）金融业对环保和污染产业消耗系数

金融业的后向关联效应（需求拉动效应）衡量了金融业对其他产业的依赖程度。金融业对产业的消耗系数越大，对产业的需求拉动作用就越大。表 5.9 和表 5.10 分别为金融业对各产业的直接和完全消耗系数。

表 5.9　2005～2020 年金融业对产业直接消耗系数

类型	2005 年	2007 年	2010 年	2012 年	2015 年	2017 年	2020 年
重度污染	0.0183	0.0137	0.0159	0.0093	0.0062	0.0095	0.0063
劳动密集型	0.0025	0.0023	0.0031	0.0028	0.0028	0.0035	0.0024
资本密集型	0.0112	0.0086	0.0094	0.0056	0.0029	0.0052	0.0035
技术密集型	0.0046	0.0028	0.0034	0.0009	0.0005	0.0008	0.0004

续表

类型	2005 年	2007 年	2010 年	2012 年	2015 年	2017 年	2020 年
中度污染	0.0308	0.0357	0.0300	0.0426	0.0310	0.0353	0.0236
劳动密集型	0.0079	0.0037	0.0043	0.0065	0.0050	0.0070	0.0043
资本密集型	0.0229	0.0320	0.0257	0.0361	0.0260	0.0283	0.0193
轻度污染	0.0597	0.0149	0.0167	0.0145	0.0084	0.0095	0.0049
劳动密集型	0.0224	0.0013	0.0014	0.0086	0.0046	0.0034	0.0020
资本密集型	0.0015	0.0007	0.0005	0.0005	0.0004	0.0005	0.0003
技术密集型	0.0358	0.0129	0.0148	0.0054	0.0034	0.0056	0.0026
非污染	0.2758	0.2462	0.2869	0.3374	0.2986	0.3719	0.2842
劳动密集型	0.0435	0.0475	0.0455	0.0537	0.0442	0.0491	0.0314
资本密集型	0.0656	0.0501	0.0611	0.0852	0.0763	0.1012	0.0733
技术密集型	0.1667	0.1486	0.1803	0.1985	0.1781	0.2216	0.1795
污染产业合计	0.0491	0.0494	0.0459	0.0519	0.0372	0.0448	0.0299
环保产业合计	0.3355	0.2611	0.3036	0.3519	0.3070	0.3814	0.2891

资料来源：经投入产出表计算得到。

表 5.10　2005～2020 年金融业对产业完全消耗系数

类型	2005 年	2007 年	2010 年	2012 年	2015 年	2017 年	2020 年
重度污染	0.2310	0.1853	0.2117	0.2068	0.1627	0.1502	0.0934
劳动密集型	0.0895	0.0595	0.0793	0.0818	0.0711	0.0665	0.0416
资本密集型	0.0926	0.0716	0.0736	0.0680	0.0464	0.0426	0.0283
技术密集型	0.0489	0.0542	0.0588	0.0570	0.0452	0.0411	0.0235
中度污染	0.1132	0.1084	0.1096	0.1337	0.1004	0.1057	0.0696
劳动密集型	0.0350	0.0251	0.0279	0.0317	0.0264	0.0293	0.0195
资本密集型	0.0782	0.0833	0.0817	0.1020	0.0740	0.0764	0.0501
轻度污染	0.2284	0.1274	0.1341	0.1261	0.0958	0.0926	0.0606
劳动密集型	0.0312	0.0027	0.0037	0.0146	0.0093	0.0062	0.0044
资本密集型	0.0273	0.0217	0.0226	0.0225	0.0109	0.0128	0.0087
技术密集型	0.1699	0.1030	0.1078	0.0890	0.0756	0.0736	0.0475
非污染	0.4643	0.3805	0.4630	0.5649	0.5212	0.6407	0.4862
劳动密集型	0.1206	0.1068	0.1184	0.1362	0.1255	0.1326	0.0893

类型	2005 年	2007 年	2010 年	2012 年	2015 年	2017 年	2020 年
资本密集型	0.1112	0.0781	0.0999	0.1339	0.1240	0.1672	0.1225
技术密集型	0.2325	0.1956	0.2447	0.2948	0.2717	0.3409	0.2744
污染产业合计	0.3442	0.2937	0.3213	0.3405	0.2631	0.2559	0.1630
环保产业合计	0.6927	0.5079	0.5971	0.6910	0.6170	0.7333	0.5468

资料来源：经投入产出表计算得到。

如表 5.9、表 5.10 所示，金融业对环保产业的消耗系数大于污染产业。金融业对污染产业的间接消耗系数远大于直接消耗系数，对环保产业的间接消耗系数与直接消耗系数相差不大。这说明金融业生产需求的增加，需要环保产业提供更多的生产资料。相较于直接方式，污染产业更多通过间接方式向金融业提供生产资料。可见，金融业对环保产业的需求拉动效应更强，对污染产业的需求拉动主要体现为间接拉动效应。从变化趋势看，金融业对污染产业的消耗系数整体呈下降趋势，对环保产业的消耗系数呈波动趋势。在金融业对环保产业的消耗系数中，非污染产业占主要地位，且占比总体升高，到 2020 年，非污染产业直接消耗系数占环保产业的 98.31%，完全消耗系数占88.92%。其中，金融业对非污染产业中劳动密集型产业的消耗系数呈明显的下降趋势，对资本和技术密集型产业的消耗系数上升。尤其是对金融业、房地产业与租赁和商务服务业 3 个产业的消耗系数更高。房地产作为我国的国民经济支柱产业之一，金融业为房地产业的发展和消费，如开发商融资、个人及家庭贷款购房等环节提供了大量资金支持，租赁和商务服务业作为相关产业，也得到了金融业的资金支持，实现了快速发展。金融业与房地产业、金融业与租赁和商务服务业间的产业关联加强，二者为金融业的产出投入了较多的生产要素，金融业对其的生产需求拉动效应也较强。

三　影响力与感应度分析

（一）影响力系数与感应度系数

影响力系数旨在分析某个行业增加 1 单位最终使用时对国民经济各部门所产生的生产需求数量及程度。计算公式如下：

$$T_i = \frac{\frac{1}{n}\sum_{i=1}^{n} b_{ij}}{\frac{1}{n^2}\sum_{i=1}^{n}\sum_{j=1}^{n} b_{ij}} \tag{5.17}$$

其中，T_i 为 i 产业的影响力系数；b_{ij} 为完全消耗系数。T_i 越高，表示产业 i 对国民经济发展的推动作用越大。

感应度系数旨在分析某个产业受其他产业需求感应的程度。计算公式如下：

$$S_i = \frac{\frac{1}{n}\sum_{j=1}^{n} b_{ij}}{\frac{1}{n^2}\sum_{i=1}^{n}\sum_{j=1}^{n} b_{ij}} \tag{5.18}$$

其中，S_i 为产业 i 的感应度系数。S_i 越高，则该产业受其他产业的需求感应程度越高，国民经济发展对该产业的拉动作用越大。

（二）金融业对环保和污染产业的影响力系数与感应度系数

金融业影响力系数指当金融业最终使用增加时，国民经济各部门受到的生产波及程度。金融业感应度系数指当国民经济中各部门增加 1 单位最终使用时，金融业受到的需求感应，即金融业需要为其他部门提供的产出量。本节依据完全需要矩阵（里昂惕夫逆矩阵）和完全供给矩阵将金融业的影响力和感应度系数进行分解。为了更好地对比分析金融业对不同污染程度产业的影响力和感应度，在具体分析时本节将金融业从非污染产业剔除。具体结果见表 5.11 和表 5.12。

表 5.11 2005～2020 年金融业影响力系数及其分解

类型	2005 年	2007 年	2010 年	2012 年	2015 年	2017 年	2020 年
重度污染	0.0807	0.0617	0.0697	0.0698	0.0516	0.0552	0.0349
劳动密集型	0.0313	0.0198	0.0261	0.0276	0.0226	0.0244	0.0155
资本密集型	0.0324	0.0238	0.0242	0.0230	0.0147	0.0156	0.0106
技术密集型	0.0171	0.0180	0.0194	0.0193	0.0143	0.0151	0.0088
中度污染	0.0396	0.0361	0.0361	0.0452	0.0318	0.0388	0.0260
劳动密集型	0.0122	0.0084	0.0092	0.0107	0.0084	0.0107	0.0073
资本密集型	0.0273	0.0277	0.0269	0.0345	0.0235	0.0281	0.0187
轻度污染	0.0798	0.0424	0.0442	0.0426	0.0304	0.0340	0.0226
劳动密集型	0.0109	0.0009	0.0012	0.0049	0.0030	0.0023	0.0016
资本密集型	0.0095	0.0072	0.0075	0.0076	0.0034	0.0047	0.0032
技术密集型	0.0593	0.0343	0.0355	0.0301	0.0240	0.0270	0.0177
非污染	0.1338	0.0987	0.1176	0.1554	0.1310	0.1882	0.1430
劳动密集型	0.0421	0.0356	0.0390	0.0460	0.0398	0.0487	0.0333
资本密集型	0.0388	0.0260	0.0336	0.0452	0.0393	0.0614	0.0457
技术密集型	0.0528	0.0372	0.0450	0.0641	0.0519	0.0781	0.0639
污染产业合计	0.1203	0.0978	0.1058	0.1150	0.0834	0.0940	0.0609
环保产业合计	0.2136	0.1412	0.1618	0.1979	0.1614	0.2222	0.1656

资料来源：经投入产出表计算得到。

表 5.12 2005～2020 年金融业感应度系数及其分解

类型	2005 年	2007 年	2010 年	2012 年	2015 年	2017 年	2020 年
重度污染	0.2053	0.2390	0.2444	0.2301	0.2316	0.1602	0.1286
劳动密集型	0.1001	0.0842	0.0934	0.0781	0.0775	0.0616	0.0460
资本密集型	0.0678	0.0981	0.0916	0.0956	0.0967	0.0577	0.0508
技术密集型	0.0374	0.0566	0.0594	0.0565	0.0574	0.0409	0.0318
中度污染	0.0649	0.0679	0.0651	0.0644	0.0672	0.0500	0.0419
劳动密集型	0.0377	0.0413	0.0406	0.0381	0.0404	0.0314	0.0257
资本密集型	0.0272	0.0267	0.0244	0.0263	0.0268	0.0186	0.0163

续表

类型	2005 年	2007 年	2010 年	2012 年	2015 年	2017 年	2020 年
轻度污染	0.1924	0.2116	0.2357	0.2185	0.2285	0.1941	0.1724
劳动密集型	0.0504	0.0549	0.0611	0.0729	0.0892	0.0874	0.0801
资本密集型	0.0075	0.0081	0.0071	0.0061	0.0069	0.0050	0.0051
技术密集型	0.1345	0.1487	0.1675	0.1395	0.1324	0.1018	0.0872
非污染	0.2277	0.1764	0.1790	0.2094	0.2018	0.2537	0.2554
劳动密集型	0.1033	0.0780	0.0652	0.0684	0.0627	0.0737	0.0726
资本密集型	0.0652	0.0503	0.0637	0.0773	0.0717	0.0998	0.0938
技术密集型	0.0593	0.0481	0.0500	0.0637	0.0673	0.0802	0.0890
污染产业合计	0.2702	0.3069	0.3095	0.2945	0.2988	0.2103	0.1705
环保产业合计	0.4201	0.3880	0.4147	0.4279	0.4302	0.4478	0.4278

资料来源：经投入产出表计算得到。

如表 5.11 和表 5.12 所示，2005~2020 年，金融业的影响力系数均小于 1，感应度系数也均小于 1。根据"影响力系数-感应度系数"象限，整体上金融业属于弱辐射力、强制约力的产业。从长期趋势上看，金融业的影响力系数上升，感应度系数下降，即金融业的辐射力逐渐增强，制约力逐渐削弱。

如表 5.11 所示，金融业对环保产业的影响力系数大于污染产业，说明金融业对环保产业的生产需求拉动效应更大，且整体上呈波动趋势，对污染产业的影响力系数整体下降。其中，对非污染产业的影响力系数最大，重度污染产业次之。关于中度污染和轻度污染产业，以 2010 年为界，2010 年及之前，金融业对轻度污染产业的影响力系数大于中度污染产业，之后情况相反。接下来分别对污染和环保产业进行分析。首先是污染产业。金融业对污染产业的影响力系数由 2005 年的 0.1203 下降至 2020 年的 0.0609，下降了 49.38%。其中，与中度污染产业相比，金融业对重度污染产业的影响力系数下降更大，幅度高达 56.75%。这说明金融业的最终需求变动，始终会对重度污染产业的生产产生更强的拉动作用，但呈明显的减弱趋势，尤其是 2015 年和 2020 年两个年份，分别下降 26.07% 和 36.78%。在重度污染的 8 个产业部门中，金融业对化学产业，金属冶炼和压延加工业，电力、热力生产和供应业 3 个产业的影响力系数较高。2005 年，金融业对这 3 个产业的影响力系数之和为 0.04432，占重度污染产业整体的 54.92%。其中，只有化学产业属于技术密集型产业，另外两个产业均属于资本密集型产业。剩余的煤炭采选产品业、金属矿采选业、食品和烟草业、纺织业、非金属矿物制品业均为劳动密集型产业。在 6 个中度污染产业中，金融业对造纸印刷和文教体育用品业与石油、煤炭及其他燃料加工业两个资本密集型产业的影响力系数较大，占金融业对中度污染产业影响力系数的 69% ~ 77%。其次是环保产业。环保产业由轻度污染产业和非污染产业构成。金融业对环保产业的影响力系数在 2007 年有小幅度下降，之后整体呈上升趋势。具体来看，金融业对环保产业中技术密集型产业的影响力系数更大。

如表 5.12 所示，金融业对环保产业的感应度系数大于污染产业，对污染产业的感应度系数整体呈下降趋势，2015 年后下降趋势明显。2007 ~ 2015 年，金融业对重度污染产业的感应度系数大于非污染产业，2017 ~ 2020 年，金融业对非污染产业的感应度系数大于重度污染产业。除 2005 年外，金融业对轻度污染产业和中度污染产业的影响力系数分别位居第二和第四。这说明重度污染产业和非污染产业最终需求的变动，对金融业的生产需求更高。金融业对污染产业的感应度系数在 2015 年以后大幅下降，2015 年感应度系数为 0.2988，2020 年为 0.1705，下降 42.94%。在污染产业中，金融业对重度污染产业的制约力更强。金融业对重度污染产业的感应度系数占污染产业的 75% 以上，与污染产业呈同方向的变动，但它的下降幅度更大，2020 年较 2015 年下降了 44.47%。在污染产业中，金融业除了对金属冶炼和压延加工业，电力、热力生产和供应业，造纸印刷和文教体育用品业与石油、煤炭及其他燃料加工业等资本密集型产业的感应度更高外，对金属制品业这一劳动密集型产业的感应度系数也保持在较高的水平，且没有出现明显的下降趋势。这与我国金属制品业的发展和地位有关。金属制品业作为我国传统优势产业，产品数量和品种都大幅增加，质量显著提高，我国目前已成为世界金属制品生产大国。金融业对环保产业的感应度系数没有发生较大幅度的波动，常年保持在40%左右的较高水平。在环保产业中，金融业对建筑业、房地产业、租赁和商务服务业的感应度系数较高，且呈明显的上升趋势。这与我国房地产业的快速发展相关。建筑业作为我国重要的物质生产行业，需要为房地产业提供中间产品。房地产业的发展能带动建筑业、租赁和商务服务业等相关行业的发展。

第四节　金融业对环保和污染产业的生产诱发分析

一　计算公式说明

考虑到中间投入的进口产品不会对国内生产产生诱发作用，为准确分析金融业最终需求对各产业部门的生产诱发作用，本章参考许宪春（2009）的方法，按照各部门进口产品占该部门国内总使用的比例来扣除。

由于投入产出表存在恒等关系，即国内总使用＝总产出＋进口－出口＝中间产品＋国内最终使用，所以可以设 $\alpha = \dfrac{总产出 - 出口}{总使用}$，表示国内总使用的产品中国内生产的比例。用系数 α 对投入产出表的中间投入和最终使用部分中的进口进行扣除，得到不包含进口的流量矩阵，以此计算的里昂惕夫逆矩阵系数为：

$$\bar{B} = (I - A^D)^{-1} = (I - \hat{\alpha}A)^{-1} \tag{5.19}$$

b_{ij} 为里昂惕夫逆矩阵 $\bar{B}$ 中的元素，$i, j = 1, 2, \cdots, n$，其中 A^D 为

来自国内产品的中间投入系数。

1. 生产诱发额

各项最终需求的生产诱发额是指当最终需求额增长时，通过产业间的波及效应所激发的各产业的生产额。计算公式为：

$$Z_L = BF_L = (I - A)^{-1}F_L \tag{5.20}$$

考虑到需要扣除进口的影响，因此用式（5.19）中的里昂惕夫逆矩阵进行计算，则计算公式为：

$$Z_L = \bar{B}F_L = (I - A^D)^{-1}F_L = (I - \hat{\alpha}A)^{-1}F_L \tag{5.21}$$

其中，Z_L 为最终需求项目 L 的生产诱发额，F_L 为最终需求项目 L 的数值，$L = 1$，2，3。

2. 最终依赖度系数

最终依赖度系数反映的是某部门生产对某项最终需求（消费、投资、出口）的依赖程度，计算公式为：

$$Q_{iL} = \frac{Z_{iL}}{\sum_{L=1}^{3} Z_{iL}} \tag{5.22}$$

其中，Q_{iL} 表示 i 产业部门的生产对最终需求项目 L 的依赖度系数。

3. 生产诱发系数

最终需求的生产诱发系数表示某一单位最终需求所诱发的各个产业的生产额，计算公式为：

$$W_{iL} = \frac{Z_{iL}}{\sum_{k=1}^{n} f_{kL}} \tag{5.23}$$

其中，W_{iL} 为 i 产业部门的最终需求项目 L 的生产诱发系数，Z_{iL} 表示 i 产业部门的最终需求项目 L 的生产诱发额，$\sum_{k=1}^{n} f_{kL}$ 为各产业最终需求项目 L 的合计数额。

二 最终依赖度分析

最终依赖度侧重于比较各产业部门的生产对最终需求（消费、投资和出口等）的依赖程度。表 5.13 为我国污染产业、环保产业以及各细分行业 2005 年、2010 年、2015 年和 2020 年四个年份对消费（L1）、投资（L2）和出口（L3）的最终依赖度系数。

表 5.13　产业最终依赖度系数

序号	2005 年			2010 年			2015 年			2020 年		
	L1	L2	L3	L1	L2	L3	L1	L2	L3	L1	L2	L3
1	0.40	0.27	0.33	0.29	0.47	0.24	0.32	0.48	0.20	0.33	0.48	0.18
2	0.14	0.54	0.32	0.13	0.61	0.26	0.16	0.59	0.25	0.14	0.62	0.24
3	0.67	0.19	0.14	0.75	0.13	0.12	0.74	0.15	0.11	0.80	0.11	0.09
4	0.29	0.05	0.66	0.28	0.12	0.60	0.40	0.18	0.42	0.39	0.09	0.52
5	0.39	0.25	0.37	0.36	0.30	0.34	0.43	0.32	0.26	0.46	0.29	0.26
6	0.21	0.45	0.34	0.10	0.76	0.15	0.09	0.78	0.13	0.07	0.82	0.11
7	0.15	0.50	0.34	0.13	0.60	0.27	0.15	0.60	0.25	0.13	0.64	0.23
8	0.39	0.33	0.29	0.35	0.41	0.24	0.35	0.45	0.20	0.39	0.44	0.17
9	0.21	0.44	0.35	0.16	0.63	0.21	0.19	0.65	0.17	0.16	0.70	0.13
10	0.40	0.13	0.47	0.52	0.13	0.36	0.50	0.15	0.35	0.54	0.11	0.35
11	0.29	0.27	0.44	0.24	0.42	0.34	0.23	0.50	0.27	0.22	0.50	0.28
12	0.38	0.19	0.43	0.41	0.26	0.34	0.45	0.27	0.28	0.47	0.24	0.29
13	0.33	0.34	0.33	0.37	0.38	0.25	0.39	0.40	0.21	0.39	0.41	0.20
14	0.18	0.36	0.45	0.18	0.48	0.34	0.15	0.59	0.26	0.15	0.60	0.25
15	0.33	0.31	0.36	0.37	0.37	0.26	0.43	0.35	0.22	0.43	0.37	0.20
16	0.11	0.65	0.24	0.11	0.67	0.22	0.11	0.66	0.23	0.10	0.64	0.25
17	0.24	0.53	0.23	0.20	0.62	0.17	0.30	0.56	0.14	0.37	0.49	0.15
18	0.23	0.33	0.44	0.18	0.50	0.32	0.21	0.46	0.32	0.19	0.44	0.38
19	0.10	0.27	0.63	0.11	0.26	0.63	0.18	0.25	0.57	0.18	0.28	0.54
20	0.00	0.26	0.74	0.13	0.33	0.54	0.25	0.42	0.34	0.26	0.43	0.31
21	0.31	0.34	0.34	0.30	0.42	0.28	0.28	0.45	0.28	0.26	0.47	0.28
22	0.00	0.00	0.00	0.00	0.00	0.00	0.30	0.49	0.21	0.21	0.45	0.34
23	0.67	0.17	0.16	0.63	0.23	0.14	0.69	0.20	0.11	0.72	0.18	0.10

续表

序号	2005 年			2010 年			2015 年			2020 年		
	L1	L2	L3	L1	L2	L3	L1	L2	L3	L1	L2	L3
24	0.51	0.26	0.23	0.70	0.18	0.12	0.64	0.26	0.10	0.72	0.22	0.06
25	0.05	0.93	0.02	0.03	0.96	0.01	0.02	0.97	0.01	0.01	0.98	0.01
26	0.60	0.23	0.17	0.64	0.19	0.17	0.65	0.20	0.15	0.71	0.17	0.12
27	0.34	0.30	0.36	0.39	0.32	0.29	0.37	0.33	0.30	0.40	0.36	0.24
28	0.38	0.30	0.32	0.48	0.29	0.24	0.41	0.38	0.21	0.45	0.34	0.22
29	0.67	0.15	0.18	0.62	0.22	0.16	0.65	0.23	0.12	0.71	0.21	0.08
30	0.44	0.36	0.20	0.44	0.42	0.14	0.34	0.57	0.10	0.36	0.55	0.10
31	0.58	0.22	0.20	0.50	0.30	0.21	0.49	0.36	0.16	0.59	0.30	0.11
32	0.60	0.35	0.05	0.63	0.32	0.05	0.67	0.27	0.06	0.76	0.18	0.06
33	0.40	0.29	0.31	0.41	0.23	0.36	0.43	0.34	0.24	0.46	0.36	0.19
34	0.73	0.18	0.10	0.43	0.39	0.18	0.40	0.49	0.11	0.27	0.68	0.05
35	0.75	0.18	0.07	0.87	0.07	0.06	0.85	0.09	0.06	0.85	0.10	0.05
36	0.53	0.11	0.36	0.74	0.14	0.11	0.68	0.23	0.10	0.74	0.20	0.07
37	0.95	0.03	0.02	0.98	0.01	0.01	0.97	0.02	0.01	0.99	0.01	0.00
38	0.92	0.04	0.04	0.95	0.03	0.02	0.98	0.02	0.01	0.99	0.01	0.00
39	0.71	0.12	0.17	0.68	0.15	0.17	0.74	0.15	0.11	0.78	0.16	0.06
40	1.00	0.00	0.00	0.99	0.00	0.00	0.96	0.03	0.02	0.99	0.01	0.01
污染产业	0.33	0.31	0.36	0.33	0.39	0.28	0.37	0.41	0.23	0.38	0.40	0.22
环保产业	0.38	0.38	0.25	0.37	0.43	0.21	0.39	0.43	0.17	0.43	0.42	0.15
总体	0.36	0.35	0.29	0.35	0.41	0.24	0.39	0.42	0.20	0.42	0.42	0.17

注：表中第一列 1~40 依次指代表 5.6 中的各产业。

资料来源：经投入产出表计算得到。

整体来看，产业对出口的依赖程度最低，且呈逐年下降的趋势，2010 年之前，产业对最终消费的依赖度最高，2010 年之后，对投资的依赖度逐渐超过最终消费。可见，对外贸易对经济增长的拉动作用逐渐削弱，经济增长主要依靠消费需求和投资需求，投资需求的拉动作用逐渐增强。

参考臧霄鹏和林秀梅（2011）划分产业群的方法，将污染产业和环保产业各细分行业中依赖度系数大于 0.4 的产业划分为典型消费、典型投资或典型出口依赖型产业，将 3 个最终需求项目依赖度系数均在 0.3 以上的产业界定为均衡发展型产业。首先是污染产业，2005 年，污染产业对消费、投资和出口的依赖度系数均大于 0.3，属于均衡发展型产业，其中对出口的依赖度系数最大。2010 年、2015 年和 2020 年污染产业对出口的依赖逐渐减弱，对消费和投资的依赖增强。2015 年，污染产业对投资的依赖度系数大于 0.4，属于典型投资依赖型产业。具体到各细分行业。2005 年，污染产业中只有食品和烟草业属于典型消费依赖型产业，金属矿采选业、非金属矿物制品业、金属冶炼和压延加工业、非金属矿和其他矿采选业 4 个产业属于典型投资依赖型产业，纺织业、纺织服装鞋帽皮革羽绒及其制品业、木材加工和家具业、造纸印刷和文教体育用品业、金属制品业 5 个产业属于典型出口依赖型产业。2010~2020 年，纺织服装鞋帽皮革羽绒及其制品业、造纸印刷和文教体育用品业由依赖出口转为依赖消费，木材加工和家具业、金属制品业由出口依赖型转为投资依赖型。化学产业对消费的依赖度在 2010~2020 年呈上升趋势，2015 年和 2020 年对消费的依赖度系数大于 0.4。2010~2020 年，煤炭采选产品业以及电力、热力生产和供应业对投资的依赖度系数大于 0.4。

其次是环保产业。环保产业对出口的依赖度系数最小，且呈逐年下降的趋势，对消费和投资的依赖度较高。2010 年、2015 年和 2020 年环保产业对投资的依赖度系数均大于 0.4，属于典型投资依赖型产业。2020 年，环保产业对消费的依赖度系数略大于对投资的依赖度系数。具体到环保产业各细分行业。环保产业包括轻度污染产业和非污染产业。轻度污染产业大部分为第二产业，非污染产业由第三产业构成。轻度污染产业中，燃气生产和供应业、水生产和供应业属于典型消费依赖型产业，石油和天然气开采业对消费的依赖度系数在 2015 年和 2020 年大于 0.4。2005~2020 年，通用、专用设备业，交通运输设备业和建筑业对投资的依赖度系数均大于 0.4，尤其是建筑业，依赖度系数保持在 0.9 以上，说明建筑业的生产高度依赖投资。2010~2020 年，电气机械和器材业、其他制造和废品废料业对投资的依赖度系数大于 0.4，属于典型投资依赖型产业。2015~2020 年，仪器仪表业，金属制品、机械和设备修理业对投资的依赖度系数大于 0.4。2005~2020 年，只有通信设备、计算机和其他电子设备业对出口的依赖度系数始终大于 0.4，属于典型出口依赖型产业。非污染产业以消费依赖型产业为主，尤其是教育业，卫生和社会工作，公共管理、社会保障和社会组织等公共服务部门对消费的依赖度系数均超过 0.9，可见这些部门始终高度依赖消费活动。2005~2020 年，信息传输、软件和信息技术服务业，科学研究和技术服务业两个高新技术产业对投资的依赖度系数总体提升，至 2020 年已上升至 0.4 以上，属于投资依赖型产业。这体现出我国对科学技术活动的重视程度提高，加大了对这些产业的投资力度。

三 生产诱发分析

根据《中国国民经济核算体系（2016）》中关于金融业产出核算方法的规定，金融业最终需求包括最终消费和出口。最终消费是指金融部门为了满足个人或公共消费需求而提供的服务支出，出口指金融部门向非常住单位提供的服务支出，支出核算包括货币市场收取的服务费、资本市场服务产出（包括扣除投资收益和公允价值变动损益后的营业收入和证券交易印花税）、保险业的产出（扣除赔付后的保费收入）等。由于生产诱发额和生产诱发系数的经济意义为，国民经济各部门最终需求项目变动诱发各产业的产出变动。因此，本章依据金融业最终消费和出口的系数，即金融业最终消费和出口占国民经济各行业最终消费和出口总和的比例，分析金融业最终需求的变动对不同产业的生产诱发情况。

图 5.5 和图 5.6 分别为金融业最终需求（消费和出口）变动对污染产业和环保产业的生产诱发额和生产诱发系数。从生产诱发额看，金融业最终需求的生产诱发额逐年上升，2005 年，金融业最终需求诱发污染产业生产额 2616797 万元，诱发环保产业生产额 2725296 万元，2020 年分别为 25250343 万元和 26552713 万元，分别是 2005 年的 9.65 倍和 9.74 倍。根据图 5.5，无论是污染产业还是环保产业，金融业最终消费诱发的生产额都远高于出口。这与金融业最终使用结构相关。2005~2020 年，金融业的最终需求中，消费始终占比 95% 以上，说明金融业最终使用部分的资金主要流向居民和公共部门，用以满足个人和公共消费需求，出口的份额较小。从生产诱发系数看，金融业最终需求中，单位出口诱发的生产额高于消费。对比分析环保产业和污染产业，除 2005 年和 2020 年外，金融业最终需求对污染产业的生产诱发额始终高于环保产业。金融业最终消费诱发的生产额逐年上升。从变动幅度看，2005~2007 年，金融业最终消费对污染产业的生产诱发额增长率为 60.39%，2015~2017 年、2017~2020 年依次为 13.45% 和 30.67%，增速下降明显。金融业对环保产业总产出的诱发额增长率可以分为 2005~2010 年和 2010~2020 年两个阶段：2005~2010 年，缓慢增长；2010~2020 年，快速增长。2005 年，金融业最终消费诱发环保产业生产额为 2678519 万元，2010 年为 4421777 万元，较 2005 年增长了 65.08%；2020 年较 2010 年增长了 487.41%。这与金融业最终消费的变动趋势一致，说明金融业为居民和政府部门提供货币服务的数量增加在一定程度上增加了环保和污染产业的生产额。从生产诱发系数看，金融业单位最终需求诱发的污染产业生产额要高于环保产业，且对污染产业的生产诱发系数呈明显的阶段特征，即在 2005~2007 年上升，2007~2015 年平缓，2015~2020 年大幅下降，对环保产业的生产诱发系数波动较为平缓。这也说明我国实施的绿色金融政策有效抑制了污染产业的发展，但对环保产业的支持侧重于数量的增加，促进环保产业发展的效果并不明显。无论是污染产业还是环保产业，金融业最终消费的生产诱发系数始终低于出

口，这说明金融业出口对产业的生产诱发作用更强。尽管金融业出口数量逐年增加，但金融业出口在金融业最终需求中的占比仍很小，我国金融业出口和消费仍存在较大的逆差。

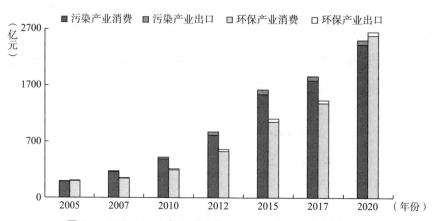

图 5.5　2005～2020 年金融业最终需求对产业的生产诱发额
资料来源：经投入产出表计算得到。

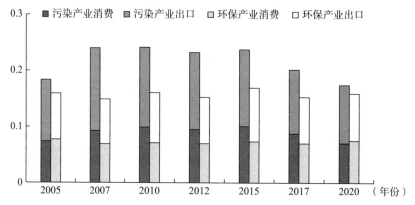

图 5.6　2005～2020 年金融业最终需求对产业的生产诱发系数
资料来源：经投入产出表计算得到。

四　细分行业分析

表 5.14 和表 5.15 分别为金融业最终需求变动对不同污染程度产业及不同污染程度产业内各要素密集型产业的生产诱发额和生产诱发系数

均值。首先对不同污染程度产业进行分析。有关金融业最终需求对不同污染程度产业的生产诱发额，2005 年和 2020 年从大到小依次为非污染、重度污染、中度污染、轻度污染，2007~2017 年生产诱发额从大到小依次为重度污染、非污染、中度污染、轻度污染。2005~2020 年，按金融业最终需求的生产诱发系数排序，从大到小依次为重度污染、非污染、轻度污染、中度污染。金融业最终消费生产诱发额排序结果与最终需求一致。2007~2012 年，金融业出口对各产业的生产诱发额从大到小依次为重度污染、轻度污染、中度污染、非污染，2015~2020 年为重度污染、轻度污染、非污染、中度污染。从变化趋势看，金融业最终需求对不同污染程度产业的生产诱发额均呈上升趋势。而金融业最终需求对不同污染程度产业的生产诱发系数呈不同的变动趋势。对重度污染产业的生产诱发系数在 2005~2007 年上升，2007~2015 年平缓，2015~2020 年下降；对中度污染产业的生产诱发系数整体呈下降趋势；对轻度污染和非污染产业的生产诱发系数变动不大。从变动幅度看，金融业对重度、中度污染产业的生产诱发额年均增速直线下降，对轻度污染产业的生产诱发额年均增速在 2005~2015 年上升，2015~2020 年大幅下降，对非污染产业的生产诱发额年均增速大幅上升，在 2015~2020 年有小幅度的下降。这与我国国民经济结构的变动有关。近年来我国第三产业增加值迅速上升，第三产业在经济结构中的地位提升，金融业与第三产业间的联系逐渐加强。加上绿色信贷政策的推动，金融业对第三产业的生产诱发作用逐渐增强。从生产诱发额看，金融业出口对重度、轻度和非污染产业的生产诱发额在 2005~2015 年大幅上升，在 2015~2017 年小幅下降，在 2017~2020 年上升；对中度污染产业的生产诱发额逐年上升。从生产诱发系数看，相对来说，金融业出口对中度污染产业的生产诱发系数小幅下降，对重度污染产业的生产诱发系数呈倒 U 形变动，在 2005~2010 年上升后又下降，对轻度污染和非污染产业的生产诱发系数基本不变。

表 5.14   2005～2020 年金融业最终需求对细分行业的生产诱发额

单位：亿元

类型	2005 年		2007 年		2010 年		2012 年		2015 年		2017 年		2020 年	
	消费	出口	消费	出口	消费	出口	消费	出口	消费	出口	消费	出口	消费	出口
重度污染	299	7	484	15	722	34	1196	65	2001	88	2303	77	2992	82
劳动密集型	312	6	474	7	724	17	1299	30	2022	44	2688	38	3336	41
资本密集型	217	8	322	17	431	36	565	73	876	89	788	77	1295	84
技术密集型	403	9	742	24	1111	62	1848	117	3200	158	3254	144	4514	152
中度污染	131	4	187	6	269	14	388	31	614	39	614	40	878	41
劳动密集型	107	4	156	6	215	14	287	30	495	40	501	41	684	42
资本密集型	163	4	232	6	342	15	513	32	795	38	783	37	1169	40
轻度污染	109	6	127	9	210	24	251	41	509	61	461	59	743	68
劳动密集型	82	1	65	1	91	2	103	5	152	8	110	4	220	5
资本密集型	64	2	94	3	124	5	149	7	163	5	197	6	311	5
技术密集型	124	9	154	13	264	35	336	62	745	97	713	99	1164	120
非污染	392	4	477	5	669	13	1123	29	1734	47	2201	42	3682	52
劳动密集型	534	5	660	6	873	16	1528	37	2181	64	2729	53	4370	67
资本密集型	318	5	354	6	666	14	969	30	1598	42	2369	50	4053	60
技术密集型	210	1	270	2	382	7	719	18	1337	31	1613	26	2922	34

注：采用各部门产出额比重进行加权平均。

资料来源：经投入产出表计算得到。

表 5.15   2005～2020 年金融业最终需求对细分行业的生产诱发系数

单位：亿元

类型	2005 年		2007 年		2010 年		2012 年		2015 年		2017 年		2020 年	
	消费	出口	消费	出口	消费	出口	消费	出口	消费	出口	消费	出口	消费	出口
重度污染	0.09	0.12	0.11	0.17	0.12	0.16	0.11	0.16	0.12	0.16	0.11	0.13	0.09	0.12
劳动密集型	0.09	0.10	0.11	0.09	0.12	0.08	0.12	0.07	0.12	0.08	0.13	0.06	0.10	0.06
资本密集型	0.06	0.14	0.07	0.20	0.07	0.17	0.05	0.17	0.05	0.16	0.04	0.13	0.04	0.12
技术密集型	0.12	0.16	0.17	0.28	0.18	0.30	0.18	0.28	0.19	0.29	0.15	0.24	0.13	0.22
中度污染	0.04	0.07	0.04	0.07	0.04	0.07	0.04	0.07	0.04	0.07	0.03	0.07	0.03	0.06

类型	2005 年		2007 年		2010 年		2012 年		2015 年		2017 年		2020 年	
	消费	出口	消费	出口	消费	出口	消费	出口	消费	出口	消费	出口	消费	出口
劳动密集型	0.03	0.07	0.04	0.07	0.03	0.07	0.03	0.07	0.03	0.07	0.02	0.07	0.02	0.06
资本密集型	0.05	0.07	0.05	0.07	0.06	0.07	0.05	0.08	0.05	0.07	0.04	0.06	0.03	0.06
轻度污染	0.03	0.10	0.03	0.10	0.03	0.12	0.02	0.10	0.03	0.11	0.02	0.10	0.02	0.10
劳动密集型	0.02	0.01	0.01	0.01	0.01	0.01	0.01	0.01	0.01	0.01	0.01	0.01	0.01	0.01
资本密集型	0.02	0.03	0.02	0.03	0.02	0.02	0.02	0.03	0.01	0.01	0.01	0.01	0.01	0.01
技术密集型	0.04	0.15	0.03	0.15	0.04	0.17	0.03	0.15	0.03	0.17	0.03	0.17	0.03	0.17
非污染	0.11	0.07	0.11	0.06	0.11	0.06	0.11	0.07	0.11	0.08	0.10	0.07	0.11	0.08
劳动密集型	0.15	0.08	0.15	0.07	0.14	0.08	0.15	0.09	0.13	0.11	0.13	0.09	0.13	0.10
资本密集型	0.09	0.09	0.08	0.07	0.11	0.09	0.09	0.07	0.10	0.08	0.11	0.08	0.12	0.09
技术密集型	0.06	0.02	0.06	0.02	0.06	0.03	0.07	0.04	0.08	0.06	0.08	0.04	0.08	0.05

注：采用各部门产出额比重进行加权平均。

资料来源：经投入产出表计算得到。

其次对产业内不同要素密集型产业进行分析。在重度和轻度污染产业中，金融业消费和出口对技术密集型产业的生产诱发额和生产诱发系数最高。在重度污染产业中，金融业对食品和烟草业，化学产业，电力、热力生产和供应业的生产诱发系数较高，且呈上升趋势。这3个产业作为基础性产业，产出品一般为生活必需品，具有一定的产业基础，市场需求大且稳定。所以，尽管这些产业的污染程度较高，居民对其的消费意愿也一直较强。随着经济发展水平的提高，居民的消费意愿会增强，对资金的需求增大，金融业最终消费的增加会带动这些产业生产额的增加。金融业最终需求变动对煤炭采选产品业、非金属矿物制品业、金属冶炼和压延加工业3个产业的生产诱发系数呈下降趋势。这说明金融业最终需求的变动，诱发这些高污染产业的生产额大幅下降。这与我国的环境政策相关。2006年下半年，我国开始制定"双高"产品名录。2008年，国家环保总局发布了第一批"高污染、高环境风险"产品名录（现调整为《环境保护综合名录》），限制高污染产业的发展。而煤炭采选产品业、非金属矿物制品业、金属冶炼和压延加工业 3 个产业作为高污染产业，金融业应减少对其资金支持，引导居民减少对这些产业的消费，从而限制高污染产业的生产。在中度污染产业中，金融业消费对资本密集型产业的生产诱发额和生产诱发系数大于劳动密集型产业。在非污染产业中，除 2005 年的金融业出口外，金融业消费和出口对劳动密集型产业的生产诱发额和生产诱发系数最高，资本密集型产业次之，技术密集型产业最低。

第五节　小结

绿色发展理念下，金融业支持环保产业发展和抑制污染产业扩张的效果及其影响路径分析是理论界和学术界探讨的重要问题。本章首先对国内外划分污染产业和环保产业的方法及其优缺点进行梳理，发现依据污染密集指数测度产业污染属性的方法所考虑的内容更全面。因此，本章依据产业的综合污染密集指数将国民经济产业部门划分为 8 个重度污染产业、6 个中度污染产业、12 个轻度污染产业和 15 个非污染产业，并将重度污染产业和中度污染产业整体划分为污染产业，将轻度污染产业和非污染产业划分为环保产业。同时，依据产业的要素密集度，将产业划分为劳动密集型产业、资本密集型产业和技术密集型产业。

其次，依据污染产业和环保产业的划分结果，选取 2005 年、2010 年、2015 年和 2020 年的投入产出表对环保产业和污染产业的增加值结构、使用结构和产出结构进行分析。结果发现，污染产业属于中间产品型产业，环保产业属于最终需求型产业。从静态看，污染产业和环保产业产出主要由乘数效应和溢出效应带动，其中溢出效应更强。从动态看，污染产业产出的增加主要由溢出效应驱动，而环保产业产出的增加更多依靠乘数效应驱动。

再次，根据 2005 年、2007 年、2010 年、2012 年、2015 年、2017 年和 2020 年投入产出表计算金融业对环保产业和污染产业的分配系数、消耗系数、影响力系数和感应度系数，分析金融业与环保产业和污染产业的产业关联效应，即金融业对环保产业和污染产业的供给推动作用和需求推动作用。结果发现，从供给推动作用看，金融业对环保产业和污染产业的间接供给推动作用均大于直接供给推动作用，金融业对环保产业的直接货币供给推动作用强于污染产业。金融业对环保产业的货币供给推动作用平稳发展，对污染产业的货币供给推动作用自 2012 年起呈明显的下降趋势。从需求拉动作用看，金融业对环保产业的需求拉动作用强于污染产业，且整体呈上升趋势；金融业对污染产业的需求拉动作用则呈下降趋势。金融业对污染产业的间接需求拉动作用远大于直接需求推动作用。

最后，计算环保产业和污染产业的最终依赖度系数，以及金融业最终需求项目（消费和出口）对环保产业和污染产业的生产诱发额和生产诱发系数，分析金融业对产业绿色发展的影响渠道和效果。结果发现，出口对产业增长的拉动作用逐渐减弱，产业增长主要依靠消费需求和投资需求驱动，投资需求的拉动作用逐渐增强。金融业最终需求的变动对环保产业和污染产业的生产诱发额均呈逐年上升的趋势，且最终消费的生产诱发额占主体地位。但金融业出口的生产诱发作用要强于消费。从生产诱发系数看，金融业对污染产业的生产诱发系数要高于环保产业，且对污染产业的生产诱发系数呈明显的阶段特征。这也说明我国实施的绿色金融政策有效抑制了污染产业的发展，但对环保产业的支持侧重于数量的增加，促进环保产业发展的效果并不明显。

第六章　金融发展对企业绿色发展的
影响机制分析

　　企业作为绿色技术创新的微观主体和经济绿色转型的主要载体，其绿色发展对中国经济实现全面绿色转型具有重要的推动作用。从总体来看，地区金融发展水平能够缓解企业融资约束，提高企业绿色技术创新投入，进而促进企业绿色发展。在这一过程中，企业自身的产权性质、融资约束度、资产收益率、资产负债率、污染属性、创新投入与债务结构都将影响地区金融发展水平对企业绿色发展的作用效果。区域的对外开放程度、媒体对企业的关注度也将对企业绿色发展产生影响。可见，在金融机构大力支持绿色发展的背景下，地区金融发展水平如何作用于企业绿色发展是理论界和学术界亟须考察的重要课题。基于此，本章将实证考察金融发展对企业绿色发展的影响机制。

　　本章的结构安排如下。首先，从国家近年来对污染企业与绿色企业所采取的政策层面、金融体系引导经济绿色转型实践层面，以及污染企业与环保企业的绿色创新发展、地区金融发展水平及创新投入的数据关系层面系统分析了地区金融发展水平影响企业绿色发展的客观现实。在此基础上，对金融发展水平影响企业绿色发展的问题提出理论假设。其次，建立面板回归模型，实证考察金融发展水平及金融规模、金融效率与金融结构对企业绿色发展的作用效果。同时细化企业样本分类，对区域金融发展对污染企业和非污染企业绿色创新发展的作用效果进行比较分析。再次，以企业的融资约束、创新投入与债务结构作为中介变量，建立中介效应模型，实证考察金融发展水平对企业绿色发展的影响机制和作用效果。最后，以产权性质和媒体关注作为调节变量，建立调节效应模型，实证考察产权性质和媒体关注对金融发展水平影响企业绿色发展的调节效果。

第一节　特征事实与研究假设

一　特征事实

改革开放至今，我国经济发展取得了骄人成绩。《中国统计年鉴2023》数据显示，我国国内生产总值从 1978 年的 3678.7 亿元增加到 2022 年的 121 万亿元，增长了近 328 倍。目前，中国已经连续 10 余年成为世界第二大经济体，与美国的经济差距也在逐渐缩小。然而，在"中国奇迹"续写的同时，尤其是工业化和城镇化的进程加快，以"高能耗、高污染"为特点的粗放型经济发展模式也带来了能源枯竭、生态环境污染、区域发展不协调等突出问题，尤其是环境污染问题越发严峻。《2019 中国生态环境状况公报》显示，2019 年我国空气质量达标城市仅占 46.6%，空气优秀天数比例为 31.1%，污染问题造成了数万亿美元的经济损失。伴随经济的快速发展、绿色发展理念的不断深化、中央和各级政府相关政策的颁布，我国经济发展目标逐渐由追求快速发展向追求经济绿色转型。绿色经济在提升经济产出的同时，注重对生态资源的合理利用和对环境的保护，有助于提升人民福祉，促进区域协调发展，是一种实现经济效益、生态效益和社会效益最大化的持续经济。同时，在改革开放以后，我国的金融发展规模逐渐扩大，金融体系逐渐完善，金融业的发展取得了显著的成果。金融业作为现代经济发展的核心，对实体经济的生产经营、资源分配、产业结构调整和宏观经济调控具有重要作用。当前我国正处于经济转型的关键时期，而通过金融发展推动经济绿色转型已经成为必然选择。

企业是污染排放的最重要主体，企业污染已经超过我国污染总量的

80%。要求企业提高环保表现是我国环境治理的根本所在。为此，近年来，我国政府不断加强对企业的环境监管。2008 年，国家环保总局提出要加强上市公司环保监管。2011 年，国务院提出要落实并追究企业环境安全主体责任。2013 年，国务院提出要治理突出环境问题，营造绿色消费政策环境，推广节能环保产品。2015 年，《环境保护法》正式实施，环保部和国家发展改革委联合要求加强企业环境污染治理，强化环境风险管理。2017 年，环保部提出明确排污者担负污染治理主体责任。2019 年，生态环境部提出，对生态环境治理做出突出贡献的民营企业优先推荐参评中华环境奖，让守法企业获得市场竞争优势，让违法企业付出高昂代价。

除了对企业实施环境管理，国家也将金融体系作为引导企业绿色发展的重要手段。在绿色信贷方面，早在 1995 年，中国人民银行就发布了《关于贯彻信贷政策与加强环境保护工作有关问题的通知》，希望通过信贷政策强化企业的环境保护行为。随着环境污染问题日益严重，2007 年，国家环保总局、中国人民银行、中国银监会联合发布《关于落实环保政策法规防范信贷风险的意见》，该意见的发布标志着绿色信贷成为我国污染减排的重要经济手段。近年来，为促进经济与环境的和谐发展，国家不断加大对绿色信贷的支持力度，各银行机构也在国家政策的引领下，积极落实绿色信贷政策。2016 年 8 月，一行三会及财政部、国家发展改革委、环境保护部等七部门联合发布《关于构建绿色金融体系的指导意见》，为金融支持经济绿色转型奠定了坚实的基础。在 2023 中国国际金融年度论坛上，国家金融监督管理总局副局长周亮讲话介绍，2013 年 6 月末至 2023 年 6 月末，各政策性银行、国有商业银行等国内 21 家主要银行绿色信贷余额从 48526.84 亿元增至 25 万亿元，绿色信贷规模同比增长 33%，目前我国绿色信贷规模已经跃居世界首位。在绿色债券方面，农业银行于 2015 年 10 月在伦敦证券交易所发行首只绿色债券，开启了我国金融机构在海外发行绿色债券的新篇章。2016 年我国境内绿色债券市场开始启动，共发行 61 只绿色债券，使中国成为当年绿色债券发行量最大的国家。2017 年绿色债券发展迅猛，数量大幅增加，达到 123 只，成为世界上绿色债券发行量第二大国家。2022 年，我国绿色债券发行数量再度增加到 610 只。我国债券发行规模也从 2016 年的 2312.31 亿元上涨到 2018 年的 8044.03 亿元，绿色债券的筹集资金为企业绿色发展添加了动力。在绿色保险方面，近年来，我国也初步建立了绿色保险制度，2022 年，累计绿色保险额度已经超过 45 万亿元，进一步推动了企业的绿色投融资发展。

　　为了从现实层面描绘区域金融发展水平与企业绿色发展之间的关系，本章根据第五章中污染产业与绿色产业的划分，将样本企业中属于重度污染和中度污染产业的企业定义为污染企业，将属于轻度污染与非污染产业的企业界定为绿色企业，进而得到污染企业样本与绿色企业样本。在此基础上，考察地区金融发展水平对污染企业与绿色企业绿色创新发展的影响。本章进一步选取企业研发投入的对数作为创新投入的衡量指标，选取上市公司绿色专利授权数加 1 取对数来度量绿色创新发展水平，数据来源于国泰安数据库。地区金融发展水平的衡量指标来源于第三章测算得出的金融综合指数。表 6.1 给出了污染企业和绿色企业所对应的绿色创新发展水平、地区金融发展水平、创新投入情况的各年度均值。

表 6.1　2009~2021 年企业各年度平均值

年份	绿色创新发展水平		地区金融发展水平		创新投入	
	污染企业	绿色企业	污染企业	绿色企业	污染企业	绿色企业
2009	0.1768	0.1886	0.0568	0.0702	0.4023	0.6871
2010	0.2472	0.3145	0.0576	0.0729	0.4768	0.9281
2011	0.3002	0.3874	0.0512	0.0624	0.8247	1.7139
2012	0.3354	0.4090	0.0513	0.0595	1.9163	3.3421
2013	0.4033	0.5254	0.0534	0.0611	1.9713	3.6232
2014	0.4321	0.5398	0.0626	0.0734	1.9417	3.6714
2015	0.5059	0.6431	0.0713	0.0818	2.2028	3.9641

续表

年份	绿色创新发展水平		地区金融发展水平		创新投入	
	污染企业	绿色企业	污染企业	绿色企业	污染企业	绿色企业
2016	0.5322	0.6570	0.0773	0.0866	2.3069	4.2185
2017	0.5406	0.7151	0.0750	0.0840	2.3568	4.4252
2018	0.5610	0.7754	0.0697	0.0784	2.5906	4.8446
2019	0.6369	0.7643	0.0733	0.0828	2.7661	5.1042
2020	0.8002	0.8975	0.0845	0.0943	2.9621	5.3734
2021	0.8324	1.0121	0.0769	0.0876	3.0606	5.8008

资料来源：《中国环境统计年鉴》《中国工业统计年鉴》。

由表 6.1 可以看出，2009~2021 年，无论是污染企业还是绿色企业，其绿色创新发展水平、地区金融发展水平以及企业创新投入水平均呈现整体上升趋势。因此，笔者从现实数据角度提出设想，地区的金融发展水平是否提高了企业的创新投入，进而推动了企业绿色发展。

无论是从国家对企业环境监管的政策法规层面、金融机构对企业信贷的管理方面，还是从污染企业和绿色企业所对应的绿色创新发展水平、地区金融发展水平以及创新投入的关系来看，地区金融发展水平与经济绿色转型都有明显的关系。而目前虽然对金融发展和经济绿色转型的研究已经逐渐深入，但是鲜有文献将"金融发展—企业绿色发展"直接联系起来。现有文献大多从金融发展的功能角度和绿色全要素生产率的角度来分析。如黄建欢等（2014）分析了金融发展对绿色经济影响的四个机理，根据我国省级数据，运用空间杜宾模型分析发现，资本配置和企业监督对绿色经济的作用更为突出，而绿色金融作用及其空间溢出效应都不显著，应该加大金融发展对绿色产业的支持力度。王伟（2017）则通过县域视角研究金融发展和绿色全要素生产率（GTFP）之间的关系，全样本结果表明，县域的金融发展通过促进绿色技术进步推动了绿色全要素生产率的提高，而在分样本结果中，上游地区却表现出金融发展对绿色全要素生产率的抑制作用。同样将绿色全要素生产率作为研究对象,周五七(2018)根据长江上下游地区的数据,探究金融发展的深度与效率对绿色全要素生产率的影响,发现金融效率的提升对绿色全要素生产率有促进作用,但是金融深化的影响并不明显。与此研究结果相类似,刘建国和王林蔚(2018)根据西北五省的数据,将金融发展分为四个维度,研究金融发展对五省绿色发展的影响,研究结果表明,金融效率的提升对绿色金融发展有显著的促进作用,资本市场的发展却抑制了绿色发展。除了以绿色全要素生产率来衡量经济绿色转型水平,马留赘等(2017)实证分析了金融发展对绿色产业的影响,以全国数据为样本,发现金融规模的扩大未能显著提高绿色产业的发展水平,而金融效率的提升和金融结构的优化则对绿色发展有明显的促进作用。大部分学者的研究表明金融发展或其中某个方面的发展能够促进绿色发展,但是也有学者得出相反的研究结论,如葛鹏飞等(2018)以国际数据为样本,研究结果表明金融发展阻碍了绿色全要素生产率的提升。综合而言,考察金融发展与企业绿色发展之间关系的直接文献较少。鉴于此,本章将通过建立面板模型、中介效应模型、调节效应模型系统考察金融发展对企业绿色发展的影响与作用机制。

二 研究假设

资金是上市公司可持续发展的根本,是企业日常经营与扩大规模的前提保障,企业的绿色发展同样离不开资金的支持。企业资金来源除了内部盈余积累,还包括债务融资等外部来源,债务融资规模及成本则受到企业所属区域金融发展水平的影响。区域金融发展体现在区域金融规模、金融结构与金融效率三个方面。首先,金融规模扩大表示企业所属区域金融机构和组织数量增多,汇集社会闲散资金的能力增强,这不仅增加了资金供给,还降低了金融机构与上市公司之间的信息不对称程度,进而降低了企业获得资金的难度与融资成本。企业的融资成本降低,会促使企业将更多的资金用于引进先进的生产设备、增加自身的绿色研发投入，从而减少生产经营给环境带来的污染。其次，区域金融结构的优化体现在区域金融市场化程度的提升、金融机构功能与组织形式的不断完善、金融产品与服务类型的创新等方面。金融结构的优化会提升区域金融市场化水平与市场监管水平，对上市公司信息披露尤其是社会、环境方面信息披露的监管更加严格，促使企业更注重环保责任与可持续发展。同时，区域金融结构的优化，可以为当地上市公司提供更加多样的融资方式，金融机构可以通过绿色债券、绿色证券、绿色保险、绿色投资和碳金融等绿色金融产品，引导企业将资金投向环保、节能、清洁等领域，促使企业绿色发展、减少其对环境的污染。最后，区域金融效率体现的是金融发展质量。资源配置作为金融的核心功能，有着非常重要的作用，合理的资源配置可以有效发挥金融效率的作用。金融市场效率可以看作衡量金融市场资源优化配置情况的指标。就金融市场而言，其资源配置效率是指金融市场通过在不同主体、不同部门之间进行资源分配，保证资金从低生产效率部门流向高生产效率部门，从而实现资源的合理利用及资源利用率的提升，进而促进企业的可持续发展。因此，区域金融效率的提高会促使资金更多地流入注重绿色创新发展的企业。综上所述，本章提出假设1。

假设1：区域金融发展会显著促进上市公司的绿色创新发展。

相比于轻污染与非污染企业，重污染企业的绿色转型与发展是一个漫长的过程，无论是引进绿色生产技术或者进行绿色技术研发均需要大量资金投入，当下我国企业进行绿色生产及环保活动多依赖于外部融资，因而污染企业的绿色发展更需要金融机构的信贷支持。区域金融发展在为当地企业提供新的外部融资支持、拓宽外部融资渠道的同时，污染企业获取绿色创新发展所需资金的难度可能更高。区域金融发展中的绿色理念在一定程度上能够引导社会资金流向绿色技术研发效率和资源利用效率更高的行业（郭威、曾新欣，2021），有助于推动重污染行业内部资源配置效率的提升（张小可、葛晶，2021）。同时，金融机构在落实绿色信贷政策的过程中，不注重环境保护与绿色发展的重污染企业

222

会受到限制与禁止，进而可以淘汰部分绿色发展水平低的重污染企业，剩余的重污染企业为了获取金融机构的信贷支持以及实现自身的可持续发展，会更多地通过绿色技术创新或者引进清洁生产设备来减少污染排放，达到清洁生产标准。调查研究显示，对金融机构绿色信贷的重点实施对象而言，相对于绿色项目的资金支持，金融机构采取的措施主要是限制污染项目的信贷资金总额和高利率。因此，区域金融发展对污染企业进行绿色创新发展的促进作用可能更大。基于上述分析，本章提出假设 2。

假设 2：区域金融发展对污染企业进行绿色创新发展的促进作用更大。

区域金融发展可以为企业带来更多的资金支持与融资方式选择，为企业进行绿色创新发展提供了资金保障，缓解了企业的融资约束，融资约束水平的降低可以促使企业进行更多的绿色创新研发，进而带动企业的绿色创新发展。因此，本章提出假设 3。

假设 3：区域金融发展通过缓解企业融资约束进而促进企业绿色创新发展。

区域金融发展水平的提升增加了企业可获得的信贷，提升了其融资方式选择的多样性，企业的绿色发展离不开绿色技术的不断创新，大量的研发投入是企业获取绿色技术与成果的重要途径，充足的资金会促使企业进行更多的研发投入，做出对企业长期可持续发展有利的行为，因而区域金融发展会加大企业的创新投入，进而促进企业的绿色创新发展。据此，本章提出假设 4。

假设 4：区域金融发展通过增加企业创新投入进而促进企业绿色创新发展。

我国企业在进行绿色创新发展时通常面临着融资短缺问题，这一方面是由于企业与金融机构的信息不对称、绿色创新回报周期长、高风险等；另一方面是由于资金供给不足、债务融资期限结构错配等，而且这也是融资短缺问题的主要原因。企业的绿色项目与绿色技术研发通常表现为回报周期长、高风险的特征，这导致企业的绿色研发项目很难获得长期融资，因此企业在绿色创新发展方面经常面临严重的期限错配与投资约束问题，从而制约了企业的绿色创新发展。区域金融发展不仅为企业提供了充足的资金，而且可以通过延长信贷期限增加企业的长期融资，这些长期资金可以有效缓解由债务期限错配带来的绿色发展约束，进而促进企业的绿色创新发展。基于以上分析，本章提出假设5。

假设5：区域金融发展通过改善企业债务结构进而促进企业绿色创新发展。

第二节　模型构建、变量选取与数据说明

一　模型构建

（一）基准回归模型构建

为检验本章提出的假设，本章将建立基准回归模型（6.1）来检验区域金融发展对企业绿色发展的影响。模型中，gp_{it} 代表 i 上市公司 t 年的绿色创新发展水平，fdl_{it} 代表 i 上市公司 t 年所在区域的金融发展水平；C_{it} 为控制变量合集，分别选取净资产收益率（roa）、资产负债率（lev）、账面市值比（mb）、股权集中度（top）、独立董事比例（ind-$dire$）、机构投资者持股比例（iip）、两职合一（$dual$）、区域对外开放程度（op）、区域经济发展水平（led）；$Year$ 和 Ind 分别代表年度和行业虚拟变量。

$$gp_{it} = \alpha_0 + \alpha_1 fdl_{it} + \alpha_2 C_{it} + Year + Ind + \varepsilon_{it} \tag{6.1}$$

构建模型（6.2）细分解释变量来检验金融规模、金融效率和金融结构对企业创新发展的影响，fsc_{it}、fst_{it}、fet_{it} 分别代表 i 上市公司 t 年所在区域的金融规模、金融结构与金融效率，其他变量含义同模型（6.1）。

$$gp_{it} = \alpha_0 + \alpha_1 fsc_{it} + \alpha_2 fst_{it} + \alpha_3 fet_{it} + \alpha_4 C_{it} + Year + Ind + \varepsilon_{it} \tag{6.2}$$

（二）中介效应模型构建

为了进一步探讨金融发展水平对企业绿色发展水平的影响机制，本章参照 Alwin 和 Hauser（1975）、温忠麟和叶宝娟（2014）的做法，建立如下中介效应模型：

$$gp_{it} = \alpha_0 + \alpha_1 fdl_{it} + \alpha_2 C_{it} + \varepsilon_1 \tag{6.3}$$

$$mediator_{it} = \beta_0 + \beta_1 fdl_{it} + \beta_2 C_{it} + \varepsilon_2 \tag{6.4}$$

$$gp_{it} = \gamma_0 + \gamma_1 fdl_{it} + \gamma_2 mediator_{it} + \gamma_3 C_{it} + \varepsilon_3 \tag{6.5}$$

其中，$mediator_{it}$ 为中介变量，分别为 i 上市公司第 t 年的融资约束（sa_{it}）、创新投入（iit_{it}）、债务结构（$longda_{it}$），其他变量含义同上。

模型（6.3）中的系数 α_1 为自变量金融发展水平对因变量企业绿色创新发展的总效应；模型（6.4）中的系数 β_1 为自变量对中介变量的效应；模型（6.5）中的系数 γ_2 是在控制了自变量的影响后，中介变量对因变量的效应；模型（6.5）中的系数 γ_1 是在控制了中介变量的影响后，自变量对因变量的直接效应。系数乘积 $\beta_1 \times \gamma_2$ 为中介效应，也即间接效应（见图 6.1）。

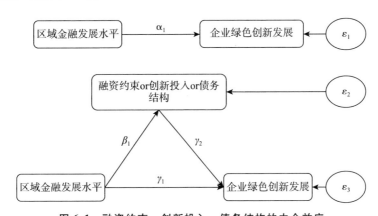

图 6.1 融资约束、创新投入、债务结构的中介效应

（三）调节效应模型构建

本章以产权性质和媒体关注作为调节变量建立调节效应模型如下：

$$gp_{it} = \alpha_0 + \alpha_1 fdl_{it} + \alpha_2 moderator_{it} + \alpha_3 fdl_{it} \times moderator_{it} + \alpha_4 C_{it} + \varepsilon_{it} \tag{6.6}$$

其中，$moderator_{it}$为调节变量，分别为 i 上市公司第 t 年的产权性质（$state_{it}$）和媒体关注（mm_{it}），其他变量含义同上。α_3 作为调节变量与解释变量交乘项的回归系数，代表着产权性质或媒体关注程度对金融发展影响企业绿色创新发展的调节效应的方向和强度（见图 6.2）。

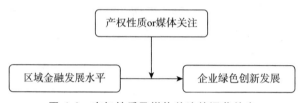

图 6.2　产权性质及媒体关注的调节效应

二　变量选取

（一）被解释变量

本章选取的被解释变量为企业绿色发展水平（gp），以上市公司绿色创新发展水平代表企业绿色发展水平。绿色技术创新作为技术创新的一种具体形式，是指以环境保护为目的的技术创新，对于企业来说，绿色技术创新兼具经济、环境的双重效益，是企业可持续发展的关键。本章借鉴宋福琳（2021）的研究方法，选用绿色专利数来对企业绿色技术创新进行衡量。本章用上市公司绿色专利授权数加 1 取对数来度量企业的绿色技术创新水平，即 $gp = \ln$（上市公司绿色专利授权数+1）。

（二）解释变量

根据本章的研究目标，区域金融发展水平（fdl）作为本章的核心解释变量，使用前文构建的包含金融规模（fsc_{it}）、金融结构（fst_{it}）、金融效率（fet_{it}）三个维度共 12 个子指标的金融发展综合指标体系，并运用熵权法测度出金融发展综合指数来衡量各地区金融发展水平。具体的指标描述如表 6.2 所示。

表 6.2　金融发展综合指标体系

二级指标	序号	三级指标	数据来源
金融规模	1	金融业增加值/GDP	EPS、中经网、《中国金融统计年鉴》、各省份统计年鉴、锐思数据库
	2	金融机构人民币各项存款余额/GDP	
	3	金融机构人民币各项贷款余额/GDP	
	4	股票市价总值/GDP	
	5	股票筹资额/GDP	
	6	保费收入/GDP	
	7	保费支出/GDP	
金融结构	8	股票市价总值/金融机构人民币存贷款余额之和	
	9	保费收入/金融机构人民币存贷款余额之和	
金融效率	10	金融机构人民币各项存款余额/金融机构人民币各项贷款余额	
	11	股票筹资额/股票市价总值	
	12	保费支出/保费收入	

（三）控制变量

考虑到遗漏变量导致的模型识别问题，参考已有研究选取影响企业绿色发展的一系列因素，如净资产收益率、资产负债率、账面市值比、股权集中度、独立董事比例、机构投资者持股比例、两职合一、区域对外开放程度、区域经济发展水平等作为本章的控制变量。

（1）净资产收益率（roa）：净资产收益率是衡量公司盈利能力的重要指标，当上市公司的净资产收益率较高时，意味着企业的盈利能力较强，企业可以将更多的资金用于绿色创新发展。基于此，本章将上市公司的净利润/总资产作为实证模型中的控制变量。

（2）资产负债率（lev）：上市公司资产负债率代表总资产中负债的比例，因此，资产负债率越高，偿债能力越弱，融资越困难，可能会影响企业经营稳定性。蔡吉甫（2007）认为较高的资产负债率意味着财务风险高，容易发生财务困境，财务状况越差则意味着企业越没有多余的资金用于绿色创新，因而将资产负债率纳入研究模型是非常必要的。

（3）账面市值比（*mb*）：账面市值比是上市公司净资产与公司市值的比值，当公司账面市值比较低时，表示公司成长性较强；当账面市值比较高时，表示公司具有较大的投资价值，通常财务状况相对较好，可能更注重企业的创新发展，因此本章将账面市值比作为控制变量加入实证模型。

（4）股权集中度（*top*）：股权集中度是衡量公司大股东对公司控制程度的指标。股权结构被认为是公司投资决策的主要驱动力，但对于股权结构对企业创新的影响，学术界还未形成统一观点。部分学者基于双重委托代理理论和投资理论，发现较高的股权集中度会使控股股东倾向于"掏空"企业，侵害中小股东利益，进而不利于增加企业创新投入（程翠凤，2018）。部分学者则认为股权集中会促进大股东与中小股东利益趋同，进而有助于增加企业创新投入（许玲玲，2015）。根据陈德萍和陈永圣（2011）的度量方法，本章采用公司第一大股东持股数占总股本的比例来测量股权集中度。

（5）独立董事比例（*inddire*）：独立董事比例是指董事会中独立董事所占比例。现有文献对于实施独立董事制度能减少代理问题与约束管理层自利行为的研究结论并不统一。部分学者认为独立董事在董事会中的占比越高，越能减少高管的自利行为（邓小洋、李芹，2011），进而有利于企业长远发展。也有学者认为独立董事相比于管理层存在信息劣势，不能有效发挥其监督职能，甚至独立董事可能只是形式上的安排，并没有发挥其应有的治理作用（叶康涛等，2011）。根据李维安和徐建（2014）的研究方法，本章用独立董事人数占董事会总人数的比例对独立董事比例进行度量。

（6）机构投资者持股比例（*iip*）：机构投资者是指利用自身的资金，在资本市场从事证券投资的法人。机构投资者能够促进企业的创新，增加企业的研发投入（汪蕾、李冬妍，2020）。规模化的投资会使机构投资者获得较高的持股比例，在企业治理中获得更大的话语权。机构投资者持有的价值投资理念会对管理层发展战略选择产生影响，使企业将更多的资金投入具有长期性的创新活动（Gillan and Starks，2003）。因而机构投资者持股比例可能会影响企业的绿色创新活动，进而影响企业的绿色创新水平。本章采用机构投资者持有的上市公司股份比例来测算机构投资者的持股情况。

（7）两职合一（dual）：两职合一是指公司的总经理与董事长为同一人的现象。在两职合一的领导权力结构中，董事会对高管人员的监管约束力变弱，由于权力高度集中，高管人员容易发生自利行为（Tuggle et al.，2010）。高管人员的自利行为可能会降低企业的研发投入水平，影响企业的绿色创新发展。

（8）区域对外开放程度（op）：区域对外开放程度对上市公司绿色发展的影响有两方面。一方面，对外开放程度高可以吸引外来投资，通过技术溢出效应，提升本地企业技术水平，推动生产绿色化；另一方面，外来投资也可能通过向当地转移污染产业来逃避本国的环境规制，对当地环境造成污染，抑制企业绿色发展。本章采用进出口总额与地区生产总值之比表示区域对外开放程度。

（9）区域经济发展水平（led）：区域经济发展水平提高，可以从两方面促进企业绿色发展。一方面，区域经济发展水平决定了居民消费结构和层次，当居民收入水平达到一定程度时，居民会提高消费质量，增加对绿色产品的需求，进而激励企业提高绿色发展水平，满足居民的绿色消费需求；另一方面，区域经济发展水平提高会带动消费总量的提升，刺激企业扩大生产规模，消耗更多的能源，产生更多的污染排放。因此，区域经济发展水平对企业绿色发展的影响取决于规模效应和技术效应的相互作用。本章用区域人均 GDP 取对数来测算经济发展水平。

表 6.3 为以上变量的相关说明。

表 6.3　变量说明

变量类型	变量名称	符号	度量方法
被解释变量	企业绿色发展水平	gp	ln（上市公司绿色专利授权数+1）
解释变量	区域金融发展水平	fdl	熵权法测度
控制变量	净资产收益率	roa	净利润/总资产
	资产负债率	lev	总负债/总资产
	账面市值比	mb	净资产/公司市值
	股权集中度	top	公司第一大股东持股数占总股本的比例
	独立董事比例	inddire	独立董事人数占董事会总人数的比例
	机构投资者持股比例	iip	机构投资者持有的上市公司股份比例
	两职合一	dual	总经理与董事长是同一人为 1，否则为 0
	区域对外开放程度	op	进出口总额/地区生产总值
	区域经济发展水平	led	ln（区域人均 GDP）

三　数据说明

本章选取 2009~2021 年的中国沪深 A 股上市公司为初始研究样本，剔除 ST、*ST 及相关实证数据缺失的上市公司年度样本，最终得到 29571 个样本量。为了消除极端值对实证结果的影响，本章对所有连续变量进行了 1%水平的 Winsorize 处理。本章的解释变量区域金融发展水平及控制变量区域对外开放程度和经济发展水平的数据来源于《中国统计年鉴》《中国金融统计年鉴》，媒体关注度数据来源于中国重要报纸全文数据库，其他数据均来源于 CSMAR 数据库。表 6.4 对上述变量进行了描述性统计分析。

表 6.4　变量描述性统计结果

变量	样本量	均值	标准差	最小值	最大值
gp	29571	0.632	0.971	0.000	4.043
fdl	29571	0.076	0.039	0.031	0.234

续表

变量	样本量	均值	标准差	最小值	最大值
fsc	29571	0.210	0.136	0.057	0.631
fet	29571	0.015	0.005	0.006	0.024
fst	29571	0.185	0.080	0.063	0.544
roa	29571	0.036	0.066	−0.318	0.200
lev	29571	0.436	0.209	0.050	0.954
mb	29571	0.325	0.158	0.014	0.776
top	29571	34.732	14.750	6.426	74.658
inddire	29571	37.452	5.310	30.770	57.140
iip	29571	45.816	24.933	0.393	95.891
dual	29571	0.265	0.441	0.000	1.000
op	29571	0.492	0.348	0.044	1.394
led	29571	0.430	0.204	0.113	0.949

依据表 6.4 变量描述性统计结果可以看出，在 29571 个样本中，绿色创新发展水平（*gp*）的最小值为 0，最大值为 4.043，标准差为 0.971，说明上市公司之间的绿色创新发展水平存在很大差异。金融发展水平（*fdl*）的最小值为 0.031，最大值为 0.234，表明我国各省份的金融发展水平存在一定差异。资产负债率（*lev*）的最小值为 0.050，最大值为 0.954，均值为 0.436，表示上市公司之间的资产负债水平存在差异。净资产收益率（*roa*）的最小值为−0.318，最大值为 0.200，表明不同公司的盈利水平存在一定差异。账面市值比（*mb*）的最小值为 0.014，最大值为 0.776，表明上市公司的账面市值比存在差异。从股权集中度（*top*）来看，上市公司第一大股东持股比例的标准差为 14.750，最大值与最小值差距明显，且均值为 34.732，说明上市公司的股权集中度存在一定差异，且股权集中度普遍较高。独立董事比例（*inddire*）的最大值为 57.140，均值为 37.452，表明我国上市公司独立董事占董事会总人数的比例存在一定差异。机构投资者持股比例（*iip*）的最小

值为 0.393，最大值为 95.891，均值为 45.816，表明上市公司的机构投资者持股比例存在明显差异，且机构投资者持股水平较高。两职合一（dual）的均值为 0.265，代表研究样本中平均有 26.5% 的上市公司总经理与董事长是同一人。

第三节　实证结果分析

一　基准回归结果

表 6.5 列示了区域金融发展水平对上市公司绿色创新发展的影响结果。列（1）未加入控制变量，回归模型中仅控制了年度效应与行业效应，显示了区域金融发展水平对企业绿色创新发展的直接影响，fdl 的回归系数为 1.8083，且在 1% 的水平下显著，表明区域金融发展水平对企业绿色创新发展具有显著的正向影响。列（2）、列（3）依次加入企业层面控制变量与区域层面控制变量，结果表明 fdl 的回归系数均在 1% 的水平下显著，假设 1 得证。这表明区域金融发展水平会显著促进企业绿色创新发展。

从控制变量角度来看，表 6.5 中各控制变量对企业绿色创新发展的影响结果基本与预期一致。净资产收益率（roa）对企业绿色创新发展具有显著的正向影响，表明上市公司的净资产收益率越高，即盈利水平越高，越会促进企业的绿色创新发展。资产负债率（lev）对企业绿色创新发展具有显著的正向作用，企业的资产负债水平显示了企业的债务融资情况，企业的债务融资资金可以用于企业的创新投入，进而促进企业绿色创新发展。账面市值比（mb）对企业绿色创新发展的影响同样为正向显著，账面市值比较高的企业收益率可能较高，进而促进了企业的绿色创新发展。股权集中度（top）对企业绿色创新发展的影响系数显著为负，表明股权集中度（第一大股东持股比例）越高，越不利于企业的绿色创新发展。独立董事比例（inddire）对企业绿色创新发展具有显著的正向影响，我国上市公司的独立董事比例越大，越有利于公司治理，约束高管人员的短视行为，进而促进企业的绿色创新发展。机构投资者持股比例（*iip*）对企业绿色创新发展的影响显著为正，机构投资者持股可以提高企业的治理水平，促进企业长远发展，有利于企业进行绿色创新。两职合一（*dual*）显著抑制了企业绿色创新发展，当企业的董事长与总经理为同一人时，由于权力集中，更容易出现高管人员的自利行为，进而对企业的绿色发展产生不利影响。区域对外开放程度（*op*）提升会显著促进企业绿色创新发展，这是由于区域对外开放可以通过技术溢出效应提高当地企业的技术创新水平，带动企业绿色创新发展。区域经济发展水平（*led*）对企业绿色创新发展的影响不显著。

表 6.5　金融发展对企业绿色创新发展的影响结果

变量	(1) *gp*	(2) *gp*	(3) *gp*
fdl	1.8083*** (13.12)	1.7918*** (13.53)	1.3277*** (7.63)
roa		1.1218*** (13.85)	1.1006*** (13.59)
lev		1.3838*** (41.70)	1.3919*** (41.93)
mb		0.9748*** (24.30)	0.9742*** (24.30)
top		-0.0014*** (-3.60)	-0.0015*** (-3.89)
inddire		0.0041*** (4.47)	0.0040*** (4.40)
iip		0.0055*** (22.94)	0.0056*** (23.20)
dual		-0.0549*** (-4.88)	-0.0589*** (-5.22)
op			0.1515*** (4.48)
led			0.1026 (1.60)
常数项	-0.3410*** (-4.99)	-1.6152*** (-20.81)	-1.7022*** (-17.38)

变量	（1） gp	（2） gp	（3） gp
Year	控制	控制	控制
Ind	控制	控制	控制
r2_a	0.2303	0.2973	0.2981
N	29571	29571	29571

注：括号内为相应的 t 值；*** 表示在 1%的水平下显著。

为了验证实证结果的可靠性，本章采取更换被解释变量与滞后一期被解释变量的方法进行稳健性检验。本章采用企业 ESG（环境、社会和公司治理）评分（esg）与全要素生产率（tfp）作为替代变量，并且继续对滞后一期被解释变量（gp1）进行回归，表 6.6 列（1）至列（3）的结果表明区域金融发展对企业绿色创新发展的影响依然显著为正，表明本章实证结果具有稳健性。

表 6.6　稳健性检验

变量	（1） esg	（2） tfp	（3） gp1
fdl	2.8888*** （2.71）	0.9844*** （6.33）	1.2604*** （6.74）
roa	17.8555*** （36.05）	4.7900*** （66.21）	0.9308*** （10.95）
lev	0.7906*** （3.89）	3.1263*** （105.44）	1.2991*** （36.98）
mb	5.1810*** （21.13）	1.9074*** （53.26）	0.9174*** （21.62）
top	0.0091*** （3.83）	−0.0011*** （−3.26）	−0.0011*** （−2.69）
inddire	0.0846*** （15.14）	0.0026*** （3.13）	0.0039*** （4.09）
iip	0.0180*** （12.21）	0.0102*** （47.46）	0.0052*** （19.88）

续表

变量	（1） esg	（2） tfp	（3） gp1
dual	-0.3018*** （-4.38）	-0.0942*** （-9.35）	-0.0546*** （-4.52）
op	0.6436*** （3.11）	0.2691*** （6.91）	0.1523*** （4.19）
led	0.2927 （0.75）	-0.1014* （-1.77）	0.0690 （1.00）
常数项	62.8433*** （104.93）	4.8464*** （55.40）	-1.6008*** （-15.52）
Year	控制	控制	控制
Ind	控制	控制	控制
r2_a	0.1509	0.5199	0.2866
N	29571	29571	25071

注：括号内为相应的 t 值；***、*分别表示在 1%、10%的水平下显著。

二　环保异质性分析

　　为了进一步研究区域金融发展水平对企业绿色创新发展的影响，本章将样本企业分为污染企业样本与非污染企业样本，分别对各子样本进行实证检验。两个子样本的回归结果如表 6.7 所示，fdl 的系数均为正，且在 1%的水平下显著，表明无论是污染企业还是非污染企业，区域金融发展水平均可以显著促进企业绿色创新发展。污染企业样本 fdl 的系数为 3.4517，非污染企业样本 fdl 的系数为 0.8788，这表明区域金融发展水平对污染企业绿色创新发展的促进作用更强，即地区金融机构的绿色政策可能更倾向于改善污染企业的污染情况。

表 6.7　金融发展对污染与非污染企业绿色创新发展的影响结果

变量	污染企业 gp	非污染企业 gp
fdl	3.4517*** （9.97）	0.8788*** （4.30）

续表

变量	污染企业 gp	非污染企业 gp
roa	1.3310*** (9.59)	0.9697*** (9.81)
lev	1.0878*** (19.13)	1.5090*** (37.34)
mb	0.9570*** (14.61)	0.9640*** (19.38)
top	−0.0003 (−0.39)	−0.0020*** (−4.18)
inddire	0.0030* (1.93)	0.0045*** (4.06)
iip	0.0048*** (11.76)	0.0058*** (19.87)
dual	−0.0858*** (−4.36)	−0.0470*** (−3.45)
op	0.0837 (1.38)	0.1645*** (4.04)
led	0.2042* (1.93)	0.0758 (0.95)
常数项	−1.3280*** (−9.85)	−1.7258*** (−15.13)
Year	控制	控制
Ind	控制	控制
r2_a	0.2586	0.3081
N	8233	21338

注：括号内为相应的 t 值；*** 、* 分别表示在 1%、10%的水平下显著。

与前文一致，本章继续检验了解释变量的三个维度对企业绿色创新发展的影响。表 6.8 列（1）显示了全样本下金融规模（fsc）、金融效率（fet）、金融结构（fst）分别对企业绿色创新发展的影响。可以看出，金融规模对企业绿色创新发展具有显著的正向促进作用，金融规模的影响系数表明，金融规模每增加 1 个单位，企业绿色创新发展水平就会提高 0.1590 个单位，表明区域金融规模的扩大可以降低企业的融资约束水平，使得企业有更多的资金用于绿色创新，进而带动企业绿色创新发展。金融效率对企业绿色创新发展的影响不显著，但系数为正，表明区域金融效率对区域整体企业的绿色创新发展具有一定的正向作用，但这种作用并不显著。金融结构对企业绿色创新发展具有显著的正向影响，回归系数为0.6091，表明金融结构提高1个单位，企业绿色创新发展水平会提高0.6091个单位。

表6.8列（2）与列（3）显示了污染企业与非污染企业样本下金融规模（fsc）、金融效率（fet）、金融结构（fst）对企业绿色创新发展的影响。可以看出，污染企业样本下，金融规模、金融效率与金融结构均对企业绿色创新发展具有显著的正向影响。非污染企业样本下，仅金融结构对企业绿色创新发展具有显著的正向作用，金融规模与金融效率对企业绿色创新发展的影响均不显著。具体比较分析可知，污染企业样本下金融规模对企业绿色创新发展的影响系数为0.7125，非污染企业样本下金融规模对企业绿色创新发展的影响系数为0.0396，且不显著，表明金融规模扩大为污染企业提供了更有力的资金支持，区域金融规模的扩大更多的是注重减少污染企业的污染排放。区域金融效率提高显著促进了污染企业的绿色创新发展，但没有促进非污染企业的绿色创新发展，这表明区域金融资金更多地流入了污染企业，进而促进了污染企业的绿色创新发展。污染企业金融结构的影响系数为0.9097，非污染企业金融结构的影响系数为0.5744，这表明，虽然区域金融结构对两个子样本企业的绿色创新发展都具有正向的作用，但是对污染企业绿色创新发展的促进作用更大。整体来看，首先，在污染企业样本与非污染企业样本下，金融规模、金融效率与金融结构对企业绿色创新发展的综合影响，与主检验综合金融发展水平对企业绿色创新发展的影响结果变化趋势是一致的，且金融发展水平对污染企业绿色创新发展的促进作用更强。其次，金融结构与金融规模在两个子样本与全样本下对企业绿色创新发展的影响，结果趋势程度也基本一致。

表 6.8　三个细分解释变量对全样本与污染、非污染企业
绿色创新发展的影响结果

变量	全样本 (1) gp	污染企业 (2) gp	非污染企业 (3) gp
fsc	0.1590** (2.14)	0.7125*** (5.43)	0.0396 (0.44)
fet	0.0274 (0.30)	0.3387** (2.25)	-0.0902 (-0.79)
fst	0.6091*** (6.58)	0.9097*** (5.62)	0.5744*** (5.12)
roa	1.1143*** (13.33)	1.3228*** (9.35)	0.9931*** (9.70)
lev	1.4267*** (41.66)	1.0923*** (16.85)	1.5524*** (37.12)
mb	1.0004*** (24.19)	0.9909*** (14.84)	0.9861*** (19.15)
top	-0.0015*** (-3.62)	-0.0000 (-0.06)	-0.0020*** (-4.07)
inddire	0.0048*** (5.04)	0.0027* (1.71)	0.0056*** (4.89)
iip	0.0059*** (23.59)	0.0049*** (11.68)	0.0062*** (20.35)
dual	-0.0573*** (-4.93)	-0.0840*** (-4.18)	-0.0452*** (-3.21)
op	0.1223*** (3.47)	0.0409 (0.66)	0.1354*** (3.17)
led	0.0381 (0.55)	0.1463 (1.34)	0.0091 (0.10)
常数项	-1.7897*** (-17.74)	-1.3891*** (-10.15)	-1.8336*** (-15.51)
Year	控制	控制	控制
Ind	控制	控制	控制
r2_a	0.2995	0.2771	0.3053
N	29571	8233	21338

注：括号内为相应的 t 值；***、**、* 分别表示在 1%、5%、10% 的水平下显著。

三 中介效应分析

由前述理论分析可知，区域金融发展可以通过降低企业融资约束程度、提高企业创新投入、优化债务融资结构进而促进企业绿色创新发展。本章借鉴温忠麟等（2004）的依次检验法，构建中介效应模型进一步实证检验企业融资约束程度、企业创新投入、企业债务结构在区域金融发展影响企业绿色创新发展关系中发挥的中介效应，其中，债务结构选取长期负债与总资产的比值进行衡量，企业融资约束程度选取 SA 指数作为衡量指标。具体回归结果如表 6.9 至表 6.11 所示。

表 6.9 给出了企业融资约束的中介效应回归结果。表 6.9 列（1）显示了中介效应第一步，即区域金融发展水平对企业绿色创新发展的影响结果，影响系数 α_1 为 1.3277，说明区域金融发展水平影响企业绿色创新发展的总效应为 1.3277。列（2）显示了区域金融发展对企业融资约束（sa）的影响，系数 β_1 为 0.8415，且在 1% 的水平下显著，表明区域金融发展会显著降低企业的融资约束水平。列（3）显示了区域金融发展与融资约束对企业绿色创新发展的影响结果，金融发展水平的系数 γ_1 为 0.9186，这是金融发展对企业绿色创新发展的直接效应。根据前文介绍的中介效应模型，可以算出金融发展通过影响企业融资约束影响企业绿色创新发展的间接效应为 0.4091。中介变量融资约束与金融发展水平的系数均在 1% 的水平下显著，表明融资约束在区域金融发展影响企业绿色创新发展的关系中起到了部分中介作用。因此，区域金融发展可以通过降低企业的融资约束水平促进企业绿色创新发展，金融发展为企业进行绿色技术创新提供了资金支持，帮助企业研发绿色技术，进而促进了企业的绿色创新发展。

表 6.9　融资约束中介效应

变量	(1) gp	(2) sa	(3) gp
fdl	1. 3277*** (7. 63)	0. 8415*** (17. 96)	0. 9186*** (5. 29)
sa			0. 4862*** (22. 66)
roa	1. 1006*** (13. 59)	0. 0074 (0. 34)	1. 0970*** (13. 66)
lev	1. 3919*** (41. 93)	- 0. 1019*** (-11. 40)	1. 4414*** (43. 70)
mb	0. 9742*** (24. 30)	- 0. 0936*** (-6. 67)	1. 0197*** (25. 62)
top	- 0. 0015*** (-3. 89)	0. 0022*** (20. 61)	- 0. 0026*** (-6. 60)
inddire	0. 0040*** (4. 40)	0. 0024*** (9. 59)	0. 0029*** (3. 17)
iip	0. 0056*** (23. 20)	- 0. 0003*** (-5. 05)	0. 0057*** (24. 06)
dual	- 0. 0589*** (-5. 22)	0. 0415*** (13. 69)	- 0. 0791*** (-7. 05)
op	0. 1515*** (4. 48)	0. 0041 (0. 45)	0. 1496*** (4. 46)
led	0. 1026 (1. 60)	0. 0741*** (4. 29)	0. 0666 (1. 05)
常数项	- 1. 7022*** (-17. 38)	- 3. 7689*** (-142. 95)	0. 1301 (1. 03)
Year	控制	控制	控制
Ind	控制	控制	控制
r2_a	0. 2981	0. 2804	0. 3101
N	29571	29571	29571

注：括号内为相应的 t 值；*** 表示在 1% 的水平下显著。

表 6.10 给出了企业创新投入的中介效应回归结果。表 6.10 列（1）显示了中介效应第一步，即区域金融发展水平对企业绿色创新发展的影响结果，影响系数 α_1 为 1.3277，说明区域金融发展水平影响企业绿色创新发展的总效应为 1.3277。列（2）显示了区域金融发展对企业创新投

入（iit）的影响，系数 β_1 为 6.5822，且在 1% 的水平下显著，表明区域金融发展会显著提高企业的创新投入水平。列（3）显示了区域金融发展与企业创新投入对企业绿色创新发展的影响结果，金融发展水平的系数 γ_1 为 1.1966，这是金融发展对企业绿色创新发展的直接效应。根据前文介绍的中介效应模型，可以算出金融发展通过影响企业创新投入影响企业绿色创新发展的间接效应为 0.1310。中介变量创新投入与金融发展水平的系数均在 1% 的水平下显著，表明企业创新投入在区域金融发展影响企业绿色创新发展的关系中起到了部分中介作用。因此，区域金融发展可以通过提高企业的创新投入水平促进企业绿色创新发展，企业绿色创新成果产出的前提是进行创新投入，只有持续不断地进行创新投入，才有可能获得绿色技术创新成果，因而区域金融发展通过提高企业的创新投入进而带动了企业的绿色创新发展。

表 6.10　创新投入中介效应

变量	（1） gp	（2） iit	（3） gp
fdl	1.3277 *** （7.63）	6.5822 *** （9.17）	1.1966 *** （6.89）
iit			0.0199 *** （14.15）
roa	1.1006 *** （13.59）	-5.8659 *** （-17.56）	1.2174 *** （15.00）
lev	1.3919 *** （41.93）	-6.3297 *** （-46.23）	1.5179 *** （44.30）
mb	0.9742 *** （24.30）	-3.7490 *** （-22.67）	1.0488 *** （26.02）
top	-0.0015 *** （-3.89）	-0.0067 *** （-4.19）	-0.0014 *** （-3.56）
inddire	0.0040 *** （4.40）	0.0103 *** （2.75）	0.0038 *** （4.19）
iip	0.0056 *** （23.20）	-0.0034 *** （-3.46）	0.0057 *** （23.56）
dual	-0.0589 *** （-5.22）	0.4787 *** （10.30）	-0.0684 *** （-6.08）

续表

变量	（1） gp	（2） iit	（3） gp
op	0.1515*** （4.48）	0.1586 （1.14）	0.1484*** （4.40）
led	0.1026 （1.60）	0.3145 （1.19）	0.0964 （1.51）
常数项	−1.7022*** （−17.38）	3.3794*** （6.36）	−1.7695*** （−16.10）
Year	控制	控制	控制
Ind	控制	控制	控制
r2_a	0.2981	0.4601	0.3028
N	29571	29571	29571

注：括号内为相应的 t 值；*** 表示在 1% 的水平下显著。

表 6.11 列出了企业债务结构的中介效应回归结果。表 6.11 列（1）显示了中介效应第一步，即区域金融发展水平对企业绿色创新发展的影响结果，影响系数 α_1 为 1.3277，说明区域金融发展水平影响企业绿色创新发展的总效应为 1.3277。列（2）显示了区域金融发展对企业债务结构（longda）的影响，系数 β_1 为 0.1609，且在 1% 的水平下显著，表明区域金融发展会显著提高企业的债务结构水平。列（3）显示了区域金融发展与企业债务结构对企业绿色创新发展的影响结果，金融发展水平的系数 γ_1 为 1.3002，这是金融发展对企业绿色创新发展的直接效应。根据前文介绍的中介效应模型，可以算出金融发展通过影响企业债务结构影响企业绿色创新发展的间接效应为 0.0275。中介变量债务结构与金融发展水平的系数均在 1% 的水平下显著，表明债务结构在区域金融发展影响企业绿色创新发展的关系中起到了部分中介作用。因此，区域金融发展可以通过提高企业的债务结构水平促进企业绿色创新发展，金融发展优化了企业的债务结构，即提高了企业长期负债的比例，长期债务融资可以为企业的创新发展提供长久稳定的资金支持，进而促进企业的绿色创新发展。

表 6.11　债务结构中介效应

变量	(1) gp	(2) longda	(3) gp
fdl	1.3277***	0.1609***	1.3002***
	(7.63)	(10.50)	(7.46)
longda			0.1711***
			(2.59)
roa	1.1006***	0.0113	1.0987***
	(13.59)	(1.58)	(13.56)
lev	1.3919***	0.2233***	1.3537***
	(41.93)	(76.44)	(37.26)
mb	0.9742***	0.0569***	0.9644***
	(24.30)	(16.13)	(23.95)
top	-0.0015***	-0.0002***	-0.0015***
	(-3.89)	(-4.42)	(-3.82)
inddire	0.0040***	0.0002***	0.0040***
	(4.40)	(2.78)	(4.36)
iip	0.0056***	0.0002***	0.0056***
	(23.20)	(6.77)	(23.04)
dual	-0.0589***	0.0000	-0.0589***
	(-5.22)	(0.01)	(-5.22)
op	0.1515***	0.0121***	0.1495***
	(4.48)	(4.06)	(4.42)
led	0.1026	0.0495***	0.0942
	(1.60)	(6.77)	(1.47)
常数项	-1.7022***	-0.1176***	-1.6821***
	(-17.38)	(-13.64)	(-17.12)
Year	控制	控制	控制
Ind	控制	控制	控制
r2_a	0.2981	0.4366	0.2983
N	29571	29571	29571

注：括号内为相应的 t 值；*** 表示在 1%的水平下显著。

四　调节效应分析

为分别考察产权性质与媒体关注如何通过金融发展影响企业绿色创新发展，本章参考谭德凯和田利辉（2021）、吴桐桐和王仁曾（2021）

的调节效应检验流程，分别将产权性质（*state*）与媒体关注（*mm*）作为调节变量，对调节效应模型进行回归检验，回归结果如表 6.12 所示。

表 6.12 的列（1）与列（2）分别显示了产权性质与媒体关注作为调节变量的回归结果。在列（1）中，产权性质以及产权性质与金融发展交乘项的系数均在 1% 的水平下显著为正，这说明企业的产权性质显著调节了金融发展与企业绿色创新发展的影响关系，即国有企业所在区域的金融发展更能促进自身的绿色创新发展。这是由于我国国有企业与非国有企业在资源获取、政府帮扶力度、政策限制等方面存在较大差异（李敏才、刘峰，2012），进而导致同一经济行为在国有企业和非国有企业中所产生的经济后果有所不同（张敏等，2010）。由于天然的政治关联以及预算软约束的存在，国有企业能够以较低的成本获得银行贷款支持，更容易享受税收减免和财政补贴等优惠政策，使国有企业面临的融资约束程度较小，经营风险较低（林毅夫、李志赟，2004；田利辉，2005）。在列（2）中，媒体关注以及媒体关注与金融发展交乘项的系数均显著为正，这说明媒体关注度显著调节了金融发展与企业绿色创新发展的影响关系，即媒体关注度越高的企业，其所在区域的金融发展越能促进自身的绿色创新发展。具体来看，媒体时代的到来，使人们获取信息的途径越来越多（孟建、赵元珂，2006），媒体的治理作用成为学者们关注的热点。已有研究认为媒体监督是新兴资本市场中重要的监督力量（Dyck et al.，2008），媒体关注可以缓解上市公司的代理问题，减少管理层短视等自利行为（叶勇等，2013），企业受到的媒体关注度越高，其违规行为如环境污染等行为受到的约束越大。因而，媒体关注度越高的企业，其所在区域的金融发展越能促进企业的绿色创新发展。

表 6.12　产权性质和媒体关注调节效应

变量	产权性质（1） *gp*	媒体关注（2） *gp*
fdl	0.7988***	1.3168***
	(4.54)	(7.57)

变量	产权性质（1） gp	媒体关注（2） gp
state	0.1419*** （11.79）	
fdl×state	3.2677*** （13.14）	
mm		0.0000*** （6.74）
fdl×mm		0.0003** （2.28）
roa	1.1474*** （14.22）	1.0940*** （13.52）
lev	1.3212*** （39.48）	1.3874*** （41.83）
mb	0.9165*** （22.89）	0.9714*** （24.25）
top	−0.0018*** （−4.53）	−0.0015*** （−3.89）
inddire	0.0038*** （4.21）	0.0039*** （4.26）
iip	0.0047*** （16.88）	0.0055*** （23.03）
dual	−0.0278** （−2.43）	−0.0586*** （−5.20）
op	0.1541*** （4.57）	0.1509*** （4.46）
led	0.1029 （1.61）	0.0991 （1.55）
常数项	−1.6904*** （−17.33）	−1.6890*** （−17.26）
Year	控制	控制
Ind	控制	控制
r2_a	0.3051	0.2995
N	29571	29571

注：括号内为相应的 t 值；*** 、** 分别表示在 1%、5%的水平下显著。

第四节 小结

企业作为经济绿色转型的主要载体，其绿色发展对中国经济实现全面绿色转型具有重要的推动作用。地区金融发展水平是影响企业绿色转型的重要因素，考察金融发展影响企业绿色发展的机制及效果问题已成为学术界的研究热点。本章对这一问题进行了系统研究，具体内容如下。

首先，本章从国家近年来对污染企业与绿色企业所采取的政策层面、金融体系引导经济绿色转型实践层面，以及污染企业与环保企业的绿色创新发展、地区金融发展水平及创新投入的数据关系层面系统分析了地区金融发展水平影响企业绿色发展的客观现实。在此基础上，对金融发展水平影响企业绿色发展的问题提出理论假设。

其次，本章以 2009~2021 年的中国沪深 A 股上市公司为研究样本，检验了区域金融发展对上市公司绿色创新发展的影响。研究结果表明，区域金融发展对上市公司绿色创新发展具有显著的促进作用。在控制变量中，净资产收益率、资产负债率、独立董事比例、机构投资者持股比例、账面市值比、区域对外开放程度对企业绿色创新发展具有显著的正向影响，而股权集中度、两职合一显著抑制了企业绿色创新发展。

再次，在污染企业样本与非污染企业样本下，区域金融发展对污染企业绿色创新发展的促进作用更大。在细分解释变量中，区域金融规模、金融结构对企业绿色创新发展具有显著的促进作用，而金融效率对企业绿色创新发展的影响不显著。在污染企业样本下，金融规模、金融效率与金融结构均对企业绿色创新发展具有显著的正向影响；在非污染企业样本下，仅金融结构对企业绿色创新发展具有显著的正向作用，金融规模与金融效率对企业绿色创新发展的影响均不显著。

最后，本章以企业的融资约束、创新投入与债务结构作为中介变量，以产权性质和媒体关注作为调节变量，分别建立了中介效应模型和调节效应模型。中介效应回归结果显示：融资约束、创新投入与债务结构不存在完全中介效应，均起到部分中介作用，证明金融发展不仅能够直接促进企业绿色发展，还能通过影响企业融资约束、创新投入与债务结构间接促进企业绿色发展。调节效应回归结果显示：产权性质和媒体关注可以显著调节金融发展与企业绿色创新发展的关系，国有企业以及媒体关注度越高的企业，其所在区域的金融发展越能促进自身的绿色创新发展。

第七章　金融发展对区域经济绿色转型的影响机制分析

　　作为现代经济社会运转的核心要素，金融扮演着重要角色，其强大的资本支持能力、资金配置能力是经济绿色转型的重要推动力。在新发展阶段，绿色经济的发展离不开金融的推动。从区域视角看，各地区的金融体系在金融市场完善程度及金融监管水平等方面存在巨大差异，这些差异将影响金融发展对各地区经济绿色转型的作用效果。同时，金融发展对区域经济绿色转型的影响还将通过本地区的人力资本水平、产业结构绿色化水平、科技创新水平、能源消耗结构等诸多因素发挥作用。尤其是当地方政府面临财政压力和环保压力时，金融资源的产业导向将发生变化，金融发展作用于区域经济绿色转型的机制及效果也将受到影响。

　　本章将实证考察金融发展对区域经济绿色转型的影响机制，具体的结构安排如下。一是回顾金融发展实践推动经济绿色转型的典型事实：在"可持续发展""生态文明建设""碳达峰、碳中和"等经济绿色转型目标下，考察相应的金融创新实践活动。二是系统梳理和归纳总结金融发展对区域经济绿色转型的作用机制与效果，进而提出理论假设。三是在理论分析的基础上，建立金融发展影响经济绿色转型的基准回归模型。建立中介效应模型考察技术创新水平、产业结构绿色化水平、人力资本水平的间接影响。建立调节效应模型考察环境规制水平、财政压力水平的调节效应。建立门槛效应模型考察金融发展对经济绿色转型的异质性影响。四是对实证结果进行检验。通过 F 检验和豪斯曼检验确定基准模型；采取替换被解释变量的方式进行稳健性检验；采取各变量一阶滞后项作为工具变量，采用 2SLS 法对变量进行回归，再用 DWH 检验各变量的内生性；将研究对象进行分组回归来考察区域异质性；在基准回归模型的基础上，分别建立中介效应模型、调节效应模型以及门槛效应模型。

第一节　金融发展推动经济绿色转型的典型事实

通过前文对我国经济绿色转型历程的回顾，可以发现我国在经济绿色转型的不同阶段，制定了"可持续发展""生态文明建设""碳达峰、碳中和"等发展目标。在不同的发展目标下，我国相应推行了大规模的金融创新实践活动来助推经济绿色转型。

一　可持续发展战略背景下的金融发展实践

在我国绿色经济的萌芽阶段，国家积极响应全球可持续发展的呼吁，并确立了可持续发展的战略目标。在可持续发展战略背景下，我国在金融产品、金融监管等方面不断进行创新性探索，以推进我国的经济绿色转型。

在金融产品创新方面，由于节能减排项目在我国经济绿色转型初期是银行未触及的新项目，对于绿色项目，银行在信贷方面的支持力度相对较小。因此，在得到全球环境基金、芬兰政府、挪威政府和中国财政部的大力支持后，国际金融公司（IFC）策划了一项名为 CHUEE 的中国节能减排融资项目，并采用了损失分担的商业模式。通过这种方式，金融机构可以有效地管理绿色信贷风险，降低企业的融资成本。IFC 与国内商业银行合作，为节能减排相关贷款提供本金损失分担，并为项目各参与方提供技术援助，以促进项目的顺利实施。此后，IFC 又陆续开发出碳排放权抵押贷款、碳资产证券化等业务。2006 年，IFC 与我国兴业银行联合推出了中国金融市场上的首个绿色信贷产品，该产品以能效融资为特色，为市场注入了新的生机和活力。随后，IFC 与浦发银行和北京银行等开展合作，推出创新型金融产品，以支持气候变化领域的相关项目，其中包括能效类和可再生能源类，这些金融创新活动为金融发展助力经济绿色转型奠定了基础。

二 生态文明建设目标下的金融发展实践

在我国绿色经济快速发展阶段，国家确立了"大力推进生态文明建设"的战略目标。在生态文明建设目标下，我国实施了一系列绿色金融政策和措施，吸引了大量资金投向绿色产业，多样化的金融产品为绿色产业发展提供了充足的资金支持和多样的市场机会，绿色金融市场得到了迅速发展。

金融产品创新是生态文明建设目标下我国金融创新实践的重点之一，主要表现在创新型产品的推出以及不断提高金融产品的专业化和个性化水平。国内部分银行将面向企业的绿色金融服务拓展至个人领域，尤其是在个人绿色金融业务方面，绿色消费信贷成为最重要的一环。多家商业银行开始积极探索，推出了具有创新性的金融产品，以满足不同绿色产品的资金需求，具体包括提供可用于购买绿色建筑、被动式建筑和装配式建筑的可持续按揭贷款方案；提供绿色汽车消费贷款，以支持购买节能型、新能源汽车等有利于可持续发展的交通工具；提供绿色标识产品的消费贷款，以满足购买需求；提供与消费者相关的绿色信贷服务；积极推广使用低碳、环保的信用卡；提供绿色光伏贷款，以支持家庭安装分布式光伏发电设备；提供绿色普惠农林贷款，以满足农户和林户的生态化生产需求；等等。具体情况如表 7.1 所示。

表 7.1　部分商业银行金融产品创新实践

名称	金融产品创新实践
绿色建筑按揭贷款	兴业银行的绿色建筑按揭贷款 马鞍山农商银行的绿色建筑按揭贷款

续表

名称	金融产品创新实践
绿色汽车消费贷款	中信银行与特斯拉的汽车消费贷款 中信银行与新能源共享汽车的合作
绿色标识产品消费贷款	马鞍山农商银行绿色标识产品消费贷款
绿色低碳信用卡	兴业银行中国低碳信用卡 光大银行绿色低碳信用卡 中国农业银行金穗环保卡
绿色光伏贷款	华夏银行光伏贷款 武义农商银行光伏贷款 山东淄博邮政储蓄银行光伏小额贷款
绿色普惠农林贷款	兴业银行首创的林权按揭贷款

金融监管创新对经济绿色转型也起到了重要推动作用。在绿色金融标准方面，自 2016 年起，我国在推进绿色金融标准体系建设方面取得了显著的进步。在此背景下，我国的个人绿色消费信贷业务也得到了快速发展。2017 年，中国人民银行和中国银监会等部门共同发布了《金融业标准化体系建设发展规划（2016—2020 年）》，其中将"绿色金融标准化工程"作为"十三五"时期金融业标准化的重中之重。2018 年 9 月，全国金融标准化技术委员会绿色金融标准工作组第一次全体会议通过了《绿色金融标准工作组章程》，并在绿色金融通用基础标准、绿色金融产品服务标准、绿色信用评级评估标准、绿色金融信息披露标准、绿色金融统计与共享标准、绿色金融风险管理与保障标准六个方面展开了金融标准研究，从而奠定了我国绿色金融标准框架体系的基础。绿色金融标准体系的建立使我国绿色金融在制度建设、产品设计、操作流程、风险管控等方面的规范性更强。显然，这一时期的金融创新实践活动为我国经济绿色转型注入了新活力，对我国经济绿色转型起到了重要的推动作用。

三 "碳达峰、碳中和"目标下的金融发展实践

2020 年 9 月，习近平主席在第七十五届联合国大会一般性辩论上

向国际社会做出"碳达峰、碳中和"的郑重承诺。为实现"碳达峰、碳中和"目标，我国金融发展实践逐渐倾向于碳减排，通过碳金融领域的创新实践活动应对气候变化，推动经济绿色转型。

在金融市场创新方面，发展碳市场是我国经济绿色转型中为应对气候变化所采取的重要创新措施。随着碳交易试点取得阶段性成效，我国碳市场逐渐从试点走向全国。全国碳排放权交易市场于 2021 年 7 月 16日在上海环境能源交易所正式启动，全国碳市场建设初见成效，市场运行平稳有序。随着全国碳市场正式启动，我国逐步完善金融监管政策体系，相继出台了各项政策及环境信息披露制度以引导我国经济绿色转型（参见表 7.2）。

表 7.2　2019 年以来金融监管政策文件

年份	政策文件	颁布机构	要求
2019	《关于推动银行业和保险业高质量发展的指导意见》	中国银保监会	规范银行业金融机构关于环境、社会、治理的信息披露
2021	《企业温室气体排放报告核查指南（试行）》	生态环境部	规范企业温室气体核查工作
2021	《碳排放权登记管理规则（试行）》	生态环境部	规范全国碳排放权登记、交易、结算活动
2021	《关于加强高耗能、高排放建设项目生态环境源头防控的指导意见》	生态环境部	规范高耗能、高排放项目发展
2022	《企业环境信息依法披露格式准则》	生态环境部	规范环境信息依法披露格式，指导和帮助企业依法披露环境信息

在金融产品创新方面，2021 年首批碳中和债券发行，该债券旨在为低碳项目提供资金支持，同时为投资者提供实现环境保护和社会责任承担的途径。碳中和债券的发行需要满足一定的标准和要求，包括债券发行人需要具备一定的环保和社会责任意识以及相关实践经验。碳中和债券的发行者承诺将募集资金用于减少其碳排放量，并为投资者提供透明和可追溯的环境和社会效益报告。我国积极推进金融产品创新以助力"碳达峰、碳中和"目标的实现。2021 年 11 月，中国人民银行推出了

两种支持碳减排的金融工具，一种是支持碳减排技术、清洁能源的项目，另一种是支持煤炭的清洁利用，均取得了良好效果。根据中国人民银行数据：截至 2022 年末，我国碳减排支持工具已为相关项目提供资金高达 3000 多亿元，支持金融机构发放碳减排贷款近 6000 亿元。这类金融产品创新实践已带动了约 1 亿吨的碳减排量，在引导和激励金融体系以市场化方式支持经济绿色转型中发挥了积极作用。此时期的金融创新不仅为低碳项目开拓了多元化的融资渠道，提供了有效的资金支持，也为社会的绿色发展和企业的低碳转型树立了积极的典范，证明国内金融资源正在向经济绿色转型领域倾斜。

第二节　研究假设

金融发展水平的提高将体现在金融市场中资金供给能力的增强、金融市场化程度不断提升、金融机构的功能与组织形式愈加完善、金融产品与服务类型不断创新、金融资源配置水平和资源配置效率的提高等方面，这些效应将直接驱动地区的经济绿色转型。

一　金融发展对经济绿色转型的推动作用

金融发展水平的提高将直接扩大金融市场中资金供给规模，能够有效地降低企业融资成本、推动企业技术创新，进而推动经济绿色转型。首先，金融发展水平的提高意味着金融机构和组织数量的增多，汇集社会闲散资金的能力增强，资金盈余单位和短缺单位之间的联系加强，资金的供给增加，降低了企业获得资金的难度。其次，金融发展水平的提高有助于优化当地的信用环境，企业能够获得更多的商业信用，特别是可以降低中小微企业的融资成本。企业的融资成本降低，一方面使其有足够的资金投入先进的设备，可以改进当前的生产方式，在获得资金支持后通过引进先进设备提升资源的利用效率并且让同样的产能排出更少的废物，减少对环境造成的污染。另一方面，一些中小微企业在获得资金支持后，能够扩大自己的规模，获得规模经济效应，从而提高生产效率，提升在行业内的竞争力，带动行业内的良性循环。金融发展水平的提高对绿色经济的影响还可以通过提升当地政府和居民收入来实现。金融发展水平的提高促进了当地企业的发展，各企业规模不断扩大，促进了产能的提高，带来了大量的就业岗位，提升了居民的收入水平、消费水平，提高了居民生活质量，同时政府税收增加，提高了政府的总体收入。政府收入提高将会有更充足的资金用于当地基础设施和公用设施的建设，如推广新能源公共汽车、倡导环保出行方式以减少废气排放等，还会加大对教育、医疗和消除贫困等方面的投资力度，促进绿色生活和社会民生发展。

　　金融发展水平的提高同时体现在金融市场化程度不断提升、金融机构的功能与组织形式愈加完善、金融产品与服务类型不断创新等方面。首先，金融市场化程度提升，市场的监管水平提高，对上市公司的信息披露有更完善的要求，并且使信息的传播更有效率、真实性更高。金融市场中证券机构、交易所、保险机构对企业有监督的责任，包括生产、环保等方面，通过披露的信息和调研能够了解企业的经营状况，对企业的资金用途进行监督，如能够避免部分企业以技术研发、引进设备等绿色生产的名义获得资金却将其用于污染生产。这种监督还能够判断企业的潜在风险，也有利于在投资期间对风险进行把控，维持正常市场秩序，推动资金高效配置，提高资金的利用效率。其次，金融发展水平提高为企业提供了多样化的融资方式，满足了不同类型、不同发展阶段企业的资金需求。比如金融结构的完善表现在证券市场的扩大上，创造了一个闲散资金供给与企业资金需求直接联系的渠道，通过引入多元化的融资方式，企业成功摆脱了对银行融资的过度依赖，实现了融资渠道的多元化。有些企业在研发创新方面依赖高额的投资，导致在产品的生产和市场认可方面存在相当大的不确定性，因而通过银行机构的间接融资方式获得资金较为困难或者融资成本较高，而证券市场就为这些产业和企业提供了新的融资方式，将投资者与这部分企业直接连接起来，为其提供了资金支持。除此之外，金融发展水平的提高将强化金融机构的绿色发展理念，加速绿色金融产品的发展，通过绿色债券、绿色证券、绿色保险、绿色投资和碳金融等绿色金融产品，引导资金投向环保、节能、清洁等领域，提升了生产绿色化水平，减少了环境污染，扩大了绿色消费市场。

金融发展水平的提高也体现在金融资源配置水平和资源配置效率的提高上。首先，从金融机构的逐利性来讲，资源是有限的，金融机构为了获得更高的收益，在资金供给端，根据投资的收益性、资金的流动性和安全性的原则，让资金在各行业之间高速地流动，调整资源的配置情况。通过减少对生产效率低、资金利用率低、经营理念落后的一些"夕阳企业"的资金支持，加大对高效率、成长快的新兴企业的资金支持力度，提高资金使用效率。特别是当前在我国大力提倡经济绿色转型的背景下，各地政府对当地的高污染、高耗能企业进行一定的生产限制，在环境规制的作用下，这些企业的生产成本变相增加，流向该企业的资金的实际利用率就会有所下降。而部分开展绿色生产的企业由于政府的激励政策，比如税收减免，资金的实际盈利率就会有所提高，且拥有良好的发展前景，金融机构在引导资金流向时就会加大对这些企业的支持力度，削弱对高耗能、高污染企业的资金支持力度，提升了生产绿色化水平，减少了对生态环境的污染。其次，金融机构从消费端引导资金，提升资金在企业内的流动速度，比如金融机构通过免息政策，引导消费者购买新能源汽车来提倡绿色生活方式，引导资金在绿色企业与金融机构之间高效流动，从而促进绿色经济的发展。除此之外，我国当前各地区的经济发展是不平衡的，在此背景下，政策性资金将流向边远地区或者农村，用以改善当地的设施或者扶持特色产业的发展，从而缩小居民收入差距和地区发展差距。综上所述，本章提出假设1。

假设1：金融发展水平提高能够直接驱动经济绿色转型。

二　金融发展对经济绿色转型的影响机制分析

金融发展不仅能够直接推动经济绿色转型，而且能通过提升技术创新水平、产业结构绿色化水平以及人力资本水平来间接促进经济绿色转型。

从技术创新角度来讲，金融发展对技术创新存在显著的推动作用，主要表现在以下方面。一是在技术创新的资金支持方面，技术创新需要设备、人才、场地、试验经费等大额的资金开销，有了资金的支持才能开展技术创新工作。二是从技术创新的风险角度来讲，技术创新活动特别是绿色技术的开发有着显著的高成本、高风险、长周期的特征。金融机构可以通过风险投资的方式，提供不同期限、流动性和收益性的组合产品，合理地配置收益与风险，鼓励技术创新行为。三是要使技术创新实现商业化，不仅要重视开发，生产投入也同样重要。金融机构可借助金融市场进行宣传与推广，提升科技企业知名度与影响力，由此吸引更多投资者与顾客，促进技术成果落地并推动科技企业发展。

技术创新是经济绿色转型的重要推动力，具体体现在以下方面。第一，技术创新有助于提升各行业的生产效率和资源利用率。随着新技术应用到各企业的生产环节，企业改变了生产模式，生产能力大幅提升，对资源的利用效率也会提高，相同的产能会产生更少的排放，提升了生产绿色化水平。第二，《中国绿色专利统计报告（2014—2017年）》指出，绿色专利主要包括污染控制与治理、环境材料、替代能源、节能减排、绿色农业等方面，我国的绿色技术创新活跃度不断提升，对绿色生产、生态环境保护、绿色生活和社会发展等方面均有直接的促进作用。第三，技术的应用会提高产品的质量，延长产品或服务的使用期限，达到节约资源的目的，特别是绿色产品与其他产品的相对价格会因技术差异而变动，进而从供给端推动生产的绿色转型。综上所述，本章提出假设2。

假设2：金融发展通过技术创新间接促进经济绿色转型。

从产业结构绿色化角度来讲，产业结构绿色化是环保产业比重上升、污染产业比重下降的过程，它既是经济绿色转型的重要表现，代表了整个国民经济的绿色发展程度，同时也是一个生产要素向绿色产业重新配置的过程。金融发展水平的提升能够显著提升产业结构的绿色化水平，具体体现在以下方面。一是金融发展将为企业技术创新提供资金支持，推动大部分企业生产效率提高，带动整体产业的技术水平提高，从而降低生产过程中的能源消耗和污染排放量，进而促进产业结构绿色化发展。二是金融发展将驱动生产要素向绿色经济领域重新组合。资本是经济的血脉，利润与风险驱动资本流动的方向。在国家大力倡导经济绿色转型的背景下，污染企业的环境风险不断提高。金融机构对污染企业的信贷风险加大，提高信贷利率是金融机构平衡环境风险的重要手段，这导致污染企业生产经营成本上升，利润空间缩小，污染企业发展受到抑制。而绿色产业是当前经济发展的主导方向，在信贷、税收、补贴等方面得到了金融机构和政府部门的大力支持，绿色产业发展势头强劲。三是金融发展也将通过提高地区经济发展水平来驱动产业结构绿色化发展。经济发展水平提高将提高居民收入，提高居民生活品质，扩大对绿色产品的需求，降低对污染产品的消费，驱动企业绿色技术研发，增强企业对绿色产品的供给意愿。

产业结构绿色化将进一步促进经济绿色转型。产业结构绿色化也是产业结构高级化，即产业向中高端演变的状态。从前文对污染和环保产业的划分中可知，绿色环保产业中，传统制造业是能源消耗和对生态环境造成污染的源头，现代服务业是绿色产业的典型，传统制造业向现代服务业演变既体现了产业结构绿色化发展，同时也是产业结构高级化的主要方向。在产业向绿色化和高级化演变的过程中，现代服务业的比重逐渐增加，在带来高产值的同时能够有效减少资源的消耗和污染物的排放，提升生产的绿色化水平，改善生态环境。同时，在产业高级化演变过程中，现代服务业除了自身规模的扩大，其和制造业的联系也更为密切，现代服务业主要包括信息传输、计算机服务、商务服务、科学研究等高附加值产业，通过产业溢出效应为制造业提供知识讲解、技术指导、信息传递、市场宣传等服务，帮助制造业实现绿色生产方式的转型，促进经济绿色转型。综上所述，本章提出假设3。

假设 3：金融发展能够通过产业结构绿色化促进经济绿色转型。

从人力资本水平的角度看，良好的金融发展，可以有效支持高等教育发展，为其提供所需资金，从而促进人才培养质量的提升。金融发展通过对民办教育、职业技能培训、高等教育和学前教育等办学有关的教育投资的直接影响，加快人力资本积累。近年来我国民办教育呈现迅猛发展之势，对培养人才起到了显著的促进作用，但是相对于公办教育而言，由于财政资金扶持力度不够，健全的融资机制已成为民办教育学校顺利办学的重要保障。在金融发展过程中，金融机构从提供针对性服务和开发多样化金融产品等方面协助民办教育学校和职业技能培训机构拓宽融资渠道以改善办学条件。从个人角度来讲，金融业的发展有助于降低资金不足造成学业提前结束的概率。金融发展还通过增加政府财政教育支出间接影响地区人力资本水平，较高的金融发展水平意味着较好的经济发展状况，地方政府有更多的资源投向教育领域，提升人力资本水平。此外，金融发展水平的提高能创造大量高薪岗位，提高地区收入水平，吸引人才，从而提升地区人力资本水平。

人力资本通过多种途径推动经济绿色转型。一是人力资本的提升意味着劳动生产效率的提高，通过转变要素投入组合模式，既可以达到能源替代的目的，又可以强化资本的能源替代效应。因此，人力资本的积累可以通过提高劳动生产率以及其他生产要素的生产率来对绿色经济产生积极影响。二是人力资本的提升加快了各种创新活动的进程。一方面，人才作为创新主体，为技术、管理等创新行为提供智力支持；另一方面，人力资本的提升加快了知识和技术溢出，加强了企业间的知识交流和合作，降低了技术开发成本，加快了技术追赶速度和溢出速度，促进了经济绿色转型。三是人力资本既可以作为生产要素参与生产过程，也可以作为消费者参与消费过程。人力资本水平的提升也会促使消费者消费更多产品，通过影响劳动者收入水平、消费偏好、投资观念、生活方式、环保理念等来引导消费者进行高消费。人力资本流向具有低碳前景的产业、关注高质量生活方式等因素影响了社会的绿色发展，有助于推动消费侧的绿色选择和绿色经济发展。综上所述，本章提出假设 4。

假设 4：金融发展能够通过提升人力资本水平促进经济绿色转型。

第三节 模型设定、变量选取与数据说明

一 模型设定

（一）基准回归模型构建

为了检验理论假设，本章将建立基准回归模型（7.1）分析金融发展水平对经济绿色转型的影响，同时构建了模型（7.2）细化金融规模、金融结构及金融效率对经济绿色转型的影响。模型如下：

$$gedz_{it} = \alpha_0 + \alpha_1 fdl_{it} + \alpha_2 C_{it} + Year + \varepsilon_{it} \tag{7.1}$$

$$gedz_{it} = \alpha_0 + \alpha_1 fsc_{it} + \alpha_2 fst_{it} + \alpha_3 fet_{it} + \alpha_4 C_{it} + Year + \varepsilon_{it} \tag{7.2}$$

其中，i 代表各地区，t 表示年份，$gedz_{it}$ 表示 i 地区第 t 年的经济绿色转型水平，fdl_{it} 为 i 地区第 t 年的金融发展水平，fsc_{it}、fst_{it}、fet_{it} 分别表示 i 地区第 t 年的金融规模、金融结构、金融效率；C_{it} 为控制变量合集，包括城镇化水平（ur）、政府干预程度（gid）、科技扶持度（tsd）、对外开放程度（op）、教育重视度（ee）、环保重视度（epi）、能源消耗结构（ny）；ε_{it} 表示误差项，α_0 是常数项，α_1、α_2、α_3、α_4 表示自变量的待估计系数；$Year$ 表示年度虚拟变量。

（二）中介效应模型构建

为了进一步探讨金融发展水平对经济绿色转型的影响机制，本章参照 Alwin 和 Hauser（1975）、温忠麟和叶宝娟（2014）、陈晓等（2019）的做法，建立如下的中介效应模型：

$$gedz_{it} = \alpha_0 + \alpha_1 fdl_{it} + \alpha_2 C_{it} + \varepsilon_1 \tag{7.3}$$

$$mediator_{it} = \beta_0 + \beta_1 fdl_{it} + \beta_2 C_{it} + \varepsilon_2 \tag{7.4}$$

$$gedz_{it} = \gamma_0 + \gamma_1 fdl_{it} + \gamma_2 mediator_{it} + \gamma_3 C_{it} + \varepsilon_3 \tag{7.5}$$

其中，$mediator_{it}$ 为中介变量，分别为 i 地区第 t 年的技术创新水平（tr_{it}）、人力资本水平（hc_{it}）、产业结构绿色化水平（ig_{it}），其他变量含义同上。

模型（7.3）中的系数 α_1 为自变量金融发展水平对因变量经济绿色转型的总效应；模型（7.4）中的系数 β_1 为自变量对中介变量的效应；模型（7.5）中的系数 γ_2 是在控制了自变量的影响后，中介变量对因变量的效应；模型（7.5）中的系数 γ_1 是在控制了中介变量的影响后，自变量对因变量的直接效应。系数乘积 $\beta_1 \times \gamma_2$ 为中介效应，也即间接效应（见图 7.1）。

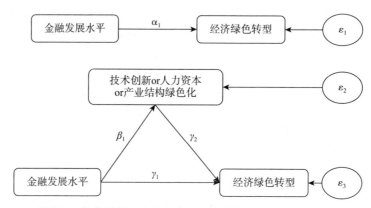

图 7.1 技术创新、人力资本、产业结构绿色化的中介效应

（三）调节效应模型构建

本章以财政压力和环境规制作为调节变量建立调节效应模型如下：

$$gedz_{it} = \alpha_0 + \alpha_1 fdl_{it} + \alpha_2 moderator_{it} + \alpha_3 fdl_{it} \times moderator_{it} + \alpha_4 C_{it} + \varepsilon_{it} \quad (7.6)$$

其中，$moderator_{it}$ 为调节变量，分别为 i 地区第 t 年的环境规制水平（eri_{it}）和财政压力水平（fp_{it}），其他变量同基准回归模型（7.1）。α_3 作为调节变量与解释变量交乘项的回归系数，代表着环境规制水平或财政压力水平对金融发展影响经济绿色转型的调节效应的方向和强度（见图7.2）。

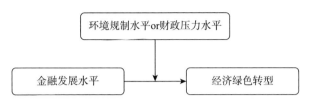

图 7.2 环境规制水平及财政压力水平的调节效应

（四）门槛模型构建

在金融规模、金融结构、金融效率不同时，金融发展对经济绿色转型的影响程度可能发生显著变化，因此本部分将引入面板门槛回归模型以考察金融发展水平对经济绿色转型可能产生的异质性影响。为考察这一差异，本章设定了如下面板门槛回归模型：

$$gedz_{it} = \alpha_0 + \alpha_1 fdl_{it} \times I(fdl_{it} \leq \gamma_1) + \alpha_2 fdl_{it} \times I(fdl_{it} > \gamma_1) + \alpha_3 C_{it} + \varepsilon_{it} \quad (7.7)$$

$$gedz_{it} = \alpha_0 + \alpha_1 fdl_{it} \times I(fdl_{it} \leq \gamma_1) + \alpha_2 fdl_{it} \times I(\gamma_1 < fdl_{it} \leq \gamma_2) +$$
$$\alpha_3 fdl_{it} \times I(fdl_{it} > \gamma_2) + \alpha_4 C_{it} + \varepsilon_{it} \quad (7.8)$$

$$gedz_{it} = \alpha_0 + \alpha_1 fsc_{it} \times I(fsc_{it} \leq \gamma_3) + \alpha_2 fsc_{it} \times I(fsc_{it} > \gamma_3) + \alpha_3 fst_{it} +$$
$$\alpha_4 fet_{it} + \alpha_5 C_{it} + \varepsilon_{it} \quad (7.9)$$

$$gedz_{it} = \alpha_0 + \alpha_1 fsc_{it} \times I(fsc_{it} \leq \gamma_3) + \alpha_2 fsc_{it} \times I(\gamma_3 < fsc_{it} \leq \gamma_4) +$$
$$\alpha_3 fsc_{it} \times I(fsc_{it} > \gamma_4) + \alpha_4 fst_{it} + \alpha_5 fet_{it} + \alpha_6 C_{it} + \varepsilon_{it} \quad (7.10)$$

$$gedz_{it} = \alpha_0 + \alpha_1 fst_{it} \times I(fst_{it} \leq \gamma_5) + \alpha_2 fst_{it} \times I(fst_{it} > \gamma_5) +$$
$$\alpha_3 fsc_{it} + \alpha_4 fet_{it} + \alpha_5 C_{it} + \varepsilon_{it} \quad (7.11)$$

$$gedz_{it} = \alpha_0 + \alpha_1 fst_{it} \times I(fst_{it} \leq \gamma_5) + \alpha_2 fst_{it} \times I(\gamma_5 < fst_{it} \leq \gamma_6) + \alpha_3 fst_{it} \times$$
$$I(fst_{it} > \gamma_6) + \alpha_4 fsc_{it} + \alpha_5 fet_{it} + \alpha_6 C_{it} + \varepsilon_{it} \quad (7.12)$$

$$gedz_{it} = \alpha_0 + \alpha_1 fet_{it} \times I(fet_{it} \leq \gamma_7) + \alpha_2 fet_{it} \times I(fet_{it} > \gamma_7) + \alpha_3 fsc_{it} + \alpha_4 fst_{it} +$$
$$\alpha_5 C_{it} + \varepsilon_{it} \quad (7.13)$$

$$gedz_{it} = \alpha_0 + \alpha_1 fet_{it} \times I(fet_{it} \leq \gamma_7) + \alpha_2 fet_{it} \times I(\gamma_7 < fet_{it} \leq \gamma_8) + \alpha_3 fet_{it} \times I(fet_{it} > \gamma_8) +$$
$$\alpha_4 fsc_{it} + \alpha_5 fst_{it} + \alpha_6 C_{it} + \varepsilon_{it} \quad (7.14)$$

式（7.7）至式（7.14）中的变量含义同基准回归模型一致，$I(\cdot)$ 为示性函数，具体形式参见式（7.15）。式（7.7）、式（7.9）、式（7.11）、式（7.13）为单门槛模型，式（7.8）、式（7.10）、式

（7.12）、式（7.14）为双门槛模型，括号中的 fdl_{it}、fsc_{it}、fst_{it}、fet_{it} 分别表示门槛变量金融发展水平、金融规模、金融结构、金融效率，γ_1、γ_3、γ_5、γ_7 分别代表 fdl_{it}、fsc_{it}、fst_{it}、fet_{it} 的第一门槛值，γ_2、γ_4、γ_6、γ_8 分别代表第二门槛值。在单门槛模型中，当门槛变量处于 γ_1、γ_3、γ_5、γ_7 及以下时，金融发展水平对经济绿色转型的影响为 α_1；当门槛变量超过 γ_1、γ_3、γ_5、γ_7 时，金融发展水平对经济绿色转型的影响为 α_2。在双门槛模型中，当门槛变量处于 γ_1、γ_3、γ_5、γ_7 及以下时，金融发展水平对经济绿色转型的影响为 α_1；当门槛变量超过 γ_2、γ_4、γ_6、γ_8 时，金融发展水平对经济绿色转型的影响为 α_3；当门槛变量介于两个门槛值之间时，金融发展水平对经济绿色转型的影响为 α_2。

$$I(q_{it} \leq \gamma) = \begin{cases} 1, & q_{it} \leq \gamma \\ 0, & q_{it} > \gamma \end{cases} \tag{7.15}$$

$$I(q_{it} > \gamma) = \begin{cases} 1, & q_{it} > \gamma \\ 0, & q_{it} \leq \gamma \end{cases} \tag{7.16}$$

二　变量选取与说明

（一）被解释变量

本章选取经济绿色转型水平作为基准回归模型、中介效应模型、调节效应模型、门槛模型的被解释变量。

经济绿色转型水平（gedz1）：本章使用第四章构建的经济绿色转型综合指数衡量，包含绿色经济规模、绿色经济结构、绿色经济效率三个维度。其中，绿色经济规模通过绿色 GDP 测度，绿色经济结构通过环保产业产值与污染产业产值之比计算，绿色经济效率通过 GDP 与污染排放总量之比进行计算，最后通过熵权法测度出经济绿色转型综合指数来衡量各地区的经济绿色转型水平。具体的指标描述如表7.3 所示。

表 7.3　经济绿色转型综合指数构建

二级指标	序号	三级指标	单位	数据来源	方向
绿色经济规模	1	绿色 GDP	亿元	《中国能源统计年鉴》、《中国环境统计年鉴》、国家统计局、《中国农村统计年鉴》	+
绿色经济结构	2	环保产业产值/污染产业产值	%	《中国工业统计年鉴》《中国统计年鉴》	+
绿色经济效率	3	GDP/污染排放总量	%	国家统计局、《中国环境统计年鉴》、《中国统计年鉴》	+

（二）解释变量

根据本章研究主题，本章选取金融发展水平（fdl）、金融规模（fsc）、金融结构（fst）、金融效率（fet）作为核心解释变量。

金融发展水平（fdl）：本章使用第三章构建的包含金融规模（fsc）、金融结构（fst）、金融效率（fet）3 个维度共 12 个三级指标的金融发展综合指标体系，并运用熵权法测度出金融发展综合指数来衡量各地区的金融发展水平。具体的指标描述如表 7.4 所示。

表 7.4　金融发展综合指数构建

二级指标	序号	三级指标	数据来源
金融规模	1	金融业增加值/GDP	EPS、中经网、《中国金融统计年鉴》、各省份统计年鉴、锐思数据库
	2	金融机构人民币各项存款余额/GDP	
	3	金融机构人民币各项贷款余额/GDP	
	4	股票市价总值/GDP	
	5	股票筹资额/GDP	
	6	保费收入/GDP	
	7	保费支出/GDP	

续表

一级指标	序号	三级指标	数据来源
金融结构	8	股票市价总值/金融机构人民币存贷款余额之和	
	9	保费收入/金融机构人民币存贷款余额之和	
金融效率	10	金融机构人民币各项贷款余额/金融机构人民币各项存款余额	
	11	股票筹资额/股票市价总值	
	12	保费支出/保费收入	

（三）中介变量

本章选取技术创新水平（tr）、产业结构绿色化水平（ig）、人力资本水平（hc）作为中介变量，考察金融发展对经济绿色转型的间接影响。

（1）技术创新水平（tr）：金融发展水平能够提升地区的技术创新水平，而技术创新水平能够推动经济绿色转型。本章采用人均专利申请数来衡量各地区的技术创新水平，该数值越大，说明该地区研发投入水平越高，技术创新能力越强，本地企业越有能力通过改变生产方式、开发绿色产品等方式来促进经济绿色转型，金融发展通过技术创新推动本地经济绿色转型的间接促进作用越大，反之亦然。

（2）产业结构绿色化水平（ig）：产业结构绿色化水平决定了地区的绿色经济水平，产业结构绿色化水平越高说明该地区的产业结构更倾向于绿色发展，地区产业结构绿色化水平越高，本地企业越倾向于通过减少生产排放、提升附加值等方式来促进经济绿色转型。本章选用无污染产业与污染产业（重度污染＋中度污染＋轻度污染）之比对产业结构绿色化水平进行衡量。该指标数值越高，金融发展通过产业结构绿色化推动本地经济绿色转型的间接促进作用越大，反之亦然。

（3）人力资本水平（hc）：人力资本水平对经济绿色转型的影响有两个方面。一是在生产过程中，人力资本水平更高的区域，工人有更娴熟的工作技能，能够提高生产效率、资源利用率；二是技术研发和产品开发等创新活动需要大量的科研人才，人力资本水平高的地区更有优势。本章选取人均受教育年限对地区的人力资本水平进行衡量。人力资本水平越高，金融发展通过人力资本推动本地经济绿色转型的间接促进作用越大，反之亦然。

（四）调节变量

本章选取环境规制水平（eri）、财政压力水平（fp）作为调节变量，考察它们对金融发展影响经济绿色转型的调节效应的方向和强度。

（1）环境规制水平（eri）：环境规制是地方政府为保护地方环境所采取的规制行为，环境规制水平的高低代表地方政府对环境的规制强度大小，环境规制水平越高，地方政府管理环境的强度越大。由前文的理论分析得出，金融发展对经济绿色转型具有正向作用，而环境规制水平的提高将强化金融发展对经济绿色转型的正向影响。因此，本章将环境规制水平作为金融发展影响经济绿色转型的调节变量，并通过环境治理总投资额与工业总产值的比值来测度环境规制水平。

（2）财政压力水平（fp）：地方政府财政压力是决定金融资源流向的重要因素，当地方政府财政压力增加时，地方政府需要增加财政收入，减少财政支出。一方面，地方政府倾向于放松对金融业的管制，鼓励金融业支持见效快的褐色行业，进而减少对环保行业的资金支持；另一方面，地方政府为缩减财政支出，减少了对环境治理等领域的政府投入，导致经济绿色转型受到抑制。综合而言，地方政府财政压力会改变金融发展对经济绿色转型的正向调节作用，本章采用财政支出占财政收入的比重来衡量地方政府的财政压力。

（五）控制变量

本章选取的控制变量包括城镇化水平（ur）、政府干预程度（gid）、科技扶持度（tsd）、对外开放程度（op）、教育重视度（ee）、环保重视度（epi）、能源消耗结构（ny），具体含义和衡量指标如下。

（1）城镇化水平（ur）：城镇化水平决定了地区的生产生活模式。一方面，城镇化水平较高的城市，城市人口规模相对较大，能源消耗规模会大于城镇化水平较低的地区；另一方面，城镇化对绿色经济的影响也取决于城市管理水平，当城市能够实现集约化管理，能源消耗量较大的城市交通等领域实现了高效运营，反而有利于促进绿色经济效率的提高。因此，城镇化水平对绿色经济的影响是把"双刃剑"，其作用效果有待进一步考察。本章采用学者们通用的城镇人口与地区总人口的比值进行衡量。

（2）政府干预程度（gid）：政府干预程度是政府行政能力的重要体现，政府政策目标决定了政府干预的方向。当政府偏向于经济增长目标时，政府干预程度提高对经济绿色转型的影响是负向的；当政府更加注重绿色经济增长目标时，政府干预程度提高对经济绿色转型的影响是正向的。地区的财政支出占 GDP 的比重能够反映政府干预经济的能力。因此，本章采用财政支出与 GDP 的比值对政府干预程度进行衡量。

（3）科技扶持度（tsd）：地区的科技扶持度与该地区的科技水平呈显著的正相关关系。科技扶持度越高的地区科技水平越高，而科技水平是决定地区经济绿色转型的核心变量之一，因此，科技扶持是促进经济绿色转型的重要因素。本章采用科学事业支出占地区财政支出的比重进行衡量。

（4）对外开放程度（op）：对外开放程度对经济绿色转型的影响有两方面。一方面，对外开放程度高可以吸引外来技术，通过技术溢出效应，提升本地技术水平，推动生产绿色化，促进经济绿色转型；另一方面，对外开放程度高也可能导致外来企业向当地转移污染产业来逃避本地的环境规制，对当地环境造成污染，抑制经济绿色转型。本章采用进出口总额与地区生产总值之比表示对外开放程度。

（5）教育重视度（ee）：教育重视度是影响地区环保意识的重要因素。从理论上讲，一个地区的教育重视度越高，民众对环境权益的要求越高，同样对地方的环境污染问题更加关注，进而能够影响企业、政府等主体的行为，从而促进地方经济绿色转型。但教育支出的增加也可能增加相应的社会活动，从而增加污染排放。本章采用地方财政教育支出与财政支出的比值对教育重视度进行测度。

（6）环保重视度（epi）：环保重视度能够影响地区环境保护水平，进而影响经济绿色转型水平。地区的环保重视度一方面决定了环境监管的力度，另一方面决定了环保的资金投入量。因此，可以认为环保重视度是地区经济绿色转型的重要影响因素。本章采用环保治理支出与地方财政支出的比值进行衡量。

（7）能源消耗结构（ny）：碳排放强度是地区消耗一单位能源所产生的碳排放量，本章采用煤炭消耗与地区能源消费总量的比值进行衡量，这一指标反映了地区能源消费的要素清洁度，同时也间接反映了地区的能源消费结构与能源存量结构。该指标越大，说明地区的能源消费越偏向于污染型能源，越不利于地区经济绿色转型。而指标越小证明地区的能源消费越偏向于清洁型能源，越有利于地区经济绿色转型。

（六）描述性统计

由于部分地区数据缺失和基于数据可得性，本章采用 2011~2021 年 30 个省份（除西藏和港澳台）的面板数据，数据主要来源于国家统计局、《中国工业统计年鉴》、《中国能源统计年鉴》、《中国金融统计年鉴》、《中国农村统计年鉴》、《中国环境统计年鉴》和 EPS 数据库等。

表 7.5 给出了上述各变量的描述性统计结果。从经济绿色转型水平（gedz1）来看，近年来我国各省份经济绿色转型水平逐年上升，表明我国绿色经济正在不断发展。经济绿色转型水平的最大值为 0.770，最小值为 0.022，说明我国各省份经济绿色转型水平存在较大差距。金融发展水平的最大值为 0.707，最小值为 0.027，同样说明我国各省份金融发展不均衡。

表 7.5 变量定义与描述性统计

变量类型	变量表示	变量意义	观测值	均值	最小值	最大值	标准差
被解释变量	$gedz1$	经济绿色转型水平 1	420	0.132	0.022	0.770	0.099
	$gedz2$	经济绿色转型水平 2	420	0.556	0.238	0.823	0.101
解释变量	fdl	金融发展水平	420	0.064	0.027	0.707	0.043
	fsc	金融规模	420	0.166	0.034	0.775	0.105
	fst	金融结构	420	0.164	0.042	0.758	0.076
	fet	金融效率	420	0.018	0.003	0.982	0.047
中介变量	hc	人力资本水平	420	11.026	0.399	90.808	14.373
	tr	技术创新水平	420	10.961	0.463	71.311	14.062
	ig	产业结构绿色化水平	420	1.444	0.750	0.310	4.685
调节变量	eri	环境规制水平	420	0.145	0.009	1.168	0.212
	fp	财政压力水平	420	2.355	1.066	6.745	1.022
控制变量	ur	城镇化水平	420	57.626	29.110	89.600	13.095
	gid	政府干预程度	420	0.252	0.100	0.758	0.110
	tsd	科技扶持度	420	0.021	0.004	0.072	0.015
	op	对外开放程度	420	0.285	0.008	1.597	0.312
	ee	教育重视度	420	0.164	0.099	0.222	0.026
	epi	环保重视度	420	0.033	0.006	0.189	0.026
	ny	能源消耗结构	420	2.782	1.286	5.336	0.762

注：$gedz2$ 的测算方式见下文。

第四节　实证结果分析

一　基准回归结果

面板回归模型包括混合效应模型、固定效应模型以及随机效应模型，所以，本章通过 F 检验和豪斯曼（Hausman）检验来确定具体使用哪种模型进行估计。由表 7.6 面板模型检验结果可知，基准回归模型 F

检验的 P 值均为 0，因此拒绝原假设，也就是不适用于混合回归模型，随后进行 Hausman 检验，检验结果见表 7.6。Hausman 检验原假设为采用随机效应模型，通过豪斯曼检验得出，P 值小于 0.5 拒绝原假设，两项基准回归模型均拒绝原假设，也就是拒绝随机效应模型，所以应该采用固定效应模型。

表 7.6　面板模型检验结果

检验方法	统计值	模型（1）	模型（2）
F 检验	F 统计量	27.57	22.63
	P 值	0.0000	0.0000
Hausman 检验	χ^2（4）	43.87	41.84
	P 值	0.0000	0.0000

注：模型（1）对应公式（7.1）形式，模型（2）对应公式（7.2）形式。

对上述的模型（1）和模型（2）进行固定效应回归，即检验金融发展水平、金融规模、金融结构、金融效率对经济绿色转型的影响，回归结果如表 7.7 所示。

表 7.7　金融发展对经济绿色转型的影响结果

变量	模型（1） gedz1	模型（2） gedz1
fdl	0.9526*** （7.05）	
fsc		0.1830*** （3.77）
fst		-0.0064 （-0.11）
fet		-5.3966*** （-6.81）
ur	-0.0019*** （-3.22）	-0.0012** （-2.20）
gid	-0.3701*** （-8.88）	-0.3027*** （-7.18）

续表

变量	模型（1） *gedz*1	模型（2） *gedz*1
tsd	2.1027*** （6.14）	2.1051*** （6.65）
op	0.0438* （1.94）	0.0337 （1.60）
ee	−0.2183 （−1.39）	−0.0276 （−0.19）
epi	0.5230*** （3.63）	0.6895*** （5.14）
ny	−0.0242*** （−6.57）	−0.0277*** （−8.13）
常数项	0.2159*** （4.47）	0.2384*** （4.96）
Year	控制	控制
R^2	0.7153	0.7594
N	420	420

注：括号内为相应的 t 值；*** 、** 、* 分别表示在 1%、5%、10%的水平下显著。

从表 7.7 中可以看到，从模型（1）的实证结果来看，金融发展水平（*fdl*）对经济绿色转型有正向促进作用，且在 1%的水平下通过了显著性检验。金融发展显著促进了经济绿色转型，金融发展水平每提升 1 个单位，经济绿色转型指数增加 0.9526 个单位，验证了假设1，说明金融发展水平的提高能显著促进经济绿色转型。从模型（2）的实证结果来看，金融规模（*fsc*）对经济绿色转型有正向促进作用，且在 1%的水平下通过了显著性检验。金融规模的影响系数表明，金融规模每增加 1 个单位，经济绿色转型指数就增加 0.1830 个单位。这说明金融规模的扩大一方面降低了企业的融资约束水平，促使企业引进机器设备和达到规模效率；另一方面增加了当地政府收入，从而提高了对教育、医疗、环境等方面的建设水平，进而促进经济绿色转型。金融效率（*fet*）对经济绿色转型有负向作用，且在 1%的水平下通过了显著性检验，说明金融效率的提升并未促进经济绿色转型。在本章中，金融效率表示金融机构人民币各项贷款余额与金融机构人民币各项存款余额的比值、股票筹资额与股票市价总值的比值、保费支出与保费收入的比值这三项指标的加权值，其中，以金融机构人民币各项贷款余额/金融机构人民币各项存款余额为例，这一比值的提高并不代表资金流入绿色发展领域，如果信贷资金主要流入褐色经济领域，这一比值的提高恰恰阻碍了经济绿色转型，而现实情况也可能正是如此。金融结构（fst）对经济绿色转型的影响并未通过显著性检验，并且系数值为负。金融结构表示股票市价总值/金融机构人民币存贷款余额之和、保费收入/金融机构人民币存贷款余额之和的加权值，这一指标意味着股票市场、保险市场与信贷市场的相对规模，也可在一定意义上代表直接融资与间接融资之比。目前我国企业进行直接融资时必须履行社会责任，环保部门会对企业环境违规行为进行处罚和公示。但现实中，相比于发达国家，我国对环境违规行为的处罚力度并不大，对企业直接融资的影响较小，而信贷市场融资从 2007年开始就实行了严格的绿色信贷制度，对污染类企业的信贷项目加以严格的资金总额限制和高利率，因此，相对于直接融资方式而言，间接融资对企业环境污染问题的监管更加严格。因此，本章的金融结构指标数值的增加在一定程度上并不会对经济绿色转型产生正向作用。

从控制变量角度来看，表 7.7 中各控制变量对区域经济绿色转型的影响结果基本与预期一致。城镇化水平（ur）在两个基础模型中，分别通过了 1% 和 5% 的显著性检验，且均为负值，说明城镇化水平的提升增加了地区的污染排放，不利于经济绿色转型。以财政支出与 GDP 之比衡量的政府干预程度（gid）在上述两个回归模型中均在 1% 的水平下显著，并且对经济绿色转型有负向作用，说明政府支出增加提高了政府对经济增长的诉求，忽视了经济绿色转型。科技扶持度（tsd）在两个基础模型中均通过了 1% 的显著性检验，且均为正值，表明政府科技支出提升了劳动生产率，降低了污染排放，提高了地区的经济绿色转型水平。同样，环保重视度（epi）在两个基础模型中均在 1% 的水平下显著为正，说明政府环保重视度的提高会显著提升人们的环保意识，促进经济绿色转型。以煤炭消耗与能源消费总量之比衡量的能源消耗结构（ny）在两个基础模型中均在 1% 的水平下显著为负，说明煤炭这类非清洁能源的消耗量提升不利于绿色经济发展。而教育重视度（ee）的系数并没有通过显著性检验。在模型（1）中对外开放程度（op）通过了 10% 水平下的显著性检验，在模型（2）中没有通过显著性检验，二者数值均为正，说明以进出口总额与地区生产总值之比衡量的对外开放程度的提高有利于促进经济绿色转型，这与我国的对外贸易产品结构以及技术溢出效应有关。

为了让研究结果更具有可靠性，本章采取替换被解释变量的方式进行稳健性检验。选取本书第四章中采用的第二组指标并运用熵权法测算经济绿色转型水平（$gedz2$）。稳健性检验结果如表 7.8 所示，金融发展水平在 1% 的水平下通过了显著性检验，由于数据量纲的影响，系数大小有所变化，但是系数正负与上文回归结果保持一致，证明上文中实证结果具有可靠性。

表 7.8 稳健性检验

变量	(1) $gedz1$	(2) $gedz2$
fdl	0.9526***	0.6226***
	(4.65)	(5.31)
ur	−0.0019**	0.0024***
	(−3.03)	(5.59)
gid	−0.3701***	−0.4196***
	(−7.10)	(−16.08)
tsd	2.1027***	−0.2037
	(5.22)	(−1.16)
op	0.0438	−0.0339*
	(1.83)	(−2.15)
ee	−0.2183	0.0647
	(−1.59)	(0.60)

变量	(1) $gedz1$	(2) $gedz2$
epi	0.5230* (2.11)	-0.2798* (-2.52)
ny	-0.0242*** (-6.98)	-0.0106*** (-3.52)
常数项	0.2159*** (5.37)	0.4079*** (13.34)
N	420	420
r2_a	0.7153	0.8628

注：括号内为相应的 t 值；***、**、*分别表示在1%、5%、10%的水平下显著。

为解决模型的内生性问题，本部分采用 $gedz1$ 作为被解释变量，其他变量的一阶滞后项作为工具变量，采用 2SLS 法对变量进行回归，再用杜宾-吴-豪斯曼（DWH）检验各变量的内生性。表7.9内生性检验结果表明，所有变量均不与 $gedz1$ 存在内生性。

表 7.9　内生性检验

变量	H_0：变量是外生的							
变量	fdl_t	ur_t	gid_t	tsd_t	op_t	ee_t	epi_t	ny_t
工具变量	fdl_{t-1}	ur_{t-1}	gid_{t-1}	tsd_{t-1}	op_{t-1}	ee_{t-1}	epi_{t-1}	ny_{t-1}
P 值	1	1	1	1	1	1	1	1

二　区域异质性检验

通过对金融发展和经济绿色转型水平的测度发现，我国东部地区金融发展水平与经济绿色转型水平均高于中西部地区，因此将30个省份分为东部、中部和西部地区进行分组回归来考察区域异质性，回归结果如表7.10所示。

273

表 7.10　东中西部地区金融发展对经济绿色转型的影响

变量	东部 *gedz*1	中部 *gedz*1	西部 *gedz*1	东部 *gedz*1	中部 *gedz*1	西部 *gedz*1
fdl	1.1464*** (5.68)	0.2951* (1.92)	0.9027*** (3.57)			
fsc				0.1331 (1.34)	0.1718 (1.02)	0.2640*** (3.75)
fst				0.1580 (1.27)	0.2118*** (2.70)	-0.0157 (-0.28)
fet				-3.3717** (-2.10)	1.9646 (1.58)	-1.9332** (-2.41)
ur	-0.0076*** (-6.94)	0.0005 (0.58)	0.0028*** (5.43)	-0.0056*** (-4.64)	0.0010 (1.19)	0.0027*** (5.48)
gid	0.0400 (0.23)	-0.4436*** (-5.12)	-0.2087*** (-6.17)	0.0000 (0.00)	-0.5232*** (-4.80)	-0.2010*** (-6.03)
tsd	4.7965*** (7.13)	0.4659 (1.57)	1.8918*** (2.70)	4.6689*** (7.17)	0.3819 (1.19)	2.0323*** (2.96)
op	0.1276*** (3.40)	0.1723** (2.41)	0.0667* (1.77)	0.0710* (1.79)	0.1875** (2.28)	0.0494 (1.34)
ee	-0.3254 (-0.96)	-0.3913** (-2.09)	0.4644*** (3.23)	-0.3522 (-1.06)	-0.2169 (-1.13)	0.4419*** (3.12)
epi	0.6155* (1.91)	-0.3769 (-0.91)	-0.3379*** (-3.08)	0.7248** (2.32)	0.0102 (0.02)	-0.2476** (-2.19)
ny	-0.0025 (-0.18)	-0.0278*** (-7.79)	-0.0319*** (-11.38)	-0.0077 (-0.58)	-0.0324*** (-5.77)	-0.0315*** (-11.29)
常数项	0.2953** (2.45)	0.2455*** (4.32)	-0.0394 (-0.92)	0.3067** (2.57)	0.1302 (1.66)	0.0010 (0.02)
Year	控制	控制	控制	控制	控制	控制
R^2	0.7544	0.8695	0.8239	0.7720	0.8790	0.8351
N	154	112	154	154	112	154

注：括号内为相应的 t 值；*** 、** 、* 分别表示在 1%、5%、10%的水平下显著。

从金融发展水平来看，东部和西部地区的金融发展水平均在 1%的水平下通过了显著性检验，中部地区的金融发展水平在 10%的水平下通过了显著性检验，说明各地区的金融发展水平提高对本地区经济绿色转型有正向的促进作用。其中，东部地区的金融发展水平系数为 1.1464，远远高于西部地区（0.9027）和中部地区（0.2951），说明东部地区金融发展对经济绿色转型的促进作用更大。相对于中西部地区而言，东部地区的经济绿色转型初具规模，污染产业发展得到抑制，基础设施建设、医疗、教育投资水平较高。此时经济绿色转型主要依靠绿色项目、绿色产品的开发，通过技术模仿、引进机器设备来促进经济绿色转型的作用逐渐减弱，企业对融资方式、金融市场化水平、绿色金融工具提出了更高的要求，因此金融发展水平的提高对东部地区的经济绿色转型作用更加明显。

从金融发展的分项指标来分析，西部地区的金融规模对经济绿色转型有显著促进作用，影响系数为0.2640，而东部和中部地区的金融规模对经济绿色转型的正向促进作用并不明显，影响系数也低于西部地区，说明西部地区的金融规模对经济绿色转型的作用更大。相较于东部地区较高的绿色经济水平，西部地区在经济绿色转型的初期，当地政府优先采取的措施是限制高排放、高污染行业的发展，通过金融机构的差异化信贷政策和对资金的合理引导，提高这些企业的融资成本，这能明显改进当地的发展模式，减少对生态环境的破坏，因此这一阶段经济绿色转型增速明显。中部地区的金融结构影响系数为0.2118，在1%的水平下通过了显著性检验，说明中部地区金融结构的优化显著促进了经济绿色转型。东部和西部地区的金融结构影响系数并没有通过显著性检验，尤其是西部地区金融结构影响系数为负值，说明西部地区仍然以发展银行信贷等间接金融作为促进经济绿色转型的主要方式。对于西部地区来说，其金融发展水平较低，当地企业相较于东部地区企业更依赖于通过银行信贷等方式获得资金，对金融市场的要求并不高。东部和西部地区的金融效率影响系数均在5%的水平下通过了显著性检验，并且系数为负，而中部地区金融效率影响系数并不显著。

三　中介效应分析

本章参考 Alwin 和 Hauser（1975）、温忠麟和叶宝娟（2014）、陈晓等（2019）的中介效应检验流程，将技术创新水平、人力资本水平、产业结构绿色化水平作为中介变量，对中介效应模型进行回归检验，回归结果如表7.11至表7.13所示。

表7.11给出了技术创新水平的中介效应回归结果。从技术创新水平的中介效应看，在列（1）中，金融发展对经济绿色转型的影响系数在1%的水平下通过了显著性检验，其系数α_1为0.9526，说明金融发展水平对经济绿色转型的总效应为0.9526。在列（2）中，金融发展对技术创新水平的影响系数在5%的水平下通过了显著性检验，其系数β_1为38.0484。在列（3）中，技术创新水平的系数γ_2为0.0017，代表技术创新水平对经济绿色转型的效应；金融发展水平的系数γ_1为0.8877，这是金融发展水平对经济绿色转型的直接效应。根据前文介绍的中介效应模型，可以算出金融发展通过技术创新影响经济绿色转型的间接效应为0.0647。中介效应系数与直接效应系数符号一致，这说明在1%的显著性水平下，技术创新水平不存在完全中介作用，起到部分中介作用。因此，金融发展能通过技术创新促进经济绿色转型，金融发展一方面为技术创新提供必要的资金、人才、信息等支持，另一方面又为技术创新提供风险控制和市场推广等服务，而技术创新改进了生产模式、提高了产品质量，特别是绿色技术的进步有助于环境保护、绿色生活等，促进了绿色经济的发展。

表 7.11　技术创新水平的中介效应

变量	（1） $gedz1$	（2） tr	（3） $gedz1$
fdl	0.9526*** （7.05）	38.0484** （2.00）	0.8877*** （6.73）
tr			0.0017*** （4.94）
ur	−0.0019*** （−3.22）	0.4641*** （5.65）	−0.0027*** （−4.53）
gid	−0.3701*** （−8.88）	−7.0625 （−1.20）	−0.3580*** （−8.82）

续表

变量	（1） gedz1	（2） tr	（3） gedz1
tsd	2.1027***	517.5503***	1.2195***
	（6.14）	（10.72）	（3.23）
op	0.0438*	-13.6770***	0.0672***
	（1.94）	（-4.31）	（3.00）
ee	-0.2183	78.3172***	-0.3519**
	（-1.39）	（3.53）	（-2.26）
epi	0.5230***	19.1410	0.4903***
	（3.63）	（0.94）	（3.50）
ny	-0.0242***	-2.7075***	-0.0196***
	（-6.57）	（-5.22）	（-5.29）
常数项	0.2159***	-32.6490***	0.2716***
	（4.47）	（-4.80）.	（5.63）
Year	控制	控制	控制
R^2	0.7153	0.7510	0.7311
N	420	420	420

注：括号内为相应的 t 值；***、**、* 分别表示在 1%、5%、10%的水平下显著。

　　表 7.12 给出了人力资本水平的中介效应回归结果。从人力资本水平的中介效应看，列（1）同基准模型，金融发展水平对经济绿色转型的总效应为 0.9526。在列（2）中，金融发展对人力资本水平的影响系数在 1%的水平下通过了显著性检验，其系数 β_1 为 12.7755。在列（3）中，人力资本水平的系数 γ_2 在 1%的水平下通过了显著性检验，代表人力资本水平对经济绿色转型的效应为 0.0331；金融发展水平的系数 γ_1 为 0.5294，代表金融发展水平对经济绿色转型的直接效应。根据前文介绍的中介效应模型，可以算出金融发展通过人力资本水平影响经济绿色转型的间接效应为 0.4229。中介效应系数与直接效应系数符号一致，这说明在 1%的显著性水平下，人力资本水平不存在完全中介作用，起到部分中介作用。因此，金融发展水平的提升，能够加快人力资本水平提升的速度，人力资本水平的提高进一步增强了人们的环保意识，增加了本地区的环保水平，降低了生产生活

中的污染排放量，促进了经济绿色转型。

表 7.12　人力资本水平的中介效应

变量	（1） gedz1	（2） hc	（3） gedz1
fdl	0.9526*** （7.05）	12.7755*** （13.49）	0.5294*** （3.33）
hc			0.0331*** （4.75）
ur	−0.0019*** （−3.22）	0.0558*** （13.66）	−0.0037*** （−5.41）
gid	−0.3701*** （−8.88）	−1.8626*** （−6.38）	−0.3084*** （−7.24）
tsd	2.1027*** （6.14）	−6.6070*** （−2.75）	2.3215*** （6.89）
op	0.0438* （1.94）	−0.4891*** （−3.10）	0.0600*** （2.70）
ee	−0.2183 （−1.39）	−1.5676 （−1.42）	−0.1664 （−1.08）
epi	0.5230*** （3.63）	−2.9610*** （−2.93）	0.6211*** （4.38）
ny	−0.0242*** （−6.57）	0.1477*** （5.72）	−0.0291*** （−7.80）
常数项	0.2159*** （4.47）	5.7010*** （16.84）	0.0270 （0.44）
Year	控制	控制	控制
R^2	0.7153	0.8668	0.7300
N	420	420	420

注：括号内为相应的 t 值；***、*分别表示在 1%、10%的水平下显著。

表 7.13 给出了产业结构绿色化水平的中介效应回归结果。从产业结构绿色化水平的中介效应看，在列（1）中，金融发展水平对经济绿色转型的总效应为 0.9526。在列（2）中，金融发展对产业结构绿色化水平的影响系数在 1%的水平下通过了显著性检验，其系数 β_1 为 10.6818。在列（3）中，产业结构绿色化水平的系数 γ_2 为 0.0530，代

278

表产业结构绿色化水平对经济绿色转型的效应；金融发展水平的系数 γ_1 为 0.3860，是金融发展水平对经济绿色转型的直接效应。根据前文介绍的中介效应模型，可以算出产业结构绿色化对金融发展影响经济绿色转型的间接效应为 0.5661。中介效应系数与直接效应系数符号一致，这说明在 1% 的显著性水平下，产业结构绿色化不存在完全中介作用，起到部分中介作用。因此，金融发展水平的提升，汇聚了产业结构向高级化演变的必要资源并通过金融手段加快演变速度，又通过产业结构的高级化减少了能源消耗和污染排放，同时为其他产业提供了技术指导、信息传递等服务，促进经济绿色转型。

表 7.13　产业结构绿色化水平的中介效应

变量	(1) gedz1	(2) ig	(3) gedz1
fdl	0.9526***	10.6818***	0.3860**
	(7.05)	(8.16)	(3.08)
ig			0.0530***
			(11.93)
ur	−0.0019***	−0.0088	−0.0014***
	(−3.22)	(−1.57)	(−2.80)
gid	−0.3701***	−2.5565***	−0.2345***
	(−8.88)	(−6.33)	(−6.24)
tsd	2.1027***	4.3228	1.8733***
	(6.14)	(1.30)	(6.35)
op	0.0438*	0.4544**	0.0197
	(1.94)	(2.08)	(1.01)
ee	−0.2183	−6.8663***	0.1406
	(−1.39)	(−4.50)	(1.05)
epi	0.5230***	3.1931**	0.3536***
	(3.63)	(2.29)	(2.84)
ny	−0.0242***	−0.2793***	−0.0094***
	(−6.57)	(−7.83)	(−2.76)
常数项	0.2159***	3.2604***	0.0429
	(4.47)	(6.97)	(0.98)
Year	控制	控制	控制

续表

变量	（1） gedz1	（2） ig	（3） gedz1
R²	0.7153	0.5699	0.7900
N	420	420	420

注：括号内为相应的 t 值；***、**、* 分别表示在 1%、5%、10%的水平下显著。

四　调节效应分析

为分别考察财政压力和环境规制如何通过金融发展影响经济绿色转型，本章参考谭德凯和田利辉（2021）、吴桐桐和王仁曾（2021）的调节效应检验流程，分别将财政压力和环境规制作为调节变量，对调节效应模型进行回归检验，检验结果如表 7.14 所示。

表 7.14　财政压力与环境规制的调节效应

变量	（1） gedz1	（2） gedz1
fdl	0.7660*** （5.52）	0.5938*** （3.49）
eri	0.1815*** （3.54）	
eri×fdl	1.1387* （1.71）	
fp		−0.0257*** （−3.53）
fp×fdl		−0.3691*** （−2.90）
ur	−0.0008 （−1.46）	−0.0023*** （−3.89）
gid	−0.5040*** （−13.15）	−0.1617** （−2.52）
tsd	2.2625*** （7.52）	1.8638*** （5.53）
op	−0.0038 （−0.19）	0.0397* （1.79）

续表

变量	(1) gedz1	(2) gedz1
ee	−0. 2224 (−1. 61)	−0. 2187 (−1. 43)
epi	−1. 1179*** (−5. 48)	0. 5060*** (3. 60)
ny	−0. 0223*** (−6. 92)	−0. 0295*** (−7. 39)
常数项	0. 2505*** (5. 88)	0. 2891*** (5. 67)
Year	控制	控制
R^2	0. 7828	0. 7310
N	420	420

注：括号内为相应的 t 值；＊＊＊、＊＊、＊分别表示在 1%、5%、10%的水平下显著。

表 7. 14 中的列（1）和列（2）分别给出了环境规制和财政压力作为调节变量的回归结果。在列（1）中，环境规制以及环境规制与金融发展的交乘项系数均显著为正，这说明不仅环境规制自身能够促进经济绿色转型，而且环境规制会强化金融发展对经济绿色转型的促进效果。显然，环境规制本身就是经济绿色转型的政策导向，环境规制加强能够显著激励经济绿色转型水平的提高。与此同时，环境规制加强也会影响地区金融市场资金的流向，鼓励支持经济绿色转型的资金流入，抑制褐色经济领域的资金流入，进一步提高地区的经济绿色转型水平。在列（2）中，财政压力以及财政压力与金融发展的交乘项系数均在 1%的水平下显著为负，这说明政府财政压力的加大不仅会抑制经济绿色转型，而且会扭转金融发展对经济绿色转型的作用效果。从现实情况看，政府财政压力增加，政府需要增加财政收入，减少财政支出，这将降低对地区招商项目的环保要求，从而影响地区金融发展对绿色经济领域的支持作用。

五 门槛效应分析

为分别考察金融发展水平、金融规模、金融结构、金融效率对经济绿色转型的影响是否存在门槛效应，本章参考刘守英等（2020）的门槛效应检验流程，分别将金融发展水平、金融规模、金融结构、金融效率作为门槛变量，对门槛效应进行显著性检验，检验结果如表 7.15 所示。

表 7.15　门槛效应的显著性检验结果

门槛变量	原假设	备择假设	P 值	是否接受原假设
金融发展水平	不存在门槛	单门槛	0.3867	接受
金融规模	不存在门槛	单门槛	0.0700	拒绝
	单门槛	双门槛	0.3800	接受
金融结构	不存在门槛	单门槛	0.2299	接受
金融效率	不存在门槛	单门槛	0.1733	接受

从表 7.15 可以看出，金融发展水平、金融结构、金融效率均接受了原假设，不存在门槛效应。而金融规模的检验未通过模型存在两个门槛值的假设，故认为金融规模与经济绿色转型之间存在单门槛效应，且金融规模的单门槛估计值为 0.3321。从图 7.3 金融规模的单门槛检验效果可以看出，置信区间非常清晰，能够说明存在单门槛效应。

表 7.16 对金融规模的门槛效应进行了显著性检验。从表 7.16 可以看出，当金融规模小于等于门槛值 0.3321 时，金融规模与金融结构对经济绿色转型的影响为正但不显著，即金融规模的扩大、金融结构的优化不能显著促进经济绿色转型；金融效率对经济绿色转型的影响为负但不显著，这表明金融效率的提升并未促进经济绿色转型。当金融规模大于门槛值 0.3321 时，金融规模对经济绿色转型的影响为正但不显著，即金融规模的扩大不能显著促进经济绿色转型；金融结构对经济绿色转

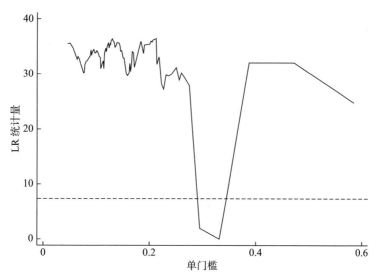

图 7.3　金融规模的单门槛检验效果

型的影响为负但不显著，这表明金融结构的优化并未促进经济绿色转
型；金融效率对经济绿色转型的影响为正且显著，即金融效率的提升可
以显著促进经济绿色转型。

表 7.16　金融规模的门槛效应显著性检验结果

变量	$gedz1$
ur	0.0059***
	（7.06）
gid	−0.0059
	（−0.04）
tsd	2.1183**
	（3.64）
op	−0.1702***
	（−4.34）
ee	0.0682
	（0.34）
epi	0.3295
	（0.78）

续表

变量	$gedz1$
ny	-0.0469
	(-1.90)
$fsc\ (fsc \leqslant 0.3321)$	0.0091
	(0.11)
$fsc\ (fsc > 0.3321)$	0.0320
	(0.15)
$fst\ (fsc \leqslant 0.3321)$	0.1066
	(1.04)
$fst\ (fsc > 0.3321)$	-0.3760
	(-1.82)
$fet\ (fsc \leqslant 0.3321)$	-0.5871
	(-0.63)
$fet\ (fsc > 0.3321)$	12.6409^{*}
	(2.07)
常数项	-0.1009
	(-0.73)
N	420
r2_a	0.7096

注：括号内为相应的 t 值；＊＊＊ 、＊＊ 、＊分别表示在 1%、5%、10%的水平下显著。

第五节　小结

在新发展阶段，金融发展影响区域经济绿色转型的机制及效果问题是理论界和学术界亟须探索的重要问题。本章首先回顾了金融发展推动经济绿色转型的典型事实，研究发现，在可持续发展战略、生态文明建设和"碳达峰、碳中和"目标下，我国在金融市场、金融产品、金融监管等领域进行了金融创新实践，为金融助力经济绿色转型奠定了坚实基础。

其次，在提出理论假设的基础上，构建了以金融发展水平、金融规模、金融结构、金融效率作为被解释变量的基准回归模型。回归结果显示，金融发展水平对我国经济绿色转型有正向促进作用，金融规模对经济绿色转型有正向促进作用，金融效率对经济绿色转型有负向作用，金融结构对经济绿色转型的影响并未通过显著性检验。在控制变量中，城镇化水平、政府干预程度、能源消耗结构对经济绿色转型有负向作用，科技扶持度、环保重视度、对外开放程度的提高会显著提升人们的环保意识，促进经济绿色转型。上述基准回归模型通过了稳健性检验和内生性检验。

再次，本章将 30 个省份分为东部、中部、西部地区进行分组回归来考察区域异质性。研究发现，东中西部地区的金融发展水平提高均对本地区经济绿色转型有正向的促进作用。从金融发展的分项指标看，西部地区金融规模对经济绿色转型有显著促进作用，东中部地区并不明显；中部地区金融结构优化显著促进了经济绿色转型，东西部地区不显著；东西部地区的金融效率提高显著抑制了经济绿色转型，而中部地区不显著。

最后，本章分别以技术创新水平、人力资本水平、产业结构绿色化水平作为中介变量，以财政压力水平和环境规制水平作为调节变量，以金融发展水平、金融规模、金融结构、金融效率作为门槛变量，分别建立了中介效应模型、调节效应模型、门槛效应模型。①中介效应结果显示：技术创新水平、人力资本水平、产业结构绿色化水平不存在完全中介作用，起到部分中介作用。②调节效应结果显示：环境规制自身能够促进经济绿色转型，而且环境规制会强化金融发展对经济绿色转型的促进效果。而政府财政压力的加大不仅会抑制经济绿色转型，而且会扭转金融发展对经济绿色转型的作用效果。③门槛效应结果显示：金融发展水平、金融结构、金融效率不存在门槛效应，金融规模存在单门槛效应，当金融规模小于等于门槛值 0.3321 时，金融规模与金融结构对经济绿色转型的影响为正但不显著，金融效率对经济绿色转型的影响为负但不显著；当金融规模大于门槛值 0.3321 时，金融规模对经济绿色转型的影响为正但不显著，金融结构对经济绿色转型的影响为负但不显著，金融效率对经济绿色转型的影响为正且显著。

第八章　绿色金融对经济绿色转型的
影响机制分析

在我国实现绿色可持续发展的过程中，作为其实现路径与必然要求的绿色金融目前已经成为我国金融发展的一个显著特征与发展趋势。近年来，我国在绿色信贷、绿色股票、绿色债券、碳金融等领域都取得了飞速发展，在促进绿色技术进步的过程中发挥着日益重要的作用。2017年6月14日，国务院常务会议决定在广东、浙江等省份选择部分地区建设绿色金融改革创新试验区。6月23日，经国务院批准，中国人民银行、财政部、国家发展改革委等七部门联合发布了《广东省广州市建设绿色金融改革创新试验区总体方案》和《江西省赣江新区建设绿色金融改革创新试验区总体方案》，这也标志着广州市和南昌市绿色金融改革政策的落地与实施。绿色金融改革创新试验区的设立，一方面可以提高金融机构的绿色可持续发展水平，引导绿色环保产业发展和壮大；另一方面可以限制"两高"企业信贷资金的运用，进而推动企业绿色技术创新能力的提高，使企业进行绿色化生产，从而使我国绿色发展水平与生态文明建设水平都得到提高。因此，本章对绿色金融在经济绿色转型中的作用进行科学的评估，尤其是研究绿色金融改革创新试验区试点政策能否有效推动经济绿色转型，对试点地区乃至全国推进绿色可持续发展和实现经济高质量发展都具有重要的指导作用和实践意义。

通过上述分析，本章实证研究绿色金融影响经济绿色转型的相关机制，具体结构安排如下。一是从理论层面揭示绿色金融影响经济绿色转型的作用机制，为后文实证研究奠定理论基础。二是建立绿色金融影响经济绿色转型的基准回归模型、中介效应模型及门槛效应模型，检验绿色金融作用于经济绿色转型的机制与效果，同时将研究视角聚焦区域经济发展层面，采用合成控制法（Synthetic Control Methods），将绿色金融改革创新试验区看作一项政策冲击，在准自然实验的框架下评估绿色金融改革创新试验区建设的绿色技术进步效应。三是对变量和数据来源进行说明。四是进行回归分析，并对回归结果进行解析。

第一节　研究假设

推动绿色可持续发展是当今时代的主题，也是促进人与自然和谐共生的必然要求。绿色金融作为推动绿色发展强有力的工具，不仅可以直接推动绿色环保产业发展壮大，也能够通过减少"两高"企业、"两高"项目的可用信贷资金，引导其向绿色发展转型，从而更好地实现环境污染治理与经济高质量发展的目标。基于绿色金融政策提出的背景及预期目标，本章主要从理论角度分析绿色金融对经济绿色转型的影响和作用机制，据此提出相应的理论假设。

一　绿色金融对经济绿色转型的影响机制

绿色金融的基本功能是缓解绿色企业融资约束、抑制污染企业资金供给、引导金融资源合理配置，发挥其生态环境治理的作用。在此过程中，绿色金融将通过增加绿色企业科技研发资金、减少污染企业信贷资金、使污染企业生产过程绿色化等方式增强企业绿色技术创新能力，推动经济绿色转型。

（一）绿色金融的基本功能

从金融发展的资金导向看，近年来，绿色金融已经成为金融发展的一个显著特征与发展趋势。在信贷市场上，银行等金融机构通过信贷总额限制、利率调节等政策引导资金流入环保项目，进而扩大和提高了储蓄向绿色领域投资转化的规模和效率。在股票市场和债券市场上，政府通过环境违规行为的披露影响企业获取资金的成本和效率，进而通过影响企业声誉等驱动企业投资绿色项目。因此，绿色金融发展规模不断扩大，资金流通效率不断提高，在整个社会的资金构成中，绿色资金的占比不断提高，绿色金融作为金融发展的主要方向，能够显著影响经济绿色转型。马骏（2016）指出，绿色金融通过引导资金流向，促进产业结构优化，进而实现经济绿色发展。从绿色金融满足绿色产业融资需求的角度看，由于传统金融活动具有逐利性，而绿色企业又存在投资回报长和风险大的问题，绿色企业的投资需求难以满足，面临融资约束（Tamazian and Rao，2009；连莉莉，2015）。绿色金融迫使商业银行将环保纳入向企业授信的考虑因素中，商业银行考虑到向污染企业授信承担的政策风险更大，便会对污染企业提出更高的利率要求，使污染产业的信贷规模缩小、融资成本上升，而绿色企业将享受融资成本上的优惠（连莉莉，2015；陈琪，2019）。

从缓解企业融资约束角度来说，绿色金融发展水平的提高可以为绿色环保企业的发展和传统企业的技术升级改造提供多元化的融资渠道，缓解期限错配问题（王康仕等，2019），有效地提升了融资的便利性。绿色环保企业的融资成本与融资难度也会因此降低，更多的绿色金融资源从污染企业流入绿色环保企业，同时会给污染企业带来显著的融资"惩罚效应"和投资"抑制效应"，使污染企业发展受限（苏冬蔚、连莉莉，2018；牛海鹏等，2020），从而实现资本优化配置，显著地提高当地的环境质量，进而提升经济绿色转型水平。

从缓解信息不对称角度来说，完善的绿色信用体系有利于激发企业的环境保护意识。国家可以通过全国信用信息共享平台和企业征信系统将企业的绿色信息、环境污染责任保险的投保情况以及是否存在环境违法事件等纳入监管，有效降低企业内外部利益相关者的信息不对称程度（曹越等，2020），增强社会资本对企业绿色环保项目的分辨能力，有利于社会资本对企业绿色环保项目的深度参与。与此同时，公开透明的信息系统能够充分发挥社会大众的监督权，使得注重名誉的企业在环境保护方面采取更有效的措施（王云等，2017），减少大气污染物的排放，促进经济绿色转型。据此，本章提出假设1。

假设1：绿色金融发展水平的提高能够直接推动经济绿色转型。

（二）绿色技术创新水平的中介效应分析

绿色金融是提升绿色技术创新水平，实现绿色可持续发展的重要推动力（王馨、王营，2021）。绿色金融通过推行低利率贷款与绿色信贷政策，有效地增强了企业进行绿色技术创新的意愿，推动了企业资源向相关领域倾斜，从而推动了企业开展绿色技术创新。绿色金融通过补偿正外部性所导致的社会资金短缺，推动企业开展绿色技术创新活动（何凌云等，2020），强化对企业研发投入挤出效应的抑制作用（Görg and Strobl，2007）。

具体而言，绿色金融政策可以通过以下三个方面来促进绿色技术创新水平的提升。一是缓解融资约束、降低绿色研发成本以激励绿色企业进行绿色技术创新。绿色信贷政策通过资源配置机制为绿色企业的绿色创新提供资源支持，在资金供给上向绿色、低碳、环保和循环经济领域倾斜（杜金岷等，2017），同时向市场传递政府支持绿色经济的信号，有助于吸引更多社会资源流向绿色产业和绿色企业（范红忠，2007），获得了金融资源的绿色环保企业会加大绿色技术创新投入，而传统企业则会进行绿色生产技术的升级改造，二者都会促进企业绿色技术创新水平的提升（何凌云等，2019；祁怀锦、刘斯琴，2023）。绿色金融政策通过信贷环境风险控制将环境污染的外部性成本内部化，有效地提升了市场在减污降碳技术及其装备、服务方面的需求，扩大了相关产业的市场规模，进而降低了企业绿色技术创新的单位成本（舒利敏等，2023）。二是"倒逼"传统企业实现生产绿色化。绿色金融通过提高利率和加强监管来限制高污染、高能耗企业的资金获得能力，企业为了降低生产成本就必须进行清洁技术创新（Liu et al.，2017）；绿色金融支持了污染企业的绿色转型，降低了技术创新的门槛与风险（Wang et al.，2017）。三是构建绿色创新生态系统，绿色金融的发展有利于绿色创新生态系统的形成，可以将金融机构、高校和科研院所、环境保护部门以及企业等各方联系起来，共同推动绿色创新技术的研发和推广（曲薪池等，2019）。

绿色技术创新水平的提升可以显著促进经济绿色转型。一方面，绿色创新技术的应用有助于抑制污染物的排放，提高能源的利用效率，优化能源消费结构（Shahbaz et al.，2013），在不降低既有生产效率的前提下减弱对高污染能源的依赖，从而从根本上减少污染物的排放，促进经济绿色转型；另一方面，绿色技术创新水平的提高也有助于增强环境监测和治理能力，提高对污染物的管理和控制水平，及时预警环境污染问题并采取相应的处理措施，进而促进经济绿色转型。据此，本章提出假设2。

假设2：绿色金融通过提高绿色技术创新水平进而促进经济绿色转型。

（三）地区经济发展水平的门槛效应分析

由于各地的经济发展水平和社会环境存在一定的差异，绿色金融对经济绿色转型的作用效果也会受到众多因素的影响，而地区经济发展水平则是极其重要的影响因素，对产业资金的流向具有决定性作用，从而使得不同地区间的绿色技术创新资金投入受到影响，进而影响经济绿色转型水平。在地区经济发展水平较低时，地方政府的主要目标是满足居民的基本生活需要，往往忽视绿色基础设施建设，金融体系主要服务于经济增长目标，资金流入见效快的褐色产业，从而使绿色金融发展受到抑制，进而影响经济绿色转型水平的提升。同时，较低的地区经济发展水平也阻碍了绿色技术创新水平的提升。在绿色技术创新前期需要大量的研发费用、实验验证和市场推广活动，这需要企业进行较大的资金投入，然而绿色技术创新面临较大的不确定性与风险，获利的周期也较长（徐佳、崔静波，2020）。因此，在经济发展水平较低时，绿色金融发展对经济绿色转型的促进作用较为有限。而随着地区经济发展水平的提升，居民收入增加，金融市场的资金供给能力提升，对绿色经济的资金需求和供给随之增加。在绿色金融政策的支持下，绿色基础设施建设逐渐完善，绿色创新技术的研发和推广进程进一步加快，环境质量的改善效果也会越发显著，经济绿色转型水平继而提高。当经济发展水平提升到较高水平后，民众开始更加关注绿色生活质量，对绿色产品的需求愈加旺盛，大量绿色金融工具不断涌现，资金向绿色产业集聚。与此同时，绿色技术创新水平的提高也能促使技术多样化发展，使得绿色创新技术能够服务于更广泛的领域，在提高环境质量方面提供更多的解决方案，进而扩大绿色金融对环境质量的影响范围。随着地区经济发展水平的提高，面临较高环境风险的绿色金融机构也会动态调整其投资策略与投资重点，尤其是随着绿色创新技术的发展成熟和市场规模的不断扩大，金融机构会更多地关注尚未成熟或创新风险较高的绿色创新技术，实现绿色创新技术的迭代发展，从而促进环境质量的提高，提升经济绿色转型水平。总体而言，绿色金融能够通过提升绿色技术创新水平达到经济绿色转型的目的。由此，本章提出假设 3。

假设 3：绿色金融与经济绿色转型之间可能存在非线性关系，随着地区经济发展水平的不断提升，绿色金融对经济绿色转型的推动作用会愈加明显。

二　绿色金融改革创新试验区设立的绩效

绿色金融改革创新试验区具备金融政策和环境规制的双重属性，其核心效应不仅包括融资"增益"效应，也包括成本"惩罚"效应（张庆君、黄玲，2023）。国家通过设立绿色金融改革创新试验区培育与发展绿色金融组织体系，不断进行绿色金融服务与产品的创新，使绿色环保产业的融资渠道得到拓宽。通过不断完善绿色金融基础设施，形成绿色金融要素交易市场，加强绿色金融的对外交流与合作，构建更加完善的产业转型升级金融服务机制和绿色金融风险防范化解机制。因此，绿色金融改革创新试验区的设立能够缓解绿色环保企业融资约束、"倒逼"传统企业在生产方式上做出改变，通过不断吸纳绿色创新人才实现绿色化生产，从而使绿色技术创新水平得到提高，推动经济绿色转型。

（一）为绿色企业提供了多元化的融资渠道

绿色技术创新通常需要大量的资金投入，包括研发费用、实验验证和市场推广所需的资金等，这需要企业进行较大的资金投入，然而绿色技术创新面临较大的不确定性与风险，获利的周期也较长，这些问题严重抑制了绿色创新主体开展创新活动的积极性（徐佳、崔静波，2020）。而绿色金融改革创新试验区的设立为绿色环保产业发展提供了更多的融资渠道，帮助传统企业进行技术升级改造，缓解了期限错配问题（王康仕等，2019），有效提升了融资的便利性，对于激发企业的绿色创新活力具有重要意义（祁怀锦、刘斯琴，2023）。除了现有的绿色金融工具，试验区还可通过不断创新有关绿色金融的产品与服务，更好地匹配企业开展绿色技术创新活动的资金需求。例如，设立绿色技术创新基金或引入和建立专业化的绿色金融机构，为绿色技术创新项目提供相应的资金支持和全方位的金融服务，满足企业不同阶段的融资需求，并提供更加灵活和定制化的融资方案，重点支持绿色技术的研发攻关、市场化推广和应用等。同时，试验区还可以引导各类社会资金积极参与绿色金融市场，有效缓解企业的融资约束（苏冬蔚、连莉莉，2018；牛海鹏等，2020；王修华等，2021），改善绿色技术创新项目的融资环境，降低融资成本，从而促进绿色创新项目的开展。

（二）"倒逼"传统企业实现生产绿色化

绿色金融改革创新试点政策作为一项由政府引导、以市场机制为导向的环境规制政策，旨在引导金融机构在投融资决策中充分考虑投资项目的环境成本和收益。一方面，可以通过加强监管、提高利率等方式来限制重污染企业的资金供给，增加其生产成本（Liu et al.，2017），从而抑制其盲目扩张，避免因无节制的粗放式发展而导致产能过剩和环境污染加重等问题。另一方面，重污染企业也会因环境问题而被给予较低的企业估值。与此相反，致力于节能减排和绿色生产的企业将会获得更多的资金支持和更高的企业估值，绿色技术创新的门槛和风险也会随之降低（Wang et al.，2017）。在绿色金融改革创新试点政策的作用下，高污染企业若通过末端治理来满足环境规制要求，就不得不承担高昂的合规成本，此时加大对绿色技术的研发投入，将会获得"创新补偿"和"先动优势"，也更加符合企业的利益（张庆君、黄玲，2023），促使企业积极进行绿色技术创新。此外，绿色金融改革创新试验区还具备信号传递的功能，试验区的正式设立不仅仅通过提供资金支持、政策指引等具体的措施来引导企业进行绿色转型升级，更传达了国家大力发展"绿色经济"的信号。在这样的外部环境下，重污染企业如果不积极寻求绿色转型升级，势必会面临巨大的社会舆论压力，政府环保部门对其的监管也会更加严格，这些都会给企业的日常生产经营活动带来负面影响。重污染企业为了减小和消除这些负面影响，也会积极主动地进行绿色转型。

（三）集聚绿色创新人才

人才是绿色创新的动力源泉，创新人才的集聚可以更好地为绿色创新技术的开发提供脑力支持，也可以通过新的方法与思路对自然资源进行合理的开发与利用，并及时对绿色发展方式进行优化（Fang and Wolski，2021）。绿色金融改革创新试验区高度重视集聚绿色创新人才，通过众多绿色创新人才推动绿色技术创新的发展。创新人才集聚主要通过以下三条路径促进绿色技术创新。首先，创新人才的集聚有助于构建知识网络，在如今的知识经济中，顶尖的人才可以通过对跨部门知识进行整合，推动理论知识进步，并通过一系列的技术实践推动绿色创新技术水平的提高，从而引领创新发展（Kerr et al.，2016）。人才作为一个城市发展中最重要的创新资源，应通过集聚各类创新人才实现对知识的整合，实现不同知识要素之间的匹配与共享，进而推动绿色技术的发明与创新（鲍鹏程、黄磊，2023）。其次，创新人才的集聚能够显著地降低交流的成本。创新人才的集聚促进了研究人员的面对面交流，使科研人员能够在给定的空间范围内较为容易地了解到现有研究的进展，有利于降低知识传播的信息成本（冷萱、李涵，2022）。通过这种方式，创新人才的交流与合作可以更有效率，使得创新项目的研发风险进一步降低，提高研究效率（Moretti，2021）。最后，创新人才的集聚能够促进企业效率的提升。创新人才集聚也会带来先进的科学技术和管理经验，使企业能够准确地把握前沿的绿色技术与发展动态，在激烈的市场竞争中获得先发优势，从而有效地提高本地区的绿色发展水平（鲍鹏程、黄磊，2023）。基于上述分析，本章提出假设4。

假设4：绿色金融改革创新试验区能够提升绿色技术创新水平，推动地区经济绿色发展。

第二节　研究设计

一　计量模型设定

（一）基准回归模型

为考察绿色金融对经济绿色转型的影响效果，本章的被解释变量为经济绿色转型水平，绿色金融发展水平为核心解释变量。但由于现实生活中存在多种影响经济绿色转型的因素，仅将绿色金融发展水平作为解释变量可能会降低实证结果的有效性和可信度。因此，本章将影响经济绿色转型的其他因素以控制变量的形式纳入模型，从而剔除其对经济绿色转型的影响，得到绿色金融发展与经济绿色转型之间的关系。具体模型设定如下：

$$gedz_{it} = \alpha_0 + \alpha_1 gf_{it} + \alpha_2 tsd_{it} + \alpha_3 ny_{it} + \alpha_4 fp_{it} + \varepsilon_{it} \tag{8.1}$$

式（8.1）中，被解释变量 $gedz_{it}$ 为经济绿色转型水平；核心解释变量 gf_{it} 表示各地区的绿色金融发展水平；控制变量分别选取了科技扶持度（tsd_{it}）、能源结构碳排放强度（ny_{it}）、财政压力水平（fp_{it}）；

α_0 是常数项，α_1、α_2、α_3、α_4 分别对应变量的待估计系数；ε_{it} 为随机误差项。

（二）中介效应模型

为了进一步探讨绿色金融发展水平对经济绿色转型的影响机制，本章参照温忠麟和叶宝娟（2014）、陈晓等（2019）的做法，建立如下的中介效应模型：

$$gedz_{it} = \alpha_0 + \alpha_1 gf_{it} + \alpha_2 tsd_{it} + \alpha_3 ny_{it} + \alpha_4 fp_{it} + \varepsilon_1 \tag{8.2}$$

$$etr_{it} = \beta_0 + \beta_1 gf_{it} + + \beta_2 tsd_{it} + \beta_3 ny_{it} + \beta_4 fp_{it} + \varepsilon_2 \tag{8.3}$$

$$gedz_{it} = \gamma_0 + \gamma_1 gf_{it} + \gamma_2 etr_{it} + \gamma_3 tsd_{it} + \gamma_4 ny_{it} + \gamma_5 fp_{it} + \varepsilon_3 \tag{8.4}$$

其中，etr_{it} 表示各地区的绿色技术创新水平，其余各变量及参数的含义与式（8.1）一致。

（三）门槛效应模型

基于上述的中介效应分析，本章借鉴 Hansen（1999）的做法，选取解释变量绿色金融发展水平作为门槛变量，采用面板门槛效应回归模型对绿色金融助力经济绿色转型的作用效果进行深入探讨。构建以式（8.5）为基础的面板门槛效应回归模型，通过将不同的绿色金融发展水平作为分段标准，深入研究在不同的绿色金融发展水平下绿色金融助力经济绿色转型的效应变化。具体的模型为：

$$gedz_{it} = \alpha_0 + \alpha_1 gf_{it} \times I(edl_{it} \leq \gamma_1) + \alpha_2 gf_{it} \times I(edl_{it} > \gamma_1) +$$
$$\alpha_3 tsd_{it} + \alpha_4 ny_{it} + \alpha_5 fp_{it} + \varepsilon_{it} \tag{8.5}$$

$$gedz_{it} = \alpha_0 + \alpha_1 gf_{it} \times I(edl_{it} \leq \gamma_1) + \alpha_2 gf_{it} \times I(\gamma_1 < edl_{it} \leq \gamma_2) +$$
$$\alpha_3 gf_{it} \times I(edl_{it} > \gamma_2) + \alpha_4 tsd_{it} + \alpha_5 ny_{it} + \alpha_6 fp_{it} + \varepsilon_{it} \tag{8.6}$$

其中，式（8.5）为单门槛效应回归模型，式（8.6）为多门槛效应回归模型。γ_1、γ_2 分别表示单项和多项门槛估计值；控制变量 tsd_{it}、ny_{it}、fp_{it} 的含义与式（8.1）一致；$I(\cdot)$ 为示性函数，当满足示性函数中的条件时，示性函数取值为 1，否则取值为 0（参见第七章）；括号中的 edl_{it} 表示门槛变量，本章选取地区经济发展水平作为衡量地区绿色金融发展水平的核心变量；ε_{it} 为随机误差项。

（四）合成控制模型构建

科学地评估绿色金融改革创新试验区的设立能否促进当地绿色技术进步，关键是要找到合适的政策评估方法。在现有的研究中，学者们大多采用双重差分法来进行评估，但是双重差分法的使用需要满足一个前提：处理组与对照组的选取需要满足随机分组的假设并在政策冲击发生之前具有可比性。而入选绿色金融改革创新试验区的地区在前期都已经积极探索了绿色金融实践，在支持产业绿色转型、绿色发展等方面都有一定的经验和基础，因此，将这些区域作为政策效应的处理组不能满足双重差分法中随机分组的假设，这容易使评估结果产生偏差。而由 Abadie 和 Gardeazabal（2003）提出的合成控制法拓展了传统的双重差分法。合成控制法在对对照组的最优权重进行确定时，以样本数据特征为基础，并通过加权平均对对照组进行处理，以此构建出政策干预体的"反事实"状态。这样就有效地规避了传统双重差分法非随机分组的问题。本章以合成控制法的设计思路为基础，将绿色金融改革创新试验区的设立看作政策冲击，在准自然实验的框架下评估广州市的绿色技术进步效应。

具体思路是，假设绿色技术进步效应的评估变量为 Y，现有 $J+1$ 个城市 T 时期的绿色技术创新水平数据，假定第 1 个城市（$i=1$）在 T_0（政策出台年份）时设立绿色金融改革创新试验区（处理组），其他 J 个城市为尚未设立绿色金融改革创新试验区的对照组，则 Y_{it}^{I} 表示 i 地区在 T_0 时设立绿色金融改革创新试验区的观测值，Y_{it}^{N} 表示 i 地区在 T_0 时未设立绿色金融改革创新试验区的观测值。由于本章所指的绿色金融改革创新试验区是于 2017 年 6 月 14 日宣布设立的，故本章将 T_0 设定为 2017 年。由此，绿色金融改革创新试验区的设立对绿色技术进步的影响效应可以表示为：

$$Y_{it}^{I} = Y_{it}^{N} + D_{it}\alpha_{it}, \quad D_{it} = \begin{cases} 1, & \text{当 } t > T_0 \text{ 且 } i = 1 \text{ 时} \\ 0, & t \leq T_0 \end{cases} \tag{8.7}$$

对于同一地区，由于不能同时观测到 Y_{it}^I 和 Y_{it}^N，故引入虚拟变量 D_{it}。$D_{it}=1$ 表示 i 地区在 T_0 时设立了绿色金融改革创新试验区，$D_{it}=0$ 表示 i 地区在 T_0 时未设立绿色金融改革创新试验区，则 $Y_{it}^I = Y_{it}^N$。令 α_{it} 为估计的绿色金融改革创新试验区的政策效应，则当 $T_0 < t \leqslant T$ 时，$Y_{it}^I = Y_{it}^N + \alpha_{it}$（$i=1, \cdots, J+1$；$t=1, \cdots, T$）；当 $t \leqslant T_0$ 时，$Y_{it}^I = Y_{it}^N$。但 Y_{it}^N 是无法观测到的，因此，为了得到政策效应 α_{it}，需要拟合一个与 Y_{it}^N 相对应的"反事实"结果。假设 Y_{it}^N 由以下"因子模型"决定：

$$Y_{it}^N = \delta_t + \theta_t Z_i + \lambda_t \mu_i + \varepsilon_{it} \tag{8.8}$$

其中，δ_t 表示时间固定效应，Z_i 是不受绿色金融改革创新试验区政策影响且可观测的预测变量（控制变量），θ_t 表示未知参数，$\lambda_t \mu_i$ 表示不可观测的公共因子，μ_i 是不可观测的固定效应，ε_{it} 为误差项。

由此，引入权重向量 $W = (w_2, \cdots, w_{j+1})'$，满足 $w_j \geqslant 0$ 且 $w_2 + \cdots + w_{j+1} = 1$，经合成控制后得到的结果为：

$$\sum_{j=2}^{j+1} w_j Y_{jt} = \delta_t + \theta_t \sum_{j=2}^{j+1} w_j Z_j + \lambda_t \sum_{j=2}^{j+1} w_j \mu_i + \sum_{j=2}^{j+1} w_j \varepsilon_{it} \tag{8.9}$$

假设存在一个向量 $W^* = (w_2^*, \cdots, w_{j+1}^*)'$，使得：

$$\begin{cases} \sum_{j=2}^{j+1} w_j^* Y_{j1} = Y_{11} \\ \sum_{j=2}^{j+1} w_j^* Z_j = Z_1 \\ \sum_{j=2}^{j+1} w_j^* Y_{jT_0} = Y_{1T_0} \end{cases} \tag{8.10}$$

若 $\sum_{t=1}^{T_0} \lambda'_t \lambda_t$ 是非奇异矩阵，则有：

$$Y_{it}^N - \sum_{j=2}^{j+1} w_j^* Y_{jt} = \sum_{j=2}^{j+1} w_j^* \sum_{s=1}^{T_0} \lambda_t \sum_{n=1}^{T_0} (\lambda'_n \lambda_n)^{-1} \lambda'_s (\varepsilon_{js} - \varepsilon_{1s}) - \sum_{j=2}^{j+1} w_j^* (\varepsilon_{jt} - \varepsilon_{1t}) \tag{8.11}$$

Gardeazabal（2003）已经证明，如果政策冲击前的时间相较于政策冲击后的时间更长，则式（8.10）右边会趋于 0。因此，当 $T_0 < t \leqslant T$

时，$\sum_{j=2}^{j+1} w_j^* Y_{jt}$ 是 Y_{it}^N 的无偏估计量。此时，绿色金融改革创新试验区设立背景下绿色技术进步效应的估计值为：

$$\hat{\alpha}_{1t} = Y_{1t} - \sum_{j=2}^{j+1} w_j^* Y_{jt} \tag{8.12}$$

二 变量选取与设定

（一）基准回归模型

（1）被解释变量为经济绿色转型水平（*gedz*）。与前文变量一致，本章使用前文构建的包含绿色经济规模、绿色经济结构、绿色经济效率三个维度通过熵权法计算得到的经济绿色转型综合指标。

（2）核心解释变量为绿色金融发展水平（*gf*）。本章借鉴李晓西等（2015）构建的绿色金融发展水平评价体系，依据不同的金融服务类型将绿色金融发展水平具体细分为绿色信贷、绿色证券、绿色保险、绿色投资及碳金融五个维度（具体如表 8.1 所示）。根据这五个维度的数据，采用熵权法测算出 2008~2021 年我国各个地区的绿色金融发展水平。

表 8.1　绿色金融发展水平评价指标体系

一级指标	二级指标	三级指标	指标定义
绿色金融发展水平	绿色信贷	绿色信贷占比	五大行绿色信贷总额/五大行贷款总额
		高耗能产业利息支出占比	六大高耗能工业产业利息支出占工业产业利息总支出的比例
	绿色证券	环保企业市值占比	环保企业总市值/A 股总市值
		高耗能行业市值占比	六大高耗能行业总市值/A 股总市值
绿色金融发展水平	绿色保险	农业保险规模占比	农业保险支出/保险总支出
		农业保险赔付率	农业保险支出/农业保险收入
	绿色投资	节能环保公共支出占比	节能环保产业财政支出/财政支出总额
		治理环境污染投资占比	污染治理投资占 GDP 比重
	碳金融	碳排放强度	碳排放量/GDP

（3）其他变量。影响经济绿色转型的因素有很多，参考已有的研究成果，对影响经济绿色转型的主要因素进行控制，以降低遗漏变量带来的研究结果偏误。主要的控制变量已在式（8.1）中进行展示。

本章选取各地区的技术创新水平（etr）作为中介变量，该变量由各地区人均绿色专利授权数量进行表示，绿色金融发展有利于绿色技术创新水平的提高，进而有利于提升经济绿色转型水平。

当前，经济绿色转型以及绿色金融发展均由政府作为主体进行推动，因此，本章选取科技扶持度（tsd）作为控制变量，由科学事业费支出与财政支出之比表示，政府对科技的关注以及更高投入有利于绿色技术创新和绿色经济的发展。

本章选取财政支出与财政收入之比表示财政压力水平（fp），政府财政压力越大，意味着政府更加关注经济增长，对环境保护的监管会有所放松，进而不利于绿色技术创新和经济绿色转型水平的提高。

地区的能源结构碳排放强度（ny）也是影响绿色经济的核心要素，本章采用地区碳排放与能源消耗量之比，即单位能源消耗的碳排放量来表示能源结构碳排放强度。该指标数值越大，意味着本地区的要素禀赋和能源消费更趋向于高污染、高耗能型能源，所以，对经济绿色转型和绿色技术创新具有一定的抑制作用。

本章所用变量如表 8.2 所示。

表 8.2　变量定义

变量类型	变量符号	变量意义
被解释变量	$gedz$	经济绿色转型水平
解释变量	gf	绿色金融发展水平
中介变量	etr	绿色技术创新水平
门槛变量	edl	经济发展水平
控制变量	tsd	科技扶持度
	fp	财政压力水平
	ny	能源结构碳排放强度

（二）合成控制模型

1. 样本说明

根据数据的可得性，本章选取 2017 年 6 月 14 日首批设立的南昌市（赣江新区）、广州市两个地级市作为实验对象。在对照组样本的选择中，鉴于合成控制法在构建潜在对照组时，需选取与处理组（广州市和南昌市）具有相似发展特征的其他对照区域，同时还应当去除受政策影响以及样本期间受到重大特殊事件冲击的区域。故而本章选取我国的直辖市、副省级城市、计划单列市以及上述城市之外的其他省会城市作为广州市的对照组，选取与南昌市处于相近地理位置或经济发展结构相似的地级市作为南昌市的对照组来构建面板数据集。

2. 变量选择

在被解释变量的选择上，现有研究大多采用绿色专利授权数量来衡量城市的绿色技术创新水平。但也有学者指出，相较于绿色专利授权数量，绿色专利申请数量更能反映当地的绿色技术创新水平，原因是专利审批是一个复杂的过程，正式授权通常在申请后的 1~3 年。因此，本章采用绿色专利申请数量（$\ln green\_tech$）作为被解释变量。

在预测变量的选取上，参考现有的研究，选取影响绿色技术进步的变量，具体包括：①地区财富水平（$\ln pgdp$），以地区生产总值/地区年末总人口数的自然对数来衡量；②财政支出水平（$\ln fiscal$），采用财政一般预算内支出的自然对数来衡量；③金融发展水平（$\ln loans$），以年末金融机构各项贷款余额的自然对数来表示；④对外开放水平（$\ln open$），采用当年进出口总额的自然对数来表示。此外，本章还参考马淑琴等（2018）、俞毛毛和马妍妍（2022）的研究，将 2008 年的绿色技术创新水平、2012 年的绿色技术创新水平和 2016 年的绿色技术创新水平纳入预测变量。

三 数据说明

（一）基准回归模型的数据说明

由于西藏和港澳台的数据缺失较为严重，且绿色金融相关数据仅更

新至 2021 年，为保证数据的完整性与可靠性，本章选取了 2008~2021
年我国 30 个省份的相关数据进行实证分析，并对各个变量进行相应的
数学处理。数据来源于历年的《中国环境统计年鉴》、《中国金融统计
年鉴》、《中国统计年鉴》、《中国工业统计年鉴》、Wind 数据库、
CSMAR 数据库以及各省份的统计年鉴等，个别缺失值通过线性插值法
进行填补。各变量的描述性统计如表 8.3 所示。

表 8.3　基准回归模型变量的描述性统计

变量	样本数	平均值	标准差	最小值	最大值
$gedz$	420	0.131	0.093	0.025	0.456
gf	420	0.175	0.054	0.100	0.365
tsd	420	0.021	0.015	0.006	0.062
ny	420	2.780	0.752	1.381	4.952
fp	420	2.353	1.015	1.085	6.373

（二）合成控制模型的数据说明

基于数据统计口径的时效性和一致性原则，本章选取了 2008~2021
年部分城市的相关数据进行实证分析，并对各个变量进行相应的数学处
理。数据来源于历年的《中国城市统计年鉴》、各城市统计年鉴、EPS
全球统计数据分析平台、《中国绿色专利统计报告（2014—2017 年）》
和中国研究数据服务平台（CNRDS）等，个别缺失值通过线性插值法
和移动平均法进行填补。各变量的描述性统计如表 8.4 所示。

表 8.4　合成控制模型变量的描述性统计

广州市	样本数	平均值	标准差	最小值	最大值
ln$green\_tech$	420	6.3197	1.5494	1.6292	9.9777
ln$pgdp$	420	11.1752	0.4618	9.7995	12.1564
ln$fiscal$	420	15.8377	1.0110	13.0560	18.3581
ln$loans$	420	18.5076	0.9360	15.9642	20.6876
ln$open$	420	16.2058	1.5924	12.0323	19.8862

南昌市	样本数	平均值	标准差	最小值	最大值
ln$green\_tech$	690	3.9473	1.4894	0.7419	8.3650
ln$pgdp$	690	10.6606	0.5963	8.7826	11.9395
ln$fiscal$	690	14.8433	0.7413	12.6678	16.9968
ln$loans$	690	16.4227	1.0999	13.6013	19.8815
ln$open$	690	15.6643	1.0751	12.1377	19.1718

第三节　回归分析

一　基准回归分析

为了研究绿色金融对经济绿色转型的激励效应，本章首先通过 F 检验和豪斯曼检验判断基准回归模型的检验方法，检验结果如表 8.5 所示。

表 8.5　模型选择的检验结果

检验	统计量	数值
F 检验	F 统计量	59.54
	P 值	0.0000
豪斯曼检验	χ^2	37.53
	P 值	0.0000

面板回归模型包括混合效应模型、固定效应模型以及随机效应模型，所以，本章通过 F 检验和豪斯曼检验来确定具体使用哪种模型进行估计。由表 8.5 的检验结果可知，基准回归模型 F 检验的 P 值为 0，因此拒绝原假设，也就是不适用于混合回归模型，随后使用随机效应模型进行检验，随机效应模型的 χ^2 值等于 313.17，P 值为 0，拒绝了不适用

随机效应模型的原假设。因此，我们采用豪斯曼检验，豪斯曼检验的原假设为采用随机效应模型，豪斯曼检验的 P 值小于 0.5，拒绝原假设，两项基准回归模型均拒绝原假设，也就是拒绝随机效应模型，所以应该采用固定效应模型。

随后我们对基准模型（即固定效应模型）进行了回归，回归结果如表 8.6 所示。从表 8.6 可以看出，绿色金融发展水平（gf）的回归系数通过了 1% 的显著性检验，系数值为 0.3780，说明绿色金融发展水平提升促进了经济绿色转型。这意味着绿色金融发展水平每提升 1 个单位，经济绿色转型水平相应地提高 0.3780 个单位。这也说明了绿色金融的发展对经济绿色转型水平提高具有明显的激励作用，由此验证了假设 1。

在控制变量方面，科技扶持度（tsd）与经济绿色转型水平（$gedz$）呈现显著的正相关关系，系数为 2.2204，且在 1% 的水平下显著，这意味着政府科技扶持度每提升 1 个单位，经济绿色转型水平相应地提高 2.2204 个单位。财政压力水平（fp）与经济绿色转型水平（$gedz$）具有显著的负相关关系，系数为 -0.0420，这说明政府财政压力的增加抑制了经济绿色转型水平的提升。以单位能源消耗碳排放量衡量的能源结构碳排放强度（ny）的回归系数也在 1% 的水平下显著为负（-0.0355），说明能源结构碳排放强度的增加同样不利于经济绿色转型水平的提升。

表 8.6　基准模型回归结果

变量	模型（1） *gedz*
gf	0.3780*** （5.69）
tsd	2.2204*** （8.84）
ny	-0.0355*** （-9.49）
fp	-0.0420*** （-9.66）

续表

变量	模型（1） gedz
常数项	0.1565 *** （7.71）
N	420
r2_a	0.7077

注：*** 表示在1%的水平下显著；括号内为相应的 t 值。

为了让研究结果更具可靠性，本章分别采取替换被解释变量和增加控制变量的方式进行稳健性检验。表 8.7 模型（2）选取绿色产业结构（gis）对被解释变量经济绿色转型水平（gedz）进行替代，绿色产业结构（gis）通过环保产业产值与污染产业产值之比进行衡量（环保产业与污染产业的划分参照本书第五章）。模型（3）增加了控制变量绿色技术创新水平（etr），该变量由人均绿色专利授权数进行测度。回归结果显示，无论是替换被解释变量，还是增加控制变量，绿色金融发展水平（gf）、科技扶持度（tsd）、财政压力水平（fp）、能源结构碳排放强度（ny）均通过了显著性检验，由于数据量纲的影响，系数大小有所变化，但是系数正负与基准模型的回归结果保持一致，证明本章实证结果具有可靠性。

表 8.7　稳健性检验结果

变量	模型（1） gedz	模型（2） gis	模型（3） gedz
gf	0.3780 *** （3.67）	3.1551 *** （4.83）	0.2996 ** （2.70）
tsd	2.2204 *** （7.88）	15.9552 *** （4.63）	1.5293 *** （4.60）
ny	-0.0355 *** （-10.33）	-0.3530 *** （-6.90）	-0.0317 *** （-10.00）
fp	-0.0420 *** （-7.01）	-0.2558 *** （-5.09）	-0.0370 *** （-5.75）

续表

变量	模型（1） *gedz*	模型（2） *gis*	模型（3） *gedz*
etr			0.0162**
			（2.74）
常数项	0.1565***	1.9675***	0.1597***
	（9.13）	（7.65）	（9.82）
N	420	420	420
r2_a	0.7077	0.4697	0.7203

注：***、** 分别表示在 1%、5% 的水平下显著；括号内为相对的 t 值。

二 中介效应分析

根据上文中设定的中介效应模型，本章进行了如下的中介效应分析。首先，对核心解释变量绿色金融发展水平能否对经济绿色转型产生显著影响进行检验；其次，检验绿色金融发展水平能否对中介变量绿色技术创新水平产生显著影响。若影响均显著，则进行控制中介变量的后续检验，检验结果如表 8.8 所示。

表 8.8 中介效应回归结果

变量	模型（1） *gedz*	模型（4） *etr*	模型（5） *gedz*
gf	0.3780***	4.8352***	0.2996***
	（5.69）	（5.52）	（4.45）
tsd	2.2204***	42.6392***	1.5293***
	（8.84）	（12.87）	（5.24）
ny	−0.0355***	−0.2329***	−0.0317***
	（−9.49）	（−4.73）	（−8.44）
fp	−0.0420***	−0.3054***	−0.0370***
	（−9.66）	（−5.33）	（−8.42）
etr			0.0162***
			（4.38）
常数项	0.1565***	−0.1922	0.1597***
	（7.71）	（−0.72）	（8.03）

变量	模型（1） gedz	模型（4） etr	模型（5） gedz
N	420	420	420
r2_a	0.7077	0.6651	0.7203

注：*** 表示在 1% 的水平下显著；括号内为相对的 t 值。

在表 8.8 中，模型（1）同前文的基准模型，模型（4）检验的是绿色金融发展水平对绿色技术创新水平的影响，模型（5）检验了当以绿色技术创新水平作为中介变量时，绿色金融发展水平对经济绿色转型水平的影响。在模型（1）中，绿色金融发展水平对经济绿色转型水平的影响系数在 1% 的水平下通过了显著性检验，其系数 α_1 为 0.3780，说明绿色金融对经济绿色转型的总效应为 0.3780。在模型（4）中，绿色金融发展水平对绿色技术创新水平的影响系数在 1% 的水平下通过了显著性检验，其系数 β_1 为 4.8352，说明绿色金融发展水平对绿色技术创新水平具有显著的正向影响，绿色金融发展水平每提高 1 个单位，绿色技术创新水平就相应地提高 4.8352 个单位。在模型（5）中，绿色技术创新水平的系数 γ_2 为 0.0162，代表绿色技术创新对经济绿色转型的促进效应为 0.0162，说明绿色技术创新水平对经济绿色转型水平的影响也显著为正，即随着绿色技术创新水平的提升，经济绿色转型水平是显著提高的。这意味着中介效应是存在的，绿色金融发展水平的系数 γ_1 为 0.2996，这是绿色金融发展水平对经济绿色转型水平的直接促进效应。根据第七章介绍的中介效应模型，可以算出绿色金融通过绿色技术创新影响经济绿色转型的间接效应为 0.0783。中介效应系数与直接效应系数符号一致，这说明在 1% 的显著性水平下，技术创新不存在完全中介作用，起到部分中介作用。由此可见，绿色金融发展水平的提高除了能够直接促进经济绿色转型水平的提高，还能够通过促进绿色技术创新水平的提高，间接促进经济绿色转型水平的提升，假设 2 得到了验证。绿色金融作为一项可以促进社会可持续发展的金融政策，能够通过加大对环保企业的资金支持力度、降低环保企业的融资门槛来有效地化解环保企业"融资难"问题，从而增强其研发能力，促进其绿色技术创新水平的提高。同时，绿色技术创新水平的提高有利于企业改进生产技术，提高生产效率，减少污染物排放量，提高经济绿色转型水平。

三 门槛效应分析

根据式（8.5）和式（8.6）来检验样本数据中是否存在门槛效应，如若存在，则需要进一步确定门槛类型及门槛估计值的大小。本章采用 Bootstrap 法抽样 300 次进行门槛效应的显著性检验，检验结果如表 8.9 所示。从表 8.9 可以看出，当以地区经济发展水平（edl）作为门槛变量时，单一门槛效应在 10% 的水平下显著，双重门槛效应在 1% 的水平下显著，三重门槛效应不显著，这表明接受存在单一和双重门槛效应的原假设，因此在以地区经济发展水平作为门槛变量的回归模型中存在单一和双重门槛效应，门槛估计值分别为 1.7448 和 1.0300。

表 8.9 门槛效应检验

门槛	F 统计值	P 值	10%临界值	5%临界值	1%临界值	门槛值	95%置信区间下限	95%置信区间上限
单一门槛	59.48	0.0800*	53.7472	68.2256	85.8380	1.7448	1.7070	1.7679
双重门槛	63.65	0.0033***	35.7986	40.6904	54.9163	1.0300	1.0221	1.0557
三重门槛	17.73	0.9833	91.2675	103.7208	152.1369	—	—	—

注：***、*分别表示在 1%、10% 的水平下显著。

在采用 Bootstrap 法检验门槛效应的显著性之后，本章继续采用似然比统计量 $LR(\lambda) \leqslant -2\ln(1-\sqrt{1-\alpha})$ 对门槛估计值的真实性进行检验，当 $LR(\lambda)$ 的取值为 0 时，与之对应的 λ 则为门槛估计值。检验结果如图 8.1 所示，图中虚线为 5% 的临界值，曲线为似然比估计量，曲线的最低点为门槛值的点估计，曲线与虚线的交点为门槛值在 95% 的置信水平下的区间估计。由图 8.1 可知，似然比检验结果与上文中的门槛估计结果一致，即单一门槛值 1.7448 和双重门槛值 1.0300 是真实可信的。

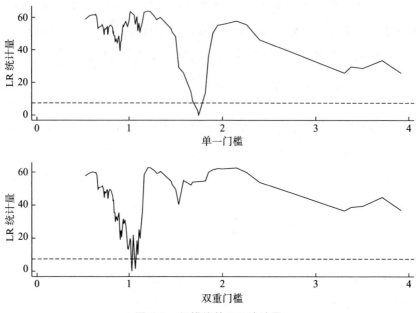

图 8.1　门槛值的 LR 统计量

以地区经济发展水平作为门槛变量的回归结果如表 8.10 中的模型
（6）所示，可以看到，当地区经济发展水平小于等于第一门槛值
1.0300 时，绿色金融发展水平的系数为 0.3066，但并不显著。这也表
明在地区经济发展水平较低的情况下，绿色金融的发展对经济绿色转型
的推动作用并不显著。当地区经济发展水平大于第一门槛值而小于第二
门槛值时，绿色金融发展水平的系数为 0.6317，且在 5% 的水平下显
著，表明随着地区经济发展水平的提高，绿色金融的发展能够显著促进
经济绿色转型。当地区经济发展水平大于等于第二门槛值时，绿色金融
发展水平的系数由 0.6317 升至 1.3434，且在 1% 的水平下显著，即当地
区经济发展水平跨过第二门槛值后，绿色金融发展对经济绿色转型的促
进作用进一步增强。这也意味着在不同的地区经济发展水平下，绿色金
融的发展与经济绿色转型之间存在非线性关系，具体表现为绿色金融发
展水平对经济绿色转型的激励效应随地区经济发展水平的不断提高而持

续增强，由此验证了假设 3。显然，提升地区经济发展水平是驱动绿色金融发展促进经济绿色转型的硬道理。

表 8.10　门槛效应回归结果

变 量	模型（6） gedz
tsd	3.4555*** （4.54）
ny	−0.0497 （−1.78）
fp	0.0452** （2.98）
gf（edl ≤ 1.0300）	0.3066 （1.66）
gf（1.0300<edl<1.7448）	0.6317** （2.90）
gf（edl ≥ 1.7448）	1.3434*** （5.32）
常数项	−0.0008 （−0.01）
N	420
r2_a	0.5269

注：***、**分别表示在 1%、5%的水平下显著；括号内是相应的 t 值。

四　合成控制结果分析

（一）合成控制法预测变量对照

本节对预测变量的差异进行检验，具体检验结果如表 8.11 所示。

表 8.11　合成控制法预测变量对照

预测变量	广州	合成广州	南昌	合成南昌
地区财富水平	11.65424	11.30878	10.93607	10.8515
财政支出水平	19.05789	18.6971	14.99465	15.06981
金融发展水平	16.31425	16.27841	17.64053	17.39268

预测变量	广州	合成广州	南昌	合成南昌
对外开放水平	18.08481	16.74525	16.66848	16.77212
绿色技术创新水平（2008）	5.793318	5.763493	4.175925	4.175806
绿色技术创新水平（2012）	6.694686	6.740915	4.645352	4.644915
绿色技术创新水平（2016）	7.992302	7.992214	6.03811	6.037585

由表 8.11 可以看出，以绿色专利申请数量作为被解释变量，作为绿色金融改革创新试验区的广州和南昌与合成广州、合成南昌的预测变量差异较小，各变量的匹配效果均较好。同时，广州与合成广州、南昌与合成南昌的前期绿色技术创新水平数据经过匹配处理后，差异均不明显。总体而言，处理组与对照组的预测特征具有相似性，采用合成控制法能够有效地排除城市之间固有的经济变量差异。

（二）合成控制法合成城市及权重

本部分通过合成控制法来进行处理组权重矩阵的求解，最终确定的不同城市权重如表 8.12 所示。

表 8.12　参加合成变量的城市及权重

合成广州		合成南昌	
城市名称	权重	城市名称	权重
上海市	0.12	长沙市	0.31
北京市	0.15	厦门市	0.12
合肥市	0.11	福州市	0.30
天津市	0.19	荆州市	0.21
长沙市	0.43	鹤壁市	0.04

从合成城市选择来看，处理组城市与对照组城市的经济指标和人文特征存在一定的相似性。广州市和南昌市都是我国经济社会发展的重要城市，其地区财富水平、财政支出水平、金融发展水平以及对外开放水

平在全国城市中名列前茅。在以绿色专利申请数量作为被解释变量的合成控制中，本部分选择了长沙市（0.43）、北京市（0.15）以及天津市（0.19）等省会城市作为广州市的配对城市，选择了长沙市（0.31）、福州市（0.30）以及荆州市（0.21）等地级市作为南昌市的配对城市，上述城市也均为区域经济发展的中心城市，有着良好的经济基础和发展条件。其中，长沙市是近年来我国科技创新高地，在技术创新能力方面与广州市、南昌市具有一定的可比性。

（三）合成控制分析

进一步地，本章对广州和合成广州、南昌和合成南昌的绿色技术创新水平演变趋势进行合成控制分析，如图 8.2（1）和图 8.3（1）所示，实线为真实广州和真实南昌的绿色技术创新水平，虚线是合成广州和合成南昌的绿色技术创新水平，竖直的时间轴虚线表明政策冲击的年份（本章为绿色金融改革创新试验区设立的年份，即 2017 年），其左侧为绿色金融改革创新试验区设立前的时期，右侧为设立之后的时期。右侧实线和虚线的走势则反映了绿色金融改革创新试验区设立的具体效应。通常来说，实线在上、虚线在下表示真实值大于合成值，即绿色金融改革创新试验区的设立对广州市和南昌市的绿色技术创新水平具有正效应。

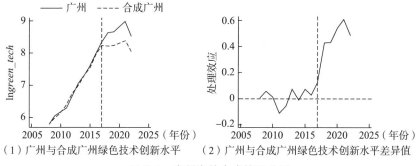

（1）广州与合成广州绿色技术创新水平　（2）广州与合成广州绿色技术创新水平差异值

图 8.2　广州市的合成控制分析

如图 8.2（1）和图 8.3（1）所示，在 2017 年之前，广州市和南昌市的绿色技术创新水平真实值与合成值的两条路径几乎重合，表明了合

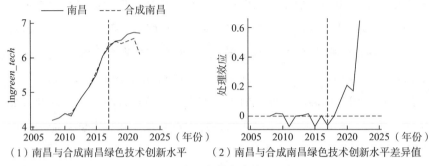

图 8.3　南昌市的合成控制分析

成控制法很好地拟合了绿色金融改革创新试验区设立前真实广州和真实南昌的绿色技术创新水平发展趋势。在 2017 年后，真实广州和真实南昌的走势开始逐步高于合成广州和合成南昌，并且呈现逐步扩大的趋势，这也进一步验证了上文中的结论。在 2020 年后，真实广州与合成广州的绿色技术创新水平均出现了明显的下滑，推测可能是由于新冠疫情的发生，给当年的绿色专利申请数量带来了一定的负向影响。图 8.2（2）和图 8.3（2）展示了广州和南昌绿色金融改革创新试验区设立的处理效应，从图中能够清楚地看出广州和南昌绿色技术创新水平真实值与合成值的差值在 2017 年之前均围绕零线上下波动，在 2017 年之后保持迅速扩大的趋势，但在 2020 年之后，广州与合成广州之间的差值有轻微的回落，而南昌与合成南昌之间的差值依然逐步增大。

（四）稳健性检验

1. 安慰剂检验

本章参考现有学者的研究，采用排序检验的方法来进行安慰剂检验。排序检验（Permutation Test）是一种类似于统计学中秩检验的准秩检验方法，其目的是计算对照组内其他城市出现与处理组城市（广州市、南昌市）相同政策效应的概率。排序检验的主要判断依据是处理组城市与其他城市预测误差曲线的分布差异，曲线越接近最上方或者最下方，结果越稳健。此外，平均预测标准差的平方根（RMSPE）也需要重点关注，该指标主要用来衡量政策实施城市与合成城市的拟合程度，具体的计算公式为：

$$RMSPE_{post} = \sqrt{\frac{1}{T - T_0} \sum_{t = T_0+1}^{T} (y_{it} - y_{it}^*)^2} \qquad (8.13)$$

$$RMSPE_{pre} = \sqrt{\frac{1}{T_0} \sum_{t=1}^{T} (y_{it} - y_{it}^*)^2} \qquad (8.14)$$

其中，$RMSPE_{post}$ 表示政策干预之后的均方预测误差；$RMSPE_{pre}$ 表示政策干预之前的均方预测误差；y_{it}^* 表示的是实际结果变量 y_{it} 的合成控制值。如果某城市 2017 年之前平均预测标准差的平方根比较大，则表明该城市 2017 年前的拟合效果不佳，从而会导致利用该城市 2017 年后的差距作为对比样本的有效性不足。因此，当某城市的合成控制对象在政策实施前的拟合效果不佳时，就不再对该城市进行排序检验分析。参考现有研究的做法，本章将对照组中平均预测标准差的平方根是其对应处理组 2 倍以上的城市予以剔除。图 8.4 展示了剔除这些城市之后的预测误差分布结果，其中，图（1）是以广州市作为处理组的结果，图（2）是以南昌市作为处理组的结果。图中的实线表示的是广州市和南昌市的实际效应与合成结果之间存在的差异，虚线表示的则是安慰剂检验结果的差异。

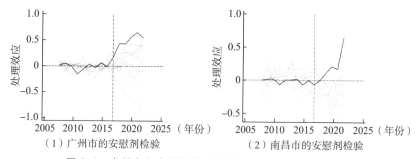

（1）广州市的安慰剂检验　　　　（2）南昌市的安慰剂检验

图 8.4　广州市和南昌市安慰剂检验城市的处理效应分布

由图 8.4 可以看出，在 2017 年之前，广州和南昌与部分城市处理效应的变动程度较为相似，波动幅度较小；2017 年后，广州和南昌的绿色技术创新水平增速逐渐加快，并与其他城市的变动差距迅速拉大。

假如绿色金融改革创新试验区的设立并不会对广州、南昌的绿色技术创新水平产生任何的推动作用，那么在样本城市中（剔除了 RMSPE 值过大的城市），广州的处理效应最大概率仅为 10%（1/10），即在 10% 的显著性水平下通过了检验。图 8.4（2）的情况与图 8.2（1）类似，在剔除了拟合效果不佳的城市后，南昌的处理效应最大概率为 10%（1/10），也在 10% 的显著性水平下通过了检验。结合前文中的实证分析结果，可以认为绿色金融改革创新试验区的设立促进了广州市和南昌市的绿色技术进步。

2. 双重差分检验

为了进一步确保本章实证评估结果的稳健性，本部分采用双重差分法重新评估绿色金融改革创新试验区设立的政策效果。控制变量的选取与上文中的合成控制法相同，并且也将 2017 年设置为政策实施的年份，结果如表 8.13 所示。模型（7）和模型（8）为广州市的绿色技术创新水平政策效果，模型（9）和模型（10）为南昌市的绿色技术创新水平政策效果。其中，模型（7）和模型（9）为未纳入控制变量但控制城市固定效应和时间固定效应的回归结果，模型（8）和模型（10）为既纳入控制变量又控制城市固定效应和时间固定效应的回归结果。由检验结果可知，对于两个绿色金融改革创新试点城市而言，无论是否纳入控制变量，模型的回归结果均显著为正，表明绿色金融改革创新试验区的设立（did）的确促进了广州市和南昌市绿色技术创新水平（$\ln green\_tech$）的提升，也再一次验证了前文中实证评估结果的稳健性。

表 8.13　双重差分检验结果

变量	广州市		南昌市	
	模型（7）	模型（8）	模型（9）	模型（10）
	$\ln green\_tech$	$\ln green\_tech$	$\ln green\_tech$	$\ln green\_tech$
did	0.440***	0.443***	0.288***	0.345***
	(0.0528)	(0.0667)	(0.109)	(0.115)

变量	广州市		南昌市	
	模型（7）	模型（8）	模型（9）	模型（10）
	lngreen_tech	lngreen_tech	lngreen_tech	lngreen_tech
lnpgdp		-0.109		0.620***
		(0.1299)		(0.144)
lnfiscal		-0.449***		-0.025
		(0.165)		(0.194)
lnloans		0.427**		0.152
		(0.176)		(0.1611)
lnopen		-0.0228		0.133***
		(0.0250)		(0.037)
常数项	6.313***	-9.575***	3.944***	-6.890*
	(0.0133)	(2.6948)	(0.0152)	(3.607)
城市固定效应	控制	控制	控制	控制
时间固定效应	控制	控制	控制	控制
N	420	420	690	690
R^2	0.968	0.971	0.927	0.930

注：***、**、*分别表示在1%、5%、10%的水平下显著；括号内为稳健标准误。

第四节　小结

　　发展绿色金融作为一项可以促进社会可持续发展的金融政策，能够通过加大对环保企业的资金支持力度、降低环保企业的融资门槛来有效地化解环保企业"融资难"问题，从而增强其研发能力，促进绿色技术创新水平的提高。同时，绿色技术创新水平的提高有利于企业改进生产技术、提高生产效率、减少污染物排放量，提高经济绿色转型水平。为了考察绿色金融对经济绿色转型的作用机理，一方面，本章建立了基准回归模型、中介效应模型及门槛效应模型，实证考察绿色金融影响经济绿色转型的作用机制和效果；另一方面，本章将广州市和南昌市两个绿色金融改革创新试验区的设立看作一项准自然实验，采用近年来政策效应评估中广受欢迎的合成控制法评估了试验区的设立对广州和南昌绿色技术创新的促进效应。

通过基准回归模型、中介效应模型及门槛效应模型的回归结果可以得到以下结论。①基准模型回归显示，绿色金融显著促进了地区的经济绿色转型。科技扶持度提升对经济绿色转型有推动作用，而财政压力水平、能源结构碳排放强度的提升都不利于经济绿色转型水平的提升。通过选取绿色产业结构变量对被解释变量经济绿色转型水平进行替代，以及通过增加控制变量绿色技术创新水平来进行稳健性检验，模型回归结果均显示基准回归模型具有稳健性。②以绿色技术创新水平作为中介变量的中介效应模型回归结果显示，绿色金融发展水平对经济绿色转型水平影响的总效应为 0.3780，直接促进效应为 0.2996，绿色金融通过绿色技术创新影响经济绿色转型的间接效应为 0.0783，绿色技术创新不存在完全中介作用，起到部分中介作用。绿色金融发展水平的提高除了能够直接促进经济绿色转型水平的提升，还能够通过促进绿色技术创新水平的提高，间接促进经济绿色转型水平的提升。③以地区经济发展水平作为门槛变量的门槛效应模型回归结果显示，模型存在单一和双重门槛效应，门槛估计值分别为 1.7448 和 1.0300，当地区经济发展水平小于等于第一门槛值 1.0300 时，绿色金融的发展对经济绿色转型的推动作用并不显著。当地区经济发展水平大于 1.0300 而小于 1.7448 时，绿色金融的发展能够显著促进经济绿色转型。当地区经济发展水平大于 1.7448 时，绿色金融发展对经济绿色转型的促进作用进一步增强。绿色金融发展对经济绿色转型的激励效应随地区经济发展水平的不断提高而持续增强。

接下来以绿色专利申请数量作为被解释变量，选择北京市、上海市、长沙市等城市作为广州市的配对城市，选择厦门市、长沙市、福州市等地级市作为南昌市的配对城市，对广州和合成广州与南昌和合成南昌的绿色技术创新水平演变趋势进行合成控制分析。研究发现，2017年之前，合成广州与合成南昌能够较好地拟合绿色金融改革创新试验区设立前真实广州和真实南昌的绿色技术创新水平发展趋势。2016 年后，真实广州的走势开始持续高于合成广州，且在 2017 年后，真实广州与合成广州的绿色技术创新水平差距呈现不断扩大的趋势，而真实南昌在 2018 年后走势开始高于合成南昌，且差距呈现不断扩大的趋势。这说明绿色金融改革创新试验区的设立对广州市和南昌市的绿色技术进步均具有正向的促进效应。在政策冲击之后，广州和南昌绿色技术创新水平真实值始终高于合成值，且二者的差值总体上呈现迅速扩大的趋势。这说明绿色金融改革创新试验区的设立有力地推动了广州市和南昌市绿色技术的进步。在广州市和南昌市顺利获批绿色金融改革创新试验区后，绿色专利申请量逐年增加，绿色技术创新水平显著提升。在经过安慰剂检验和双重差分检验后，该结果依旧稳健，表明绿色金融改革创新试验区的设立，确实能够促进绿色技术进步。上述研究结论对我国进一步扩大绿色金融改革创新试验区的试点范围，促进区域绿色技术水平进一步提升，推动我国实现绿色可持续发展和经济高质量发展具有重要的政策启示意义。

第九章　以金融发展推动经济
绿色转型的对策建议

　　通过前文的理论与实证研究发现，金融发展的要素配置功能既可以直接促进经济绿色转型，也可以通过提升技术创新水平、产业结构绿色化水平，以及人力资本水平等渠道间接推动经济绿色转型。绿色金融作为金融发展的主要方向，同样既可以通过支持环保产业发展和促进污染产业绿色转型等方式直接推动经济绿色转型，也可以通过绿色技术创新间接驱动经济绿色转型水平的提升。在上述作用过程中，地区层面的经济与环境压力、科技与环保重视度、城镇化水平、能源消费结构，企业自身的产权性质与污染属性、债务结构与资产负债率、融资约束水平与创新投入水平等各项指标的发展情况都会对上述作用效果产生影响。为了进一步发挥金融体系在经济绿色转型中的积极作用，需要国家、地方政府、金融机构及企业各方主体通力合作，从政策、技术、金融、管理等层面协同推动经济绿色转型。

　　本章的内容设计如下。首先，发挥国家在经济绿色转型中的主导功能：完善绿色经济标准体系、完善绿色经济政策体系、建立绿色技术创新的保障体系，为经济主体开展绿色实践活动与绿色技术创新提供依据、支持及保障。其次，强化地方政府在经济绿色转型中的协同作用：需要地方政府因地制宜地制定本地区的经济绿色转型规划，建立与完善绿色经济地方支持政策以及进一步加强本地区绿色经济基础设施建设。再次，强化金融机构在经济绿色转型中的引导作用，具体包括加强金融政策宣传与资金导向功能，加强内部控制、运营及风险管理，加强绿色金融体系创新，进一步推动绿色金融体系建设。最后，发挥企业在经济绿色转型中的主体作用，企业应主动采取创新绿色生产方式、提高环境信息披露的主动性和质量、进一步优化融资结构等方式助力经济绿色转型。

第一节　发挥国家在经济绿色转型中的主导功能

现阶段，我国仍处于进一步推进工业化和城镇化的历史时期，传统制造业占比仍比较高，战略性新兴产业和高新技术产业并未发挥带动经济发展的主导作用，能源体系偏重煤炭、电力能源使用效率不高的现况并未出现历史性转变，重点区域和主导产业的环境污染问题并未得到严格处理，资源环境管束加重，"碳达峰、碳中和"的技术实力不足，推动行业绿色低碳发展的任务极为繁重。要实现经济社会可持续发展，必须加快转变发展方式，实行经济绿色转型战略。绿色经济项目具有时间长、见效慢、风险高等特点，这是经济主体开展经济绿色转型工作面临的主要障碍。在经济绿色转型初期，绿色基础设施尚未建立，绿色金融市场体系尚不完善，绿色技术创新风险高、成本高，各经济主体通过开展绿色技术创新来推动经济绿色转型的动力不足，因此，需要国家在经济绿色转型中发挥主导作用，鼓励金融机构发展绿色金融、激励企业进行绿色技术创新、支持地方政府完善绿色基础设施，协调各经济主体共同参与到绿色经济体系建设中来。国家需要构建统一的绿色经济标准体系、设定规范的绿色信息披露标准、推进绿色经济标准的国际化进程，以完善绿色经济标准体系，使各方主体明确绿色经济的范畴，让市场掌握经济绿色转型方向；通过健全绿色经济法律法规、完善绿色经济激励政策、建立与完善绿色金融风险监管体系来构建绿色经济政策体系，激励经济主体开展绿色经济活动；强化绿色专利的审批与成果转化、完善绿色技术创新的激励和保障系统，以完善的绿色技术创新保障体系推动企业开展绿色技术创新活动。

一 完善绿色经济标准体系

绿色经济标准体系是从事经济绿色转型业务所遵循的标准。作为经济绿色转型实践的重要支撑，绿色经济标准对保障国家生态安全、维护人民群众切身利益具有十分重大而深远的意义。2023 年，工信部发布了《通信行业绿色低碳标准体系建设指南（2023 版）》，提出到 2025年，完成制修订 50 项以上绿色低碳方面的国家标准、行业标准和团体标准，初步完善通信行业绿色低碳标准体系建设，进一步调整优化标准供给结构。上述举措对完善经济绿色转型的标准体系有一定的示范作用。但是到目前为止，我国绿色经济标准体系仍然存在标准不全面、不统一等诸多问题，为此需要构建统一的绿色经济标准体系。

（一）构建统一的绿色经济标准体系

绿色经济涵盖的产业范畴较为宽泛，现有绿色产业标准尚未涵盖所有绿色产业。与此同时，行业和部门间的绿色标准不统一，如《绿色债券原则》（GBP）和气候债券标准（CBS）都作为绿色项目标准，相互有重合也有区别。标准不全面、不统一问题是我国绿色经济标准体系存在的突出问题。因此，在绿色经济标准体系设计过程中，首先，需要制定完备、清晰、统一的绿色经济产业标准，解决绿色经济标准不全面、不统一的问题，尤其是加快标准制定的进程，构建通用、统一的绿色经济目录；其次，国家还应该扩大绿色金融标准范围，不仅要将其拓展到绿色保险领域、绿色证券领域、碳市场领域，还应探索新的绿色金融衍生工具，制定包含绿色金融基本工具的绿色金融目录，将绿色金融标准运用到更多的绿色金融工具中，通过促进绿色金融产品的创新、增加绿色金融衍生工具进而使绿色金融工具体系更加丰富；最后，建立多部门协调合作的标准制定机制，改变部门单独发布标准的机制，使行业间相互协作，政府与第三方机构共同监督，加强管理，构建多部门、多行业的协调机制。

（二）设定规范的绿色信息披露标准

市场主体在经济绿色转型领域获取相关信息，需要监管部门完善信息披露制度，以促进经济绿色转型。绿色信息披露标准是绿色经济良性发展的保障，在我国现有的监管政策下，监管层对信息披露的要求越来越严格，但由于监管手段有限，信息披露制度还存在很多漏洞，尤其是绿色信息披露标准不统一、不健全，我国企业的环境披露报告仅涉及少量信息，公开信息披露并未形成完整体系。首先，需要建立统一的、细化的信息披露制度和标准。监管部门应当建立一套统一的银行和保险业气候和环境信息披露框架和制度，并制定全面的信息披露制度实施时间表和路线图，以提高金融支持经济绿色转型的透明度。为统一企业信息披露标准，需要中国人民银行、中国证监会、生态环境部等相关部门联合发布统一的信息披露模板，制定需要企业披露信息的具体格式和内容，提高企业信息披露的可靠性。各地区也可以根据五大绿色金融改革创新试验区的实际情况，结合不同地区的经济、环境等因素，制定符合经济绿色转型的通用信息披露制度。其次，设立监督机构，完善环境信息强制性披露制度。监管部门也应当建立专门的机构对金融机构开展的相关工作进行监管，对其工作情况进行定期披露，并对存续期的绿色环保项目进行监督管理。为确保金融机构信息披露制度的顺利实施，需要建立完善的配套制度，并在制度建设初期明确时间进度和推进路径，以逐步完善信息披露框架，保障信息披露质量和效率，推动绿色经济健康、快速发展。最后，鼓励企业等经济主体进行科技创新，利用科学技术消除信息不对称问题，减少数据延时带来的信息不真实、不准确、不完整的情况，支持通过企业自我披露、第三方评价机构独立依程序公开披露等方式进行信息披露。

（三）推进绿色经济标准的国际化进程

绿色经济发展解决的核心问题是环境污染问题，而环境污染问题是国际社会面临的公共问题，单一及少数国家的环境治理行为很难发挥有效作用。各国之间存在通过国际贸易、国际投资、产业转移等方式所导致的污染溢出问题，同时也存在包括减少水资源污染在内的联合治理问题，因此，为治理国际环境污染，各国之间需要在经济绿色转型领域开展国际合作。而我国现有绿色经济标准与国外标准存在较大差异，这将阻碍我国在绿色经济方面开展国际合作。因此，在制定绿色经济标准体系的同时，需要加速我国绿色经济标准的国际化进程。可以考虑借助"一带一路"、G20、RCEP 等现有的国际合作机制，这些机制可以有效促进各国经济政策的协调。具体而言，一是可以根据 G20 峰会达成的观点，加强国际交流合作，制定出有效、全面、系统的绿色经济国际标准体系，促进经济绿色转型的全球化；二是要运用好"一带一路"建设宣传我国绿色标准，助力我国绿色标准成为国际化标准；三是增强我国在国际绿色经济体系上的话语权，向国际推行我国绿色经济标准体系，为国际绿色经济治理全球化提供中国方案。

二　完善绿色经济政策体系

绿色经济政策体系包括绿色经济的基本政策与配套支持政策。绿色经济基本政策是绿色经济实施的准则与依据，绿色经济配套支持政策是相关部门给予绿色经济的财税支持。绿色经济政策当前的主要内容是通过引导资金流向从事绿色生产的经济主体来促进资源的优化配置和绿色技术水平的提升。尽管我国各相关部门针对绿色经济的发展情况制定了一系列相关政策法规，但无论是国务院还是生态环境部、中国人民银行等部门，抑或是各地方政府相关部门发布的关于经济绿色转型的指导意见，大部分内容仍然停留在指导性层面，符合我国绿色经济实际发展需要的自上而下的完备的法律法规体系仍未形成，这使得我国绿色经济的健康发展缺乏有效的制度保障和充分的法律依据。因此，我国需要尽快完善绿色经济法律法规体系。

（一）健全绿色经济法律法规

健全的法律体系是确保绿色经济快速发展的根本保障。我国经济绿色转型起步较晚，但发展迅速，因此，完善经济绿色转型相关法律体系是重中之重。在这方面，国外很多国家如德国、日本、美国等的立法较为全面，我国应借鉴它们的经验，并结合自身国情，因地制宜地制定适合中国国情的经济绿色转型法律体系。当前，我国绿色经济法律体系主要集中在资源环境和废物处理等方面，在其他领域还存在一定盲区，因此要拓展经济绿色转型法律体系的范围。具体而言，一是制定环保市场消费与交易的法律法规，避免虚假和不规范的交易行为，通过立法保护环保市场交易的公平性和真实性，激励企业向着绿色生产方向迈进。二是所制定的企业生产绿色化的法律法规要更加细致化，尽管已经颁布了一些企业生产方面的法规，但这些法规缺乏具体性，没有很强的约束力。政府应在现行法律基础上，结合不同行业制定差异化的法规制度，各个行业、各个生产环节的资源利用和废物排放状况都不同，要做到对各个企业和行业的监督有据可依。三是建立更加完善、多样的奖惩制度。一方面，对于企业违法行为，如果不设置更为严厉的惩罚制度或者只是单纯的罚款，可能会导致企业继续使用当前的生产技术体系，而不寻求绿色技术，不能真正地促进技术进步。另一方面，对技术创新行为或者绿色环保产业实行更为多样化的奖励制度，比如研发经费抵扣税额、土地和技术设备租赁费用减免、实验场地免费提供等，有效加快企业技术创新的进程，促进绿色环保产业的发展。四是完善绿色金融相关法律法规，绿色金融是推动经济绿色转型的关键环节，为绿色环保产业提供资金支持和服务，要建立更透明的绿色金融政策法规体系，尤其是针对绿色金融不同产品比如绿色信贷、绿色基金、绿色债券等的特点，制定更细致的规章制度。

（二）完善绿色经济激励政策

绿色经济激励政策是指为引导、推动产业或特定经济活动的发展所实施的一系列鼓励性、支持性手段。我国应该积极尝试建立财政政策与货币政策相结合的绿色经济激励政策。需要强调的是，绿色金融是金融发展的主要方向，是推动经济绿色转型的主要动力。尽管自推动经济绿色转型以来，我国逐渐完善绿色金融领域的相关激励政策，但绿色金融创新迟缓、绿色金融产品供给不足等问题依然存在。为此，不仅需要持续推动绿色金融市场的规范化、标准化与透明化，而且需要进一步加强对绿色金融创新的政策激励。因此，国家需要充分发挥主导作用，加大对金融机构开发绿色金融产品的引导和扶持力度，鼓励金融机构进行绿色金融产品研发，通过政策鼓励、财税支持、技术支持等方式帮助其进行绿色金融产品创新，促进金融体系向绿色高质量方向转型升级。具体而言，一是建立绿色贷款贴息及风险补偿机制。绿色贷款贴息及风险补偿机制能够有效利用财政资金，引导社会资本流入绿色产业。例如，按照基准利率的一定比例给予绿色信贷项目财政贴息，解决由利益外溢性问题导致的资本收益率较低问题；绿色信贷供给属于高风险领域，要对此设立专门的风险资金池，对符合标准但发生风险的绿色企业（项目）按照实际发生的损失给予一定比例的补偿。二是建立绿色保险行业差别保费补贴制度。由于环境责任保险保费率由保险公司根据不同行业的环境风险系数厘定，所以，政府可以根据参保行业的风险系数高低，为其提供不同比例的保费补贴。例如，对于风险系数较高的行业，政府可以提供较高比例的保费补贴，以此提高企业参保积极性，配合强制购买环境责任保险的试行工作顺利开展。三是央行可根据实际需要灵活利用绿色信贷贴息、定向降低存款准备金率、绿色再贷款这三种政策工具扩大绿色信贷规模。四是可以考虑由银保监会、财政部、地方政府联合建立绿色信贷风险补偿机制并提供所需资金，降低商业银行绿色信贷业务呆坏账风险。

（三）建立与完善绿色金融风险监管体系

为推动经济绿色转型，我国正在大力构建绿色金融体系，持续加强对绿色金融的政策激励，积极推动地区绿色金融改革创新试验区建设。绿色金融体系建设在为经济绿色转型提供资金支持的同时，也可能蕴含着一定的金融风险。绿色金融本身就是高收益、高风险的创新活动，在给金融结构带来高额利润的同时也可能带来巨大的金融风险。绿色金融风险一般来自基础资产价格的剧烈波动，从而通过杠杆作用导致衍生品价格变动，使风险积聚。各类绿色金融产品的价格剧烈波动，尤其是资产价值严重缩水，将影响企业及金融机构信贷资产质量，提升金融机构信贷风险、经营风险和利率风险，对整个金融体制的稳定产生不利影响，该影响可能会进一步通过金融体系与其他产业之间的关联效应传导到整个国民经济体系。因此，需要在绿色金融体系建设的同时，加强对绿色金融创新的风险防范。当前，由于监管制度缺失，绿色金融机构的信用评价机制尚未建立起来。我国监管部门需要尽快加强对绿色金融风险的评估和监管，建立起有效的绿色金融风险监管体系。首先，监管机构需要进行更深入的创新，建立信用评价机制，使评级机构在构建标准体系、揭示信用风险和推动金融产品创新方面发挥更为重要的作用；其次，监管机构也应该加大对绿色金融机构的监管力度，提升市场透明度，提高信息质量，为投资者提供更为准确有效的信息；最后，监管机构要注重监管手段的改进，通过建立专门机构为商业银行开展绿色金融业务提供技术支持，同时也需要避免过度监管影响绿色金融发展，甚至对金融市场造成不利冲击。

三　建立绿色技术创新的保障体系

前文的实证研究得出，绿色金融通过提升绿色技术创新水平进而促进经济绿色转型。绿色技术创新可以改变企业生产模式、开发绿色产品、提高企业生产效率，进而推动经济绿色转型。因此，需要提高企业的绿色技术创新水平，一方面，需要完善绿色技术创新的激励和保障系统，引导污染企业进行绿色技术创新。另一方面，需要强化绿色专利的审批与成果转化，保障绿色技术创新的收益。

（一）完善绿色技术创新的激励和保障系统

绿色技术创新能够促进生产各环节绿色化水平的提高，国家要加大对绿色技术创新的支持力度。首先，国家应设立针对绿色技术创新的激励和保障系统，一方面，政府可以运用直接渠道或通过金融机构间接渠道对绿色技术创新主体采取现金奖励、土地和设备租金减免、研发费用

抵扣税额等方式，提高企业的绿色研发投入，促进技术创新，同时建立
人才激励机制，将人力资源和技术成果视为重要的生产要素，并使其直
接参与利益分配；另一方面，高碳排放企业由于缺乏自主研发能力，难
以从金融市场上获得融资支持，从而制约了企业绿色技术进步。因此，
监管机构应当采用创新的监管模式，加强对企业绿色创新能力的鉴别，
找出真正具备绿色创新能力的企业，防止泛绿现象发生，保证政府的支
持政策真正服务于企业绿色技术创新，进而保证绿色技术创新有效推动
经济绿色转型。其次，提高绿色技术创新的成果转化水平。政府应建立
"产、学、研"的互动机制，加强生产企业、各类科研院所、高等学校
及金融、法律、商贸等中介机构之间的联系。要构建绿色技术创新服务
平台，协调金融机构、高校和科研院所、环境保护部门等相关单位为企
业的绿色创新提供全方位的服务，积极解决企业在绿色技术研发攻关等
方面遇到的难题。通过这种互动机制，加快绿色技术创新的研发速度、
增强科研单位的自主创新能力，并将成果迅速运用到生产环节中，推进
经济绿色转型。再次，通过市场机制促进绿色技术创新。新兴绿色产业
的一项技术突破往往能带来丰厚的垄断利润。一方面，该企业会继续加
大绿色研发投入，以巩固自己的行业地位；另一方面，资本是逐利的，
其他企业也会加快自己的绿色技术创新进程，以获得超额利润。同时，
消费者的需求逐渐多样化，也造就了绿色技术创新方向的多样化，因此
要形成公平竞争、优胜劣汰的市场选择机制，推动绿色技术的应用与推
广。最后，制定绿色技术创新的区域联动机制，通过绿色创新成果的外
溢效应和经验的互动交流等方式，促进绿色技术创新水平较高的省份产
生正向外溢效应，从而与其他省份协同提高绿色技术创新水平。

（二）强化绿色专利的审批与成果转化

绿色专利是绿色技术创新的成果，对绿色专利的申请、成果转化及
保护是推动绿色技术创新的基本要求。尤其是绿色专利技术的推广和应
用有助于整体产业和行业的绿色技术改造升级，推动经济绿色转型。因
此，国家首先需要进一步完善绿色专利的申请和审批制度，简化审批程

序，加强对企业绿色技术研发的引导和支持，丰富相应的激励措施，尤其是对在绿色技术创新方面表现突出的企业给予﹒定的税费减免、资金奖补和政策优惠等，从而提高企业的绿色技术创新积极性。其次，要加快绿色技术成果转化，健全绿色技术创新成果转移转化体系，增强绿色交易服务能力。建立绿色专利市场交易平台，借助交易平台鼓励绿色企业结合自身的特征和优势在全国范围内推广自己的绿色专利技术。企业通过推广自身的优势绿色专利技术能够获得相应的专利授权费用，从而进一步提高其绿色创新的积极性，形成绿色技术创新的良性循环。最后，需要强化对绿色专利权的保护。绿色专利的研发需要投入大量的资金，企业可通过成果转化及市场交易等方式来弥补自身投入的成本。在企业收回研发成本之前，一方面，企业面临被其他企业提前完成绿色技术研发和专利申请的市场风险；另一方面，企业也面临绿色专利申请后，其专利被其他企业模仿的风险。因此，要完善关于知识产权保护、科技成果保护的法律法规，尤其是强化绿色专利权保护，防止绿色专利信息的泄露，依法对模仿绿色专利的企业进行追责，加大对绿色专利的保护力度，激发企业绿色技术创新的积极性。

第二节　强化地方政府在经济绿色转型中的协同作用

自 2016 年起，我国在推进经济绿色转型方面，采取了"自上而下"的顶层推进和"自下而上"的基层探索两种路径相互融合的策略，持续不断地推进该领域的发展。近年来，我国各级政府部门制定并发布了一系列绿色经济相关政策。一方面，党中央、国务院着力完善金融体系框架和激励政策，为经济绿色转型提供良好的政策环境；另一方面，在推进经济绿色转型的过程中，地方政府和市场主体紧密合作，充分发挥自身的主观能动性和创新精神，成为推动经济绿色转型的重要动力源。因此，加大地方政府对绿色经济的支持力度，能够加快绿色经济的发展进程。为此，地方政府可以根据地区情况"自下而上"进行基层探索，发展绿色经济，具体可以从因地制宜地制定经济绿色转型规划、建立与完善绿色经济地方支持政策、加强绿色经济基础设施建设等方面有效引导和推进绿色金融发展。

一 因地制宜地制定经济绿色转型规划

地方政府为了促进经济绿色转型，在构建地方绿色经济体系、创新绿色经济服务、推进生态文明建设时，应当积极结合当地的实际情况制定经济绿色转型规划。绿色产业是发展绿色经济的基础和服务对象，因此地方政府在进行经济绿色转型规划设计时，尤其是设定绿色经济的发展目标时，需要结合本地区的绿色产业发展规划、绿色基础设施的建设规划和绿色园区的规划。

（一）结合地区实际制定经济绿色转型目标

绿色经济的关键是引导绿色产业发展。因此，地方政府在制定经济绿色转型规划时，需要结合当地绿色产业发展的实际情况及目标。地方政府作为本地绿色产业的规划者，要对清洁能源产业、节能环保产业、清洁生产产业、绿色资源产业、绿色农业等进行发展规划。此外，在推动绿色产业发展的过程中，要积极引导域内企业采用清洁生产技术，采用无害或较低害的新工艺和新技术，大力减少原材料和能源的消耗，以实现低成本、高产出和低污染的目标。

我国东中西部地区的经济发展水平和生态文明建设水平都不相同，在制定绿色经济的发展目标时也应从不同的角度出发。东部地区的经济发展水平较高，应当充分利用市场手段促进绿色经济的发展，从发展绿色金融的角度制定绿色经济的发展目标。对于那些经济欠发达的中西部地区而言，其在人才、资金、基础设施等方面缺乏先天优势。因此，为了实现绿色金融的差异化定位和跨越式发展，除了紧扣"绿色"二字外，还需要在"新"字上下功夫，重点培养六个"新"，即新政策、新思想、新业态、新中介、新平台、新支撑，并在六个新模式下制定绿色金融的发展目标。

（二）结合地区优势制定经济绿色转型方案

东部地区拥有得天独厚的地理优势，是改革开放的先行地区，经济发展十分迅速，体量庞大，基础设施建设完善，通过集聚效应，集聚了大量的高水平人才、高精尖技术以及资金和设备等要素资源。东部地区应及时淘汰落后和高污染产业，这些产业一方面逐步走向衰退，产出效率和当地经济发展速度不匹配，制约了经济发展；另一方面，部分传统产业高污染、高排放、资源利用率低的特点和经济绿色转型的理念相违背。因此，要及时淘汰这些产业，不吐故就无法纳新；否则会被这些产业所带来的问题困扰，阻碍绿色经济的发展。在淘汰部分产业的同时，东部地区应大力发展技术密集型、高附加值制造业和以金融、信息、科技为主的第三产业。通过地方财政专项补贴或减税降费、金融机构的差异化利率政策等方式，加快国家级实验室、技术创新中心的研发进程，加快绿色技术的研发进程，同时要为科技创新型企业提供技术辅导、委托试验、账务代账、企业诊断等公共服务。通过不断创新，开发新产品、新技术，支持高端产业和绿色产业发展，因为这些产业可以带来更多生产产值，同时有低排放、低污染、高利用率的特点，符合经济绿色转型的理念。作为经济绿色转型的排头兵，东部地区的发展经验和成果会辐射周边落后地区，带动周边地区经济绿色转型，并为其提供有力的技术支撑。

中西部地区处于内陆，交通基础设施建设较差，人才、资本、技术等要素资源流动性较差，导致其经济发展较慢，体量较小，产业结构较为落后。不过，随着国家中西部崛起战略的实施，政策有所倾斜，并且自身自然资源、劳动力资源较为丰富，其经济绿色转型速度有所提升，中西部地区政府应制定与东部地区不同的绿色经济规划。第一，改造东部地区转移的产业，东部地区产业结构升级必然要向其他地区转移产业，这些产业往往是传统工业，有高能耗、高污染的特点，因此中西部地区在接收这些产业的同时，一定要有选择性并通过技术手段进行改造。接收能完善自身产业结构、积蓄发展力量、缩小区域间发展差距的企业，但要注意对自然资源和环境的影响，不能盲目接收，这样才能在促进经济发展的同时提升社会民生质量。第二，要发展自身优势产业，当地政府应根据地区经济发展水平和要素资源禀赋，确定发展优势，集中资源推动优势产业发展，特别是绿色产业如绿色农业、绿色旅游业等的发展。政府部门可以提供资金支持，实施人才引进政策，比如为高学历、高技术水平人才提供住房补贴等，在推动绿色优势产业发展的同时，促进其上下游配套产业发展，推动地区经济绿色转型。

二　建立与完善绿色经济地方支持政策

经济绿色转型政策作为国家倡导可持续发展的重要举措，更加注重经济发展与环境保护、区域生态平衡发展之间的关系，以此来实现社会的可持续发展。但是由于我国各地区的经济发展水平及经济绿色转型水平具有明显的空间异质性，有些地方政府还没有认识到经济绿色转型的重要性，地方性经济绿色转型政策不完善。因此需要各地区因地制宜完善经济绿色转型政策，以促进绿色经济服务地方经济高质量增长。

（一）制定绿色经济地方财政支持政策

绿色经济的发展需要综合衡量环境目标、市场目标和经济目标等。因此，绿色经济的发展需要一定的政策倾斜。地方政府在发展当地的绿色经济时，需要当地财政的大力支持，发挥财政政策保障作用。可以通过制定地方财政政策支持当地的经济绿色转型，具体可制定以下两方面的政策。一是直接性财政支出支持政策，统筹财政性支出，加大对绿色信贷和绿色债券的贴息力度，并加强贴息手段在给予绿色项目财政补贴中的运用，从而发挥财政资金的杠杆作用；为分担绿色信贷、绿色债券支持项目的风险损失，同时支持绿色担保机构的运作，地方财政可出资成立一个绿色风险补偿基金；设立绿色金融改革创新建设专项资金，鼓励绿色金融改革创新；通过持续的政府采购、绿色基础设施投资等方式直接推动经济绿色增长；在加大绿色财政支持力度的同时，配合出台并落实相关考核政策，提高财政资金配置效率。二是间接性财政支持政策，通过财政补贴、税收减免政策的示范作用，带动国内外社会资本投资于绿色产业与技术；通过提供隐性担保等方式，将地方政府信用、企业信用和社会信用相结合，间接地为绿色产业提供增信服务，带动绿色经济的发展。此外，要加强地方政府在推进绿色金融政策实施过程中的责任担当和对其的责任考核，逐步将绿色金融政策的实施情况和支持项目的"绿色性"达标情况纳入金融监管部门的日常监督检查项目，并将评价结果纳入绿色金融效果评估、银行年度综合评价、监管评级等监管考评体系，对表现良好的金融机构给予专项奖励，对发现问题的金融机构采取货币和信贷上的惩罚措施。

（二）制定绿色经济配套支持政策

为了发展绿色经济，必须有一些配套的措施和政策来支持绿色经济的发展，地方政府在根据当地的经济发展水平和经济发展程度促进经济绿色转型时，可以根据当地的实际情况制定绿色经济配套支持政策。对于地方政府而言，建立绿色项目库、进行绿色项目评级以及确定绿色信贷支持项目清单等措施，均可为其提供政策支持；建立各类绿色发展基金，聚焦于投资绿色经济的配套措施，包括但不限于绿色产业、绿色企业和绿色项目等，以推动绿色经济的发展。此外，地方政府还需要制定一系列的优惠政策，为绿色经济建设提供强有力的保障。地方政府也应该制定绿色经济人才培养和引进的配套政策，加大绿色经济人才引进力度、培养力度。在人才引进方面，地方政府的政策措施以经济激励为主，同时在资金、税收等方面鼓励金融机构和科研机构加大对复合型人才的引进力度，以增加绿色经济人才的储备；在人才培养方面，地方政府要强化绿色经济人才联合培养机制，加强与经济学会、金融机构、高等院校、科研机构、节能环保部门、第三方智库等机构的深度合作。也可以通过积极与教育机构、高等院校开展合作，加强对绿色经济从业人员有关绿色经济概念的普及和知识培训，提高绿色经济从业人员专业素养和业务熟练程度。

为了鼓励金融机构加大绿色业务的开展力度，降低绿色产业和绿色项目的融资成本，地方政府可以制定一系列绿色经济配套支持政策，包括但不限于经营贡献奖励、土地使用和税收优惠。同时，地方政府也可以采取一些措施，如设立专门的机构或组织来管理和指导绿色金融的发展。地方政府还应当在相关法律法规中明确地方政府绿色经济配套扶持政策的适用范围和具体内容。通过实施这些配套支持政策，有效降低绿色产业、绿色企业、绿色项目等的融资成本，从而提高收益，促进当地绿色经济发展。此外，地方政府还需要在相关制度建设方面进行完善，比如设立绿色经济专项资金、建立绿色金融组织体系等。因此，地方政府通过制定绿色经济配套支持政策可以加快地方绿色经济的发展速度。

三　加强绿色经济基础设施建设

绿色经济基础设施的建设有助于绿色经济的发展，地方政府应当根据当地的经济绿色转型状况，通过设立地方绿色经济资金平台、打造地方绿色经济协同创新平台、建立绿色经济服务平台等举措加强绿色经济基础设施建设，推进当地的经济绿色转型。

（一）设立地方绿色经济资金平台

地方政府可以主导成立地方绿色经济资金平台，由财政、税务、环保、科技等部门协同管理，在财税、金融等政策上给予一定倾斜，支持当地绿色产业发展。

为了实现地方绿色经济资金平台的目标定位，地方政府可以根据当地的实际情况，选择支持当地生态农业、绿色工业、现代服务业、清洁能源、循环经济、清洁水及清洁空气等绿色产业和项目，以推动绿色产业和绿色经济的发展，并解决绿色产业融资难问题，从而使地方绿色经济资金平台专注于服务当地绿色产业和项目，为其提供专业化、个性化、系统化的绿色经济产品和服务。该资金平台也可以支持本地的金融机构设立绿色经济专营部门，鼓励当地的金融机构进行绿色金融产品创新，对绿色信贷和绿色债券进行贴息等。对于地方绿色经济资金平台的初始资金来源渠道，建议采用地方财政资金或政府拨款的方式提供，随后每年由财政提供一定的拨款，以吸引更多社会资金投入平台。

另外，还可以引入市场上成熟的绿色金融工具如绿色证券、绿色基金、绿色保险等。该资金平台还可通过发行绿色债券，以获取央行的再贷款等方式进行债权融资，从而为绿色贷款提供具有较长期限和较低成本的资金来源。另外，地方绿色经济资金平台还可以利用其作为担保机构，向商业银行发放绿色贷款，以缓解银行面临的绿色贷款风险。比如广州市的花都区从 2017 年开始每年会从区财政中安排至少 10 亿元的资金来支持当地绿色金融和绿色产业的发展。地方政府构建的地方绿色经济资金平台在绿色金融产品和服务上，要突出资金平台的自身特色，并重点关注节能减排、清洁生产等绿色环保领域，也要加强对新能源汽车、绿色建筑等单个规模较小项目产品的资金支持，以扩大绿色经济的服务对象，重点推出面向中小企业、家庭和个人的绿色金融产品，例如针对中小企业在新能源项目融资方面遇到的困难，提供信用增级等相关业务。

（二）打造地方绿色经济协同创新平台

地方政府可以通过"政府+企业+高校+科研机构+金融机构"的模式，形成绿色经济的持续建设机制。地方政府提供全方位政策保障和财政引导，高校及科研机构发挥绿色技能人才培养和学科问题研究优势，国内大型企业和金融机构发挥实践和创新主体优势，多方合力持续推进绿色产品开发和绿色技能人才培养，为绿色经济的发展提供可持续动力和智力支持。

地方政府根据实际情况建立起来的绿色经济"产学研金"一体化协同创新平台应当从经济理论研究、经济数据研究、绿色技术研究、绿色金融产品研究等方面搭建形成。为了完善绿色经济体系，需要聚焦绿色经济理论体系创新研究、绿色经济大数据分析、绿色技术产业化、绿色金融培训以及绿色产业投资等多个方面，不断整合产、学、研、投资、融资等多领域的专业技术资源，为政府、企业及金融机构提供全方位的管家服务，包括绿色经济领域的调研、规划、咨询、IT 系统建设等方面。

（三）建立绿色经济服务平台

地区间的经济绿色转型水平各不相同，地区间的绿色经济服务程度也各不相同。地方政府可以根据地区实际情况加强环境信息披露制度的制定和对本地区的绿色经济服务，以此来促进企业积极进行环境信息披露和提高绿色经济的服务水平，培养企业的环境保护意识。地方政府应积极探索金融科技在绿色经济中的应用，把互联网和大数据技术运用到绿色经济中，建立地方性绿色经济服务平台，在绿色经济服务平台上"一站式"发布绿色经济政策、公告、新闻、市场相关信息、项目、司法保障信息、项目贷款进度等，还可以在该服务平台设置绿色企业、"三农"惠农企业等申请贷款的入口，以此将政府、企业、金融机构联系起来，降低各方信息不对称程度，使更多的资金流向绿色环保产业，提高各地区的经济绿色转型水平。

第三节　强化金融机构在经济
绿色转型中的引导作用

在我国应对气候变化、实现碳达峰目标的关键时期和窗口期，即"十四五"时期，也是工业向绿色低碳转型的至关重要的五年。金融机构作为金融业的支撑力量，在绿色金融体系建设过程中拥有不可推卸的责任，金融机构应该深切意识到发展绿色经济的重要意义，引导资金流向绿色产业，引导企业和个人从事绿色经济活动。

一　增强政策宣传与资金导向功能

随着政府部门对绿色发展重视程度的提高，各类绿色经济的法律法规不断健全，绿色经济政策和绿色标准不断制定和颁布。各类绿色经济政策将深深地影响各行各业的经济行为。金融机构作为金融市场上最重要的中介机构，在强化自身绿色金融发展理念的同时，应该加大对绿色经济政策的宣传力度，帮助机构、企业及个人解读绿色规章、政策。同时强化资金的产业导向和地区导向功能，一方面，驱动资金从褐色产业流向绿色产业；另一方面，大力提高绿色产业集聚地区的金融发展水平，为实现经济绿色转型履行职责并提供助力。

（一）协助宣传和解读绿色经济政策

金融机构一方面受国家及地方的绿色经济政策引导，一般会建立专门机构或安排专业人员与政府相关部门沟通，能够率先接触和掌握相关绿色经济政策；另一方面，与企业之间有着紧密的信贷业务联系，便于了解企业的实际生产经营活动，能够帮助企业深入解读相关绿色经济政策。因此，金融机构应配合国家相应的宣传教育工作，和同业和其他企业之间交流绿色经济发展经验、调研绿色经济发展状况，深入了解市场对相关绿色政策和绿色金融产品的反映。与此同时，金融机构应当紧随国家颁布的相关法规和政策，及时根据国家政策调整宣传手段，将绿色环保理念深入渗透至各行各业，协助企业树立低碳环保经营理念，从而促进绿色经济的蓬勃发展。在传播途径方面，金融机构可以通过线上和线下两种渠道公开宣传绿色金融，在线下定期开展关于绿色经济的企业座谈会和培训会，由金融机构聘请讲师，邀请企业管理人员和投资者参加，讲解当前绿色发展的规模和未来趋势，帮助他们正确解读绿色发展法规和政策的具体内容、绿色环保企业的发展前景和绿色产品的相关内容。金融机构也可以在线上利用互联网平台扩大宣传的覆盖范围，吸引社会大众，聘请专业讲师，开设线上的免费普及课程，传递绿色环保理念，讲述绿色经济未来发展方向，介绍绿色产品，为将来绿色经济规模扩大打下良好的客户基础。

（二）强化金融支持的产业导向和地区导向

金融规模的扩大、金融结构的优化以及金融效率的提升可以显著提高经济绿色转型水平，因此金融机构需要扩大绿色经济领域的金融支持规模，提高金融服务经济绿色转型的质量。推动绿色产业发展，需要金融机构进一步强化资金的产业导向功能。金融机构应强化资金的产业导向功能，尤其是避免信贷资金规模的盲目扩大，金融机构的资金导向不明确将导致资金流向低效率、高污染的褐色产业，进而抑制绿色经济的发展。金融机构要与政府部门加强交流，正确解读政府颁布的政策，对产权性质进行合理划分，对信贷项目类型进行筛选和甄别，引导资金从与绿色政策相背离的高污染、高耗能、低效率的褐色产业流出，驱动资金流向与绿色经济发展方向保持一致的高效率、低污染的绿色产业，抑制污染产业发展，扩大绿色经济的资金规模，提升服务于绿色经济的金融效率，实现产业结构绿色化转型。与此同时，金融机构也需要强化资金的地区导向功能。金融机构应同时加强在绿色产业集聚的重点区域和乡村乡镇等偏远地区的网点铺设工作，吸收社会闲散资金，提升金融服务的质量，增强银、政、企之间的沟通能力。通过鼓励传统大企业引进机器设备和人才、提升资源利用效率、减少废物排放、促进生产绿色化，通过扶持偏远地区中小微民营企业发展，提供就业岗位、增加居民收入、缩小区域发展差距、促进社会民生发展。

二　加强内部控制、运营及风险管理

助力国家经济绿色转型战略的实现是时代赋予金融机构的责任和义务。金融机构在响应国家号召积极扩大绿色信贷规模、创新绿色金融产品、提升绿色金融科技水平的同时，需要增强自身防范风险的能力，必须谨防绿色金融风险的集聚、扩大及传导，做好金融风险的内部防范与化解工作，维护自身稳健运行，保证绿色金融安全及健康发展。为此，金融机构需要建立完善的内控制度，进行合理的运营管理，建立具有环境、社会、治理等授信指标的全流程风险管理体系。

（一）完善绿色金融运营管理制度

金融机构实现自我约束、提高经济效益、防范化解风险、确保金融安全的关键环节在于建立完善的内控制度、进行合理的运营管理，这是金融机构保证自身稳健运行不可或缺的措施。目前，绿色金融的发展势不可当，发展绿色金融是金融机构转型升级、可持续发展的必经之路，因此在金融机构内部建立完善的绿色金融制度、进行合理的运营管理十分必要。金融机构可以从绿色金融组织架构、风险防范能力、银行间信息共享制度等方面完善绿色金融制度建设、进行运营管理，形成完善的绿色金融服务体系，严格控制信贷规模，防范和降低风险，助力金融机构可持续发展，重点提升资金流向绿色产业的效率。当前绿色信贷是绿色金融发展的主体，对经济绿色转型起到直接的推进作用，金融机构应设置专门部门，提供绿色信贷的专门服务渠道，提升审批、发放等环节的工作效率。除此之外，在绿色生活理念的倡导下，绿色产品的种类越来越丰富，金融机构应扩大和丰富绿色消费贷的规模和种类，形成资金在绿色产业中的高效良性循环。

（二）建立全流程风险管理体系

金融机构需要增强自身防范风险的能力，建立具有环境、社会、治理（ESG）等授信指标的全流程风险管理体系。首先，在尽职调查环节，明确环境风险监测职责并将其纳入各级银行风险监测岗位的职责中，重点考察不同行业的风险程度，特别是污染严重、环境违法违规问题突出的区域和行业，精准定位环保问题"黑天鹅"，充分了解借款签约企业或项目的 ESG 风险。其次，在授信审批环节，需要对企业的信用风险和 ESG 风险进行综合评估，以确定相应的授信额度。同时，积极应用环保信息科技的最新成果，加强对环境敏感区域和敏感行业的识别，主动调整信贷结构，并对高风险领域设置相应的行业限额，以确保授信的安全性和有效性。通过开展专项检查，督促金融机构严格履行环境风险防控义务，落实相关监管要求，确保环境风险管理目标的实现。最后，在贷后管理环节，应充分利用大数据工具，动态监测贷款对象是否涉及重大环境污染，企业经营、社会责任风险事故，并建立风险预警机制，及时根据贷款分类标准处理风险资产。在风险处置方面，除了针对高风险项目进行收贷、压贷外，还应提出解决方案，帮助客户提升环境社会风险管理能力，促使客户绿色改进。一旦发生风险事故，在明确岗位职责的基础上，除尽职免责情况外，其他情况均需明确追责机构，并纳入内控合规部门的责任认定系统来处理。

三　加强绿色金融体系创新

当前，我国绿色经济的发展目标主要是在 2030 年达到碳达峰、2060 年实现碳中和，这对绿色经济的发展提出了新的更高要求。实现碳达峰与碳中和目标需要的资金规模高达数百亿元，政府财政无法满足如此巨大的资金供给缺口。因此，需要强化绿色金融市场创新机制，拓展绿色金融产品创新领域、建立绿色金融风险监管体系，进一步提升我国绿色金融市场的广度与深度，助力我国经济绿色转型迈上新台阶。

（一）强化绿色金融市场创新机制

金融市场的发展与绿色经济息息相关，强化金融市场的创新机制，尤其是碳市场的交易机制，提高金融市场的市场化水平，将有助于绿色经济的发展。首先，引导金融机构以市场化的方式开展绿色投融资活动，不断完善市场价格发现机制，建立有效的市场价格形成机制，追踪绿色投资的长期价值，推动金融市场良性发展。目前我国绿色投融资活动的市场价格不够稳定，绿色经济的发展还需进一步促进。因此，需进一步完善市场价格发现机制和形成机制，加快促进信贷、债券等金融市场产品定价机制的融合，加快绿色偏好机构投资者的培育，建立科学的绿色投资价值评估体系，制定统一的绿色投资标准，从而提升金融市场活力，使其更好地服务于经济绿色转型。其次，提升绿色金融市场的广度与深度，为经济绿色转型拓宽投融资渠道。进一步完善多层次绿色金融市场，大力发展绿色金融，扩大证券、外汇、商品、期货等市场的覆盖面，将绿色产业或项目作为支持重点，逐渐形成多层次、多元化的绿色金融市场体系。积极探索金融市场的多方协同合作模式，进一步构建完善的综合服务、风险管理、资源配置和考核评价机制，加强银行、保险、证券等各行业之间的合作，使其发挥各自的优势，推动我国绿色经济的发展。

（二）拓展绿色金融产品创新领域

实现"碳达峰、碳中和"的经济绿色转型目标，需要提供更加多元化的绿色金融产品，拓展绿色资本的筹集与发放空间。首先，金融机构应加强绿色金融产品创新，继续推出碳中和债券、碳中和基金等碳金融产品，同时利用区块链、人工智能等金融科技手段创造出更多的绿色金融产品，例如可以开发基于区块链技术的碳交易平台，以提高碳交易的透明度和效率，拓展绿色资本的筹集与发放空间。其次，金融机构应当以新的绿色金融需求为导向，进行绿色金融产品的研发，以激发居民持续参与绿色生产和生活的热情，提高企业和居民的预期收益，从而对其绿色生产和生活行为产生积极影响，进一步加强其参与绿色发展的自觉性。再次，要进一步加强产品创新，尤其是在绿色债券方面，扩大绿色债券发行规模是拓展金融产品创新领域的关键。可以通过加强政策支持、完善法律法规、提高投资者的认知度等措施，扩大绿色债券的发行规模。而且在绿色信贷、绿色保险等一系列重点领域，应创造更加多元化、有针对性的绿色金融产品，特别是应重点关注绿色产业的资金需求，考虑到其技术研发周期长、回款慢等特点，应推动绿色资产证券化发展，提高资产的周转率，降低投资风险，同时解决绿色产业融资难的问题。最后，应积极推出专项金融产品支持绿色产业发展，对于需要贷款的绿色企业，提供专项金融服务，如在清洁能源领域，可以针对核电、水电、太阳能和光伏发电等产业开发专属贷款产品。

第四节　发挥企业在经济绿色转型中的主体作用

当前社会各界已经对绿色金融发展达成共识，绿色金融是实现我国经济绿色可持续发展的必要手段。前文的实证研究得出，绿色金融通过改变融资成本、调节融资期限结构等途径对不同类型企业产生不同的作用效果：绿色金融通过抑制污染企业融资降低了污染企业生产绩效，通过优化绿色企业融资期限结构提升了绿色企业生产绩效；绿色金融通过提高企业绿色技术创新水平进而提升了企业生产绩效。基于此，企业应主动通过创新绿色生产方式、提高环境信息披露的主动性与质量、优化企业融资结构等方式强化绿色金融对企业绿色发展的促进作用。

一　创新绿色生产方式

绿色生产方式是绿色发展的基础和根本方式。绿色生产方式要求企业在产品外观设计、生产制造、开发设计、包装设计和分销的整个价值创造过程中注重引入生态设计理念，积极采用清洁生产技术，以减少资源消耗，降低污染排放。采用绿色生产方式能够提高企业绿色声誉，帮助企业提升关键领域竞争力、赢得更多的绿色资金支持，进而推动生态体系和经济体系的和谐发展。

（一）引入生态设计理念

随着环境污染日益严峻，生态保护已然成为全世界关注的焦点，生态设计被称为"工业生产的又一次效率革命"，已经成为未来产品设计的主要趋势。产品生态设计是将绿色环保理念贯穿产品生命周期的各个阶段，主要在产品开发的各个环节考虑生态与环境因素，尽可能避免其对环境产生的负面影响，以实现在降低产品环境成本的同时提高产品市场竞争力的目标。企业引入生态设计理念是实现生态平衡与人类可持续发展的关键举措。

企业应在产品设计中引入生态设计理念，增强产品的绿色环保属性，具体的实施方案为：在产品设计方面，要优先选用绿色工艺、技术和设备，在"环保、安全、质量、技术、成本"的经营要素价值排序中，把环保放在优先位置。在材料选择方面，要着重考虑材料的天然性、环保性以及可再生性。在功能设计方面，要提高重复使用率和再循环利用率。通过这些方法尽可能降低产品的使用能耗，延长生命周期。在企业组织结构方面，要加强绿色生态设计部门的建设，建设以专业技术人员为中心的生态设计机构，使其包含品质、加工工艺、生产制造、环境保护等相关部门成员，为生态设计的持续稳定发展给予技术服务。与此同时，对企业内部结构设备进行绿色生态设计指导，为新产品和新项目研发、生产制造工艺优化提供可靠信息，从而提升工程师的生态设计能力。

（二）创新清洁生产过程

清洁生产技术是一种先进的生产理念，强调在生产过程中减少资源浪费与污染物排放。创新清洁生产过程，可以有效提高资源的利用效率，进而节约原材料成本，还能够降低污染治理对末端建设的需求，减少末端治理设施、设备的成本投入。在环境效益和经济效益共同实现的基础上，改善社会生活的基本环境，并为社会公共建设提供更有力的经济与资源支持。

企业可以通过创新清洁生产过程的方式，促进产品生产和消费过程与环境相协调，减少对人类和环境的危害，具体的实施方案有以下几个方面。一是在生产环节，企业应当注重传统的绿色生产理念，即减少废弃物和污染物的产生和排放，通过有效利用资源、替代和再利用短缺资源，实现节能、省料、节水等目标，合理利用资源，减缓资源耗竭，同时结合快速更新的现代技术，加大对数据和软件等核心要素的资金投入，以物联网为支撑，实现全生命周期的绿色化，构建涵盖智能产品、智能生产、智能服务和智能回收等方面的绿色智能制造过程。二是在绩效考核环节，企业高层团队应当深刻认识到环保意识的重要性，并在不断完善环境教育培训管理机制的同时，优化员工绩效考核制度，将环境绩效与员工个人绩效有机结合，从而激发员工在环保生产中的积极性，提高企业环境管理水平。与此同时，增加技术、机器设备等要素投入，减少污染排放，加大项目研发力度。三是在营销策略设计环节，企业要牢固树立可持续发展理念，从经济收益角度考虑生态环境保护，制定行之有效的总体目标，使企业获得更高的经济收益。四是在制定发展战略环节，企业可以参与共享经济，根据共享制造目标和网络资源，以绿色的形式处理企业闲置资源，实现资源回收利用，并逐步完善清洁生产流程。

二 提高企业环境信息披露的主动性与质量

绿色金融的本质是通过环境信息判断出污染项目与绿色环保项目，从而将更多的资金投入绿色环保企业，然而这种资金配置机制的有效性依赖环境信息的披露及其真实性和有效性。当前，证券监督部门和环保部门对企业环境信息披露实行的监管尚不完善，从目前企业环境信息披露工作实际执行情况看，仍然存在披露主体数量少、内容不够全面、格式不够规范、信息可靠性不足等问题。因此，企业必须通过提高环保信息披露的主动性与质量等措施来提高绿色金融供给，推动企业技术创新与绿色发展。

（一）提高企业环境信息披露的主动性

随着生态文明建设的发展，社会层面越来越注重企业环境信息披露，环境保护部等相关部门自 2007 年起出台了一系列管理制度，要求企业进行环境信息披露。因此，为适应信息披露的强制性要求，企业必须提前做好准备，提高自身环境信息披露的主动性，使其对财务绩效增长起到正向驱动作用，从而促进绿色经济的发展，推动实现经济高质量发展。

企业为提高环境信息披露的主动性，可以从以下角度考虑。首先，应改变对主动进行环境信息披露的消极态度，不应把环境信息披露视作一种被动应对制度压力的工具，要更多地将环境信息披露的益处传递给利益相关者，树立企业重环保、担责任的良好社会形象，给投资者留下良好的企业印象，进而使更多投资资金流入企业。其次，企业应及时准确地了解并灵活运用环境信息披露政策，例如评级机构的评判标准中着重考虑企业的信息披露情况。企业应严格按照评判标准，积极披露高质量环境信息以获得有利评级，进而能够以较低利率发行绿色债券或以优惠利率获得绿色贷款等。再次，企业要积极配合政府与金融机构提高自身在投资者心中的信誉，培养"道德投资者"群体，改变投资者偏好，进而利用资本市场获得更多的资金支持。最后，企业应主动购买环境污染责任险，以弥补受害者在高危环境事故中的经济损失。可以根据债券收益率体制和风险的配对，完成环境污染外部成本的内部化，为受保企业分散风险。企业通过这种方式即便主动披露环境信息，也能够对外传递有利信号，增强投资者的信心，有助于其保持生产经营的持续性。

（二）提高企业环境信息披露质量

实质重于形式是信息披露的重要原则，企业主动披露高质量环境信息并处理成公众易于获取和理解的形式，能够使金融机构和投资者根据披露内容准确衡量企业所承担的环境责任进而做出准确的投资决策，引导资金配置，形成一条自发缓解信贷歧视、创造可持续发展条件的有效路径。提高环境信息披露质量，不仅能扩大企业融资规模、降低融资成本，还能通过绿色金融创新产品分散企业投资风险，提高企业投资激励水平。

在信息披露的内容和质量方面，首先，企业应当秉持经济利益与社会责任相互协调的原则，提供关键、可靠的信息，以反映其环境风险的实际状况和真实水平，例如提供体现企业自然环境管理成效的主要指标，如二氧化碳排放、污染排放和能耗指标、绿色经营规模、绿色收益、绿色项目投资研发经营规模及其年增长率是正向指标不可或缺的一部分。其次，企业要完善供应链中的信息披露环节，以提高环境信息披露质量。在国家加快推进绿色供应链工作的背景下，企业应在全流程供应链中贯彻环境信息披露理念，在采购、生产、物流、销售、回收等各个环节都进行信息披露，形成完整的环境信息披露链条，积极主动适应环境信息披露政策体系和披露水平评价体系，最终实现以供应链为中心的环境责任系统。最后，针对重污染企业披露高质量环境信息后面临的社会舆论问题，重污染企业应自建公关团队或聘请专业公关机构，及时有效地解决由此带来的问题，减轻社会压力。

三　优化企业融资结构

绿色经济助力环保企业高质量发展，是我国推动经济社会健康发展的基本条件。目前针对我国不同产权性质、规模及类型的环保企业而言，绿色金融的作用效果有所差别。因此，企业应结合自身发展情况，借助绿色金融的发展契机积极优化其融资结构，主要从调整融资规模结构、改善融资期限结构的角度出发，有效地提高企业融资效率。

（一）调整融资规模结构

环保项目普遍具有前期投资大、回报周期长的特点。当环保企业的内部留存收益难以维持高额的研发投入时，就需要通过外部渠道获取资金支持。目前我国环保企业主要通过股权融资与债权融资两大渠道实现融资目标，合理的债权与债务配比是影响企业创新活动和可持续发展的重要因素，因此，环保企业应动态调整融资规模结构，使得财务杠杆的正面效应最大化。

为借助绿色金融提高企业融资效率，企业需要积极调整融资规模结构。具体而言，企业要结合自身发展阶段，灵活调整债务融资规模。不同的企业有其独特的发展阶段与生命周期，环保企业亦是如此。无论处于哪个发展阶段，企业都会以不同的财务状况适应不同的经济环境，这就会对其融资成本与融资渠道产生影响。例如在快速发展阶段，企业可以凭借其高效的资金流转速度以及较高的市场占有率来化解相对较大的债务风险。如果站在大型企业的角度考虑，股权融资是其扩大融资规模的重要渠道，提高资本结构中股权融资的占比是一种有效的方式。在股权融资方面，企业可以在德国等环保技术水平较高和资本市场较完善的国家主板市场上进行上市融资。一方面，可以借助有利的市场环境，引进其环保技术，并在吸收国外先进技术的同时做出本土化改良，从而促进国内环保项目的高效运行；另一方面，可以与优秀的大型跨国公司在项目研发、产品销售、资本投入等领域进行合作，助力企业开拓国际市场。

（二）改善融资期限结构

企业只有投入大量的资金，才能进行绿色转型和技术创新以满足未来市场对环境保护方面的要求。但清洁能源开发、环保技术研发等绿色投资项目普遍具有投资回收期长的特点，而目前企业所获得的信贷又以中短期信贷为主，这种融资偿付期限与投资回报期限的错配问题往往导致企业无法通过项目产生的现金流来偿还到期融资，对企业构成极强的融资约束。相对于绿色信贷，债权融资方式更具有长期融资和风险分散的潜力，能够改善企业债务融资期限结构，缓解由期限错配带来的融资限制问题。

企业若想通过发行绿色债券提高融资效率，首先要提升融资项目绿色性质的市场认可度。根据当前的相关法律法规，其在债券发行人提供第三方绿色认证方面没有强制要求，但企业可以在国际惯例的要求下，进行绿色评级，出具独立专业认证机构的"第二意见"报告，对于企业拟发行的绿色债券的绿色程度进行量化评级，对募集资金的拟投资项目进行绿色项目资质评审。通过这种方式，不仅可以获得更高的市场认可度，提高融资效率，还可以在一定程度上消除企业因产权性质、规模及类型的异质性而在金融资源获取方面存在的差异。其次，企业在认定项目的绿色属性后，应依据项目特征和企业自身情况选择绿色企业债券、绿色公司债券、资产证券化产品等不同绿色债券发行方案。从发行门槛的角度来看，绿色债券对发行额的限制较为宽松，绿色企业可突破一般企业关于资产负债率不得超过75%的上限要求。一般债券的发行规模仅限于企业净资产的40%，而绿色债券则不受此限制，其发行范围更为广泛。此外，由于绿色债券是一种非公开发行的债券，在信息披露方面有一定的局限性，所以，绿色债券投资人应慎重对待，不要因企业发售绿色债券而认为其经营风险较低。一些绿色债券对发行人的定级规定相对特惠。

结　论

金融业作为现代经济发展的核心，对实体经济的生产经营、资源分配、产业结构调整和宏观经济调控具有重要作用。在过去的二三十年，金融体系的资金导向及资本配置不当导致了"褐色经济"的盛行。因此，必须通过政策手段改变金融体系的资本配置方向。显然，探究金融发展对经济绿色转型的驱动效应问题，对于理论研究和实践应用都具有重要的价值和意义。

首先，本书对金融发展影响经济绿色转型的途径与原理进行了系统分析，研究发现，从影响因素看，绿色经济增长率不仅取决于绿色经济净产出的权重，也取决于绿色产业的科技发展水平；从影响机制看，金融发展对绿色经济的影响，不仅包括直接的经济增长、产业结构和技术进步等方面，还涉及金融发展对绿色经济的间接影响。资金支持与优化要素配置是金融发展影响经济绿色转型的直接渠道，技术创新、人力资本、产业结构绿色化是金融发展影响经济绿色转型的间接渠道。从政府干预视角看，经济增长目标和环境规制会调节金融系统对经济绿色转型的支持力度。

其次，本书对我国金融发展与经济绿色转型进行了历程回顾、现状分析及综合评价。在金融发展方面，新中国成立以来，我国的金融发展经历了为计划经济服务的"大一统"金融体制、构建社会主义现代化建设时期的多元化金融体系、市场化改革、构建新时代中国特色社会主义金融体系等历程。通过系统评价我国金融发展的综合水平发现，我国金融规模不断扩大、金融结构得以优化、金融效率得到提高。从区域视角看，东部地区的金融资源总量远高于中西部地区。在经济绿色转型方面，我国的经济绿色转型经历了环保意识觉醒的萌芽阶段、环境法律法规逐步建立与完善的初步发展阶段、开展"生态文明建设"实现"碳达峰、碳中和"目标的快速发展阶段。通过构建经济绿色转型综合指数发现：我国绿色经济规模逐步扩大，各地区经济绿色转型规模、结构及效率呈现显著差异，东部地区是综合指数最高的区域，中西部地区的综合指数近年来也保持上升的态势。

再次，本书分别考察了金融发展对产业绿色发展、企业绿色发展、区域经济绿色转型的影响机制，以及绿色金融对经济绿色转型的影响机制。①在金融发展对产业绿色发展的影响分析中，通过选取 2005 年、2010 年、2015 年和 2020 年的投入产出表对环保产业和污染产业的增加值结构、最终使用结构和产出结构进行分析。结果发现，污染产业属于中间需求率和中间投入率都大的中间产品型产业，环保产业属于中间投入率大、中间需求率小的最终需求型产业；金融业对环保产业和污染产业的间接供给推动作用均大于直接供给推动作用，对环保产业的直接货币供给推动作用大于污染产业；金融业最终需求的变动对环保产业和污染产业的生产诱发额均呈逐年上升的趋势，而金融业出口的生产诱发作用要强于消费，金融业对污染产业的生产诱发系数要高于环保产业，且对污染产业的生产诱发系数呈明显的阶段特征。②通过金融发展对企业绿色发展的影响分析得到，区域金融发展对上市公司绿色创新发展具有显著的促进作用，其中，净资产收益率、资产负债率、独立董事比例、机构投资者持股比例、账面市值比、区域对外开放程度对企业绿色创新发展具有显著的正向影响，而股权集中度、两职合一显著抑制了企业绿色创新发展；区域金融发展对污染企业绿色创新发展的促进作用更大，金融结构和金融规模对企业绿色创新发展具有显著的正向作用，金融效率对企业绿色创新发展的影响不显著；金融发展水平不仅能够直接促进企业绿色发展，还能通过影响企业融资约束、创新投入与债务结构间接促进企业绿色发展；产权性质和媒体关注可以显著调节金融发展影响企业绿色创新发展的关系，国有企业以及媒体关注程度越高的企业，其所在区域的金融发展越能促进自身的绿色创新发展。③在金融发展对区域经济绿色转型的影响分析中，研究发现，金融发展水平对我国经济绿色转型有正向促进作用，金融规模对经济绿色转型有正向促进作用，金融效率对经济绿色转型有负向作用，金融结构对经济绿色转型的影响并未通过显著性检验；东中西部地区金融发展水平的提高均对本地区经济绿色转型有正向的促进作用；技术创新水平、人力资本水平、产业结构绿色化水平不存在完全中介作用，起到部分中介作用；环境规制自身能够促进经济绿色转型，而且环境规制会强化金融发展对经济绿色转型的促进效果。而政府财政压力的加大不仅会抑制经济绿色转型，而且会扭转金融发展对经济绿色转型的作用效果；金融规模存在单门槛效应，其他变量不存在门槛效应。④在绿色金融对经济绿色转型的研究中得到以下结论：绿色金融显著促进了地区的经济绿色转型；绿色技术创新不存在完全中介作用，起到部分中介作用；在绿色金融对经济绿色转型的推动作用中存在以地区经济发展水平作为门槛的门槛效应；通过合成控制法研究发现，绿色金融改革创新试验区的设立对广州市和南昌市的绿色技术进步均具有正向的促进效应。

最后，本书分别从国家、地方政府、金融机构、企业四个层面设计了相应对策建议。一是应发挥国家在经济绿色转型中的主导功能：完善绿色经济标准体系、优化绿色经济政策体系、建立绿色技术创新的保障体系。二是应强化地方政府在经济绿色转型中的协同作用：因地制宜地制定经济绿色转型规划，建立与完善绿色经济地方支持政策、加强绿色经济基础设施建设。三是应强化金融机构在经济绿色转型中的引导作用：加强政策宣传与资金导向功能，加强内部控制、运营管理及风险管理，加强绿色金融体系创新。四是发挥企业在经济绿色转型中的主体作用：创新绿色生产方式、提高企业环境信息披露的主动性与质量、优化企业融资结构以吸引绿色金融，促进企业绿色发展。

参考文献

白俊红，刘宇英．对外直接投资能否改善中国的资源错配［J］.中国工业经济，2018（1）：60-78.

白钦先，丁志杰．论金融可持续发展［J］.国际金融研究，1998（5）：28-32.

白钦先．金融可持续发展研究导论［M］.中国金融出版社，2001.

鲍鹏程，黄磊．创新人才集聚如何影响城市生态财富［J］.山西财经大学学报，2023，45（5）：28-42.

蔡海静，汪祥耀，谭超．绿色信贷政策、企业新增银行借款与环保效应［J］.会计研究，2019（3）：88-95.

蔡吉甫．基于产权视角的企业风险管理本质分析［J］.特区经济，2007（10）：167-168.

蔡强，王旭旭．空间视角下绿色金融对经济高质量发展的影响［J］.江汉论坛，2022（6）：21-28.

蔡晓春，郭玉鑫．政府干预、金融发展对贫困减缓的影响分析——基于非线性交互效应动态面板模型［J］.统计与信息论坛，2018，33（9）：36-43.

曹栋，唐鑫．省际金融发展测度及波动研究［J］.社会科学家，2016（5）：44-49.

曹鸿英，余敬德．区域金融集聚性对绿色经济溢出效应的统计检验［J］.统计与决策，2018，34（20）：152-155.

曹廷求，张翠燕，杨雪．绿色信贷政策的绿色效果及影响机制——基于

中国上市公司绿色专利数据的证据 [J].金融论坛，2021，26
　　（5）：7-17.

曹霞，张路蓬.金融支持对技术创新的直接影响及空间溢出效应——基
　　于中国2003-2013年省际空间面板杜宾模型 [J].管理评论，2017，
　　29（7）：36-45.

曹越，辛红霞，张卓然.新《环境保护法》实施对重污染行业投资效
　　率的影响 [J].中国软科学，2020（8）：164-173.

常新锋，陈璐瑶.金融发展、资本效率对经济高质量发展的空间溢出效
　　应分析 [J].金融经济学研究，2020，35（4）：35-45.

陈爱珍.我国区域金融集聚差异对绿色发展的影响 [J].税务与经济，
　　2021（6）：86-94.

陈碧琼，张梁梁.动态空间视角下金融发展对碳排放的影响力分析
　　[J].软科学，2014，28（7）：140-144.

陈超凡.中国工业绿色全要素生产率及其影响因素——基于ML生产率
　　指数及动态面板模型的实证研究 [J].统计研究，2016，33（3）：
　　53-62.

陈超美.CiteSpace Ⅱ：科学文献中新趋势与新动态的识别与可视化
　　[J].陈悦，侯剑华，梁永霞译.情报学报，2009（3）：401-421.

陈德萍，陈永圣.股权集中度、股权制衡度与公司绩效关系研究——
　　2007~2009年中小企业板块的实证检验 [J].会计研究，2011
　　（1）：38-43.

陈华，孙忠琦.金融发展缓解了收入不平等和贫困吗？——基于省区面
　　板数据的实证研究 [J].上海金融，2017（11）：3-13.

陈健，龚晓莺.绿色经济：内涵、特征、困境与突破——基于"一带一
　　路"战略视角 [J].青海社会科学，2017（3）：19-23.

陈景华.中国服务业绿色全要素生产率增长的收敛性分析——基于行业
　　异质性视角的检验 [J].软科学，2020，34（4）：19-25.

陈军，肖雨彤.生态文明先行示范区建设如何助力实现"双碳"目

标？——基于合成控制法的实证研究 [J].中国地质大学学报（社会科学版），2023，23（1）：87-101.

陈乐一，李良，杨云.金融结构变动对经济波动的影响研究——基于中国省际面板数据的实证分析 [J].经济经纬，2016，33（1）：126-131.

陈亮，胡文涛.金融发展、技术进步与碳排放的协同效应研究——基于2005—2017年中国30个省域碳排放的VAR分析 [J].学习与探索，2020（6）：117-124.

陈林心，何宜庆.金融集聚、产业结构优化与生态效率提升——基于省域数据的空间面板模型 [J].企业经济，2016（3）：178-182.

陈琪.中国绿色信贷政策落实了吗——基于"两高一剩"企业贷款规模和成本的分析 [J].当代财经，2019（3）：118-129.

陈硕，陈婷.空气质量与公共健康：以火电厂二氧化硫排放为例 [J].经济研究，2014，49（8）：158-169+183.

陈彤，胡青江，闫海龙.金融集聚对绿色经济效率的影响研究——基于Super-DEA模型和SGMM模型的实证分析 [J].技术经济与管理研究，2020（9）：9-14.

陈文，王晨宇.空气污染、金融发展与企业社会责任履行 [J].中国人口·资源与环境，2021，31（7）：91-106.

陈文夏.次贷危机对我国政府金融审计的启示——基于国家审计发挥"免疫系统"功能的思考 [J].审计研究，2009（2）：22-25.

陈向阳.金融结构、技术创新与碳排放：兼论绿色金融体系发展 [J].广东社会科学，2020（4）：41-50.

陈晓，李美玲，张壮壮.环境规制、政府补助与绿色技术创新——基于中介效应模型的实证研究 [J].工业技术经济，2019，38（9）：18-25.

陈雄兵，吕勇斌.金融发展指数的构成要素及其国际比较 [J].改革，2012（8）：53-58.

谌莹，张捷.碳排放、绿色全要素生产率和经济增长 [J].数量经济技术经济研究，2016，33（8）：47-63.

程翠凤. 高管激励、股权集中度与企业研发创新战略——基于制造业上市公司面板数据调节效应的实证 [J]. 华东经济管理，2018，32（11）：118-125.

程翔，王曼怡，田昕，等. 中国金融发展水平的空间动态差异与影响因素 [J]. 金融论坛，2018，23（8）：43-54.

褚保金，莫媛. 基于县域农村视角的农村区域金融发展指标评价体系研究——以江苏省为例 [J]. 农业经济问题，2011，32（5）：15-20+110.

戴小勇，成力为. 金融发展对企业融资约束与研发投资的影响机理 [J]. 研究与发展管理，2015，27（3）：25-33.

邓创，曹子雯. 中国金融结构与产业结构的时空演变特征及区制关联分析 [J]. 江苏社会科学，2020（5）：105-115.

邓芳芳，王磊. 环境管制倒逼产业结构调整的机制研究——基于污染行业与清洁行业分解的新视角 [J]. 生态经济，2020，36（6）：142-150.

邓小洋，李芹. 基于盈余管理视角的独立董事有效性研究 [J]. 财经理论与实践，2011，32（1）：65-68.

董冰洁，周培红，买思怡，等. 节能环保产业发展的金融支持研究——基于上市公司数据的实证分析 [J]. 科技管理研究，2015，35（3）：34-38.

董嘉昌，冯涛. 金融结构市场化转型对中国经济发展质量的影响研究 [J]. 统计与信息论坛，2020，35（10）：34-41.

杜江，刘诗园. 经济政策不确定性、金融发展与技术创新 [J]. 经济问题探索，2020（12）：32-42.

杜金岷，梁岭，吕寒. 金融发展促进科技成果产业化的区域异质性研究 [J]. 华南师范大学学报（社会科学版），2017（6）：109-115+191.

樊纲，苏铭，曹静. 最终消费与碳减排责任的经济学分析 [J]. 中国经济学，2010（00）：171-195.

范红忠.有效需求规模假说、研发投入与国家自主创新能力［J］.经济研究，2007（3）：33-44.

范小云，肖立晟，方斯琦.危机损失、经济复苏与金融结构比较——什么样的金融体系更能摆脱危机［J］.当代经济科学，2011，33（2）：1-9+124.

方建国，林凡力.我国绿色金融发展的区域差异及其影响因素研究［J］.武汉金融，2019（7）：69-74.

房汉廷.关于科技金融理论、实践与政策的思考［J］.中国科技论坛，2010（11）：5-10+23.

房汉廷.科技金融本质探析［J］.中国科技论坛，2015（5）：5-10.

房宏琳，杨思莹.金融科技创新与城市环境污染［J］.经济学动态，2021（8）：116-130.

房俊峰.我国环保业的结构、关联与发展——基于投入产出表的分析［J］.生态经济，2016，32（8）：196-199.

高锦杰，张伟伟.绿色金融对我国产业结构生态化的影响研究——基于系统 GMM 模型的实证检验［J］.经济纵横，2021（2）：105-115.

高晓燕，王远，赵晓卉.绿色金融发展对我国水资源节约的影响研究［J］.环境保护，2019，47（20）：43-45.

葛鹏飞，黄秀路，徐璋勇.金融发展、创新异质性与绿色全要素生产率提升——来自"一带一路"的经验证据［J］.财经科学，2018（1）：1-14.

耿献辉.基于投入产出表的中国金融业分析：结构与关联［J］.上海金融，2010（7）：10-13.

谷朝君，潘颖，潘明杰.内梅罗指数法在地下水水质评价中的应用及存在问题［J］.环境保护科学，2002（1）：45-47.

顾海峰.战略视角下金融支持产业优化选择的传导机理研究［J］.未来与发展，2009，30（10）：50-54.

顾洪梅，何彬.中国省域金融发展与碳排放研究［J］.中国人口·资源与环境，2012，22（8）：22-27.

关爱萍，李娜.金融发展、区际产业转移与承接地技术进步——基于西
部地区省际面板数据的经验证据 [J].经济学家，2013（9）：88-96.

郭丰，杨上广，柴泽阳，等.低碳城市建设能够提升城市绿色技术创新
吗？——来自准自然实验的证据 [J].软科学，2023，37（1）：40-49.

郭威，曾新欣.绿色信贷提升工业绿色全要素生产率了吗？——基于空
间 Durbin 模型的实证研究 [J].经济问题，2021（8）：44-55.

韩瑞玲，佟连军，佟伟铭，等.经济与环境发展关系研究进展与述评
[J].中国人口·资源与环境，2012，22（2）：119-124.

韩廷春，林磊.制度因素对中国金融发展影响的实证研究 [J].经济与
管理研究，2006（7）：41-45.

韩玉晶.贸易与环境政策协调作用下的清洁产业出口扩张研究 [D].云
南财经大学，2016.

何彬灵.东部沿海地区污染密集型产业转移及影响因素研究 [J].广西
质量监督导报，2020（12）：57-59.

何德旭，程贵.绿色金融 [J].经济研究，2022，57（10）：10-17.

何凌云，黎姿，梁宵，等.政府补贴、税收优惠还是低利率贷款？——
产业政策对环保产业绿色技术创新的作用比较 [J].中国地质大学
学报（社会科学版），2020，20（6）：42-58.

何凌云，梁宵，杨晓蕾，等.绿色信贷能促进环保企业技术创新吗
[J].金融经济学研究，2019，34（5）：109-121.

何舜辉，杜德斌，焦美琪，等.中国地级以上城市创新能力的时空格局
演变及影响因素分析 [J].地理科学，2017，37（7）：1014-1022.

何运信，许婷，钟立新.金融发展对二氧化碳排放的影响效应及作用路
径 [J].经济社会体制比较，2020（2）：1-10.

赫国胜，马妍妮.非利息收入与商业银行经营效率测度 [J].统计与决
策，2020，36（8）：137-141.

赫国胜，燕佳妮.金融发展、政策激励与实体经济增长——基于空间面

板数据的实证分析［J］. 河北经贸大学学报，2020，41（5）：18-27.

侯丁，郭彬. 要素集聚下金融发展与产业结构升级的非线性关系［J］.
管理现代化，2017，37（5）：5-8.

胡金焱，王梦晴. 我国金融发展与二氧化碳排放——基于 1998—2015
年省级面板数据的研究［J］. 山东社会科学，2018（4）：118-124.

胡梅梅，邓超，唐莹. 绿色金融支持"两型"产业发展研究［J］. 经济
地理，2014，34（11）：107-111.

胡晓珍，杨龙. 中国区域绿色全要素生产率增长差异及收敛分析［J］.
财经研究，2011，37（4）：123-134.

胡宗义，李毅. 金融发展对环境污染的双重效应与门槛特征［J］. 中国
软科学，2019（7）：68-80.

华桂宏，费凯怡，成春林. 金融结构优化论——基于普惠金融视角
［J］. 经济体制改革，2016（1）：144-149.

黄国平，孔欣欣. 金融促进科技创新政策和制度分析［J］. 中国软科学，
2009（2）：28-37.

黄建欢，吕海龙，王良健. 金融发展影响区域绿色发展的机理——基于生
态效率和空间计量的研究［J］. 地理研究，2014，33（3）：532-545.

黄解宇，杨再斌. 金融集聚论：金融中心形成的理论与实践解析［M］.
中国社会科学出版社，2006.

黄磊，吴传清. 长江经济带污染密集型产业集聚时空特征及其绿色经济
效应［J］. 自然资源学报，2022，37（2）：459-476.

黄凌云，邹博宇，张宽. 中国金融发展质量的测度及时空演变特征研究
［J］. 数量经济技术经济研究，2021，38（12）：85-104.

黄素心. 西部地区金融支持经济增长的实证分析——基于广西 14 市的
面板数据［J］. 广西民族大学学报（哲学社会科学版），2013，35
（1）：159-164.

黄婷婷，高波. 金融发展、融资约束与企业创新［J］. 现代经济探讨，
2020（3）：22-32.

黄小英，温丽荣.节能环保产业金融支持效率及影响因素——基于 40 家
　　上市公司数据的实证研究 [J].经济与管理，2017，31（1）：45-50.

贾俊生.宏观经济不确定性与企业资产结构之间的关系研究 [D].南京
　　大学，2017.

江春，滕芸.企业家精神与金融发展关系研究评述 [J].经济学动态，
　　2010（2）：110-115.

江红莉，王为东，王露，等.中国绿色金融发展的碳减排效果研究——
　　以绿色信贷与绿色风投为例 [J].金融论坛，2020，25（11）：39-
　　48+80.

姜鹏，张国林.金融多样性是否促进了中国企业家精神 [J].西南政法
　　大学学报，2017，19（2）：93-101.

蒋伏心，王竹君，白俊红.环境规制对技术创新影响的双重效应——基
　　于江苏制造业动态面板数据的实证研究 [J].中国工业经济，2013
　　（7）：44-55.

蒋姝睿，王玥，王萌，等.区域视角下中国工业行业与工业污染关系
　　[J].中国环境科学，2017，37（11）：4380-4387.

焦娇.金融业对低能耗产业发展影响研究 [D].中国石油大学（北
　　京），2018.

金寄石.西蒙·史密斯·库兹涅茨 [J].世界经济，1979（8）：76-77.

雷辉，李智欣.外部融资方式、金融发展与中小企业创新 [J].湖南大
　　学学报（社会科学版），2020，34（6）：38-48.

雷鹰，万海远.绿色经济福利增长指数与 GGDP 体系构建 [J].商场现
　　代化，2007（10）：344-345.

冷萱，李涵.学科集聚、知识溢出与基础研究产出 [J].数量经济技术
　　经济研究，2022，39（9）：94-113.

黎文靖，汪顺，陈黄悦.平衡的发展目标与不平衡的发展——增长目标
　　偏离与企业创新 [J].管理世界，2020，36（12）：162-175.

黎文靖，郑曼妮.空气污染的治理机制及其作用效果——来自地级市的

经验数据 [J].中国工业经济，2016（4）：93-109.

李广众，陈平.金融中介发展与经济增长：多变量 VAR 系统研究 [J].管理世界，2002（3）：52-59.

李健，贾玉革.金融结构的评价标准与分析指标研究 [J].金融研究，2005（4）：57-67.

李健，卫平.金融发展与全要素生产率增长——基于中国省际面板数据的实证分析 [J].经济理论与经济管理，2015（8）：47-64.

李健.优化我国金融结构的理论思考 [J].中央财经大学学报，2003（9）：1-8.

李杰，艾莎莎.污染密集型产业的空间转移及其影响因素——基于中东部9省面板数据的实证测度 [J].技术经济，2018，37（11）：86-95.

李量.股权估值与股票发行价格市场化：一个理论框架 [J].经济与管理研究，2001（2）：35-39.

李茂生.中国金融改革略论 [J].财贸经济，1987（10）：20-26+9.

李敏才，刘峰.社会资本、产权性质与上市资格——来自中小板 IPO 的实证证据 [J].管理世界，2012（11）：110-123.

李青原，肖泽华.异质性环境规制工具与企业绿色创新激励——来自上市企业绿色专利的证据 [J].经济研究，2020，55（9）：192-208.

李戎，刘璐茜.绿色金融与企业绿色创新 [J].武汉大学学报（哲学社会科学版），2021，74（6）：126-140.

李瑞，董璐.金融发展对经济高质量发展影响效应的实证检验 [J].统计与决策，2021，37（20）：136-140.

李书娟，徐现祥.目标引领增长 [J].经济学（季刊），2021，21（5）：1571-1590.

李苏，尹海涛.我国各省份绿色经济发展指数测度与时空特征分析——基于包容性绿色增长视角 [J].生态经济，2020，36（9）：44-53.

李维安，徐建.董事会独立性、总经理继任与战略变化幅度——独立董事有效性的实证研究 [J].南开管理评论，2014，17（1）：4-13.

李卫兵，梁榜．中国区域绿色全要素生产率溢出效应研究 [J].华中科技大学学报（社会科学版），2017，31（4）：56-66.

李伟，劳川奇．绿色 GDP 核算的国际实践与启示 [J].生态经济，2006（9）：69-72.

李伟民．国家、社会与私营企业的再生崛起 [J].广东社会科学，2002（6）：73-80.

李晓西，夏光，蔡宁．绿色金融与可持续发展 [J].金融论坛，2015，20（10）：30-40.

李影，余静，李蕾．对外贸易—金融发展的交互效应对碳排放的影响——来自"一带一路"沿线国家的实证分析 [J].国际商务研究，2020，41（6）：65-74.

李毓，胡海亚，李浩．绿色信贷对中国产业结构升级影响的实证分析——基于中国省级面板数据 [J].经济问题，2020（1）：37-43.

李增福，冯柳华，麦诗琪，等．绿色信贷抑制了碳排放吗？——基于中国省级面板数据的研究 [J].上海金融，2022（1）：2-12.

李祝平，欧阳强．长江中游城市群绿色化发展现状及对策 [J].南通大学学报（社会科学版），2017，33（5）：29-35.

厉以宁，朱善利，罗来军，等．低碳发展作为宏观经济目标的理论探讨——基于中国情形 [J].管理世界，2017（6）：1-8.

连莉莉．绿色信贷影响企业债务融资成本吗？——基于绿色企业与"两高"企业的对比研究 [J].金融经济学研究，2015，30（5）：83-93.

梁琳，林善浪．金融结构与经济绿色低碳发展 [J].经济问题探索，2018（11）：179-190.

林昌华．台湾地区金融发展、产业结构与经济增长的影响机制研究 [J].亚太经济，2021（3）：138-146.

林春．中国经济全要素生产率影响因素及收敛性研究——基于省际面板数据分析 [J].云南财经大学学报，2016，32（2）：71-80.

林春艳，司冠华．我国金融发展与经济增长间关系的实证分析——基于

面板数据 [J].技术经济，2012，31（6）：118-121.

林卫斌，陈彬.经济增长绿色指数的构建与分析——基于 DEA 方法 [J].财经研究，2011，37（4）：48-58.

林毅夫，姜烨.经济结构、银行业结构与经济发展——基于分省面板数据的实证分析 [J].金融研究，2006（1）：7-22.

林毅夫，李志赟.政策性负担、道德风险与预算软约束 [J].经济研究，2004（2）：17-27.

林毅夫，孙希芳.信息、非正规金融与中小企业融资 [J].经济研究，2005（7）：35-44.

林毅夫，章奇，刘明兴.金融结构与经济增长：以制造业为例 [J].世界经济，2003（1）：3-21+80.

凌玲，董战峰，林绿，等.绿色金融视角下中国金融与环保产业关联研究——基于多年投入产出表的分析 [J].生态经济，2020，36（3）：51-58.

刘常月.金融支持节能环保产业发展的效率测度与影响因素研究 [D].中南财经政法大学，2020.

刘凤朝，沈能.金融发展与技术进步的 Geweke 因果分解检验及协整分析 [J].管理评论，2007（5）：3-8+20+63.

刘贯春.金融结构影响城乡收入差距的传导机制——基于经济增长和城市化双重视角的研究 [J].财贸经济，2017，38（6）：98-114.

刘海英，王殿武，尚晶.绿色信贷是否有助于促进经济可持续增长——基于绿色低碳技术进步视角 [J].吉林大学社会科学学报，2020，60（3）：96-105+237.

刘继，马琳琳.金融集聚的经济溢出效应及时空分异研究——基于省际数据的空间计量分析 [J].金融发展研究，2019（2）：17-25.

刘甲炎，范子英.中国房产税试点的效果评估：基于合成控制法的研究 [J].世界经济，2013，36（11）：117-135.

刘建国，王林蔚.金融支持对区域绿色发展的影响研究——基于西北五省区 2006—2015 年的面板数据经验分析 [J].重庆文理学院学报（社会科学版），2018，37（6）：104-113.

刘军英.我国城市绿色经济发展指数测度研究——兼析绿色经济发展的差异化及空间溢出效应 [J].价格理论与实践，2020（5）：73-77.

刘立军，王健，秦伟.金融发展对我国现代农业的影响分析——基于结构方程模型和 31 省份的实证分析 [J].经济问题，2017（4）：70-75.

刘满凤，刘熙，徐野，等.资源错配、政府干预与新兴产业产能过剩 [J].经济地理，2019，39（8）：126-136.

刘乃全，吴友.长三角扩容能促进区域经济共同增长吗 [J].中国工业经济，2017（6）：79-97.

刘莎，刘明.绿色金融、经济增长与环境变化——西北地区环境指数实现"巴黎承诺"有无可能？ [J].当代经济科学，2020，42（1）：71-84.

刘守英，王志锋，张维凡，等."以地谋发展"模式的衰竭——基于门槛回归模型的实证研究 [J].管理世界，2020，36（6）：80-92+119+246.

刘淑琳，王贤彬，黄亮雄.经济增长目标驱动投资吗？——基于 2001—2016 年地级市样本的理论分析与实证检验 [J].金融研究，2019（8）：1-19.

刘伟，张辉.中国经济增长中的产业结构变迁和技术进步 [J].经济研究，2008，43（11）：4-15.

刘锡良，文书洋.中国的金融机构应当承担环境责任吗？——基本事实、理论模型与实证检验 [J].经济研究，2019，54（3）：38-54.

刘小瑜，汪淑梅.基于耦合视角的城镇化与金融发展关系研究 [J].统计与决策，2016（20）：167-170.

刘月桦.中部地区绿色信贷对产业结构生态化的影响分析 [D].河南财经政法大学，2022.

陆菁，鄢云，王韬璇.绿色信贷政策的微观效应研究——基于技术创新与资源再配置的视角 [J].中国工业经济，2021（1）：174-192.

陆智强，熊德平.金融发展水平、大股东持股比例与村镇银行投入资本 [J].中国农村经济，2015（3）：68-83.

禄雪焕，白婷婷.绿色技术创新如何有效降低雾霾污染？[J].中国软科学，2020（6）：174-182+191.

吕炜，王伟同.中国的包容性财政体制——基于非规范性收入的考察 [J].中国社会科学，2021（3）：46-64+205.

马长有.中国金融结构与经济增长的实证分析 [J].社会科学研究，2005（3）：55-60.

马军伟.金融支持战略性新兴产业发展的必然性与动力研究 [J].当代经济管理，2013，35（1）：40-43.

马骏.中国绿色金融的发展与前景 [J].经济社会体制比较，2016（6）：25-32.

马留赟，白钦先，李文.中国金融发展如何影响绿色产业：促进还是抑制？——基于空间面板 Durbin 模型的分析 [J].金融理论与实践，2017（5）：1-10.

马淑琴，邹志文，邵宇佳.丝绸之路经济带与地区出口产品质量——基于新疆核心区的合成控制分析 [J].经济问题，2018（9）：97-100+112.

马微，惠宁.数据赋能制造业企业创新驱动发展研究新进展 [J].宝鸡文理学院学报（社会科学版），2019，39（4）：84-92.

马勇.中国高技术产业 R&D 的外资依存度测算与比较研究 [J].科技管理研究，2017，37（18）：94-101.

孟建，赵元珂.媒介融合：粘聚并造就新型的媒介化社会 [J].国际新闻界，2006（7）：24-27+54.

Mattoo A，Fink C，吴幼华，等.论区域协定和服务贸易的政策问题 [J].经济资料译丛，2005（3）：20-38.

牛海鹏，张夏羿，张平淡.我国绿色金融政策的制度变迁与效果评价——

以绿色信贷的实证研究为例 [J].管理评论, 2020, 32 (8): 3-12.

彭岚, 刘实根, 葛正灿, 等. 对绿色金融促进县域经济发展的思考——基于江西省新干县的实践 [J].金融与经济, 2019 (2): 93-96.

彭俞超, 朱映惠, 顾雷雷. 金融发展对经济增长影响的结构效应——基于 META 回归分析方法 [J].南开经济研究, 2017 (5): 20-36.

彭俞超. 金融功能观视角下的金融结构与经济增长——来自 1989~2011 年的国际经验 [J].金融研究, 2015 (1): 32-49.

彭智敏, 向念, 夏克郁. 长江经济带地级城市金融发展与碳排放关系研究 [J].湖北社会科学, 2018 (11): 32-38.

仇方道, 蒋涛, 张纯敏, 等. 江苏省污染密集型产业空间转移及影响因素 [J].地理科学, 2013, 33 (7): 789-796.

祁怀锦, 刘斯琴. 绿色金融政策促进企业绿色创新吗——来自绿色金融改革创新试验区的证据 [J].当代财经, 2023 (3): 94-105.

綦建红, 马雯嘉. 东道国金融结构与中国企业海外投资不足: 缓解还是加剧? [J].南方经济, 2020 (7): 39-57.

钱水土, 金娇. 金融结构、产业集聚与区域经济增长: 基于 2000~2007 年长三角地区面板数据分析 [J].商业经济与管理, 2010 (4): 67-74.

乔彬. 绿色信贷对空气质量的影响 [J].社会科学家, 2021 (6): 7-14.

邱柳. 金融发展、知识产权保护与技术创新产业化 [J].科技管理研究, 2021, 41 (21): 156-166.

邱兆祥, 刘永元. 以绿色金融推动生态文明建设 [J].理论探索, 2020 (6): 83-89.

曲薪池, 侯贵生, 孙向彦. 政府规制下企业绿色创新生态系统的演化博弈分析——基于初始意愿差异化视角 [J].系统工程, 2019, 37 (6): 1-12.

冉茂盛, 张宗益, 冯军. 中国金融发展与经济增长的因果关系检验 [J].重庆大学学报 (自然科学版), 2002 (3): 123-129.

任力, 朱东波. 中国金融发展是绿色的吗——兼论中国环境库兹涅茨曲线假说［J］.经济学动态，2017（11）：58-73.

任阳军，汪传旭，李伯棠，等.产业集聚对中国绿色全要素生产率的影响［J］.系统工程，2019，37（5）：31-40.

单豪杰.中国资本存量K的再估算：1952～2006年［J］.数量经济技术经济研究，2008，25（10）：17-31.

邵汉华，刘耀彬.金融发展与碳排放的非线性关系研究——基于面板平滑转换模型的实证检验［J］.软科学，2017，31（5）：80-84.

沈军.金融效率理论框架与我国金融效率实证考察［J］.金融论坛，2003（7）：2-7.

沈璐，廖显春.绿色金融改革创新与企业履行社会责任——来自绿色金融改革创新试验区的证据［J］.金融论坛，2020，25（10）：69-80.

沈晓艳，王广洪，黄贤金.1997—2013年中国绿色GDP核算及时空格局研究［J］.自然资源学报，2017，32（10）：1639-1650.

生柳荣.当代金融创新［M］.中国发展出版社，1998.

石敏俊.生态文明建设和绿色发展的路线图［J］.公关世界，2018（11）：68-69.

史代敏，施晓燕.绿色金融与经济高质量发展：机理、特征与实证研究［J］.统计研究，2022，39（1）：31-48.

舒利敏，廖青华，谢振.绿色信贷政策与企业绿色创新——基于绿色产业视角的经验证据［J］.金融经济学研究，2023，38（2）：144-160.

舒良友，杨玉珍.从经济生活中的新提法看经济研究对象的扩展［J］.经济问题探索，2008（8）：8-12.

斯丽娟，姚小强.绿色金融改革创新与区域产业结构生态化——来自绿色金融改革创新试验区的准自然实验［J］.学习与探索，2022（4）：129-138+2.

宋福琳.绿色技术创新、市场压力与财务绩效［D］.南京信息工程大学，2021.

苏冬蔚，连莉莉.绿色信贷是否影响重污染企业的投融资行为？［J］.金融研究，2018（12）：123-137.

苏基溶，廖进中.金融发展的倒 U 型增长效应与最优金融规模 [J].当
　　代经济科学，2010，32（1）：45-54+126.

苏媛，李广培.绿色技术创新能力、产品差异化与企业竞争力——基于
　　节能环保产业上市公司的分析 [J].中国管理科学，2021，29
　　（4）：46-56.

孙静.我国绿色金融与经济发展策略研究 [J].中国市场，2019（10）：
　　30-31.

孙燕芳，赵素心.企业所得税税负对制造业上市公司全要素生产率的影
　　响——基于不同要素密集型企业的分类研究 [J].武汉金融，2021
　　（1）：45-53.

孙莹，孟瑶.绿色金融政策与绿色技术创新——来自绿色金融改革创新
　　试验区的证据 [J].福建论坛（人文社会科学版），2021（11）：
　　126-138.

谈儒勇.中国金融发展和经济增长关系的实证研究 [J].经济研究，
　　1999（10）：53-61.

谭德凯，田利辉.民间金融发展与企业金融化 [J].世界经济，2021，
　　44（3）：61-85.

唐德才.工业化进程、产业结构与环境污染——基于制造业行业和区域
　　的面板数据模型 [J].软科学，2009，23（10）：6-11.

陶爱萍，徐君超.金融发展与产业结构升级非线性关系研究——基于门
　　槛模型的实证检验 [J].经济经纬，2016，33（2）：84-89.

陶长琪，齐亚伟.资源环境约束下我国省际全要素生产率测度分析——
　　基于 Global Malmquist-Luenberger 指数 [J].数量经济研究，2012，
　　3（1）：58-75.

陶士贵，刘杨.中美两国金融发展与经济增长关系的比较研究 [J].经
　　济问题探索，2012（1）：26-31.

田惠敏.绿色金融助力经济高质量发展 [J].中国科技论坛，2018

（4）：2-3.

田利辉．国有股权对上市公司绩效影响的 U 型曲线和政府股东两手论
　　［J］．经济研究，2005（10）：48-58.

汪浩瀚，潘源．金融发展对产业升级影响的非线性效应——基于京津冀
　　和长三角地区城市群的比较分析［J］．经济地理，2018，38（9）：
　　59-66.

汪蕾，李冬妍．高管激励、机构投资者持股与研发投入［J］．技术与创
　　新管理，2020，41（4）：380-385.

王兵，吴延瑞，颜鹏飞．环境管制与全要素生产率增长：APEC 的实证
　　研究［J］．经济研究，2008（5）：19-32.

王兵，肖海林．环境约束下长三角与珠三角城市群生产率研究——基于
　　MML 生产率指数的实证分析［J］．产经评论，2011（5）：100-114.

王春宇，仲深．流通业对城市经济发展促进作用的实证分析——基于
　　2001—2006 年省会城市面板数据［J］．财贸经济，2009（1）：109-
　　113.

王锋，李紧想，张芳，等．金融集聚能否促进经济绿色转型？——基于中
　　国 30 个省份的实证分析［J］．金融论坛，2017，22（9）：39-47.

王弓，叶蜀君．空间视角下的经济增长、金融发展与城镇化协调性研
　　究——以中国城市群为样本［J］．经济问题探索，2016（11）：51-58.

王佳佳，赵慧娥．循环经济发展的绿色金融支持研究［J］．农业经济，
　　2015（10）：69-70.

王劲峰．中日两国环境保护产业分类的比较分析［J］．中国环保产业，
　　2002（4）：31-33.

王俊松，颜燕，胡曙虹．中国城市技术创新能力的空间特征及影响因
　　素——基于空间面板数据模型的研究［J］．地理科学，2017，37
　　（1）：11-18.

王凯风，吴超林．中国城市绿色全要素生产率的时空演进规律——基
　　于 Global Malmquist-Luenberger 指数和 ESDA 方法［J］．管理现代

化，2017，37（5）：33-36.

王康仕，孙旭然，王凤荣．绿色金融发展、债务期限结构与绿色企业投资［J］．金融论坛，2019，24（7）：9-19.

王立国，赵婉妤．我国金融发展与产业结构升级研究［J］．财经问题研究，2015（1）：22-29.

王丽萍，夏文静．中国污染产业强度划分与区际转移路径［J］．经济地理，2019，39（3）：152-161.

王曼怡，郭珺妍．中国双向 FDI 的产业结构优化效应研究——基于地区金融发展水平的视角［J］．经济与管理研究，2021，42（5）：50-67.

王伟．县域金融与绿色全要素生产率增长——来自长江经济带上游流域证据［J］．统计与信息论坛，2017，32（9）：69-77.

王贤彬，聂海峰．行政区划调整与经济增长［J］．管理世界，2010（4）：42-53.

王馨，王营．绿色信贷政策增进绿色创新研究［J］．管理世界，2021，37（6）：173-188+11.

王修华，刘锦华，赵亚雄．绿色金融改革创新试验区的成效测度［J］．数量经济技术经济研究，2021，38（10）：107-127.

王勋，方晋，赵珍．中国金融规模、金融结构与经济增长——基于省区面板数据的实证研究［J］．技术经济与管理研究，2011（9）：59-64.

王遥，潘冬阳，张笑．绿色金融对中国经济发展的贡献研究［J］．经济社会体制比较，2016（6）：33-42.

王依，田易凡，武艺．我国环保产业关联效应的投入产出分析［J］．中国环境管理，2017，9（4）：39-45.

王毅．用金融存量指标对中国金融深化进程的衡量［J］．金融研究，2002（1）：82-92.

王永剑，刘春杰．金融发展对中国资本配置效率的影响及区域比较［J］．财贸经济，2011（3）：54-60.

王永立．美国金融部门利润率变化与金融危机关系——基于金融结构变

迁视角 [J].经济问题，2013（4）：94-97.

王玉凤，张淑芹.绿色金融改革创新对环保企业投融资的影响——基于绿色金融改革创新试验区的经验证据 [J].中国流通经济，2023，37（5）：118-128.

王昱，成力为，安贝.金融发展对企业创新投资的边界影响——基于HECKIT模型的规模与效率门槛研究 [J].科学学研究，2017，35（1）：110-124.

王裕瑾，于伟.我国省际绿色全要素生产率收敛的空间计量研究 [J].南京社会科学，2016（11）：31-38.

王云，李延喜，马壮，等.媒体关注、环境规制与企业环保投资 [J].南开管理评论，2017，20（6）：83-94.

王志强，孙刚.中国金融发展规模、结构、效率与经济增长关系的经验分析 [J].管理世界，2003（7）：13-20.

魏茹.产业结构视角下金融集聚对绿色经济绩效的影响研究 [D].江西财经大学，2018.

魏学文.黄河三角洲产业结构生态化发展路径研究 [J].生态经济，2012（6）：106-112.

温忠麟，叶宝娟.中介效应分析：方法和模型发展 [J].心理科学进展，2014，22（5）：731-745.

温忠麟，张雷，侯杰泰，等.中介效应检验程序及其应用 [J].心理学报，2004（5）：614-620.

文书洋，张琳，刘锡良.我们为什么需要绿色金融？——从全球经验事实到基于经济增长框架的理论解释 [J].金融研究，2021（12）：20-37.

翁智雄，程翠云，葛察忠，等.绿色金融战略实践进展研究 [J].环境保护，2018，46（15）：49-53.

吴姗姗.银行信贷如何影响碳排放？——基于增长模型及中国经验的研究 [J].中南财经政法大学学报，2018（6）：22-32+43.

吴桐桐，王仁曾．数字金融、银行竞争与银行风险承担——基于 149 家中小商业银行的研究［J］.财经论丛，2021（3）：38-48.

武力超．金融危机前后金融体系结构变化和制度因素分析［J］.国际金融研究，2013（2）：85-96.

夏友富．外商投资中国污染密集产业现状、后果及其对策研究［J］.管理世界，1999（3）：109-123.

向书坚，郑瑞坤．中国经济绿色转型指数研究［J］.统计研究，2013，30（3）：72-77.

肖功为，刘洪涛，郭建华．制度创新、金融发展与实体经济增长——基于空间杜宾模型的实证研究［J］.经济问题探索，2018（8）：85-94.

解维敏，方红星．金融发展、融资约束与企业研发投入［J］.金融研究，2011（5）：171-183.

辛宝贵，高菲菲．生态文明试点有助于生态全要素生产率提升吗？［J］.中国人口·资源与环境，2021，31（5）：152-162.

熊灵，齐绍洲．金融发展与中国省区碳排放——基于 STIRPAT 模型和动态面板数据分析［J］.中国地质大学学报（社会科学版），2016，16（2）：63-73.

熊鹏，王飞．中国金融发展对经济增长内在传导渠道研究——基于内生增长理论的实证比较［J］.财经研究，2007（12）：68-76.

熊学萍，谭霖．中国区域金融发展水平测度与比较分析——基于省际面板数据（2004—2013）［J］.经济与管理，2016，30（5）：72-78.

徐常萍，吴敏洁．环境规制强度变化对制造业"清洁化"的影响分析——基于中国 30 个省域面板数据的验证［J］.工业技术经济，2016，35（3）：127-134.

徐佳，崔静波．低碳城市和企业绿色技术创新［J］.中国工业经济，2020（12）：178-196.

徐晶晶．沿海地区绿色全要素生产率测度、收敛及影响因素研究［D］.

浙江理工大学，2015.

徐胜，赵欣欣，姚双．绿色信贷对产业结构升级的影响效应分析［J］．上海财经大学学报，2018，20（2）：59-72.

徐淑红．生态文明与绿色经济协调发展研究——基于熵权实证法分析［J］.技术经济与管理研究，2021（8）：99-103.

徐现祥，李书娟，王贤彬，等．中国经济增长目标的选择：以高质量发展终结"崩溃论"［J］.世界经济，2018，41（10）：3-25.

徐现祥，梁剑雄．经济增长目标的策略性调整［J］.经济研究，2014，49（1）：27-40.

徐晓光，樊华，苏应生，等．中国绿色经济发展水平测度及其影响因素研究［J］.数量经济技术经济研究，2021，38（7）：65-82.

徐晔，宋晓薇．金融集聚、空间外溢与全要素生产率——基于GWR模型和门槛模型的实证研究［J］.当代财经，2016（10）：45-59.

许玲玲．制度环境、股权结构与企业技术创新［J］.软科学，2015，29（12）：22-26.

许宁，施本植，唐夕汐，等．基于空间杜宾模型的金融集聚与绿色经济效率研究［J］.资源开发与市场，2018，34（10）：1340-1347.

许宪春．中国国民经济核算体系的建立、改革和发展［J］.中国社会科学，2009（6）：41-59+205.

严成樑，李涛，兰伟．金融发展、创新与二氧化碳排放［J］.金融研究，2016（1）：14-30.

阳立高，谢锐，贺正楚，等．劳动力成本上升对制造业结构升级的影响研究——基于中国制造业细分行业数据的实证分析［J］.中国软科学，2014（12）：136-147.

杨继梅，孙继巧．金融发展、资本配置效率与实体经济——基于不同维度金融发展视角［J］.投资研究，2021，40（2）：36-53.

杨柳勇，张泽野．绿色信贷政策对企业绿色创新的影响［J］.科学学研究，2022，40（2）：345-356.

杨上广，郭丰. 知识产权保护与城市绿色技术创新——基于知识产权示范城市的准自然实验 [J]. 武汉大学学报（哲学社会科学版），2022，75（4）：100-113.

杨顺顺. 长江经济带绿色发展指数测度及比较研究 [J]. 求索，2018（5）：88-95.

杨万平，李冬. 中国生态全要素生产率的区域差异与空间收敛 [J]. 数量经济技术经济研究，2020，37（9）：80-99.

杨志群. 金融集聚、金融发展对企业技术创新的影响研究 [D]. 南开大学，2013.

姚星垣. 我国金融中心建设支持经济转型的机制研究——基于 CDI 中国金融中心指数的 SEM 实证分析 [J]. 浙江金融，2013（4）：19-22+10.

姚雪松，凌江怀. 金融发展对技术进步的影响——基于中国省际面板数据的实证研究 [J]. 金融理论与实践，2017（5）：88-93.

姚雪松，徐晓光. 绿色金融赋能企业绿色技术创新的影响与机制研究——基于"市场-政府"双螺旋支持下的效力检验 [J]. 云南民族大学学报（哲学社会科学版），2023，40（2）：119-129.

姚洋，张牧扬. 官员绩效与晋升锦标赛——来自城市数据的证据 [J]. 经济研究，2013，48（1）：137-150.

姚耀军，董钢锋. 金融发展、金融结构与技术进步——来自中国省级面板数据的经验证据 [J]. 当代财经，2013（11）：56-65.

姚耀军. 金融发展对出口贸易规模与结构的影响 [J]. 财经科学，2010（4）：25-31.

姚战琪. 金融服务业产业关联度的比较研究 [J]. 产业经济研究，2005（5）：35-42.

叶初升，叶琴. 金融结构与碳排放无关吗——基于金融供给侧结构性改革的视角 [J]. 经济理论与经济管理，2019（10）：31-44.

叶康涛，祝继高，陆正飞，等. 独立董事的独立性：基于董事会投票的证据 [J]. 经济研究，2011，46（1）：126-139.

叶勇，李明，张瑛．媒体关注对代理成本的影响［J］.软科学，2013，27（2）：45-49.

殷剑峰．结构金融：一种新的金融范式［J］.国际金融，2006（10）：56-61.

殷克东，孙文娟．区域金融发展水平动态综合评价研究［J］.商业研究，2010（12）：127-133.

尹海员，陈佰翻．金融监管者籍贯来源、金融发展与地方主政官员晋升——基于我国省级面板数据的研究［J］.中央财经大学学报，2020（1）：45-57.

尹林辉，付剑茹，刘广瑞．地区金融发展、政府干预和产业结构调整——基于中国省级面板数据的经验证据［J］.云南财经大学学报，2015，31（1）：42-54.

尹宗成，李向军．金融发展与区域经济增长——基于企业家精神的视角［J］.中央财经大学学报，2012（11）：38-44.

游士兵，杨芳．金融服务实体经济的效率测度及影响因素——基于绿色发展视角［J］.金融论坛，2019，24（4）：29-44.

于波，范从来．绿色金融、技术创新与经济高质量发展［J］.南京社会科学，2022（9）：31-43.

于连超，张卫国，毕茜．环境税会倒逼企业绿色创新吗？［J］.审计与经济研究，2019，34（2）：79-90.

余典范，干春晖，郑若谷．中国产业结构的关联特征分析——基于投入产出结构分解技术的实证研究［J］.中国工业经济，2011（11）：5-15.

余东华，燕玉婷．环境规制、技术创新与制造业绿色全要素生产率［J］.城市与环境研究，2022（2）：58-79.

余官胜，袁东阳．金融发展是我国企业对外直接投资的助推器还是绊脚石——基于量和质维度的实证研究［J］.国际贸易问题，2014（8）：125-134.

余泳泽，潘妍．中国经济高速增长与服务业结构升级滞后并存之谜——

基于地方经济增长目标约束视角的解释 [J].经济研究，2019，54（3）：150-165.

余泳泽，杨晓章.官员任期、官员特征与经济增长目标制定——来自230个地级市的经验证据 [J].经济学动态，2017（2）：51-65.

俞毛毛，马妍妍.绿色金融政策与地区出口质量提升——基于绿色金融试验区的合成控制分析 [J].中国地质大学学报（社会科学版），2022，22（2）：123-141.

袁华锡，刘耀彬，封亦代.金融集聚如何影响绿色发展效率？——基于时空双固定的 SPDM 与 PTR 模型的实证分析 [J].中国管理科学，2019，27（11）：61-75.

臧霄鹏，林秀梅.生产性服务业与其他产业的关联关系研究——基于投入产出模型的动态分析 [J].经济问题，2011（6）：23-26.

詹新宇，刘文彬.中国式财政分权与地方经济增长目标管理——来自省、市政府工作报告的经验证据 [J].管理世界，2020，36（3）：23-39+77.

詹新宇，苗真子.地方财政压力的经济发展质量效应——来自中国282个地级市面板数据的经验证据 [J].财政研究，2019（6）：57-71.

张成思，李雪君.基于全球视角的中国金融发展指数研究 [J].金融研究，2012（6）：54-67.

张德涛，张景静.地方政府的行为选择与企业绿色技术创新 [J].中国人口·资源与环境，2022，32（3）：86-94.

张帆.金融发展对中国绿色全要素生产率影响机制与国际研发空间溢出效应研究 [D].北京理工大学，2017.

张浩然.空间溢出视角下的金融集聚与城市经济绩效 [J].财贸经济，2014（9）：51-61.

张虹，胡金.生态文明建设促进绿色技术创新了吗——来自合成控制法的实证评估 [J].科技进步与对策，2023，40（8）：151-160.

张鸿铭.对绿色经济的认识 [J].环境污染与防治，1999（2）：1-3.

张季风，田正．日本"泡沫经济"崩溃后僵尸企业处理探究——以产业再生机构为中心［J］.东北亚论坛，2017，26（3）：108-118+128.

张杰，李海楠，郑丽君．商业银行对PPP项目的信贷支持与风险防范——以山西省吕梁市为例［J］.河北金融，2017（12）：60-63.

张杰．经济的区域差异与金融成长［J］.金融与经济，1994（6）：16-19+1.

张军，吴桂英，张吉鹏．中国省际物质资本存量估算：1952—2000［J］.经济研究，2004（10）：35-44.

张竣喃，逯进，周惠民．技术创新、产业结构与金融发展的耦合效应研究——基于中国省域数据的实证分析［J］.管理评论，2020，32（11）：112-127.

张丽华，任佳丽，王睿．金融发展、区域创新与碳排放——基于省际动态面板数据分析［J］.华东经济管理，2017，31（9）：84-90.

张林．中国双向FDI、金融发展与产业结构优化［J］.世界经济研究，2016（10）：111-124+137.

张龙．战略性贸易政策在清洁产业出口扩张中的应用研究［D］.云南财经大学，2015.

张敏，张胜，王成方，等．政治关联与信贷资源配置效率——来自我国民营上市公司的经验证据［J］.管理世界，2010（11）：143-153.

张强，贺立．我国节能环保产业上市公司融资效率研究［J］.求索，2013（4）：30-32.

张庆君，黄玲．绿色金融改革创新试验区设立能促进企业技术创新吗？［J］.经济体制改革，2023（1）：182-190.

张薇．我国绿色经济评价指标体系的构建与实证［J］.统计与决策，2021，37（16）：126-129.

张卫东，石大千．金融发展、要素积累与产业结构［J］.金融与经济，2015（3）：9-13.

张小可，葛晶．绿色金融政策的双重资源配置优化效应研究［J］.产业经济研究，2021（6）：15-28.

张雪芳，戴伟．金融发展对经济增长影响的门槛效应研究——基于金融
　　发展规模、效率和结构三维视角的实证检验［J］．当代经济管理，
　　2020，42（4）：89-97.

张元萍，刘泽东．金融发展与技术创新的良性互动：理论与实证［J］.
　　中南财经政法大学学报，2012（2）：67-73.

张志元，李东霖，张梁．经济发展中最优金融规模研究［J］．山东大学
　　学报（哲学社会科学版），2016（1）：88-97.

张治栋，陈竞．环境规制、产业集聚与绿色经济发展［J］．统计与决策，
　　2020，36（15）：114-118.

张钟元，李腾，马强．金融集聚对城市绿色经济效率的门槛效应分析——
　　基于我国九个国家中心城市统计数据［J］．技术经济与管理研究，2020
　　（3）：98-102.

赵斌．关于绿色经济理论与实践的思考［J］．社会科学研究，2006
　　（2）：44-47.

赵昌文，陈春发，唐英凯．科技金融［M］．科学出版社，2009.

赵军，刘春艳，李琛．金融发展对碳排放的影响："促进效应"还是
　　"抑制效应"？——基于技术进步异质性的中介效应模型［J］．新疆
　　大学学报（哲学·人文社会科学版），2020，48（4）：1-10.

赵细康．环境政策对技术创新的影响［J］．中国地质大学学报（社会科
　　学版），2004（1）：24-28.

赵亚雄，王修华，刘锦华．绿色金融改革创新试验区效果评估——基于
　　绿色经济效率视角［J］．经济评论，2023（2）：122-138.

赵振全，薛丰慧．金融发展对经济增长影响的实证分析［J］．金融研究，
　　2004（8）：94-99.

郑红玲，刘肇民，刘柳．产业关联乘数效应、反馈效应和溢出效应研究
　　［J］．价格理论与实践，2018（4）：122-125.

郑耀群，葛星．金融集聚对区域生态效率溢出效应的空间计量分析

［J］.生态经济，2020，36（5）：141-146.

中国投入产出学会课题组.最终需求对国民经济及其各部门的诱发分析——2002年投入产出表系列分析报告之四［J］.统计研究，2007（2）：9-15.

钟腾，汪昌云.金融发展与企业创新产出——基于不同融资模式对比视角［J］.金融研究，2017（12）：127-142.

仲深，王春宇.地区金融发展水平综合评价及比较分析［J］.技术经济，2011，30（11）：93-98+109.

周琛影，田发，周腾.绿色金融对经济高质量发展的影响效应研究［J］.重庆大学学报（社会科学版），2022，28（6）：1-13.

周方召，于林利，于露.地缘政治风险、经济政策不确定性与股价暴跌风险［J］.武汉金融，2020（5）：45-55.

周国富，柴宏蕊，方云龙.金融发展、技术进步与产业结构升级［J］.云南财经大学学报，2020，36（10）：76-87.

周炯，韩占兵.金融生态理论的演进与展望：国内外研究综述［J］.宁夏大学学报（人文社会科学版），2010，32（3）：139-143.

周黎安，刘冲，厉行，等."层层加码"与官员激励［J］.世界经济文汇，2015（1）：1-15.

周黎安.行政发包制与中国特色的国家能力［J］.开放时代，2022（4）：28-50+5-6.

周黎安.中国地方官员的晋升锦标赛模式研究［J］.经济研究，2007（7）：36-50.

周倪波.绿色信贷促进经济增长方式转型［J］.环境保护，2010（12）：40-41.

周五七.长三角城市制造业竞争力动态评价研究［J］.经济问题探索，2018（4）：66-72.

周小川.区域金融生态环境建设与地方融资的关系［J］.中国金融，2009（16）：8-9.

周新辉，李富有 . 金融创新、金融结构演进与影子银行的发展 ［J］. 甘肃社会科学，2016 (4)：219-223.

周莹莹 . 金融发展对碳排放的影响——以 23 个国家与地区为例 ［J］. 求索，2018 (5)：79-87.

周永涛，钱水土 . 金融发展、技术创新与对外贸易产业升级——基于空间计量的实证研究 ［J］. 国际经贸探索，2012，28 (4)：90-102.

周志刚，刘惠好 . 金融创新与技术进步协同演进及金融中介效率 ［J］. 金融经济学研究，2014，29 (2)：16-24.

朱东波，任力，刘玉 . 中国金融包容性发展、经济增长与碳排放 ［J］. 中国人口·资源与环境，2018，28 (2)：66-76.

朱东波，任力 . "金融化"的马克思主义经济学研究 ［J］. 经济学家，2017 (12)：17-26.

朱广印，王思敏 . 金融集聚对绿色经济效率的非线性影响研究 ［J］. 金融发展研究，2021 (11)：56.

朱欢 . 中国金融发展对企业技术创新的效应研究 ［D］. 中国矿业大学，2012.

朱金鹤，王雅莉 . 中国省域绿色全要素生产率的测算及影响因素分析——基于动态 GMM 方法的实证检验 ［J］. 新疆大学学报（哲学·人文社会科学版），2019，47 (2)：1-15.

朱平芳，张征宇，姜国麟 . FDI 与环境规制：基于地方分权视角的实证研究 ［J］. 经济研究，2011，46 (6)：133-145.

朱仁友，邢相江 . 地方政府债务、金融效率与企业融资约束 ［J］. 统计与决策，2021，37 (12)：150-153.

朱向东，周心怡，朱晟君，等 . 中国城市绿色金融及其影响因素——以绿色债券为例 ［J］. 自然资源学报，2021，36 (12)：3247-3260.

Abadie A，Diamond A，Hainmueller J. Synthetic control methods for comparative case studies：Estimating the effect of California's tobacco control program ［J］. Publications of the American Statistical Association，

2010, 105 (490): 493-505.

Abadie A, Gardeazabal J. Economic costs of conflict: A case study of the Basque country [J]. American Economic Review, 2003, 93 (1): 113-132.

Abu-Bader S, Abu-Qarn A. Financial development and economic growth: The Egyptian experience [J]. Journal of Policy Modeling, 2008, 30 (5): 887-898.

Aghion P. Handbook of Economic Growth [M]. Elsevier, 2005.

Ahmad M, Jiang P, Majeed A, et al. Does financial development and foreign direct investment improve environmental quality? Evidence from belt and road countries [J]. Environmental Science and Pollution Research, 2020, 27: 23586-23601.

Allen F, Bartiloro L, Kowalewski O. Does economic structure determine financial structure? [R]. The Wharton School, University of Pennsylvania Working Paper, 2006.

Allen F, Gale D. Optimal currency crises [C] //Carnegie-Rochester Conference Series on Public Policy. Elsevier, 2000: 177-230.

Allen F, McAndrews J, Strahan P. E-Finance: An introduction [J]. Journal of Financial Services Research, 2002, 22 (1-2): 5-27.

Allen H F, Gale D. Innovation in financial services, relationships and risk sharing [J]. Center for Financial Institutions Working Papers, 1999, 45 (9): 1239-1253.

Allen L, Gottesman A A. The informational efficiency of the equity market as compared to the syndicated bank loan market [J]. Journal of Financial Services Research, 2006, 30: 5-42.

Alwin D F, Hauser R M. The decomposition of effects in path analysis [J]. American Sociological Review, 1975: 37-47.

Al-Yousif Y K. Financial development and economic growth: Another look at the evidence from developing countries ［J］. Review of Financial Economics, 2002（11）: 131–150.

Anadon L D, Holdren J P. Policy for Energy Technology Innovation ［A］. Ed. Kelly Sims Gallagher. Acting in Time on Energy Policy ［M］. Brookings Institution Press, 2009: 89–127.

Ang B W. Monitoring changes in economy-wide energy efficiency: From energy-GDP ratio to composite efficiency index ［J］. Energy Policy, 2006, 34（5）: 574–582.

Ang J B. What are the mechanisms linking financial development and economic growth in Malaysia ［J］. Economic Modelling, 2008（25）: 38–53.

Aoki M, Okuno-Fujiwara M, Kim H K. The Role of Government in East Asian Economic Development Comparative Institutional Analysis ［M］. Oxford University Press, USA, 1998.

Arzac E, Schwartz R, Whitcomb D. A theory and test of credit rationing: Some further results ［J］. The American Economic Review, 1981, 71 （4）: 735–737.

Asker J, Farre-Mensa J, Ljungqvist A. Comparing the investment behavior of public and private firms ［J］. NBER Working Papers, 2011.

Bangaké C, Eggoh J. International capital mobility in African countries: Do the legal origins matter? ［J］. Economics Bulletin, 2010, 30（1）: 73–83.

Bartik T J. The effects of environmental regulation on business location in the United States ［J］. Growth and Change, 1988, 19（3）: 22–44.

Bats J V, Houben A C F J. Bank-based versus market-based financing: Implications for systemic risk ［J］. Journal of Banking & Finance, 2020, 114: 105776.

Beck T, Demirgüç-Kunt A, Levine R. A new database on the structure and development of financial sector ［J］. The World Bank Economy Review, 2000a, 14（3）: 597–605.

Beck T, Demirgüç-Kunt A, Merrouche O. Islamic vs. conventional banking: Business model, efficiency and stability [J]. Journal of Banking & Finance, 2013, 37 (2): 433-447.

Beck T, Demirgüç-Kunt A, Peria M S M. Reaching out: Access to and use of banking services across countries [J]. Journal of Financial Economics, 2007, 85 (1): 234-266.

Beck T, Levine R, Loayza N. Finance and the sources of growth [J]. Journal of Financial Economics, 2000b, 58 (1-2): 261-300.

Becker R, Henderson V. Effects of air quality regulations on polluting industries [J]. Journal of Political Economy, 2000, 108 (2) : 379-421.

Berger S C, Gleisner F. Emergence of financial intermediaries in electronic markets: The case of online P2P lending [J]. Business Research, 2009, 2 (1): 39-65.

Berrone P, Fosfuri A, Gelabert L, et al. Necessity as the mother of 'green' inventions: Institutional pressures and environmental innovations [J]. Strategic Management Journal, 2013, 34 (8): 891-909.

Blackburn K, Hung V T Y. A theory of growth, financial development and trade [J]. Economica, 1998, 65 (257): 107-124.

Boutabba M A. The impact of financial development, income, energy and trade on carbon emissions: Evidence from the Indian economy [J]. Economic Modelling, 2014, (40): 33-41.

Cameron L. Survey of recent developments [J]. Bulletin of Indonesian Economic Studies, 1999, 35 (1): 3-41.

Cecchetti S G, Kharroubi E. Reassessing the impact of finance on growth [J]. Microeconomics: Production, 2012.

Cetorelli N, Gambera M. Banking market structure, financial dependence and growth: International evidence from industry data [J]. Journal of Finance, 2001, 56 (2): 617-648.

Chai J, Hao Y, Wu H, et al. Do constraints created by economic growth targets benefit sustainable development? Evidence from China [J]. Business Strategy and the Environment, 2021 (30): 4188-4205.

Chakravarty S R, Pal R. Measuring financial inclusion: An axiomatic approach [R]. Microeconomics Working Papers, 2010.

Chen Y, Yao Z, Zhong K. Do environmental regulations of carbon emissions and air pollution foster green technology innovation: Evidence from China's prefecture-level cities [J]. Journal of Cleaner Production, 2022 (350).

Chowdhurg R H, Maung M. Financial market development and the effectiveness of R&D investment: Evidence from developed and emerging countries [J]. Research in International Business and Finance, 2012, 26 (2): 258-272.

Christopoulas D K, Tsionas E G. Financial development and economic growth: Evidence from panel unit root and cointegration tests [J]. Journal of Development Economics, 2004, 73 (1): 55-74.

Coase R H. The Problem of Social Cost' (1960) [J]. Journal of Law and Economics, 1960, 3: 1.

Cole M A, Elliott R J. Do environmental regulations cost jobs? An industry-level analysis of the UK [J]. The B. E. Journal of Economic Analysis & Policy, 2007, 7 (1): 1-27.

Cole M, Lindeque P, Halsband C, et al. Microplastics as contaminants in the marine environment: A review [J]. Marine Pollution Bulletin, 2011, 62 (12): 2588-2597.

Cowan E. Topical issues in environmental finance [J]. Asia Branch of the Canadian International Development A-Gency, 1999: 1-20.

Čihák M, Demirgüç-Kunt A, Feyen E, et al. Financial development in 205 economies, 1960 to 2010 [J]. Journal of Financial Perspectives,

2013, 1 (2): 17-36.

Čihák M, Hesse H. Islamic banks and financial stability: An empirical analysis [J]. Journal of Financial Services Research, 2010, 38: 95-113.

Dasgupta S, Laplante B, Mamingi N. Pollution and capital markets in developing countries [J]. Journal of Environmental Economics and Management, 2001, 42 (3): 310-335.

De Gregorio J, Guidotti P E. Financial development and economic growth [J]. World Development, 1995, 23 (3): 433-448.

Deltuvaitė V. The concentration-stability relationship in the banking system: An empirical research [J]. Economics & Management, 2010.

Demirgüç-Kunt A, Klapper L F. Measuring financial inclusion: The global findex database [J]. World Bank Policy Research Working Paper, 2012.

Demirgüç-Kunt A, Levine R. Financial structure and economic growth: Perspectives and lessons [A] //Financial Structure and Economic Growth: A Cross-Country Comparison of Banks, Markets, and Development [M]. The MIT Press, 2001.

Demirgüç-Kunt A, Maksimovic V. Institutions, financial markets, and firm debt maturity [J]. Journal of Financial Economics, 1999, 54 (3): 295-336.

Desbordes R, Wei S J. The effects of financial development on foreign direct investment [J]. Journal of Development Economics, 2017 (127): 153-168.

Di Pietro F, Palacín-Sánchez M J, Roldán J L. Regional development and capital structure of SMEs [J]. Cuadernos de Gestión, 2018, 18 (1): 37-60.

Dyck A, Volchkova N, Zingales L. The corporate governance role of the media: Evidence from Russia [J]. The Journal of Finance, 2008, 63 (3): 1093-1135.

Eremia A, Stancu I. Banking activity for sustainable development [J]. Theoretical and Applied Economics, 2006 (6): 23-32.

European Commission. Environmental Expenditure Statistics: Industry Data Collection Handbook [M]. 2005.

Fang Z, Wolski M. Human capital, energy and economic growth in China: Evidence from multivariate nonlinear Granger causality tests [J]. Empirical Economics, 2021, 60 (2-3): 607-632.

Fink G, Haiss P R, Mantler H C. The finance-growth nexus: Market economies vs. transition countries [J]. Transition Countries (February 2005), 2005.

Freel M S. The financing of small firm product innovation within the UK [J]. Technovation, 1999, 19 (12): 707-719.

Fry M J. The permanent income hypothesis in underdeveloped economies: Additional evidence [J]. Journal of Development Economics, 1978, 5 (4): 399-402.

Galbis V. Financial intermediation and economic growth in less-developed countries: A theoretical approach [J]. The Journal of Development Studies, 1977, 13 (2): 58-72.

Gambacorta L, Marques-Ibanez D. The bank lending channel: Lessons from the crisis [J]. Economic Policy, 2011, 26 (66): 135-182.

Garcia-Cerrutti L M. Estimating elasticities of residential energy demand from panel county data using dynamic random variables models with heteroskedastic and correlated error terms [J]. Resource and Energy Economics, 2000, 22 (4): 355-366.

Gardeazabal A J. The economic costs of conflict: A case study of the basque country [J]. American Economic Review, 2003, 93 (1): 113-132.

Gillan S, Starks L T. Corporate governance, corporate ownership, and the role of institutional investors: A global perspective [J]. Weinberg Center for Corporate Governance Working Paper, 2003 (2003-01).

Goldsmith R W. Financial Structure and Development [M]. Yale University Press, 1969.

Greenwood J, Jovanovic B. Financial development, growth, and the distribution of income [J]. Social Science Electronic Publishing, 1990.

Greenwood J, Sanchez J M, Wang C. Quantifying the impact of financial development on economic development [J]. Review of Economic Dynamics, 2012, 16 (1): 194-215.

Görg H, Strobl E. The effect of R&D subsidies on private R&D [J]. Economica, 2007, 74 (294): 215-234.

Hansen B. Testing for linearity [J]. Journal of Economic Surveys, 1999, 13 (5): 551-576.

Hellmann T, Murdock K, Stiglitz J. Financial restraint: Towards a new paradigm [R]. The Role of Government in East Asian Economic, 1997: 163-207.

Hellwig M. Banking, Financial Intermediation and Corporate Finance [M] // European Financial Integration. Cambridge University Press, 1991: 35-63.

Herrera A M, Minetti R. Informed finance and technological change: Evidence from credit relationships [J]. Journal of Financial Economics, 2007, 83 (1): 223-269.

Hu G, Wang X, Wang Y. Can the green credit policy stimulate green innovation in heavily polluting enterprises? Evidence from a quasi-natural experiment in China [J]. Energy Economics, 2021, 98: 105134.

Hulett D T, Goldsmith R W, Dougall H E. Financial institutions [J]. The Journal of Finance, 1969, 24 (1): 147.

Ilyina A, Samaniego R. Technology and financial development [J]. Black-Well Publishing Inc, 2011, 43 (5): 899-921.

Jacobs M. The Green Economy: Environment, Sustainable Development and the Politics of the Future [M]. UBC Press, 1991.

Jeremy G, Juan M S, Wang C. Quantifying the impact of financial development on economic development [J]. Review of Economic Dynamics, 2013, 37 (1): 75-88.

Ji G, Kim D S, Ahn K. Financial structure and systemic risk of banks: Evidence from Chinese reform [J]. Sustainability, 2019, 11.

Kahouli B. The short and long run causality relationship among economic growth, energy consumption and financial development: Evidence from South Mediterranean Countries (SMCs) [J]. Energy Economics, 2017, 68: 19-30.

Kapur B K. Alternative stabilization policies for less-developed economics [J]. Journal of Political Economy, 1976, 84 (4): 777-795.

Kerr S P, Kerr W, Çağlar Özden, et al. Global talent flows [J]. Journal of Economic Perspectives, 2016, 30 (4): 83-106.

Khadraoui M, Gharbi J E. Second-order constructs in structural equations: Perceived value and trust [J]. Online Marketing, 2012, 2 (4): 15-41.

Kindleberger C P. The formation of financial centers: A study in comparative economic history [R]. Working Papers, 1973.

King R G, Levine R. Finance and growth: Schumpeter might be right [J]. The Quarterly Journal of Economics, 1993a, 108 (3): 717-737.

King R G, Levine R. Finance entrepreneurship and growth: Theory and evidence [J]. Journal of Monetary Economics, 1993b, 32 (3): 513-542.

Lardy N R. China's Unfinished Economic Revolution [M]. Brookings Institution Press, 1998.

Lei Z, Mol A P J, Shuai Y. Environmental information disclosure in China: In the era of informatization and big data [J]. Frontiers of Law in China, 2017, 12 (1): 57-75.

Levine J. Zoned Out: Regulation, Markets and Choices in Transportation and Metropolitan Land Use [M]. Mobility, 2005.

Levine R, Zervos S. Stock markets, banks and economic growth [J]. The American Economic Review, 1998, 88 (3): 537-558.

Levine R. Bank-based or market-based financial systems: Which is better? [J]. Journal of Financial Intermediation, 2002, 11 (4): 398-428.

Levine R. Financial development and economic growth: Views and agenda [J]. Journal of Economic Literature, 1997, 35 (2): 688-726.

Liu D, Xu C, Yu Y, et al. Economic growth target, distortion of public expenditure and business cycle in China [J]. China Economic Review, 2020, 63 (10): 1-20.

Liu J Y, Xia Y, Fan Y, et al. Assessment of a green credit policy aimed at energy-intensive industries in China based on a financial CGE model [J]. Journal of Cleaner Production, 2017 (163): 293-302.

Liu W C, Hsu C M. The role of financial development in economic growth: The experiences of Taiwan, Korea, and Japan [J]. Journal of Asian Economics, 2006, 17 (4): 667-690.

Liu X, Zeng M. Renewable energy investment risk evaluation model based on system dynamics [J]. Renewable and Sustainable Energy Reviews, 2017, 73: 782-788.

Low P, Yeat A. Do "dirty" industries migrate? In: Patric law. International Trade and the Environment [C]. World Bank Discussion Paper, No. 159, 1992.

Lucas R E B, Wheeler D, Hettige H. Economic development, environmental regulation, and the international migration of toxic industrial pollution: 1960-88 [J]. Policy Research Working Paper Series, 1992, 2007 (4): 13-18.

Lyu C, Wang K, Zhang F, et al. GDP management to meet or beat growth tar-
gets [J]. Journal of Accounting & Economics, 2018, 66 (1): 318-338.

Mani M, Wheeler D. In search of pollution havens: Dirty industry migration
in the world economy [J]. Journal of Environment & Development,
1998, 7 (3): 215-247.

Martin R. Regional economic resilience, hysteresis and recessionary shocks
[J]. Journal of Economic Geography, 2012 (12): 1-32.

Masten A B, Coricelli F, Masten I. Non-linear growth effects of financial de-
velopment: Does financial integration matter? [J]. Journal of Interna-
tional Money and Finance, 2008, 27 (2): 295-313.

Mathieson D J. Financial reform and stabilization policy in a developing econo-
my [J]. Journal of Development Economics, 1980, 7 (3): 359-395.

McKinnon R I. Money and Capital in Economic Development [M]. Washing-
ton, D. C.: The Brookings Institution, 1973.

Merton R C, Bodie Z. Financial innovation and the management and regula-
tion of financial institutions [J]. Journal of Banking and Finance, 1995
(94): 461-481.

Miller R E, Blair P D. Input-Output Analysis: Foundations and Extensions
[M]. Cambridge University Press, 1985.

Montmartin B, Herrera M. Internal and external effects of R&D subsidies and
fiscal incentives: Empirical evidence using spatial dynamic panel models
[J]. Research Policy, 2015, 44 (5): 1065-1079.

Moretti E. The Effect of high-tech clusters on the productivity of top inventors
[J]. American Economic Review, 2021, 111 (10): 3328-3375.

Muhammad S, Pan Y, Magazzino C, et al. The fourth industrial revolution
and environmental efficiency: The role of fintech industry [J]. Journal
of Cleaner Production, 2022, 381 (1): 135196.

Muller G. Index of geo-accumulation in sediments of the Rhine river [J].

Geo Journal, 1969, 2 (3): 108-118.

Nandy M, Lodh S. Do banks value the eco-friendliness of firms in their corporate lending decision? Some empirical evidence [J]. International Review of Financial Analysis, 2012 (25): 83-93.

OECD. OECD Factbook 2011-2012: Economic, Environmental and Social Statistics [R]. OECD Publishing, Paris, December 2011. https://doi. org/10. 1787/factbook-2011-en.

Patrick H T. Financial development and economic growth in underdeveloped countries: Reply [J]. Economic Development and Cultural Change, 1972a, 20 (2): 326-329.

Patrick H T. Functional estimates of Japanese government domestic expenditures, fiscal 1952 - 1963 [J]. Review of Income and Wealth, 1967, 13 (3): 231-245.

Patrick H T. The Economic Muddle of the 1920's [M]. Yale Univ. , 1972b.

Pietrovito F. Does financial development help to align growth opportunities with growth? Evidence from industry-level data [J]. Review of World Economics, 2014 (150): 421-442.

Porter M E, Linde C V D. Toward a new conception of the environment-competitiveness relationship [J]. Journal of Economic Perspectives, 1995, 9 (4): 97-118.

Rajan R G, Zingales L. The great reversals: The politics of financial development in the 20th century [J]. Journal of Financial Economics, 2003, 69 (1): 5-50.

Sadorsky P. The impact of financial development on energy consumption in emerging economies [J]. Energy Policy, 2010, 38 (5): 2528-2535.

Salazar J. Environmental finance: Linking two world [J]. Open Journal of Social Sciences, 2020, 8 (8): 2-18.

Sasidharan S, Lukose P J, Komera S. Financing constraints and investments in R&D: Evidence from Indian manufacturing firms [J]. The Quarterly Review of Economics and Finance, 2015 (55): 28-39.

Schumpeter J A. The Theory of Economic Progress [M]. Cambridge, MA: Harvard University Press, 1912.

Schumpeter J A. The theory of economics development [J]. Journal of Political Economy, 1934, 1 (2): 170-172.

Shahbaz M, Hye Q M A, Tiwari A K, et al. Economic growth, energy consumption, financial development, international trade and CO_2 emissions in Indonesia [J]. Renewable and Sustainable Energy Reviews, 2013, 25: 109-121.

Shahbaz M. Does financial instability increase environmental degradation? Fresh evidence from Pakistan [J]. Economic Modelling, 2013 (33): 537-544.

Shaw E S. Financial Deepening in Economic Development [M]. New York: Oxford University Press, 1973.

Stein J C. Efficient capital markets, inefficient firms: A model of myopic corporate behavior [J]. The Quarterly Journal of Economics, 1989, 104: 655-669.

Stigler G J. Solutions to Problems in the Theory of Price [M]. Macmillan, 1966.

Stulz R M. Financial structure, corporate finance and economic growth [J]. International Review of Finance, 2000, 1 (1): 11-38.

Tamazian A, Chousa J P, Vadlamannati K C. Does higher economic and financial development lead to environmental degradation: Evidence from BRIC countries [J]. Energy Policy, 2009, 37 (1): 246-253.

Tamazian A, Rao B B. Do economic, financial and institutional developments matter for environmental degradation? Evidence from transitional economies [J]. Energy Economics, 2009, 32 (1): 137-145.

Theurillat T, Corpataux J, Crevoisier O. Property sector financialization: The case of Swiss pension funds (1992-2005) [J]. European Planning Studies, 2010, 18 (2): 189-212.

Thiel R. Spatial gradients of food consumption and production of juvenile fish in the lower River Elbe [J]. Arch Hydrobiol Suppl, 2001, 135 (2-4): 441-462.

Thorsten M, Sugita Y. Joseph Dodge and the geometry of power in US-Japan relations [J]. Japanese Studies, 1999, 19 (3): 297-314.

Tobey J. The effects of domestic environmental policies on patterns of world trade: An empirical test [J]. Kyklos, 1990, 43 (2): 191-209.

Tuggle C S, Sirmon D G, Reutzel C R, et al. Commanding board of director attention: Investigating how organizational performance and CEO duality affect board members' attention to monitoring [J]. Strategic Management Journal, 2010, 31 (9): 946-968.

United Nations Environment Programme (UNEP). UNEP 2008 Annual Report [R]. January 2009, https://wedocs. unep. org/20. 500. 11822/7742.

United Nations Environment Programme (UNEP). UNEP 2011 Annual Report [R]. February 2012. https://wedocs. unep. org/20. 500. 11822/8053.

United States Environmental Protection Agency. The U. S. Environmental Protection Industry: The Technical Document [M]. Washington, D. C., 1995.

Wan C L, Chen M H. The role of financial development in economic growth: The experiences of Taiwan, Korea, and Japan [J]. Journal of Asian Economics, 2006 (17): 667-690.

Wang C, Nie P Y, Peng D H, et al. Green insurance subsidy for promoting clean production innovation [J]. Journal of Cleaner Production, 2017 (148): 111-117.

Wang X, Wang Q. Research on the impact of green finance on the upgrading of China's regional industrial structure from the perspective of sustainable development [J]. Resources Policy, 2021, 74: 102436.

Wang Y, Shen N. Environmental regulation and environmental productivity: The case of China [J]. Renewable and Sustainable Energy Reviews, 2016, 62: 758-766.

Weinstein D E, Yafeh Y. On the costs of a bank-centered financial system: Evidence from the changing main bank relations in Japan [J]. Journal of Finance, 1998, 53 (2): 635-672.

Williamson J, Mahar M. A Survey of Financial Liberalization [M]. International Finance Section, Dept. of Economics, Princeton University, 1998.

World Bank Russian economic report [J]. Social Science Electronic Publishing, 2011: 1-34.

World Bank. Energy Sector Management Assistance Program Annual Report 2010 [R]. Washington, D. C.: World Bank Group, 2010.

World Bank. The World Bank Annual Report 2008: Year in Review [R]. Washington, D. C.: World Bank Group, 2008.

World Bank. The World Bank Annual Report 2012: Main Report [R]. Washington, D. C.: World Bank Group, 2012. http://documents. worldbank. org/curated/en/168831468332487486/Main-report.

Wurgler J. Financial markets and the allocation of capital [J]. Journal of Financial Economics, 2000 (58): 187-214.

Xiaobo Z. China innovation and entrepreneurship index [Z]. Peking University Open Research Data Platform, 2019.

Xu C. The fundamental institutions of China's reforms and development [J]. Journal of Economic Literature, 2011, 49 (4): 1076-1151.

Young A. Gold into base metals: Productivity growth in the people's republic of china during the reform period [J]. NBER Working Papers, 2000, 111 (6): 1220-1261.

Zhang S, Wu Z, Wang Y, et al. Fostering green development with green finance: An empirical study on the environmental effect of green credit policy in China [J]. Journal of environmental management, 2021, 296: 113159.

Zhang Y J. The impact of financial development on carbon emissions: An empirical analysis in China [J]. Energy Policy, 2011, 39 (4): 2197-2203.

Zhang Z, Duan H, Shan S, et al. The impact of green credit on the green innovation level of heavy-polluting enterprises—Evidence from China [J]. International Journal of Environmental Research and Public Health, 2022, 19 (2): 650.

后 记

本书是国家哲学社会科学基金重点项目"金融发展对我国绿色经济发展的影响机理研究"（项目批准号：21AJY014）的成果之一。本书得到教育部人文社会科学重点研究基地——吉林大学东北亚研究中心的资助。

笔者 2008 年开始关注低碳经济发展问题，并将主要研究方向定位在碳金融领域。随着绿色发展理念的提出，绿色经济受到各界的广泛关注和热议。金融业作为现代经济发展的核心，对实体经济的生产经营、资源分配、产业结构调整和宏观经济调控具有重要作用。在过去的二三十年，金融体系的资金导向及资本配置不当导致了"褐色经济"的盛行。因此，必须通过政策手段改变金融体系的资本配置方向。当前，中国的经济发展方向和目标已经转向了绿色经济，引导金融体系支持经济绿色转型已经成为国家战略的重要组成部分。笔者随之拓展了研究领域，开始重点关注金融发展与经济绿色转型之间的关系问题。经过深入调研、反复推敲确定了本书的选题。在写作过程中，本书也得到了长春理工大学诺敏老师的帮助，同时也感谢王闯、于许、张燕燕、滕婉琦等硕士研究生对数据的收集与整理。社会科学文献出版社的编辑对著作初稿进行了反复校对与修正，提高了写作的规范性。

笔者对以上提供过帮助的师长、好友、学生，在此一并感谢！

张伟伟

2024 年 3 月